Dirk Kinet

Ba'al und Jahwe

Ein Beitrag zur Theologie des Hoseabuches

Frau Hafner
In Erinnerung an ein Stück Vergangenheit,
das hiermit ein Ende fand.
  Dkinet- 24.06.1977

Europäische Hochschulschriften

Publications Universitaires Européennes
European University Papers

Reihe XXIII

Theologie

Série XXIII Series XXIII

Théologie
Theology

Bd./Vol. 87

Dirk Kinet
Ba'al und Jahwe
Ein Beitrag zur Theologie des Hoseabuches

Peter Lang Frankfurt/M.
Herbert Lang Bern
1977

Dirk Kinet

Ba'al und Jahwe

Ein Beitrag zur Theologie des Hoseabuches

Peter Lang Frankfurt/M.
Herbert Lang Bern
1977

ISBN 3 261 02904 8

©

Peter Lang GmbH, Frankfurt/M. (BRD)
Herbert Lang & Cie AG, Bern (Schweiz)
1977. Alle Rechte vorbehalten.

Nachdruck oder Vervielfältigung, auch auszugsweise, in allen Formen
wie Mikrofilm, Xerographie, Mikrofiche, Mikrocard, Offset verboten.

Druck: fotokop wilhelm weihert KG, Darmstadt
Titelsatz: Fotosatz Aragall, Wolfsgangstraße 92, Frankfurt/M.

Vorwort

Die vorliegende Untersuchung wurde im Wintersemester
1976/77 vom Katholisch-Theologischen Fachbereich der
Eberhard-Karls-Universität Tübingen als Dissertation
angenommen.
Ich habe vielfach zu danken: meinem Lehrer, Herrn Prof.
Dr. Herbert Haag (Tübingen), der die Arbeit während
ihrer ganzen Entstehungszeit mit seinem freundlichen
Rat begleitet und gefördert hat; Herrn Prof. Dr. Rudolf
Kilian (Augsburg), der durch sachliche und stilistische
Hinweise die Arbeit entscheidend mitgestaltet hat;
Herrn Prof. Dr. H.P. Rüger (Tübingen), in dem ich einen
immer bereitwilligen und sachkundigen Gesprächspartner
fand; er hat den ugaritischen Teil der Arbeit durch
seine wertvollen Anregungen sehr bereichert; Herrn Prof.
Dr. Norbert Glatzel (Bamberg), der das Manuskript
durchgelesen und korrigiert hat; der "Gesellschaft der
Freunde der Universität Augsburg e.V." für den großzügigen Zuschuß; schließlich meiner lieben Frau Lieve,
die mich bei der Durchführung und Vollendung der Arbeit
tatkräftig unterstützt hat.

Inhaltsverzeichnis

Vorwort	
Inhaltsverzeichnis	III
Einleitung	1
<u>I. TEIL: BA'AL IN UGARIT</u>	3
Methodologische Vorbemerkungen	4
KAP. I: BA'ALS WIRKEN FÜR DAS LAND	13
§ 1. Ba'al als Regen- und Gewittergott	13
1. Ba'als Wirken am Himmel	13
2. Ba'als Verfügungsgewalt über die Himmelsphänomene	20
§ 2. Ba'al und die Vegetation	24
1. Ba'als Wirken für die Vegetation	25
2. Hemmende Einflüsse auf Ba'als Wirken	28
A. Ba'al und Mt	28
B. Das Schicksal der Könige	32
3. Der Ba'al-Zyklus - eine mythische Deutung des jahreszeitlichen Kreislaufes?	33
4. Die Zeugungen des Ba'al	37
A. CTA 5 V 17b-24	37
B. CTA 10/11	39
C. CTA 12	41
KAP. II: BA'ALS BEZIEHUNG ZUM VOLK	46
§ 1. Ba'al - ein Gott des Volkes?	47

1. CTA 4 VII 49-52 50
2. CTA 5 VI 23f. (//6 I 6-8) 51
3. CTA 19 III/IV 52
4. Ba'al und die menschliche Fruchtbarkeit 54

§ 2. Opferkult und Riten in Ugarit 60
1. Imitative (oder sympathetische) Magie in den Wasserriten von Ugarit 61
2. Sonstige Riten in Bezug auf die Fruchtbarkeit des Landes 66
3. Riten in Zusammenhang mit der Wiederbelebung Ba'als 69
4. Die Gemeinschaftsmahle 75
5. Opfer und menschliche Fruchtbarkeit 75
6. Die Effektivität der Opfer 76
7. Die Qdšm und die Kultprostitution 78

§ 3. Ba'al und die Ethik 81

Ergebnis 85

II. TEIL: JAHWE UND ISRAEL BEI HOSEA — 89

Vorüberlegungen 90
KAP. III: JAHWES HEILSHANDELN AN ISRAEL 95
§ 1. Die historische Dimension der Heilstaten Jahwes 96
1. Hos 11,1-4 97
2. Hos 12,10.14 101
3. Hos 13,4 104
4. Hos 2,17 106
5. Weitere Hinweise auf Jahwes Heilsinitiative 107

§ 2. Der Inhalt des Heilshandelns Jahwes 111
1. Die Gabe des Landes und der Kulturlandgüter 111
   A. Hos 2,4-17 113
   B. Hos 2,23ff. 120
   C. Hos 14,2-9 121
   D. Das Land als Haus Jahwes 123
2. Die Weisungen als Gabe Jahwes 126
   A. Hos 8,1-3 126
   B. Hos 4,1-19 128
   C. Hos 8,12 131
   D. Jahwes Weisungen und die Propheten 132
3. Hoseas Bezeichnungen für Jahwes Beziehung zu Israel 135
   A. Jahwes Beziehung zu Israel als ברית 136
   B. Das Ehebild in der hoseanischen Verkündigung 139
   C. אהב bei Hosea 142
   D. Ehe und Liebe im AT 147
   E. Zusammenfassung 150

KAP. IV: ISRAELS LEBEN MIT JAHWE 152
§ 1. Jahwes ethischen Forderungen an Israel 153
1. Hos 6,1-6 154
2. Die Ebenen des ethischen Verhaltens 160
3. Die positive Formulierung der ethischen Verpflichtungen 163

§ 2. Israels Untreue und Jahwes Gericht 168
1. Anfang und Anlaß der Untreue 168
   A. Hos 9,10 169
   B. Hos 10,11-13a 172
   C. Hos 13,4-8 174
   D. Hos 12 175

2. Jahwes Gericht an Israel 177
   A. Das "pädagogische" Gericht 178
   B. Das endgültige Gericht 193
   C. Die Zukunft Israels im Gericht 199

III. TEIL: ZUSAMMENFASSENDER VERGLEICH 208

Abkürzungsverzeichnis 228
Anmerkungen 236
Literaturverzeichnis 344
Index der in den Anmerkungen besprochenen ugaritischen Wörter 385

Einleitung

Die Anfänge der Prophetie in Israel sind von einer tiefgreifenden Auseinandersetzung mit dem kanaanäischen Volksglauben gekennzeichnet. Schon die Propheten Elia und Elisa kämpfen, nach den Büchern der Könige, mit Tendenzen im eigenen Volk, sich der neuen Situation im Kulturland vorbehaltlos anzupassen; es war von der Situation her verständlich, daß Israel - das erst im Begriff war, sich als Volk zu verstehen - den neuen Errungenschaften der kanaanäischen Kulturlandschaft zunächst ziemlich hilflos gegenüberstand. Von der eigenen Geschichte her, die durch die Offenbarung des Gottes Jahwe als des großen und mächtigen Exodus- und Rettergottes gekennzeichnet war, vermochte der Großteil Israels vorerst keine adäquate Antwort auf die Herausforderung durch die kanaanäische Religion zu geben. Als Nomadenvolk gewohnt, von Weideplatz zu Weideplatz zu ziehen und sich von der Gunst kleinerer und größerer Herren der Wüstenoasen abhängig zu wissen, sah es sich nun einem Volk und einer Kultur gegenübergestellt, das eigene Lebensgesetze aufwies. Den Reichtum des Ackerertrages hatte man Ba'al zu verdanken, in dessen Geschick sich das eigene Schicksal der Bevölkerung widerspiegelte. Die Sorge um das Lebensnotwendige war eng mit voraussehbaren, aber auch mit nicht einkalkulierbaren Faktoren einer Ackerbaukultur verknüpft. Die mythologische Darstellung einer sterbenden und wiederauflebenden Gottheit, die zyklisch nach schweren Auseinandersetzungen in die Unterwelt absteigen mußte, nachher aber wieder triumphierend über seine Widersacher herrschen konnte, stieß hart auf Israels Glauben an einen Gott, der das Volk aus den bedrohlichen Gefahren in das reiche Kulturland geführt hatte. Die Erkenntnis eines in der Geschichte erfahrbaren, rettenden und führenden Gottes schien nun brüchig geworden, angesichts einer Situation, in der so viele bisher unbekannte Reichtümer dem Ba'al des Landes zugeschrieben wurden. Die Auseinandersetzung zwischen zwei so grundsätzlich verschiedenen Gottesvorstellungen wurde von Israel so geschlichtet, daß man den Gott, den man verehrte, weiterhin Jahwe nannte, diesen Gott aber nach und nach im Sinne der kanaanäischen Ba'al-Religion interpretierte. Dagegen bietet vor allem Hosea ein Jahwebild, das in der Konfrontation mit dem ba'alisierten Jahweglauben schärfere Konturen bekommen hatte. Durch die Aufnahme bestimmter Theologumena nimmt er unter den vorexilischen Schriftpropheten eine Sonderstellung ein. So fällt zunächst seine neuartige Ausdrucksweise vom Ehebund zwischen Jahwe und seinem Volk bzw. von der Liebe Jahwes zu Israel auf. Noch in neuester Zeit wird diesbezüglich die Meinung vertreten, Hosea hätte diese theologische Ausdrucksweise von der kanaanäischen Religion in abgewandelter Weise übernommen[1]. Diese Arbeit möchte prüfen, wo Übereinstimmungen und wo Unterschiede in der Jahwevorstellung des Hoseabuches und im Ba'alsbild von Ugarit auftreten. Eine der Realität entsprechende Schilderung der kanaanäischen Ba'al-Vorstellung kann indessen nicht nur anhand der polemischen Texte des Hosea gewonnen werden[2]. Deshalb will diese Untersuchung vor allem die Ugarit-Texte selbst sprechen lassen; erst in einem zweiten Arbeitsgang kann dann das hoseanische Jahwebild nach seinen Wurzeln und Voraussetzungen befragt werden. Ein kritischer Vergleich der unterschiedlichen Aussagen und Akzente, die in beiden Bereichen begegnen, schließt die Arbeit ab.

I. TEIL :   BA'AL IN UGARIT

Methodologische Vorbemerkungen

1. Wenn als Vergleichsmaterial für die Untersuchung über Hoseas Jahwebild nur die Ugarit-Texte berücksichtigt werden, dann wird das vorhandene altorientalische Vergleichsmaterial bewußt <u>eingeschränkt</u>. Das läßt sich jedoch damit begründen, daß keine andere zusammenhängende Literatur aus der unmittelbaren Nachbarschaft Israels nach heutigem Quellenstand eine gleichwertige und so ausgiebige Informationsquelle für die Schilderung der religiösen Vorstellungen im Lande Kanaan bietet. So führen einige nordwestsemitische Inschriften[1] zwar in größere zeitliche, nicht aber in räumliche Nähe[2]. Zudem weisen sie nicht den gleichen religionsgeschichtlichen Wert auf[3]. Andere Texte aus der weiteren Nachbarschaft Israels müssen deshalb ausgeklammert werden, weil man annehmen darf, daß man damit nicht auf den Boden stößt, auf dem Israel bei seiner Seßhaftwerdung Fuß gefaßt hat[4]. Israel kam zunächst mit den religiösen Anschauungen des Landes Kanaan in Berührung.
Was nun in der Hafenstadt Ugarit (jetzt: Ras Schamra) seit 1929 unter Leitung von Cl.F.-A. Schaeffer ausgegraben und von Ch. Virolleaud an Texten publiziert wurde, bietet ein ziemlich farbiges Bild einer phönizischen Stadt, ihrer Kultur und Religion[5]. Man kann davon ausgehen, daß in dem Gebiet, in dem sich Israel seßhaft gemacht hat, eine übergreifende, gemeinsame Kultur geherrscht hat, die sich über das ganze Gebiet vom heutigen Syrien bis zur Negebwüste erstreckte. Trotz seines ausgesprochen kosmopolitischen Charakters und seiner weitverzweigten Handelsbeziehungen[6] scheint Ugarit seinen semitischen Charakter nicht verloren zu haben.

So hat man schon früher auf die überwiegend semitischen Namen des ugaritischen Kultpersonals hingewiesen[7] und darin einen Beweis dafür gesehen, daß "die verschiedenen Bevölkerungselemente in Ugarit ihr eigenes Kultwesen mit der angestammten Kultsprache und einem vorwiegend aus den eigenen Reihen gestellten Kultpersonal" hatten[8]. Daß Ugarit sich selbst offenbar nicht zu "Kanaan" rechnete[9], ändert nichts an diesem Tatbestand. Obwohl viele der entdeckten Tontafeln nicht einmal in der eigenen "ugaritischen" Sprache verfaßt sind, sondern in sumerischer, akkadischer, ägyptischer, hurritischer, ja sogar in hethitischer und zyprischer Sprache geschrieben sind[10], kommt die Verwurzelung Ugarits in Gesamt-Kanaan andererseits wieder darin klar zum Ausdruck, daß zwischen diesen "ugaritischen" und den hebräischen bzw. den anderen nordwestsemitischen "Dialekten" eine weitgehende Sprachverwandtschaft besteht. Der Name "Kanaan" bleibt infolgedessen immer noch die geeignetste Bezeichnung, wenn man die sprachlichen, soziologischen und religiösen Gemeinsamkeiten der alten semitischen Kulturen im heutigen geographischen Raum Israel, Libanon und West-Syrien umschreiben will.

2. Ein großer Teil der Ugarit-Texte scheidet bei dieser Untersuchung von vornherein aus, weil sie für das Thema nichts oder nur wenig erbringen. Das gilt insbesondere für die Briefe[11], die diplomatischen[12], die administrativen[13] und die hippiatrischen Texte[14]. Wichtiger hingegen sind einige Texte, die zwar nicht in ugaritischer Sprache geschrieben (und daher auch nicht in CTA aufgenommen wurden[15]), aber doch für die Erhellung des kulturellen und politischen Horizonts von Ugarit relevant sind. Der Einfluß außerkanaanäischer

Kulturen ist in diesen Texten aber entsprechend groß,
so daß man sich zunächst nicht auf sie konzentrieren
sollte.
So verbleiben in CTA noch zwei größere Textgruppen,
1. die "mythologischen" und 2. die "religiösen" Texte.
Seit der Herausgabe des CTA (1963) erschienen noch
einige weitere Texte, die das Bild des ugaritischen
Pantheons und der religiösen Vorstellungen in nicht
geringem Maße erweitern konnten[16].
Ein großer Teil der bisher entdeckten Texte beschäftigt
sich mit Ereignissen, in denen die Gottheit Ba'al eine
entscheidende Rolle spielt[17]. Ihnen wird im Rahmen
dieser Untersuchung größere Aufmerksamkeit gewidmet.
Verschiedene dieser Texttafeln scheinen von der Hand
desselben Schreibers zu stammen; sie sind inhaltlich
so auf einander abgestimmt, daß man annehmen kann, daß
hier Teile eines größeren Zyklus vorliegen. Die Zusammenstellung der Tontafeln zu einem Zyklus wird aber
dadurch erschwert, daß die meisten Tafeln unvollständig sind: fast alle sind relativ stark beschädigt.
Es ist schwierig, aus den vielen Bruchstücken ein Ganzes
zu machen und dann auch noch eine bestimmte Reihenfolge
der Fragmente zu postulieren. Man muß außerdem damit
rechnen, daß bestimmte Episoden aus den Berichten über
Ba'al entweder in Dubletten vorgelegen haben, oder
daß - unabhängig vom größeren Zyklus über Ba'al (und
'Anat) - noch mehrere, leicht abgewandelte, oder sogar
völlig unabhängige Versionen im Umlauf waren. Indirekte
Hinweise auf Ba'al und sein Wirken für Land und Leute
sind auch in Fragmenten zu finden, die eigentlich 'Il
bzw. andere Götter oder göttliche Wesen als Hauptpersonen
aufweisen; konkrete Details liefern besonders das 'Aqht-
und Krt-Epos. Die seit 1965 edierten Texte (vgl. Ugari-

tica V) sind nicht ohne weiteres neben die von CTA
zu stellen. In ihnen tritt ein teilweise anders geprägtes Bild der Religion zutage, das man nicht mit Gewalt
in eine einheitliche Synthese der religiösen Auffassungen zwingen sollte.

3. Die Interpretation der Ugarit-Texte erweist
sich als ein äußerst schwieriges Unternehmen. Obwohl
die <u>ugaritische</u> Sprachforschung inzwischen eine beachtliche Entwicklung durchgemacht hat, gibt der fragmentarische Charakter vieler Tontafeln sowie die oft miß-
verständliche, rein konsonantische Schrift des Ugaritischen[18] wiederholt Anlaß zu unterschiedlichen philologischen und inhaltlichen Deutungen. Bei der genauen
Bestimmung eines Wortes wurde in der Vergangenheit
allzuoft willkürlich nach "gleichen Wurzeln" in anderen
semitischen Sprachen gesucht[19]. In der relativ kurzen
Zeit der Ugarit-Forschung wurden mit dieser Methode
schon viele, verhängnisvolle Fehler gemacht, weil man
Gesetze der vergleichenden semitischen Sprachwissen-
schaft dabei sehr oft verletzte. Das stellte sich vor
allem bei Übersetzungen und Interpretationen einiger
wichtiger Texte heraus; der fehlende Kontext schien dann
philologischen Spielereien keine Grenzen mehr zu setzen.
Sicher kann man ohne diese Methode nicht auskommen,
will man zu einer einigermaßen befriedigende Interpretation der meisten Texte kommen. In einem dunklen
Kontext ist sie öfters die einzig mögliche und anwend-
bare. Solange man die Problematik einer solchen "etymologischen" Methode[20] bewußt vor Augen hat und sich
bei der Suche nach Vergleichsmöglichkeiten zuerst an
die am meisten verwandten Sprachen hält, um erst dann
im größeren Umkreis weiter zu suchen, hat dieses Vorgehen
noch immer seine Berechtigung. Daß dabei redliche Er-

gebnisse erwartet werden dürfen, ist in der gemeinsamen Sprachstruktur aller semitischen Sprachen vorgegeben, bei der ja die Wurzelbedeutung ausschließlich an den Konsonanten der Wurzel haftet[21]. Inzwischen haben die Lexika von J.Aistleitner[22] und C.H.Gordon[23], die lexikographischen Untersuchungen von M.Dahood[24], Dietrich und Loretz[25] sowie die grammatikalischen Studien von vielen anderen[26] dem Ugaritologen ein breitgefächertes Instrumentarium in die Hand gegeben, das bei der Lösung auftauchender philologischer Probleme meistens Abhilfe schaffen kann.

4. Indessen soll man sich die Problematik eines Vergleichs zwischen der ugaritischen und israelitischen Literatur (aus dem 8.Jhdt v.Chr.) vor Augen halten. Die für uns wichtige Textgruppe CTA 1-6 stammt aus der ersten Hälfte des 14.Jhdts v.Chr.[27], kurz bevor die Israeliten anfingen, in Kanaan seßhaft zu werden[28]. Die Zerstörung der Stadt Ugarit setzt auch für alle anderen Texte einen klaren terminus ante quem, so daß der <u>zeitliche</u> Abstand zum Hoseabuch nicht zu übersehen ist. Es kann dabei nicht ausgeschlossen werden, daß in der Zwischenzeit auch noch andere fremde Einflüsse die Vorstellungswelt der Bevölkerung Kanaans entscheidend mitgeprägt haben[29]. Die Zerstörung der Stadt Ugarit im 12. Jhdt durch die eindringenden Seevölker[30] läßt zwar nicht zu, daß es jemals direkte Kontakte zwischen Ugarit und Israel gegeben hat, dennoch sind einige wichtige Berührungspunkte zwischen dem Alten Testament und den Ugarit-Texten auffallend genug; sie erstrecken sich sowohl auf die Formgebung der alten israelitischen Dichtung in den Psalmen wie auch auf weiterlebende Kultbräuche und Kulttermini[31], religiöse Vorstellungen und Institutionen[32]. Eine gewisse Kon-

tinuität wird wohl deshalb **bewahrt** geblieben sein, weil auch die Seevölker sich weitgehend an die kanaanäischen Lebensgewohnheiten angepaßt haben.

5. Die religiösen Verhältnisse, die man aus den Texten der doch weit im Norden gelegenen Küstenstadt Ugarit erschließen kann, darf man nicht einfach mit den Vorstellungen identifizieren, die den eindringenden Israeliten im Lande Kanaan begegneten. Sicher gab es keine streng einheitliche "Theologie" im Kanaan der jüngeren Bronzezeit (1600-1300 v.Chr.)[33], vielmehr existierten vielerorts verschiedene Ausprägungen ähnlicher Mythen, die im Bewußtsein des Volkes durch unterschiedliche Riten lebendig gehalten wurden[34]. Die Pantheonvorstellungen wiesen erhebliche lokale Abwandlungen auf, was allein schon aus den besonderen Erscheinungsformen der einen Baʻal-Gottheit ersichtlich wird[35]. Deshalb muß bei einem Vergleich auch die räumliche Entfernung vom israelitischen Staatsgebiet berücksichtigt werden[36].

6. Die gesamte Literatur aus Ugarit, insbesondere die mythologischen und epischen Texte, haben, alles im allem, doch noch einen relativ bescheidenen Umfang. Sie sind in ihrer historischen Zuordnung zueinander auch noch nicht so intensiv untersucht worden wie die alttestamentlichen Texte. Deshalb bietet die noch junge Ugarit-Forschung auch unter diesem Gesichtspunkt kein entsprechendes Vergleichsmoment mit den von allen Seiten kritisch durchforschten Texten des Alten Testaments. Der hermeneutische Einstieg in die mythologischen Texte aus Ugarit ist daher sehr schwer; der Sitz im Leben, der Zusammenhang mit dem Kult, die Zeit der Abfassung der Texte, die historische Konstellation und die soziologischen Voraussetzungen der Texte sind nur schwer zu ergründen. Es ist auch fraglich, ob die Texte objek-

tive Wiedergabe der herrschenden religiösen Vorstellungen und Bräuche sind, oder ob sie als Zeugen einer selbständigen und kritischen Haltung gegenüber der damaligen Religion gewertet werden müssen[37]. Weiter ist zu bedenken, daß die Literatur des Alten Testaments und die von Ugarit Niederschlag verschiedener Traditionsströmungen mit einer je eigenen Entwicklung sind. Man kann weder das Alte Testament noch die Literatur aus Ugarit als eine in sich geschlossene Einheit betrachten, um dann diese zwei - monolitisch aufgefaßten - Literaturen miteinander zu vergleichen. Beide haben ihre eigene Herkunft und Entwicklungslinien und sollten von diesem dynamischen Zug her gesehen werden. Für Ugarit folgt freilich daraus, daß man vor einer kaum lösbaren Aufgabe steht, denn die Zusammenhänge verschiedener Texte sind noch weitgehend unerforscht. Um so mehr sollte man sich um die Geisteswelt der Texte bemühen, vor allem die Texte selbst reden lassen.

7. Die Ugarit-Forschung selbst hat den Zugang zu den Texten und der stark angeschwollenen Sekundärliteratur[38] unnötigerweise erschwert. Bei den verschiedenen Texteditionen, die parallel und in Konkurrenz zueinander angeboten werden, gibt es bis auf den heutigen Tag <u>keine einheitlich durchgeführte Numerierung</u> der Texte. Eine handliche Konkordanz der Textzählungen hat zwar inzwischen Abhilfe geschaffen[39], die Textverweise in der Sekundärliteratur bleiben aber dennoch unklar und erweisen sich als überaus zeitraubend. Die Ugarit-Forschung wird dadurch von vornherein belastet und es ist nur zu hoffen, daß sich mit der Zeit ein einheitliches Numerierungssystem wird durchsetzen können[40]. In dieser Arbeit wird die Edition, die Transkription und die Numerierung von A.Herdner verwendet[41]. Wo aus bestimmten Gründen von dieser Textedition abge-

wichen wird, steht ein besonderer Vermerk. Gordons Numerierung ist zwar die einfachere und handlichere, es fehlen aber in seiner Edition Hinweise auf andere vertretbare Lesarten. Die im CTA nicht aufgeführten Texte werden nach ihren Erstveröffentlichungen von Ch. Virolleaud in PRU bzw. Ugaritica zitiert. Wo möglich wird die Zählung von Ch. Virolleaud und C.H.Gordon (Ugaritic Textbook, 1965) mit aufgeführt.

8. Um eine Begriffsverwirrung zu vermeiden, sei an dieser Stelle kurz erörtert, wie die Begriffe "Mythos", "Legende" und "Epos" hier verstanden werden. Der Begriff "Mythos" wird hier im Sinne der neuzeitlichen Religionsforschung als "eine Erzählung von Begebenheiten der göttlichen Welt, welche Ursprung, Verlauf und Ende der menschlichen Welt bedingen und beleuchten"[42] gedeutet. Mit der Bezeichnung "Mythos" wird keineswegs das literarische Genus festgelegt, noch der Sitz im Leben dieser Texte irgendwie bestimmt. Es bleibt also weiterhin offen, zu welchen Zwecken diese Texte verfaßt wurden, ob sie nun als reine mythologische Erzählungen oder als rituelle Texte (ausgesprochen als Begleittext des rituellen Dramas) gemeint waren[43]. Mythos soll hier nur klar von "Legende" bzw. "Epos" unterschieden werden. In der Legende überwiegt "das religiös erbauliche das historische, politische und standesmäßige Interesse"[44], während das Epos die Dichtungen kennzeichnet, die eine umfassende Darstellung des von einem Helden bewirkten (geschichtlichen, sagenhaften oder mythischen) Geschehens bieten. In diesem Sinne sind die Texte CTA 14-16 (Krt) und 17-19 ('Aqht) den Epen zuzurechnen, obwohl sie gewiß viele mythische und legendäre Züge aufweisen. Andererseits gibt es noch eine größere Anzahl "religiöser" Texte, die nicht

unter dem Sammelbegriff "Mythos" bzw. "Epos" fallen:
sie enthalten Opferlisten, Listen von Kultpersonal,
Berufsgruppen und Göttern. Sie werden hier nur dann
herangezogen, wenn sie zur Klärung der Fragen beitragen können.

KAP. I: BA'ALS WIRKEN FÜR DAS LAND

§ 1. Ba'al als Regen- und Gewittergott

1. Ba'als Wirken am Himmel

Die Götter Kanaans waren für die Bevölkerung von Ugarit nur insoweit relevant, als sie das Schicksal der Menschen bestimmten und darin auch aktiv eingreifen konnten. Auch die Beschreibungen von Auseinandersetzungen der Götter untereinander können nicht darüber hinwegtäuschen, daß in der Darstellung dieses Göttergeschehens vor allem eine Erklärung und Interpretation des innerweltlichen Geschehens versucht wird. Daß Ba'al im kanaanäischen Raum besonders im Zusammenhang mit Regen und Gewitter gesehen wurde, erklärt sich weithin aus der geographischen Lage und den topographischen Gegebenheiten dieses Landstrichs. Die Fruchtbarkeit des Landes war ohne Segen aus dem Himmel einfach undenkbar. In dieser Vorstellung zeigt sich die lebensnahe Stellung des Ba'al, der für das allgemeine Wohlergehen der Menschen sorgte. Flüsse oder künstliche Bewässerung konnten in dieser Region auch nicht annähernd die gleiche Rolle spielen wie im Zweistromland oder Ägypten. Die Vegetation dürstete in der Hitzeperiode nach Regen; eine über die Maßen lange Dürre bedeutete die sichere Vernichtung der Ernte und damit auch eine ernsthafte Bedrohung jeglichen Lebens. Als Regen- und Gewittergott wird Ba'al dann auch mit anderen Niederschlagsformen in Verbindung gebracht, so mit

Tau und Schneeschmelze. Ba'al verfügt über eine Helferschar, die ihn bei der Ausübung seiner Aufgaben unterstützt. Einige von Ba'als Titel geben Aufschluß über seinen Aufgabenbereich und werfen ein Licht auf die Funktion, die er für das Land und seine Bewohner ausübt.

Die wichtigsten Hinweise auf Ba'als Aktivität am Himmel stammen aus dem "Ba'al-Zyklus". Zur Problematik dieses Zyklus sei hier vorab noch folgendes erwähnt:

> Die sechs Tafeln der Sammlung CTA 1-6 stehen miteinander in einem bestimmten Zusammenhang. Sehr wahrscheinlich wurden alle von Ilimilku geschrieben[1]. Während man sich über die Reihenfolge der Tafeln CTA 4-6 ziemlich einig ist[2], sind die kleineren Bruchstücke der Tafeln CTA 1-3 schwieriger einzuordnen. Das Thema des Palastbaus verbindet beide Gruppen; dennoch treten deutliche Spannungen auf zwischen der in CTA 1-2 beschriebenen Auseinandersetzung von Ba'al mit Ym und dem in CTA 3-6 enthaltenen Bericht über Ba'als Begegnung und Kampf mit Mt. Wahrscheinlich geht die Sammlung CTA 1-6 doch auf zwei ursprünglich selbständige Erzähltraditionen zurück, die einmal die Überlieferungen der Fischerbevölkerung der Hafenstadt, das andere mal die der Landbevölkerung berücksichtigte. Der Redaktor hat in jedem Fall beide zu einer Einheit verschmolzen. Die Hinweise auf den Palastbau und vor allem auch die verstreuten Hinweise auf die Konsequenzen der göttlichen Auseinandersetzungen für das Land und die Vegetation (vgl. 3 E 25f.; 4 VIII 21-24; 6 II 24f.) verbinden die zwei Themenkreise zu einer Einheit. Aufgrund des bruchstückhaften Charakters der Fragmente ist es aber doch nicht möglich, CTA 1-2 überzeugend einzuordnen. So ist J.C.de Moors[3] Vorschlag eben nur ein Vorschlag neben anderen[4], der außerdem noch dadurch belastet ist, daß er CTA 6 nahtlos an den Anfang von CTA 3 anschließen lassen will, um so einen geschlossenen Zyklus der Jahreszeiten zu bekommen, der sich ewig erneuert und ununterbrochen weiterläuft. Die Zeit der schriftlichen Abfassung durch Ilimilku[5] ist zwischen 1380 und 1360 v.Chr. anzusetzen[6]. Als Entstehungsort wird Ugarit[7] (oder die unmittelbare Nachbarschaft) angenommen[7].

Sämtliche Himmelsphänomene, die mit Ba'als Wirken in
Verbindung gebracht werden, beziehen sich auf Niederschlagsformen bzw. auf meteorologische Erscheinungen,
die diese ankündigen oder begleiten.

1. Für den Regen gibt es in den Texten verschiedene
Termini, unter denen mṭr[8] der gebräuchlichste ist.
In CTA 4 V[9] spricht 'A̱trt bei 'Il vor, um seine Zustim-
mung zum Bau eines eigenen Palastes für Ba'al zu erlangen. Weil 'A̱trt ihn darum bittet[10], will 'Il sich
diesem Vorhaben nicht widersetzen. Nach 'Ils Zusage
hält 'A̱trt eine Lobrede auf 'Ils Weisheit (Z.65),
gleichzeitig verknüpft sie mit dem Palastbau für Ba'al
die große Segenswirkung, die dieser für die Menschen
im Lande haben wird. Die Z.68-71 geben sehr wahrscheinlich den allgemein verbreiteten Glauben an Ba'als Wirken zugunsten des Landes wieder und nicht 'A̱trts eigene Vorstellungen, denn an anderen Stellen (vgl. CTA
2 IV 28ff.; 6 I) werden 'A̱trt Ba'al gegenüber keine
so wohlwollenden Gefühle unterstellt. Die Personalsuffixe bei den verschiedenen aufgezählten Himmelsphänomenen (mṭrh, qlh, šrh...brqm) verknüpfen diese direkt mit der Person des Ba'al. Der Text gibt so eine
umfassende Beschreibung des Fruchtbarkeit schenkenden
Wirkens Ba'als. Im Regen vom Himmel gibt er, was für
Leben und Wachstum auf der Erde unentbehrlich ist.
In CTA 5 V 6-11[11] teilt ein Sprecher[12] Ba'al mit, was
ihm bei seiner Begegnung mit Mt bevorsteht und wie er
sich aus dieser Todesschlinge befreien kann. Wenn er
in das Totenreich absteigen wird[13], soll er sämtliche
Himmelsphänomene (die Insignien seiner Macht und Wirkung) samt seiner Dienerschaft mit sich nehmen. Das
bedeutet, daß das ganze Instrumentarium für die Fruchtbarkeit des Landes mit Ba'al von der Erde verschwinden

soll. Der Regen und die anderen Niederschlagsformen
sind offensichtlich so eng mit seiner Person verknüpft,
daß sie mit Ba'als Abstieg in die Unterwelt auch aufhören werden, zu existieren und wirksam zu sein.
Im Krt-Epos beschreibt der Text CTA 16 III 1-10[14] Ba'als
Segenswirkung für das Land und seine Vegetation. Sein
Heilswirken bedient sich des Regens (hier: mṭr b'l//
mṭr 'ly[15]). Das Wort mṭr wird hier viermal als besonderes Merkmal des Ba'al hervorgehoben. Daneben tritt
mhyt 'n[16], "der Strom der Quelle", als weitere Möglichkeit, Fruchtbarkeit zu bewirken, deutlich in den
Hintergrund. Am Anfang des Textes wird Ba'als Aktivität verglichen mit "Öl ausgießen"[17]. Damit soll gesagt
werden, daß Fruchtbarkeit an sich immer nur eine Angelegenheit ist, die in den Machtbereich des Ba'al
fällt. Die Kontrastwirkung, die durch die darauffolgende Schilderung der schweren Hungersnot erzielt wird,
legt den Finger auf die eigentliche Ursache der augenblicklichen Katastrophe. Sie ist in Ba'als Verschwinden
und im Aufhören seiner Wirkung begründet[18]; nur er
allein kann für den Regen und so auch für die Fruchtbarkeit der Vegetation und die Nahrung der Menschen
im Lande sorgen[19].
Daß šmn für den Regen bzw. den Tau des Himmels stehen
kann, wird weiter aus CTA 6 III 6f.12f. deutlich[20].
Die Erzählung setzt ein mit einem Traumbericht[21] des
'Il: er bekommt darin die Gewißheit, daß Ba'al (wieder)
lebt[22]. In einer Vision sieht er wie "der Himmel Öl
regnet[23] und die Flüsse[24] Honig[25] führen". Ba'als Wiederkehr auf die Welt wird Segen und Überfluß bringen;
Ba'al nimmt damit 'Il eine schwere Last ab[26], die in
der Zwischenzeit - seit Ba'als Abstieg in die Unterwelt -

auf ihm ruhte. Als menschennaher Gott ist Ba'al für
die Nöte und Sorgen der Menschen im Lande zuständig.
Seine Rückkehr kann nur in einem überschwenglichen
Überfluß stattfinden[27]. Das Öl (hier: bildlich für den
Regen) aus dem Himmel und der Honig aus den Flüssen
richten die gesamte, ausgetrocknete Erde wieder auf.

Als Verbum kommt mṭr in CTA 19 I 41 vor[28]. Unmittelbares Subjekt ist 'rpt, die Wolke(n); gemeint ist aber
Ba'al selbst, der gleich in der nächsten Zeile erwähnt
wird. Der Tau wird hier in enger Verbindung mit dem
Regen gesehen. Deutlich auf den Tau bezieht sich šmn
'arṣ in CTA 3 B 39 und D 87[29]. Hier steht der Ausdruck
parallel zu ṭl šmm und rbb [r]kb 'rpt. Die parallelen
Wendungen lassen erkennen, daß die verschiedenen Niederschlagsformen als Wasser verwendet werden, mit dem
'Anat sich vom vorausgegangenen Kampf rituell reinigt.
In der Parallele wird rbb dem Ba'al zugeschrieben, so
daß auch die anderen fruchtbarkeitbringenden Wasserformen ihm zugeordnet werden müssen.

2. Das zweite Wort für Regen, rbb[30], kommt als Parallelwort zu ṭl vor: in CTA 3 B 39.41 und D 88 steht es zweimal
parallel zu ṭl šmm. In Z.39/40 wird rbb ausdrücklich
durch eine Genitivverbindung dem rkb 'rpt (Epitheton
für Ba'al) zugeschrieben. Verwandt mit rbb ist das
Wort rb: es steht oft parallel zu 'ar (vgl. CTA 4 I
17f.; IV 55f.; 5 V 10f.; 3 A 24f.; E 49f.)[31].
In CTA 19 I 40f. enthält Dn'ils Gebet um Regen eine
Parallelstellung von 'un yr[32], dem Verbum mṭr und ṭll[33].
Die Subjekte der Satzteile sind 'rpt (zweimal) bzw.
ṭl. Das Gebet wird anläßlich der katastrophalen Trockenheit im Lande gesprochen. Durch die Ermordung des Königsohnes 'Aqht (die dem Dn'il aber noch nicht bekannt

ist) scheint Ba'al schon außergewöhnlich lange Zeit[34] aktionsunfähig zu sein. Der Text legt nahe, daß man eine Trockenheit des Landes nicht ohne Verbindung mit dem Schicksal Ba'als sehen konnte. Die Dürre selbst wird mit einer parallel gebauten negativen Aufzählung beschrieben:

    bl ṭl.bl rbb /
    bl šrʽ. thmtm. bl / ṭbn. ql. b'l.
    "Es gibt keinen Tau (mehr), keinen Regen,
    kein Anschwellen der Ozeane[35], nicht mehr die
    Köstlichkeit[36] der Stimme des Ba'al" (Z.44-46).

Obwohl er hier nicht direkt apostrophiert wird, zeigt dieses Gebet dennoch deutlich, daß man Ba'al für sämtliche aufgezählte Phänomene zuständig hält. Der Text wird erst durch die Anerkennung des Spenders zu einem Gebet[37].

3. Die Belege für ṭl (Tau)[38] befinden sich an den oben schon besprochenen Stellen CTA 3 B 39f.; D 87.90 und 19 I 41.44.

4. Wichtig für unsere Darstellung wäre noch die Fensterepisode aus dem Ba'al-Zyklus. In einem anderen Zusammenhang wird darauf noch ausführlicher eingegangen[39]. Hier sei nur kurz auf Ba'als Tätigkeit hingewiesen, die als Anbringen einer Spalte in den Wolken (ptḥ bdqt) beschrieben wird (vgl. CTA 4 VII 17.19.25.27).

5. Weitere fruchtbarkeitbringende Niederschlagsformen, die Ba'al zugeschrieben werden, sind in den Ausdrücken tkt bglṯ und šrʽ thmtm enthalten. Die Bedeutung von tkt bglṯ (CTA 4 V 69) ist nicht ganz abgesichert. Aufgrund von RŠ 24.245,8[40] ist mit glṯ wohl der Schnee[41] gemeint, so daß ṯkt[42] bildlich für die Wolken steht, die Schneeschauer mit sich führen und als Schiffe am

Himmel segeln[43].

In CTA 19 I 45 bezeichnet šrʻ thmtm das "Anschwellen der Ozeane". Der Ausdruck[44] weist auf die fruchtbringende Kraft der Brunnen hin, die aus den Urfluten unter der Erde emporsteigen. Parallel zu der Trockenheit, die aus dem Versiegen der Himmelsquellen resultiert, wird damit auch das Austrocknen der vorhandenen Grundwasserquellen angesprochen. Zusammen mit der Wendung mhyt ʻn (CTA 16 III 4) weist diese Stelle auf Baʻals Zuständigkeit für die Quellen des Landes hin.

6. Die weiteren Himmelsphänomene deuten alle indirekt auf Baʻals Regengabe. So werden ihm auch die Wolken (ʻrpt: CTA 4 V 70; 5 V 7; 19 I 39f.) und der Wind (rḫ: CTA 5 V 7) zugeschrieben.
Noch differenzierter wird die Terminologie, wenn es darum geht, Baʻal als Sturm- und Gewittergott zu beschreiben. Hier kündigen Donner (Baʻals Stimme) und Blitz sein Herannahen und das Kommen seines Regens an. Baʻal läßt "seine Stimme in den Wolken erschallen" (wytn qlh bʻrpt, vgl. CTA 4 V 70); seine Stimme ist "heilig" (vgl. qlh qdš bʻl ytn in CTA 4 VII 29) und äußerst "kostbar" für Mensch und Land (vgl. ṭbn ql bʻl in CTA 19 I 46). Das "Donnerbündel" (ʼiṣrt rʻt in RŠ 24.245,4)[45] in seiner Hand ist das Zeichen seiner Macht. Seine Blitze werden brq (CTA 3 C 23; 4 V 71; RŠ 24.245,3f.)[46], mdl (CTA 3 D 70; 5 V 7)[47] oder qrn (CTA 3 D 71)[48] genannt.

7. Baʻals Epitheton rkb ʻrpt stellt ihn als Reiter auf den Wolken dar[49], denn dort wird seine Aktivität vornehmlich lokalisiert: sein schnelles Fortschreiten - Donner und Blitz überspannen den ganzen Himmel - wird

in diesem Titel bildhaft dargestellt.

8. Schließlich zeigen auch die in Ras Schamra ausgegrabenen bildlichen Darstellungen Ba'al als jungen Gott, der in der rechten Hand eine Keule und in der linken ein Blitzsymbol (einen nach unten gerichteten Speer, dessen Schaft in Blitze ausläuft) schwingt[50].

2. Ba'als Verfügungsgewalt über die Himmelsphänomene

Besonders hervorgehoben wird im Ba'al-Zyklus der Tatbestand, daß Ba'al selbst als Einziger darüber zu entscheiden hat, wie und wann er sein fruchtbarkeitbringendes Wirken für das Land in Gang setzt. Mit der Vollendung seines Palastbaus ist die letzte Voraussetzung für Ba'als Herrschaft über die anderen Götter erfüllt. Nun kann es keinen anderen Grund für ein längeres Ausbleiben des Regens mehr geben, es sei denn, Ba'al selbst hält den richtigen Augenblick für noch nicht gekommen.

1. Die Fensterepisode (CTA 4 V 123-127; VI 1-17; VII 14-36)[51] erstreckt sich auf die Vorbereitung und die Fertigstellung des Palastbaus. Nachdem Ba'al durch 'A<u>t</u>rts Vermittlung von 'Il die Erlaubnis zum Bau eines eigenen Palastes bekommen hat, wird fieberhaft mit den Vorbereitungen zum Bau begonnen. K<u>t</u>r-w<u>H</u>ss, der göttliche Handwerker[52], wird herbeigebeten und beauftragt, so schnell wie möglich den lang ersehnten Palast fertigzustellen. In seiner Antwort geht K<u>t</u>r auf ein bestimmtes Detail der Baupläne ein: er will im Palast ein Fenster anbringen[53]. Zunächst widersetzt sich Ba'al energisch diesem Vorschlag. In CTA 4 VI 1ff. wiederholt K<u>t</u>r nochmals seine Pläne über das Anbringen eines Fensters,

aber erst in CTA 4 VII 15ff. erteilt Ba'al dazu den
Auftrag. Die darauffolgenden Zeilen beschreiben dann
die Auswirkung.
Schon CTA 4 V 68-71 zeigte, wie wichtig dieser Palastbau für Ba'al war, denn erst dadurch wurde ihm die
Möglichkeit gegeben, voll auf das Land einzuwirken.
Das Fenster ist nun eine weitere Voraussetzung für das
Entfalten seiner Segenswirkung. Daher mag Ba'als anfängliche Ablehnung von K_trs Vorschlag (CTA 4 VI 7ff.)
zunächst befremden. Ba'al begründet aber seine Einstellung mit einem Hinweis auf Ym. Dieser scheint in dem
Augenblick ja noch nicht ganz ausgeschaltet zu sein,
so daß Ba'al befürchten muß, Ym könne die Gelegenheit
benützen und durch das Fenster eindringen, um seine
Töchter zu rauben[54]. Diese Töchter repräsentieren weitere Aufgabenbereiche des Ba'al, wobei besonders Ṭly
als für den Tau des Himmels zuständig angesehen wird[55].
K_tr scheint allerdings von Ba'als Weigerung nicht sonderlich beeindruckt zu sein; er weiß, daß Ba'al später
auf seinen Vorschlag zurückkommen wird (vgl. CTA 4
VII 21-27).
Vielleicht beschreibt der lückenhafte Text CTA 4 VII
1-4 wie Ba'al Ym den Gnadenstoß gibt. Nachher zieht
Ba'al hinaus, um viele Städte und Ortschaften ('rm
bzw. pdrm) für sich zu erobern. Erst jetzt scheint
seine Macht genügend gefestigt zu sein, so daß er K_tr
erlauben kann, ein Fenster in seinem Palast anzubringen.
Dies wird dann sofort folgendermaßen gedeutet:
    wy[p]tḥ. bdqt[56].'rpt
    "Er öffnet einen Spalt in den Wolken"(CTA 4 VII
    19).

Dieses Geschehen veranlaßt nun Ba'al seine eigene Segenswirkung zu entfalten:

yp]tḫ/ bʻl. bdqt[.ʻrp]t/
qlh. qdš. b[ʻl. y]tn /
ytny. bʻl ṣ[..š]pth[57]/
qlh. q[..?]r. ʻarṣ[58]/
[...?]ġrm(.t/ʻa)ḫšn /
rḫq[...]/ qdm ym.
bmt. ʻa[rṣ]/ tṭṭn

"Baʻal öffnet einen Spalt in den Wolken,

seine heilige Stimme läßt Baʻal erschallen,

Baʻal wiederholt...seiner Lippen,

seine Stimme...die Erde.

...die Berge beben,

von weitem...Ost und West.

Die Hügel der Erde schwanken" (CTA 4 VII 27-35).

Es folgt danach eine Beschreibung des Vorrückens von Baʻals Feinden. Gerade auf dem Höhepunkt seiner Macht zeichnet sich schon die Auseinandersetzung mit Mt ab. Sobald Baʻal den Spalt in die Wolken gemacht und seinen Donner hat erschallen lassen, muß er sich auf die entscheidende Machtprobe mit Mt einstellen.

Mit der Fensterepisode wird ein retardierendes Moment in den Verlauf der Ereignisse eingeschoben, das nicht nur literarisch bedingt sein kann[59]. Denn gegen eine solche Annahme spricht Baʻals eigene Begründung seiner anfänglichen Weigerung sowie auch das große Gewicht, das diese Episode durch ihre dreimalige Wiederkehr erhält. Schließlich wartet nun das ganze Land auf den lang ersehnten Regen, der sich durch so viele mühselige und langwierige Vorbereitungen angekündigt hat. Auf dem Höhepunkt der Vorbereitungen, nachdem auch die letzte Voraussetzung erfüllt ist, will der Text klarmachen, daß Baʻal selbst - und niemand anders - bestimmen kann, wann das Fenster im Palast bzw. der Spalt in den Wolken (d.h. die Gabe des Regens) angebracht werden soll.

Die Fensterepisode stellt Baʻals autonomes Wirken im

Naturgeschehen heraus: nur er allein ist für den Zeitpunkt und die Ergiebigkeit des Regens verantwortlich. Das Anbringen des Fensters leitet die Periode der Fruchtbarkeit, die Stunde des Ba'al, feierlich ein[60]. Ba'als Tempel stellt dabei keinen Mikrokosmos dar, als ob mit dem Thema des Tempelbaus etwa das Schöpfungsthema anklingen würde[61]. Die bestehende Welt dürstet nach Ba'als Gaben, die Schöpfung verlangt nach Ba'als Kommen und weiß darum, daß nur Ba'al dafür den Zeitpunkt bestimmen kann. So begründet die Fensterepisode mythologisch Ba'als Eingreifen in das Naturgeschehen; seine Eigenmächtigkeit und Souveränität in dieser Sache könnte ein etwas längeres Ausbleiben des Regens erklären, denn in seiner Planung weiß nur er den richtigen Zeitpunkt dafür, so daß das menschliche Bitten nach Regen hier eine Antwort erfährt.

2. Ein zweiter deutlicher Hinweis auf Ba'als Festsetzung des richtigen Augenblickes für seinen Regen ist auf der gleichen Tafel bezeugt. In CTA 4 V verknüpft 'A$\underline{t}$rt mit dem Palastbau für Ba'al die reiche Segenswirkung, die das Land nun erwarten kann. Wie oben schon angedeutet wurde, widerspiegeln 'A$\underline{t}$rts Worte wahrscheinlich den allgemeinen Glauben der Bevölkerung aus der Zeit der Abfassung dieses Textes:

    wn'ap. 'dn. m$\underline{t}$rh / b'l. y'dn[62].
    'dn. $\underline{t}$kt. bgl$\underline{t}$ /
    w‹y›tn. qlh. b'rpt /
    šrh. l'ar$\d{s}$. brqm
    "Und nun wird Ba'al den Zeitpunkt seines Regens festsetzen[63],
    den Zeitpunkt der Schiffe mit Schnee[64]
    seine Stimme in den Wolken wird er erschallen lassen,

sein Leuchten auf der Erde sind die Blitze" (CTA 4 V 68-71).

Für die Fragestellung dieser Arbeit ist vor allem das Verbum bzw. das Substantiv 'dn wichtig. Es drückt hier mehr aus als die bloße Gabe des Regens, denn es geht um den festgesetzten Zeitpunkt, an dem Ba'al diese Gabe schenken will. Der Terminus 'dn drückt so primär die Souveränität Ba'als aus; allerdings wird nirgends im Ba'al-Zyklus oder sonstwo erwähnt, daß Ba'al sich auch weigern kann, seinen Regen zu geben; nur den Zeitpunkt wählt er selbst.

Es ist durchaus denkbar, daß man sich mit dieser Hervorhebung der (relativen) Verfügungsgewalt des Ba'al über den Regen einen theologischen Ausweg offen lassen will, für den Fall, daß der Eintritt der Regenperiode sich aus irgendeinem Grund verzögerte. Wie man für außergewöhnliche Dürreperioden oder sonstige Naturkatastrophen andere Erklärungsversuche anhand von Schicksalsbeispielen aus dem Leben des Ba'al bereit hatte (vgl. z.B. CTA 12), so könnten die Fensterepisode bzw. CTA 4 V darstellen, daß es nicht in der Macht des Menschen liegt, Ba'al zu der Gabe seines Regens zu zwingen. Wenn man auch von der Gewißheit seiner Regengabe überzeugt war, so wußte man doch, daß letztlich nur Ba'al den richtigen Zeitpunkt festsetzen konnte.

§ 2. Ba'al und die Vegetation

Ba'als Qualifikation als Regen- und Gewittergott wird in den Ugarit-Texten nie als Qualifikation für sich,

sondern immer in direkter Beziehung zu seiner Funktion
innerhalb des Fruchtbarkeitsgeschehens im Lande gesehen. Hierin drückt sich die Menschennähe der Ba'al-
Vorstellung in Ugarit aus. Sie erscheint vorwiegend
im Zusammenhang der sich andrängenden Grundfragen der
Ackerbaukultur.

1. Ba'als Wirken für die Vegetation

Im Krt-Epos wird in Verbindung mit der Erkrankung des
Krt die Dürre und Hungersnot, die auf der Erde herrscht,
beschrieben. CTA 16 I/II schildert in düsteren Farben,
wie Krts Familie (insbesondere seine Tochter T_tmnt
und sein Sohn 'Ilḫ'u) wegen der Krankheit trauert, die
Krt an den Rand des Grabes gebracht hat. CTA 16 III
13-15 enthält eine Beschreibung des desolaten Zustandes des Landes. Mitten in dieser gedrückten Stimmung
erhebt sich aber CTA 16 III 1-10 als Loblied auf Ba'als
Segenswirkung für das Land. Wie oben schon erwähnt
wurde, will CTA 16 III 1-10 ohne Zweifel ins Bewußtsein
rufen, daß der eigentliche Spender der Fruchtbarkeit
Ba'al selbst ist. Die Funktion des Königs im Fruchtbarkeitsgeschehen kann nur innerhalb des Wirkungskreises des Ba'al gesehen werden. Wenn es am Lebensnotwendigen auf Erden mangelt, wenn nach Beendigung der Ernte
die Krüge und Fässer schon wieder leer sind, dann kann
man sich das in Ugarit letzten Endes nicht anders erklären, als daß Ba'al sich von der Erde zurückgezogen
hat. Der auslösende Faktor für sein Verschwinden mag
zwar die Krankheit des Königs gewesen sein, doch ändert das nichts an der Tatsache, daß allein Ba'al es
ist, der die Vegetation beeinflußt, ja bestimmt.

Der Text des Lobpreises auf Ba'al lautet:
yṣq. šm[n   ]/
'n[(-/.)]tr. 'arṣ. wšmm /
sb. lqṣm. 'arṣ /
lksm. mhyt[65]. 'n /
l 'arṣ. m[ṭ]r. b'l /
wlšd. mṭr 'ly /
n'm. l'arṣ. mṭr b'l /
wlšd. mṭr. 'ly /
n'm[.]lḥṭt. bgn[66] /
bm[.]nrt. ksmm
"Er gießt[67] Öl aus...
die Quelle...Erde und Himmel.
Er umzieht die Erde bis an die Grenzen.
Für den Spelt[68] (ist) der Strom der Quelle,
für die Erde der Regen des Ba'al
und für das Feld der Regen des Erhabenen.
Lieblich[69] für die Erde ist der Regen des Ba'al
und für das Feld der Regen des Erhabenen.
Lieblich für den Weizen auf dem Acker[70],
auf den Furchen[71] (steht) das Getreide" (CTA 16
III 1-10).

In diesem Text werden sowohl die Aufgaben Ba'als als auch Sinn und Funktion seines Wirkens umrissen. Die fünffache Wiederholung der Partikel l zeigt genau, worauf Ba'als fruchtbarkeitbringender Regen angelegt ist: er dient dem Getreide (ksm), der Erde ('arṣ), dem Feld (šd) und dem Weizen (ḥṭt). Seine kostbare Gabe für das Land, der Regen (mṭr), wird in diesem Text gleich viermal erwähnt.

Die Trockenheit und Dürre des Landes werden im 'Aqht-

Epos (CTA 17-19) mit der Ermordung des Königsohnes
'Aqht in Verbindung gebracht. Während Dn'il seinen
königlichen Pflichten nachgeht[72], kommt ihm seine
Tochter Pġt entgegen. Pġt bemerkt den miserablen Zustand der Ernte, über der ein Schwarm von Adlern schwebt.
Die Tennen bieten ein trostloses Bild:
>   bgrn. yḫrb[----?]/
>   yġly. yḫsp. 'ib[----]
>   "Auf der Tenne vertrocknet[73]...
>   verwelken[74], verderben[75] die Ähren[76]..." (CTA 19
>   I 30f.).

Diese Zeichen sind für Pġt unmißverständlich; sie beginnt zu weinen. Darauf verrichtet Dn'il Trauerriten
und spricht ein Gebet um Regen, das er an Ba'al richtet (CTA 19 I 39-46). In diesem Gebet beklagt er, daß
Ba'al schon zu lange Zeit nicht mehr tätig ist, so daß
seine guten Gaben im Lande fehlen. Der Zusammenhang
dieser Gaben mit der Vegetation im Land[77] wird vom
Kontext nahegelegt, ja geradezu gefordert.

In diesem Zusammenhang kann man noch auf Ba'als Titel
b'l 'nt mḫrṯt[78] und b'l zbl 'arṣ[79] hinweisen. Sie
drücken Ba'als Verbundenheit mit dem gepflügten Ackerland[80] bzw. der Erde[81] aus. Der erste Titel wird von
'Il in dem Augenblick verwendet, als 'Anat Mt angreift
und so die Wiederkehr des Ba'al vorbereitet. Der zweite Titel (auch die Kurzform zbl b'l) ist ebenso nur
im Ba'al-Zyklus belegt. Ob der Titel stärker den chtonischen Aspekt der Gottheit hervorhebt[82], darf bezweifelt werden. Vielmehr könnte der Gebrauch dieses
Titels darauf hinweisen, daß Ba'al gerade wegen seiner
Herrschaft über die Erde (und ihrer Vegetation) in
Konflikt mit Mt gerät[83].

2. Hemmende Einflüsse auf Ba'als Wirken

Der Ba'al-Zyklus, wie er jetzt in den Tafeln CTA 1-6 vorliegt, enthält eine zweifache Schilderung von Auseinandersetzungen, die Ba'al mit gegnerischen Gottheiten zu führen hat. Die Konfrontation verläuft darin nie so, daß Ba'als Sieg von vornherein feststeht. Beide Berichte erzählen vielmehr von einer zeitweiligen Niederlage[84]. In dieser Zwischenzeit hat seine Ohnmacht deutliche Rückschläge für die Vegetation des Landes zur Folge. In ausgeprägter Form kommt diese Inaktivität des Ba'al nur in dem Abschnitt über seine Auseinandersetzung mit Mt zum Ausdruck. Die vereinten Kräfte von ihm freundlich gesinnten Göttern sind dann vonnöten, um sein Schicksal zu wenden und ihn über seine Widersacher siegen zu lassen. Indirekt bezeugen auch die Krankheit des Königs Krt und die Ermordung des Königsohnes 'Aqht eine zeitweise Ausschaltung des Ba'al.

A. Ba'al und Mt[85]

In CTA 3 E[86] wird das Thema vom Palastbau für Ba'al entfaltet. Ba'als Machtübernahme im Pantheon[87] steht nämlich im Wege, daß er kein eigenes Haus besitzt wie die anderen Söhne der 'A$\underline{t}$rt und des 'Il. Vor den versammelten Göttern äußert sich 'Anat zu dieser Angelegenheit, wobei sie es nicht versäumt, die schrecklichsten Drohungen an die Adresse des 'Il zu richten. Sie macht sich auf den Weg, um ihr Anliegen 'Il persönlich zu unterbreiten. Vor dem eigentlichen Bericht über ihre Unterredung mit 'Il beschreiben die Z.24-26 die Dürre,

die im Lande herrscht:
   nrt. 'ilm. špš [. ṣḥrr] t /
   l'a. šmm[.] by[d. bn. 'ilm.m]t[88]
   "Die Leuchte der Götter, Špš, sengte[89],
   geschwächt[90] war der Himmel, durch die Schuld des
   Gottessohnes Mt" (CTA 3 E 25f.).

Die Sonne kann ungehindert ihre sengende Hitze verbreiten, weil Mt (der eigentliche Schuldige) und die anderen Götter ihr dazu die Gelegenheit geben, indem sie Ba'als Alleinanspruch auf die Herrschaft im Pantheon (diese schließt den Palastbau ein) noch verhindern. Solange Ba'al keinen eigenen Palast hat, kann er seine mäßigende Wirkung auf die Sonne nicht entfalten, er muß der Erde seinen Regen vorenthalten und notgedrungen das Feld seinem Widersacher Mt überlassen. Die sonst gute Wirkung der Špš wird so für Mensch und Tier zum Verhängnis, weil Mt verhindert, daß Ba'al seinen Regen in einem harmonischen Zusammenspiel miteinbringt. šmm steht in diesem Text als Inbegriff für alle Wetterphänomene (Wolken, Gewitter, Regen, Tau)[91], die zur Bewässerung des Landes beitragen. Schuld an allem ist nicht Špš, sondern nur Mt, was vor allem durch die präpositionale Wendung byd nahegelegt wird. Daß Mt schon an dieser Stelle des Ba'al-Zyklus auftaucht, obwohl von ihm sonst (in CTA 1-3) noch nicht die Rede war, mag zunächst befremden. Der Text findet sich im gleichen Wortlaut aber auch in CTA 4 VIII 21-24[92] und 6 II 24f.[93], so daß hier wahrscheinlich ein stereotyper literarischer Ausdruck vorliegt, der den unvollkommenen Zustand der Vegetation ausdrücken will. Ba'al ist noch nicht ganz in seine Herrschaftsposition eingesetzt und kann daher sein Wirken noch nicht voll

entfalten.
Ähnlich sieht die Lage aus in CTA 4 VIII[94] und 6 II, in denen die Anfechtung bzw. Beendigung von Ba'als Herrschaft beschrieben wird. C.H.Gordon[95] hat eindringlich davor gewarnt, den Sommer im ugaritischen Raum wegen seiner Trockenheit als eine "unfruchtbare" Zeit aufzufassen. Nach C.H.Gordon gibt es keine eigentliche "unfruchtbare" Jahreszeit in Ugarit. Trotzdem will der Mythos hier klarstellen, wie Mt Ba'al daran hindert, in die Vegetation einzugreifen. Und diese Verhinderung hat zur Folge, daß nichts Neues wachsen kann und die gesamte Vegetation durch eine übermäßig lange Dürreperiode gefährdet wird. Zu allem, auch zu der an sich guten Wirkung der Špš, braucht man noch die Segenswirkung des Ba'al, seinen Regen. So ist Špš' Aktivität zwar für jedes Wachstum unerläßlich, eine über das Normale hinausgehende lange und trockene Hitzeperiode kann aber für die Vegetation verheerend wirken. Auf die Dauer würde eine ununterbrochene Vorherrschaft der Špš, unter gleichzeitigem Ausbleiben jeglichen Niederschlages, eine Katastrophe für sämtliche Gewächse und so auch für den Menschen im Lande bedeuten.

Die Auswirkungen auf die Vegetation, die von Ba'als Abstieg in die Unterwelt ausgehen können, werden in CTA 5 II[96] beschrieben. Ba'al ist Mts Aufforderung, in die Unterwelt hinabzusteigen, nachgekommen. Die Z.2f. schildert Mts Gefräßigkeit: sein Rachen ist aufgesperrt und reicht vom Himmel bis zur Erde[97]. Gleichzeitig mit Ba'als Abstieg tritt die Katastrophe für das Land ein:

khrr. zt. ybl. ʼarṣ wpr / ʻṣm
"Es verdorrt[98] der Ölbaum, der Ertrag[99] der Erde
und die Früchte der Bäume" (CTA 5 II 5f.).

Mt kann unangefochten über die Erde herrschen. Baʻal
ist somit nicht länger in der Lage, irgendwelchen Einfluß auf das Land auszuüben. Seine Niederlage scheint
perfekt: in Baʻals Kapitulationserklärung ist kein
Schimmer von seinen früheren Machtsansprüchen übriggeblieben:

ʻbdk. ʼan. wdʻlmk
"Dein Sklave bin ich für immer" (CTA 5 II 12).

Die Episode ist gewiß eine mythische Deutung des jahreszeitlichen Naturgeschehens im Sommer[100]. Mit seiner
trockenen Hitze kann der Sommer die gesamte Vegetation
gefährden. Ein allzu trockener und heißer Sommer kann
das Saatgut und die im Wachstum begriffenen Pflanzen
schädigen. Daher darf die Herrschaft des Mt sicher
nicht "ewig" dauern. Baʻals Unterwerfung wird gewiß
nicht ohne aufschreckende Wirkung auf die Zuhörer geblieben sein; wenn tatsächlich eintreten würde, was
Baʻal hier so demütig dem Mt bekennt, dann wären die
Vegetation und damit auch die Menschen im Lande verloren. So läßt Baʻals Erklärung in Z.12 etwas von der
Spannung ahnen, mit der der Ausgang des vegetativen
Prozesses im Jahresverlauf in Ugarit verfolgt wurde.
Eine außergewöhnlich lange Dürreperiode konnte von den
Bewohnern des Landes als höchst bedeutsamer Streit
zwischen zwei göttlichen Kontrahenten verstanden werden. Der konkrete Verlauf dieses Kampfes war voll Ungewißheiten, auch wenn man daran glaubte, daß Baʻal
letzlich als Sieger aus diesem Zweikampf hervorgehen
würde.

B. Das Schicksal der Könige

Auch die Krankheit des Königs Krt und die Ermordung des Königsohnes 'Aqht bringen Rückschläge für die Vegetation. Diese Vorgänge werden zwar als direkter Anlaß für die aufgetretene Dürre gedeutet, die Dürre selbst wird aber letztlich doch auf die Absenz Ba'als zurückgeführt. So stellt sich hier die Frage, wie das Schicksal des Königs bzw. kapitale Verbrechen in Verbindung mit dem Schicksal des Ba'al zu bringen sind. Die Texte geben in dieser Frage keine klare Auskunft. Ziemlich unvermittelt werden beide Ursächlichkeiten nebeneinandergestellt, wobei allerdings die menschlichen Schicksale als vordergründiger, die göttlichen aber als tieferer Sachzusammenhang dargestellt werden. Vom Ba'al-Zyklus her kann für das Krt- und 'Aqht-Epos insoweit eine Antwort auf diese Frage versucht werden, als dort nämlich auch Ba'als Ringen um die Königsherrschaft über die anderen Götter immer entscheidende Folgen für die Vegetation aufweist. So wird man wohl die Königsideologie[101] in Ugarit für diese Darstellung verantwortlich machen müssen. Der König hat eine, allerdings dem Ba'al untergeordnete, eigene Funktion im Fruchtbarkeitsgeschehen des Landes, indem er die konkrete Gestalt des Ba'al und die mit Ba'al verbundene Weltordnung repräsentiert. In diesem Sinne wird die aufgetretene Dürre nach der Ermordung des 'Aqht auch aus der Sicht der Königsideologie her gewertet werden müssen; sie ist keine Folge, die aus dem verbrecherischen Handeln als solchem resultiert, sondern eine Konsequenz aus der Schwächung des Königshauses. Die diesen Texten zugrundeliegende Königsideologie zeigt den König als Garanten der Fruchtbarkeit: sein Schicksal hat unmittelbare Folgen für die Naturordnung. Sein Tod bzw. seine Krankheit kann zum Zusammenbruch der Vegetation führen. Ba'al ist zwar der einzige Erzeuger der Fruchtbarkeit, der König seinerseits jedoch garantiert die Fruchtbarkeit in seinem Machtgebiet[102].

3. Der Ba'al-Zyklus - eine mythische Deutung des jahreszeitlichen Kreislaufes?

In der grundlegenden Arbeit von J.C.de Moor[103] wird der Ba'al-Zyklus als mythische Wiedergabe des jahreszeitlichen Kreislaufes interpretiert. De Moor hat seine Hypothese durch eine Vielzahl von textlichen Belege zu untermauern versucht; außerdem hat er die ihm bekannten meteorologischen Daten aus dem Gebiet des alten Ugarit herangezogen, um so die fortlaufende Linie des Jahres innerhalb von CTA 1-6 (in der Reihenfolge CTA 3-1-2-4-5-6) zu belegen. Zu seiner Arbeit, die auf viele philologischen Fragen eine maßgebende Antwort gibt, sind folgende Überlegungen anzustellen:

1. Die Reihenfolge der Tafeln CTA 3-1-2 ist nicht mit letzter Gewißheit festzustellen. Der sehr fragmentarische Charakter der Tafeln 1 und 2 läßt ohnehin keine sicheren Schlußfolgerungen zu. Zudem gibt es einige Bedenken, die gegen de Moors Auffassung sprechen, die Tafel CTA 3 sei an den Anfang des Zyklus zu stellen. Vor allem wird die Erwähnung von Mt in CTA 3 E 25f. problematisch, weil sich am Anfang die Kontroverse zwischen Ym und Ba'al abspielt und sich erst nachher

die Auseinandersetzung mit Mt anbahnt. So gehört CTA 3 sehr wahrscheinlich vor CTA 4; schon in CTA 3 konzentriert sich die Aufmerksamkeit auf den Palastbau für Baʿal. Dort wird ʿAnats Bitte bei ʾIl wahrscheinlich keinen Erfolg gehabt haben, so daß Baʿal und ʿAnat sich dann der ʿA$\underline{t}$rt zuwenden und um ihre Vermittlung bei ʾIl bitten. Es gibt sehr wohl einen Unterschied zwischen den Bitten von ʿAnat und ʿA$\underline{t}$rt: ʿAnat fügt nämlich den stereotypen Bitten noch einige Verwünschungen und Beleidigungen an die Adresse des ʾIl hinzu! Und in CTA 3 D 35ff. rühmt sich ʿAnat, die Feinde des Baʿal erschlagen zu haben. Dagegen schildert CTA 2 IV, wie Baʿal - mit Hilfe der Waffen, die K$\underline{t}$r-wḤss ihm überreicht hat - Ym besiegt. Diese gegensätzliche Schilderung kann nun weder ein Argument für bzw. gegen die Reihenfolge CTA 2-3 bilden. Hier geht es um ein inhaltliches Problem des Textes, das auch bei einer Reihenfolge CTA 3-1-2 bestehen bleibt. Die Schwierigkeit ist nur zu lösen, indem ʿAnat und Baʿal in enger Verbundenheit beim gemeinsamen Kampf um die gleichen Interessen gesehen werden, so daß der Verfasser es nicht als Widerspruch empfand, zwei verschiedene Überlieferungen nebeneinander stehen zu lassen; und deshalb können sich beide rühmen, den Weg für Baʿals Herrschaft über die anderen Götter freigekämpft zu haben. Mit der Reihenfolge der Tafeln ist nun aber de Moors Hypothese einer jahreszeitlichen Deutung des Zyklus unlöslich verbunden.

2. Es ist nicht zu übersehen, daß CTA 1 und 2 in einem gewissen Gegensatz zu CTA 3-6 stehen. Der **Palastbau** (für Ym!) kommt zwar auch in CTA 2 III vor, doch wird gerade daraus ersichtlich, daß die zweifache Auseinandersetzung des Baʿal mit Ym bzw. mit Mt wohl auf zwei

ursprünglich selbständige Mythenkränze zurückgeht.
Am einleuchtendsten ist dann die Annahme, daß der
jetzige Ba'al-Zyklus zwei bereits vorgegebene Zyklen
über die Kämpfe und Siege des Ba'al zusammengebracht
hat, indem er Ba'al nacheinander über Ym und Mt siegen läßt. Es ist durchaus möglich, daß der Bericht
über die Kämpfe zwischen Ba'al und Ym dem Glauben und
den Interessen der Küstenbevölkerung, und der über
die Auseinandersetzung mit Mt den Vorstellungen der
Landbevölkerung entsprochen haben[104].

3. Verschiedene meteorologische Daten, die von de Moor
aufgeführt werden, treffen mehr schlecht als recht
auf unseren Text zu. An dieser Stelle seien hierfür
drei Beispiele angegeben.
So deutet CTA 3 C 11-14(// D 52-54.66-69.71-75) auf
die Darbringung eines Opfers hin. De Moor muß logischerweise den Text in der Zeit des Herbstregens situieren[105]. Die häufige Wiederholung des Opferritus
wertet er als Beweis für die regelmäßige Darbringung
dieser Opfer. Es ist aber sehr fraglich, ob gerade
in der Zeit des Herbstregens ein solcher Ritus - der
durch sympathetische Magie den Regen herbeibringen
sollte - öfters wiederholt zu werden brauchte. Wenn
der Ritus seinen Zweck erfüllen sollte, dann wird er
auch, ja gerade in Zeiten der Dürre ausgeführt worden sein.
De Moor situiert CTA 5 V 6-11 (Aufforderung an Ba'al,
in das Totenreich hinabzusteigen) in der ersten Hälfte
des April[106]. Die Schirocco-Winde kündigen schon den
Sommer an, so daß Ba'al nun mit seinem ganzen Gefolge
den Platz räumen muß. De Moors Tabellen über die klimatischen Verhältnisse von Latakia kann man aber ent-

nehmen, daß Donner und Blitz, bedeckter Himmel und
Niederschlag in den Monaten April-Mai nicht völlig
fehlen! Erst <u>nach</u> Ablauf dieser Monate senken sich
diese Werte rapide und radikal[107].
CTA 6 I hebt die große Lücke, die Ba'al nach seinem
Abstieg hinterlassen hat, hervor. Bei den Göttern
herrscht - neben Freude - auch allgemeine Ratlosigkeit,
denn wer hätte schon Ba'als Aufgaben für das Land
übernehmen können! Gerade der von 'A<u>t</u>rt vorgeschlagene
'<u>t</u>tr scheitert ja kläglich. So fehlt auf der Erde weiterhin alles, was in die Zuständigkeit Ba'als fällt
(vgl. CTA 5 V 6ff.). Die Trauerriten (CTA 6 I 1ff.),
die Beerdigung von Ba'al durch 'Anat (Z.15ff.) und
die großen Schlachtopfer, die darauf stattfinden (Z.
18ff.), spiegeln nach de Moor den Brauch wider, in der
zweiten Hälfte des April auf dem Ṣpn-Berg des Todes
von Ba'al kultisch zu gedenken. Ein solches Frühlings-
opfer auf dem Ṣpn[108] ist nun allerdings sehr unwahrscheinlich. Daß '<u>t</u>tr in dieser Zeit ohne Ba'al durch
künstliche Bewässerung dem herrschenden Wassermangel
abzuhelfen versucht[109], ist eine Vermutung, für die
es im Text keine Anhaltspunkte gibt. Der Ritus des
Wasserschöpfens (CTA 6 I 66f.) wird sehr wahrscheinlich
von Ba'als Gefolgschaft ausgeführt worden sein und ist
konkret im Tempel, nicht auf dem Ṣpn zu lokalisieren.
Er kann grundsätzlich für alle Zeiten gelten, in denen
Dürre herrscht, nicht nur für die von de Moor postu-
lierte Zeit im April.

Solche Überlegungen mahnen zur Vorsicht und lassen es
nicht zu, die Texte immer und jeweils mit exakt fixier-
baren Jahreszeiten in Verbindung zu bringen, um sie
dann von diesen postulierten Fixpunkten aus zu inter-

pretieren. Vor allem scheitert der Versuch, den Fortgang des Textes im Baʿal-Zyklus genau auf den Verlauf des jahreszeitlichen Zyklus abzustimmen. Der Bericht über die Auseinandersetzungen zwischen den Göttern entspricht gewiß den jahreszeitlich gebundenen Bedrohungen und Freuden einer Ackerbaukultur. Nur sollte man den Zyklus nicht so weit allegorisieren, daß neben dieser parallelen Grundstruktur auch noch die meisten Einzelheiten des Zyklus genau im Ablauf der Jahreszeiten untergebracht werden können. Der Baʿal-Zyklus enthält eine großartige, mythologische Schilderung der verschiedenen Gefährdungen, der Niederlage und der Wiedererstehung des Baʿal. Hierin hat der Mensch von Ugarit sicher seine eigene Welt wiedergefunden bzw. sie gedeutet; nur läßt sich darin nicht der konkrete, detaillierte Verlauf der kommenden Ereignisse ablesen.

4. Die Zeugungen des Baʿal

Außer den Andeutungen über Baʿals Verbindung mit den Wetterphänomenen bieten die mythologischen Texte aus Ugarit auch Berichte über Zeugungen des Baʿal. Es fällt aber auf, daß diese Berichte zum Teil unterschiedliche Zwecke verfolgen, so daß das Motiv der Zeugung keinen einheitlichen Charakter aufweist.

A. CTA 5 V 17b-24[110] berichtet über Baʿals Zeugung, unmittelbar bevor er in die Unterwelt absteigt:
    bʿl / yʿuhb. ʿglt. bdbr.
    prt / bšd. šḥlmmt.
    škb / ʿmnh. šbʿ. lšbʿm /

tš[ʻ]ly[111]. ṯmn. lṯmnym /
w[ṯh]rn[112]. wtldn mṯ /
ʼal[ʼiyn bʻ]l šlbšn / ʼi[------]lh.
"Baʻal liebt[113] eine Kuh in Dbr[114],
eine Färse im Gefilde Šḥlmmt[115];
er schläft ihr 77 mal bei[116],
sie wird 88 mal gedeckt[117].
Danach empfängt sie und gebiert ihm ein Junges[118].
ʼAlʼiyn Baʻal bekleidet es..." (CTA 5 V 17b-24).

Ort der Handlung ist die unmittelbare Nachbarschaft der Unterwelt[119]. Bevor Baʻal selbst in die Unterwelt hinabsteigt, führt er den Ratschlag (der ʻAnat?) aus und hat Umgang mit einer Kuh. Sehr wahrscheinlich hat Baʻal zu diesem Zweck die Gestalt eines Stieres angenommen: in Z.4 sind die Worte npš ʻgl noch zu lesen[120]. Baʻals göttliche Potenz, welche die der Menschen weit übersteigt, macht die Kuh trächtig, und sie gebiert ihm ein männliches Jungtier. Das Tier spielt in der weiteren Erzählung keine Rolle mehr, so daß die Zeugung in Zusammenhang mit Baʻals unmittelbar bevorstehendem Abstieg in die Unterwelt gesehen werden muß. In diesem Zeugungsakt sorgt Baʻal dafür, daß - auch bei einem längeren Verbleib in der Unterwelt - ein Nachkomme seinen Platz einnehmen und seine Aktivität auf der Erde weiterführen kann[121]. Die Szene will nur ein hoffnungsvolles Zeichen in dieser Episode des Mythos setzen. Das Jungtier soll dafür bürgen, daß Baʻal in der Zwischenzeit nicht völlig ausgeschaltet ist; seine Rückkehr steht ebenso fest, wie die Auswirkung seines Zeugungsaktes.

B. CTA 10 und 11[122] enthalten einen weiteren Bericht über eine Zeugung des Ba'al. CTA 10 ist leider unvollständig erhalten und aus zwei Fragmenten zusammengesetzt. CTA 11 ist nur noch ein winziges Teilstück der ursprünglichen Tafel. Beide Bruchstücke handeln von der Liebe zwischen Ba'al und 'Anat und haben wahrscheinlich einst zu einer einzigen Tafel gehört. Das Verhältnis zu den anderen Ba'al-Texten aus dem Ba'al-Zyklus ist schwer zu bestimmen. An sich weisen CTA 10/11 viel Ähnlichkeiten auf mit CTA 5 17b-24, nur ist hier nicht von einem bevorstehenden Abstieg in die Unterwelt die Rede. Die geographischen Bezeichnungen der beiden Texte sind verschieden[123]. In CTA 10 II 4f. bestätigen Ba'als Diener[124], daß Ba'al nicht in seinem Palast verbleibt[125], sondern mit seinem Bogen[126] nach Wildrindern jagt. 'Anat fliegt deshalb zum Jagdplatz[127], um Ba'al dort zu treffen. Sobald Ba'al sie bemerkt, begrüßt er sie und fällt ihr zu Füßen. Das Gespräch der beiden ist schwer zu deuten, aber sicher findet sich darin eine Aussage über die Feinde des Ba'al[128]. 'Anat schlägt nun die Augen auf und bemerkt einen Stier; denn Ba'al hat sich in einen r'um verwandelt[129]. Danach wird der Text zu fragmentarisch und in Z. 35 bricht die II.Kol. völlig ab.

CTA 10 III 14f. beschreibt, wie Ba'al auf seinem Herrscherthron sitzt. Die Z.20f. antizipieren die Geburt eines Jungtieres ('ibr// r'um)[130], während die Z.23ff. die Paarung der beiden Götter beschreibt. 'Anat (?) begibt sich danach zum Ṣpn[131] und teilt Ba'al mit, daß ihm ein Stier geboren ist. Ba'al freut sich sehr darüber.

CTA 11 bietet eine realistische Schilderung der sexuellen Vereinigung zwischen Ba'al und 'Anat. Auch hier

wird die Geburt eines Nachkommens angekündigt; außerdem werden die K$\underline{t}$rt erwähnt (Z.6)[132].
Einige Ähnlichkeiten mit CTA 5 V 17b-24 fallen hier auf. Die Zeugung wird an beiden Stellen in Zusammenhang mit Ba'als Sieg über die Feinde gebracht. In CTA 10/11 wird allerdings Mt nicht erwähnt, so daß der konkrete Anlaß für die Zeugung ein anderer gewesen sein mag.
Von CTA 10/11 aus kann man Ba'als Partnerin in CTA 5 V als 'Anat deuten. In beiden Fällen scheint die Zeugung mit der Festigung und der Fortdauer der Herrschaft des Ba'al zu tun zu haben. Die Zeugung von Nachkommenschaft soll garantieren, daß Ba'als fruchtbarkeitbringende Macht nicht aufhört; sie verstärkt und sichert seine Macht.
Die Zeugungen des Ba'al scheinen nie direkt zwischen ihm und einer anderen Gottheit stattzufinden. Immer geschieht dieser Vorgang mittels Zwischengestalten, wobei er als Stier und seine Partnerin als Kuh dargestellt werden. Dagegen ist das gleiche Thema der göttlichen Zeugung in CTA 23 völlig anders ausgearbeitet: dort hat 'Il mit 'A$\underline{t}$rt und R$\d{h}$my Gemeinschaft, ohne daß die menschlichen Züge abgelegt werden.
CTA 10/11 scheint die Interpretation des Zeugungsaktes in CTA 5 V als Sicherung der Herrschaftsposition in Gefahrensituationen zu bestätigen. Während Ba'al nicht in seinem Haus verweilt (bildlicher Ausdruck für seine momentane Schwächung bzw. Inaktivität im Fruchtbarkeitsgeschehen auf der Erde?), bewegt 'Anat ihn dazu, ein Jungtier (mit ihr) zu zeugen. So scheint die Zeugung der Nachkommenschaft Voraussetzung für die weitere Ausübung seiner Macht bzw. die Fortdauer seiner Aktivität zu sein. Durch sexuelle Gemeinschaft garantiert Ba'al den Fortbestand seiner segensreichen Wir-

kung auf der Erde. Ba'als Zeugungen dürfen deshalb nicht von ihrer Funktion für die Fruchtbarkeit des Landes getrennt werden. Sie sind der Beweis dafür, daß Ba'al selbst sein Wirken für das Land nie aufgeben will und sie bestätigen zugleich, daß es göttlicher Art ist und sicher zum Erfolg führt.

C. Anders liegt der Sachverhalt in CTA 12[133]. Der Inhalt dieser Tafel ist wegen seines schlechten Zustandes nur unvollkommen wiederzugeben. Kol.I fängt mit einer Klage der Dienerinnen von Yrḫ(Tlš) und 'Atrt (Dmgy) an. 'Il beordert die beiden in die Wüste[134], wo sie wilde Tiere gebären[135], die 'aklm[136] bzw. 'qqm[137] genannt werden. Von diesen Tieren wird gesagt:

b'l. ḥmdm. yḥmdm /
bn. dgn. yhrrm.

"**Ba'al wird sehr heftig nach ihnen begehren**[138]
der Sohn des Dgn nach ihnen verlangen[139]" (CTA 12 I 38f.).

Offensichtlich ist 'Il davon überzeugt, daß Ba'al von diesen Tieren nicht ablassen wird. Es kommt so, wie vorausgesehen: während der Jagd sieht Ba'al die Tiere und will Umgang mit ihnen haben[140]:

b'l. ngṯhm. bp'nh /
w'il hd. bḥrẓ'h[141].

"Ba'al sucht sie[142] mit seinen Füßen[143],
der Gott Hd mit seinen Lenden[144]" (CTA 12 I 40f.).

Die Textlücke zwischen der I. und II. Kol. erschwert die Interpretation des Folgenden. Die Tiere (sind es Neugeborene aus der Gemeinschaft von Ba'al mit den 'aklm bzw. 'qqm?) ergreifen Ba'al. Dieser stürzt zu Boden[145], wo ihn eine schwere Krankheit überfällt[146], so daß er dem Tode nahe ist[147]. Das hat nun unmittelbare Konsequenzen für die Vegetation der Erde:

 tr'. tr'n[148]. 'a[rṣ]/
 bnt. šdm. ṣhr[ ]/
 šb'. šnt. 'il. ml'a.[?]/
 wtmn. nqpt. 'd
 "Dem Verderben unterliegt[149] die Erde[150],
 der Ertrag der Felder[151] verdorrt[152].
 Sieben Jahre macht 'Il voll[153]
 und acht Zeitwenden[154]" (CTA 12 II 43-46).

Ba'als Brüder suchen den Vermißten. Nach 77-88 Tagen findet ihn der Führer seiner Sippe[155] und erkennt den Tatbestand, dem Ba'al zum Opfer fiel[156]. Es folgt schließlich die Beschreibung eines Wasserritus[157]. Es ist schwierig, in diesem fragmentarischen Text einen Sinnzusammenhang zu entdecken. Das Verhältnis der zwei unvollständig erhaltenen Kolumnen ist durch die Lakune zwischen beiden noch zusätzlich erschwert. Wahrscheinlich ist der Text mit der II.Kol. noch nicht abgeschlossen, so daß die eigentliche Absicht des Textes hier gar nicht zum Ausdruck kommt[158]. So gibt es in der Ugarit-Forschung eine Menge Deutungsversuche für diesen Text, unter denen die von A.S.Kapelrud[159] und J. Gray[160] besonders zu erwähnen sind.

 Kapelrud deutet die 'aklm bzw. 'qqm als Heuschrecken. Kol.I beschreibt dann eine Heuschreckenplage und die damit verbundene Bedrohung des Landes. Ba'al selbst wird mit dieser Periode der Unfruchtbarkeit in Zusammenhang gebracht, indem hier mythologisch dargestellt wird, wie er seine Begierde zu den Ungeheuern nicht beherrschen kann. Durch seine Kopulation mit diesen Tieren teilt er ihnen seine

Potenz mit: die Tiere können sich nun in einem
solchen Ausmaß vermehren, daß eine Katastrophe
für Ba'al selbst - und so auch für die irdische
Vegetation - nicht ausbleiben kann. Ba'al will
für diesen Fehltritt Sühne leisten, denn er weiß,
daß er seinen Brüdern damit Böses angetan hat.
Für längere Zeit (7-8 Jahre) will er die Erde mit
seiner Fruchtbarkeit segnen. Die führende Gottheit
während Ba'als Abwesenheit findet ihn in der kritischen Phase des Übergangs vom Tod zum Leben.
Ba'al berichtet ihm, was geschehen ist, und bekun-
det seinen Willen, alles wiederherzustellen. Die
Z.59ff. beschreiben schließlich Riten, die der
König auszuführen hat, wenn Ähnliches (Heuschreckenplage und die damit verbundene Hungersnot) nochmals auftreten würde.
Dagegen versucht J.Gray den Text auf eine konkrete
soziale Institution zurückzuführen[161], indem Ba'al
hier für den Brudermord verantwortlich gemacht
wird, den er vorher verübt hat[162]. Der šr 'aḫyh,
"der Rächer seiner Brüder"[163], ist niemand anders
als Mt selbst. J.Gray belegt seine Interpretation mit altorientalischen Parallelen, die eine
Verbindung von Brudermord und Unfruchtbarkeit des
Landes aufweisen[164]. Der 7- oder 8-jährige Zyklus
der Eklipse des Ba'al legt nach Gray eine Verbindung mit dem Sabbatjahr nahe[165] und ist so indirekt
auch vom Fruchtbarkeitskult her zu interpretieren;
dennoch wird er von einer spezifischen, soziologisch bedingten Institution her gedeutet, weil er
letzlich die Bestrafung des Brudermordes erklären
und sanktionieren will.
Gray hat diese Interpretation später in einigen

Punkten revidiert[166], nachdem er sich mit der Untersuchung von Kapelrud hatte auseinandersetzen können. Vor allem bemüht er sich nun, einen Zusammenhang von CTA 12 mit dem größeren Baʿal-Zyklus herzustellen. Anlaß für das hier beschriebene Geschehen wäre dann Baʿals Tötung der Söhne der ʾA̱trt in CTA 6 V 1-3. Grundsätzlich schließt er aber die Möglichkeit nicht aus, daß CTA 12 als Ausarbeitung eines kleineren Abschnittes aus dem Baʿal-Zyklus in einem Heiligtum außerhalb von Ugarit verfaßt wurde[167]. Gray möchte CTA 12 im Rahmen des großen Herbstfestes in Kanaan ausgelegt wissen: die Gesetze und die politische Ordnung werden während des Festes vorläufig aufgehoben[168]; die Chaos-Mächte drohen dann überhand zu nehmen[169], Krankheit und Fieber überfallen den Menschen[170]. Auch der Ort der Handlung, die Wüste, als Schauplatz der Schwächung des Baʿal[171], weist auf das große Herbstfest hin, an dem Sühne für das (allerdings notwendige) Töten der Söhne der ʾA̱trt geleistet wird.

Die Frage nach dem Sitz im Leben dieses Textes, so hypothetisch jede vorgeschlagene Interpretation auch sein mag, erweist sich als unausweichlich. Sicher scheint der Anlaß für die hier beschriebene Gefährdung des Baʿal eine bestimmte Unordnung in den Naturverhältnissen zu sein. Wenn die Natur welkte, konnte man sich das in Ugarit offensichtlich nicht ohne Bezugnahme auf Baʿal erklären. So mußte also Baʿal selbst etwas zugestoßen sein. Eine konkrete, soziologisch bedingte Institution wie die Bestrafung des Brudermordes scheint aber hier nicht vorzuliegen[172]. Baʿals Krankheit und Schwächung ist nicht so sehr die Bestrafung durch einen

anderen (wen?) wegen eines bestimmten Vergehens, sondern vielmehr die immanente und unvermeidliche Konsequenz einer Tat, die er selbst - in seiner Eigenschaft als Fruchtbarkeitsgott - getan hat. Deshalb kommt der Richtung, die A.S. Kapelrud angedeutet hat, größere Wahrscheinlichkeit zu: der konkrete Anlaß dürfte eher in einer bestimmten Naturkatastrophe zu sehen sein.
In CTA 12 liegt also eine andere, unabhängige Variante der Erzählung von Ba'als Abstieg und Tod vor, indem die Ursache für eine konkrete Fehlentwicklung in der Natur in Ba'als eigener, ungezügelter Fruchtbarkeitskraft gesucht wird. Wie der Ba'al-Zyklus die Gefährdung der Vegetation durch eine allzu lange sommerliche Hitze- und Dürreperiode erklären will, so versucht CTA 12 einmalige Katastrophen (Ungeziefer, das die Ernte vernichtet) auf ihre eigene Art zu begründen. Obwohl die Beschreibung der Tiere nicht ohne weiteres auf Heuschrecken zutrifft[173], spricht doch einiges dafür, daß hier bewußt Größe und Aussehen der Tiere verzerrt wurden, um so den mythischen Charakter dieser Wirklichkeitsinterpretation zu unterstreichen. Daß Heuschrecken eine verheerende Wirkung auf das ganze Land ausüben konnten, war im Alten Orient hinreichend bekannt[174]. Die sieben bzw. acht Jahre sind in diesem Kontext nicht wörtlich, sondern symbolisch aufzufassen. Sie wollen nur ausdrücken, daß es hier um eine ungewöhnlich lange Zeit geht[175].
CTA 12 scheint somit die Fruchtbarkeitskraft des Ba'al ins Absurde zu führen. Genauso wie Ba'als Regen das Wachsen der Vegetation erst möglich macht, kann seine Fruchtbarkeit auch auf Irrwege geraten und Kräfte ins Leben rufen, die dann sowohl für ihn selbst wie auch für die gesamte Vegetation eine äußerste Gefährdung

bedeuten. Konfrontiert mit einem unübersehbaren Schwarm von alles verzehrenden Tieren (wobei die Heuschrecken als Typos für alle vernichtende Mächte in der Vegetation stehen können), kann der Ugariter das Auftauchen solcher Massen nicht anders erklären als in Verbindung mit Ba'al selbst. Nur muß man annehmen, daß die fruchtbarkeitbringende Kraft des Ba'al pervertiert ist. Seine Fruchtbarkeit steht hier nicht im Dienst der Menschen, sondern ist letztlich gegen sich selbst und so auch gegen die Bewohner im Lande gerichtet. Für diesen Fehltritt des Fruchtbarkeitsgottes muß das ganze Land büssen. Deshalb sollen "seine Brüder" (d.h. hier konkret, seine Gefolgschaft im Lande) die Ursachen solcher Naturkatastrophen herausfinden, so daß man auf geeignete Weise Abhilfe schaffen kann, indem man den todkranken Ba'al durch Wasserriten (ausgeführt vom König) wieder zu neuem Leben anregt.

KAP. II: BA'ALS BEZIEHUNG ZUM VOLK

Das Hauptgewicht bei der Beschreibung von Ba'als Wirken liegt in den Ugarit-Texten sicher auf seiner Funktion im Fruchtbarkeitsgeschehen des Landes. In Ba'als Zuständigkeit für das Gedeihen der Vegetation ist die Mitte der eigentlichen Ba'al-Vorstellung zu suchen. Die Texte stellen vor allem die Zeichen am Himmel heraus, die Ba'als Macht bekunden und seine Aktivität repräsentieren. Das Schicksal des Menschen ist mit

diesem Naturgeschehen unlöslich verbunden: Dürre und
Hungersnot sind Folgen von Ba'als Abstieg in die Unterwelt. Die Sorge um die Vegetation und das tägliche
Brot, das unberechenbare Spiel der Naturkräfte spiegeln
sich so im Schicksal des Ba'al selbst wider. Dagegen
fließen die ugaritischen Quellen viel spärlicher, wenn
es darum geht, die innerlich-religiöse und gefühls-
mäßige Verbundenheit des Volkes mit seinen Göttern
zu beschreiben. Wenn aus diesem Bereich doch Antworten erwartet werden können, dann besonders in Bezug
auf Ba'al. Sein Wirken in der Vegetation erweist
gewiß seine Zuständigkeit für das konkrete Heil seiner
Verehrer, und ihr Geschick ist mit seinem verflochten.
Aber es fragt sich, ob es sich dabei nur um eine naturhafte, durch die Vegetation bestimmte Verbindung handelt oder ob sich darüber hinaus auch noch ein persönlich geprägtes Verhältnis zwischen Ba'al und den Menschen von Ugarit aufweisen läßt.

§ 1. Ba'al - ein Gott des Volkes?

Anders als 'Il kommt Ba'al den konkreten Bedürfnissen
der Bevölkerung im Lande entgegen; so tritt er in den
Texten als der menschennähere Gott hervor, der geben
kann, was das Volk täglich braucht.
Die Stellung des Ba'al im ugaritischen Pantheon, besonders sein Verhältnis zu 'Il, ist nicht sonderlich durchsichtig. Sicher wird man mit einer beachtlichen Entwicklung in den Gottes- bzw. Pantheonvorstellungen

rechnen müssen. Dennoch scheint sich dieser Vorgang
nicht so abgespielt zu haben, als ob Ba'al - als die
jüngere Gottheit - allmählich den älteren 'Il-Glauben
und damit 'Il verdrängt hätte[1]. Vielmehr scheinen
beide Gottheiten in den mythologischen und epischen
Texten einen eigenen Status und Aufgabenbereich auf-
zuweisen, so daß von einem eigentlichen Konkurrenz-
kampf zwischen beiden nicht die Rede sein kann[2]. Die
Auseinandersetzungen zwischen den verschiedenen Göttern,
die ja am ehesten auf eine derartige religionsgeschichtliche Verdrängung einzelner Gottheiten hinweisen könnten, scheinen die Stellung des 'Il selbst nie gefährdet zu haben; er bleibt von den großen Machtkämpfen
verschont, wird von den streitenden Parteien um Unter-
stützung gebeten und von ihnen gar nie tätlich angegriffen[3]. So können auch 'Anats drohende Worte ihn
nicht bewegen, dem Palastbau für Ba'al zuzustimmen
(vgl. CTA 3 E). Das erreicht erst die Ankunft und die
Bitte der 'Atrt (vgl. CTA 4 V). 'Il steht deutlich
über den für diese Welt lebenswichtigen Kämpfen der
Götter; er faßt die Beschlüsse, wenn etwas entschieden
werden muß[4], er vollzieht als erster die Riten[5], er
spricht den Segen aus, wenn er darum gebeten wird[6].
Seine nicht unbedeutende Aktivität wird fast immer
von anderen veranlaßt. Eben weil er sich nicht direkt
um die Durchsetzung der Interessen einer der streitenden Parteien bemüht, erhält er den Charakter einer
gutwilligen, aber menschenfremderen, entfernten Gottheit, die vor allem auf ihre Ruhe und eigene Sorglosig-
keit bedacht ist. So kann 'Il sich nur freuen, wenn
er die Last der Weltlenkung nach der Interimszeit wieder abgeben kann (vgl. CTA 6 III 18f.).
Demgegenüber ist Ba'als Verbindung zu den Bewohnern

des Landes viel umfassender und direkter. Von seiner
Wirkweise her ist Ba'al der Gott eines bestimmten Landes (nicht primär im nationalen, sondern im geographischen Sinne). Wenn seine Aktivität sich hauptsächlich in der Schenkung des Regens entfaltet, dann ist
diese naturgemäß auch an einen bestimmten Landstrich
gebunden. Seine Menschennähe kommt dann vorwiegend
darin zum Ausdruck, daß die Gabe seines Regens dem
Land, der Vegetation und so letzlich auch den Bewohnern in diesem Lande zugute kommt.
So erhebt sich die Frage, welches Gottesverständnis
hier eigentlich vorliegt: kann man Ba'al als eine reine
Naturgottheit abtun, die ihre Gaben gemäß den Gesetzen
der Natur über das Land ausgießt, oder existiert darüber
hinaus zwischen Ba'al und den Menschen im Lande ein
persönliches Verhältnis, das ihn als einen Gott dieses
Volkes ausweist? Die Existenz zahlreicher lokaler
Ba'al-Gottheiten könnte darauf hinweisen, daß die Bewohner eines bestimmten Landes immer den einen Ba'al
als die Gottheit empfanden, die ihren konkreten und
situationsbedingten Nöten entgegenkam. Die Erdverbun-
denheit des Ba'al würde dann einen doppelten Aspekt
aufweisen, nämlich unpersönlich-naturhafte Züge wie
auch ein personal ausgerichtetes Sich-Kümmern um die
Landbevölkerung. Die Frage wird kaum mit einem Ent-
weder-Oder beantwortet werden können, denn hier kann
es sich höchstens um (allerdings wesentliche) Akzent-
setzungen handeln, deren Grundvoraussetzungen erörtert
werden müssen.
Auf alle Fälle lassen einige Texte deutlich erkennen,
daß man in Ugarit auch von einer besonderen Verbindung zwischen Ba'al und der Bevölkerung ausgegangen

ist, ohne daß man deshalb schon von einem Gott des Volkes im strengen Sinne sprechen kann. Nur insoweit Ba'al über seine Funktion als Fruchtbarkeitsgott hinausragt, kann man sagen, daß er sich von seinem landgebundenen Charakter löst. Hinweise auf eine solche Überhöhung finden sich im Ba'al-Zyklus und im 'Aqht-Epos.

1. CTA 4 VII 49-52[7]

In CTA 4 VII wird über die Öffnung des Fensters im Ba'al-Palast berichtet. Unmittelbar danach findet eine kämpferische Auseinandersetzung mit den Feinden des Ba'al statt. Ba'al weiß, daß er sich der Begegnung mit Mt nicht entziehen kann. Er weiß auch, daß dieser Schritt unausweichlich seinen (zeitweiligen) Abstieg in die Unterwelt sowie seine Entmachtung als Herrscher nach sich ziehen wird. Trotzdem sieht er dieser Begegnung furchtlos entgegen: die kommenden Ereignisse werden seiner Herrschaftsposition über die anderen Götter und seinem Stellenwert im Leben der Menschen keinen Abbruch tun. So kann er mit großer Selbstsicherheit sagen:

'aḥdy[8].dym/lk. 'l. 'ilm.
dymr'u[9]/ 'ilm. wnšm.
dyšb['][10]. hmlt. 'arṣ.
"Ich allein[11] bin es, der über die Götter herrscht,
der fett macht[12] Götter und Menschen,
der sättigt das Volk der Erde" (CTA 4 VII 49-52).

Ba'als direkte Verantwortung und Zuständigkeit für das Wohlergehen der Götter und der Menschen wird in dieser Textstelle klar ausgesprochen[13]. Seine Segenswirkung wird hier umfassender als sonst geschildert, denn die Betonung liegt primär nicht auf der Fruchtbarkeit

der Erde (denn außer den Menschen werden auch die
Götter erwähnt), sondern auf Ba'als weitergreifendem,
wohlwollendem Einfluß. Er bewirkt das Heil für Götter und Menschen. Das schließt jedoch nicht aus, daß
seine Segenstätigkeit für das Volk vorwiegend auf die
Fruchtbarkeit des Landes ausgerichtet ist; diese selbst
ist ja Grundlage für das allgemeine Wohlbefinden aller.
Ba'als Tun begegnet hier in enger Verbindung mit der
Ausübung seiner Königsherrschaft. Vor seiner Begegnung
mit Mt ausgesprochen, bilden diese Worte ein wichtiges
Interpretament für die Deutung der weiteren Ereignisse
und des gesamten Zyklus. Als vorweggenommene Grundsatz-
erklärung bei seinem Abstieg in die Unterwelt lassen sie
keinen Zweifel darüber aufkommen, daß Ba'al letztlich
Mt überlegen sein wird und daß er siegreich wiederkommen wird. Denn Götter und Menschen sind auf ihn
angewiesen.

2. CTA 5 VI 23f.(// 6 I 6-8)[14]

Nachdem 'Il den Tod des Ba'al erfahren hat, verrichtet
er Trauerriten und spricht folgende Worte:
    b'l. mt.
    my. l'im. bn/ dgn.
    my. hmlt. 'atr/ b'l.
    'ard[15]. b'arṣ.
    "Ba'al ist gestorben!
    Was nun mit dem Volk des Dgn-Sohnes,
    was nun mit dem Volk der Anhänger[16] des Ba'al?
    Ich will selbst in die Unterwelt[17] absteigen"
(CTA 5 VI 23-25).

Im gleichen Wortlaut kommen diese Zeilen nochmals in
CTA 6 I 6-8 als **Klage** der 'Anat vor. Es liegt also

wahrscheinlich eine formelhafte Wendung vor, die dem Volk geläufig gewesen sein muß und die nun an dieser Stelle den Göttern in den Mund gelegt wird. Es ist durchaus denkbar, daß diese Worte als kultischer Ruf bekannt waren[18]. Sie bezeugen die Bedeutung und Stellung, die Baʽal im Leben der Menschen innehat. Aus diesem Ausruf wird spürbar, wie verloren und sich selbst überlassen sich die Menschheit im Lande erfährt, wenn ihr die segensreiche Wirkung des Baʽal entzogen ist. Beendet er sein Tun, so sind die einzelnen und die Gemeinschaft davon betroffen. Festzuhalten ist allerdings, daß diese Verlorenheit hier primär wiederum mit dem Ausbleiben des Regens zusammenhängt, weil mit Baʽal auch diese Gabe der Erde entzogen wird. ʼIls Reaktion auf die Nachricht des Todes ist bezeichnend. Obwohl er sicher nichts unternommen hat, um das Schicksal von Baʽal abzuwenden, initiiert er die allgemeine Trauer. So scheint sich hier ein fatales, unausweichliches Ereignis mit Baʽals Tod vollzogen zu haben: keine Gottheit kann oder will dies verhindern, alle bedauern jedoch dessen Ausgang und Folgen.

3. CTA 19 III/IV[19]

Eine hilfreiche Rolle spielt indessen Baʽal im schicksalsbeladenen ʼAqht-Epos. Bei Dnʼils Suche nach dem Mörder seines Sohnes, bittet er Baʽal, er möge den Adlern, die in der Luft herumfliegen, die Flügel zerbrechen und sie zu seinen Füßen herunterfallen lassen, damit er sie aufschneiden und ihr Inneres nach den Überresten seines Sohnes untersuchen könne. Baʽal willigt in diese Bitte ein. Als Dnʼil in den Adlern nichts entdeckt, bittet er Baʽal ihnen die Flügel wiederherzustellen und sie fliegen zu lassen. Erst bei

ṣml, der Mutter der Adlerfamilie, führt die Obduktion
zum Erfolg. Jetzt kann Dnʼil seinen Sohn begraben.
Baʽal soll für Ruhe und Frieden am Grab seines Sohnes
sorgen. Danach folgen Verfluchungen über drei Ortschaften, die für den Mord verantwortlich gemacht
werden. Bei der dritten Stadt (ʼablm)[20] soll Baʽal
als Vollstrecker der Strafe fungieren: er soll sie
für alle Zeit "blind machen"[21].
Das wundervolle Wirken Baʽals an dieser Stelle ist
gewiß von Bedeutung; von größerer Relevanz im Rahmen
der hier anstehenden Problematik ist jedoch die Hilfe,
die er bei der Suche nach dem Mörder leistet. Hier
erweist Baʽal sich als Freund und treuer Helfer des
Dnʼil. Ihm geht nicht nur das harte Schicksal des
kinderlosen Dnʼil zu Herzen, er bittet auch ʼIl, dem
Dnʼil Nachkommenschaft zu verschaffen, und setzt sich
- nach der Erschlagung des ʼAqht - tatkräftig ein,
um den wahren Mörder ausfindig zu machen. Ungewollt
sieht Baʽal sich damit der ʽAnat gegenübergestellt.
Doch wird sie nicht als Mörderin angeklagt, weil sie nur
auf ʽAqhts wundertätigen Bogen eifersüchtig war und
nun bereut, daß die Ereignisse eine solche Wendung
genommen haben. Bei der Suche, Verfluchung und
Bestrafung der Täter bleibt sie deshalb auch unerwähnt.
Baʽal transzendiert in dieser Episode ganz deutlich
seine Stellung als Fruchtbarkeitsgott. Er zeigt sich
als der Vertraute und Freund des Dnʼil, er scheut sich
auch nicht, dies in einer konkreten Notlage unter Beweis zu stellen.

4. Baʻal und die menschliche Fruchtbarkeit

Während in den mythologischen Texten die Aussagen über Baʻals Tätigkeit in der Vegetation überwiegen, enthalten die "epischen" Texte einige Hinweise, daß ihm auch das Problem der Kinderlosigkeit nicht gleichgültig ist und er auch in diesem Bereich eine nicht unbedeutende Funktion zu erfüllen hat.
In CTA 14 trauert Krt um den Tod seiner Frau und seiner Kinder. Durch einen Schicksalsschlag hat er sie allesamt verloren. In einem Traum teilt ʼIl ihm aber mit, wie er wieder zu einer Frau und zu einer zahlreichen Nachkommenschaft kommen kann. Er empfiehlt ihm, sich rituell zu waschen (II 62-64) und ein Gemeinschaftsmahl vorzubereiten (Z.65-72); dann soll er auf den Turm des Tempels steigen, auf die Oberkante der Mauer, und seine Hände zum Himmel erheben. Er soll ʼIl opfern und auch Baʻal mit einem Opfer bedenken; daß Baʻal hier erwähnt wird, ist bedeutsam, denn zunächst ist nur ʼIl die einzige aktive Gottheit im Kontext. Dieser Text sowie der Bericht über die Ausführung des Opfers in den Z.156-172 geben sehr wahrscheinlich ein zutreffendes Bild von den Gewohnheiten, die in Ugarit bei Kinderlosigkeit gebräuchlich waren. Festzuhalten ist dabei die Funktionsverteilung zwischen ʼIl und Baʻal. Obwohl ʼIl der Initiator bei der Lösung des Problems ist, scheint man sich in Ugarit einen derartigen Vorgang nicht ohne Beteiligung Baʻals vorstellen zu können. Die größere Rolle, die ʼIl hier spielt, kann durchaus mit dem Skopus des Epos begründet werden: es geht zunächst um den Fortbestand der Dynastie des Krt[22]. Die irdische Königsherrschaft wird besonders mit dem statischen Königtum des ʼIl, nicht mit dem

dynamischen des Baʻal in Verbindung gebracht[23]. Daß
Baʻal dennoch in diesem Kontext erwähnt wird, gibt
seiner Stellung in Fragen der Kinderlosigkeit noch
größeres Gewicht.
Vor der Stadt ʼudm gelagert, zwingt Krt den König Pbl,
ihm seine Tochter Ḥry als Frau zu geben. CTA 15 II[24]
schildert die Vorzüge der Braut: sie ist bei den Bewohnern von ʼudm außerordentlich beliebt. Die Hochzeit
findet in Anwesenheit der Götterversammlung statt.
Nun bittet Baʻal den ʼIl, diese Ehe zu segnen. In einem feierlichen Trinkspruch verkündet ʼIl, daß diese
Ehe reichlich mit Kindern gesegnet sein wird: acht
Söhne und sechs Töchter sollen aus dieser ehelichen
Verbindung hervorgehen. Anders als in CTA 14 ergreift
nun Baʻal bei der eigentlichen Hochzeit die Initiative: er bitten ʼIl um seinen Segen über diese Ehe.
Der Segensspruch wird als zuverlässig und wirksam dargestellt, denn gleich danach muß der Bericht über die
Geburt der Kinder gestanden haben. Wie für CTA 14
gilt es auch hier festzuhalten, daß die Funktion des
ʼIl von der Königsideologie her vorgegeben ist, während Baʻals Auftreten darauf hinweist, wie sehr sein
Tun mit dem Leben der Menschen, auch und gerade mit
dem Kindersegen, verbunden ist[25].
Die Eröffnungsszene von CTA 17[26] erinnert stark an
CTA 14: nun sitzt Dnʼil sieben Tage lang in Trauer,
weil er kinderlos geblieben ist. Am siebenten Tag[27]
sucht Baʻal ihn auf. Im Gegensatz zu ʼIl in CTA 14
weiß Baʻal gleich um den Grund der Trauer. Baʻal fordert ʼIl auf, Dnʼils Unglück zu beenden:

    ltbrknn lṯr. ʼil ʼaby /

    tmrnn. lbny. bnwt /

wykn. bnh bbt.
šrš. bqrb / hklh...
"Du sollst ihn segnen[28], Stier 'Il, mein Vater[29],
du sollst ihn stärken[30], Schöpfer der Geschöpfe[31],
daß sein Sohn im Hause sein kann,
ein Sproß inmitten seines Palastes" (CTA 17 I 24-27).

Der alternde Dn'il kann nur durch Nachkommenschaft den notwendigen Schutz und die ihm gebührende Sicherheit erlangen (vgl. I 27-34). Es folgt eine Aufzählung der Aufgaben, die ein Sohn seinem Vater gegenüber zu erfüllen hat[32]. Mit einem Hinweis auf die Opfer, die Dn'il im Tempel des Gottes[33] dargebracht hat, wird klargemacht, daß Ba'al ihn in seiner Not nun nicht allein lassen kann: er fühlt sich von der traurigen Lage des Dn'il angesprochen und herausgefordert. Ba'al wiederholt nochmals seine Bitte um 'Ils Segen:

[---y]'iḫd. 'il. 'bdh.
ybrk / [dn'i]l mt rp'i.
ymr. ġzr / [mt. hr]nmy
npš. yḥ. dn'il / [mt. rp]'i.
brlt. ġzr. mt. 'hrnmy
"'Il ergreife seinen Diener[34],
er segne Dn'il, den rp'u-Mann,
er stärke den Held, den Mann aus Hrnm,
eine Seele (ins Leben) rufen[35] soll Dn'il, der rp'u-Mann,
einen Odem[36], der Held, der Mann aus Hrnm" (CTA 17 I 35-38).

Es folgt die Beschreibung der Handlungen, die Dn'il hierbei verrichten muß. Der Text ist an dieser Stelle ziemlich schlecht überliefert, aber einige Termini

deuten ganz sicher auf die sexuelle Vereinigung des
Dn'il mit seiner Frau (CTA 17 I 39-44).
Danach folgt eine erneute Funktionsbeschreibung für
den Königssohn (vgl. nochmals in II 1-8). Dn'il freut
sich über die Nachricht, die er von Ba'al empfangen
hat. Er fühlt sich von einer großen Sorge befreit
(II 12-14)[37], denn nun wird er alsbald einen Sohn haben, der ihm die Nachkommenschaft sichert und ihm die
Sorge des Alters abnimmt. Bei seiner Ankunft zu Hause[38]
sind die K$\underline{t}$rt[39] schon zur Stelle. Dn'il läßt sie
herein und bewirtet sie sieben Tage lang; dann ziehen
sie fort. Nach einer großen Textlücke (Kol.III/IV)
geht der Bericht in V weiter: 'Aqht, der Sohn, ist
inzwischen groß geworden.
Obwohl auch hier wieder die Rollenverteilung zwischen
'Il - als jenem, der den Segensspruch tatsächlich
ausspricht - und Ba'al - als jenem, der 'Il um diesen
Segen bittet - gewahrt bleibt, schildert CTA 17 Ba'al
doch deutlicher als den Mitleidenden, der sich um das
Los der Menschen kümmert. Ohne überhaupt fragen zu
müssen, weiß Ba'al, was Dn'il drückt, und er ergreift
die Initiative, um 'Il zu bewegen, Dn'ils Schicksal
zu wenden. Das Gemeinsame in den drei besprochenen
Texten (CTA 14 II; 15 II; 17 I) deckt aber doch eine
Akzentverschiebung im Vergleich zum Ba'al-Zyklus auf.
Ba'als Funktion in der Vegetation ist umfassender und
direkter als an jenen Stellen, wo es um die menschliche Fruchtbarkeit geht. Dennoch wird diese Verlage-
rung wohl mit der Eigenart dieser Epen als Königser-
zählungen begründet werden müssen. 'Il erscheint als
die letzte Instanz, die neues Leben entstehen lassen
kann, während Ba'al ihn darum bitten muß[40]. Ba'als

Funktion bei der menschlichen Fruchtbarkeit ist jedoch unübersehbar. Ohne ihn ist eine solch einschneidende Veränderung im Leben der Menschen einfach nicht vorstellbar!

Die oben besprochenen Texte geben zwar Aufschluß über Ba'als Verhältnis zum Volk bzw. zu Einzelpersonen (Königen), eine Beschreibung der persönlichen Verbindung des Ba'al zum einzelnen ist darin aber nicht enthalten. Denn der König ist als Repräsentant des Volkes aufzufassen. Deshalb muß man Ba'als Initiative zugunsten des Königshauses als seine Sorge um Mehrung und Fortbestehen des Volkes sehen. Obwohl hier Ansätze für eine personal ausgerichtete Religion gegeben sind, müssen die Texte doch ganz und gar auf dem Hintergrund des Ba'al-Bildes gedeutet werden. Dieses aber wird grundsätzlich von der Thematik seiner eigenen Königsherrschaft bestimmt. Alle hier angeführten Beispiele aus dem Ba'al-Zyklus zeigen dort, wo von einer weitergehenden Schutz- und Heilsfunktion des Ba'al für das Volk die Rede ist, zugleich die Problematik dieser Vorstellung auf, indem sie Ba'als Heilswirken von seiner Erlangung der Königsherrschaft abhängig machen. So ist auch die über das naturhafte hinausgehende Aktivität und Funktion des Ba'al letztlich von seinem Geschick, das den wechselhaften Kreislauf der Naturgegebenheiten widerspiegelt, bedingt. Die Texte selbst charakterisieren diesen Tatbestand treffend, indem sie Ba'als Wirken für das Volk des Landes (hmlt 'arṣ), nicht für das Volk schlechthin beschreiben. Die epischen Texte schildern einen Ba'al, dessen Stellung im Leben des Königs(hauses) nicht von ihm feindlich gesinnten Kräften angefochten scheint. In diesen

Texten kann sich ein persönlicheres Verhältnis des
einzelnen zu Ba'al profilieren. Ba'al selbst erweist
sich dort als der mitleidende, besorgte Freund, der
alles in Bewegung setzt, um den König tatkräftig zu
unterstützen: Gebete und Opfer rühren diesen Gott,
er fühlt sich genötigt, die Notlage zu beheben und für
den Fortbestand des Königshauses zu sorgen.
Doch wird man auch beim Ba'al-Zyklus mit einer mythisch
grundlegenderen Wirklichkeitsdeutung rechnen müssen:
Ba'als Aktivität in den Epen geht von der "normalen"
Situation seiner gefestigten Königsherrschaft aus und
stellt deshalb seine Wirkkraft nicht in Frage. Die
Epen behandeln Einzelgestalten und einmalige Ereignisse;
sie besitzen nicht den grundsätzlichen Charakter der
mythologischen Texte und haben daher auch nicht ihre
Geltung. So können sie auch nicht auf alle ähnliche
Fälle zutreffen.
Zwei wesentliche Aspekte der Ba'al-Vorstellung kommen
damit ans Licht. Zunächst gibt es einen unpersönlich-
naturhaften Aspekt, indem Ba'al notwendigerweise für
den Regen sorgt und die Lebensbedingungen der Menschen
im Lande ermöglicht. Daneben zeigt sich aber auch ein
persönlicher Aspekt, indem Ba'al im konkreten **Leben**
der Menschen auf Bitten hören und seinen Einfluß gel-
tend machen kann. Grundvoraussetzung dafür ist in beiden Fällen seine gefestigte Königsherrschaft über die
anderen Götter. Diese ist nun allerdings nicht beständig, nicht für alle Zeiten gesichert. Seine Königsherrschaft muß Ba'al erkämpfen, er erliegt zu gegebener Zeit seinen Gegnern und ist dann machtlos.
Seine Aktivit**en** für die Erde und die Menschen im
Lande kommen dann zum Erliegen. Damit reserviert sich
der Ba'al-Glaube einen Ausweg für unberechenbare und

unvorhersehbare Faktoren im Leben der Menschen und in der Vegetation. Sicher wird dadurch die Souveränität dieses Gottes fundamental geschwächt. Die Problematik des Ba'al-Bildes läßt sich nur zum Teil durch die Pantheon-Vorstellung auffangen und beheben, indem jeder Gottheit ihr eigener (manchmal gegensätzlicher) Aufgabenbereich zugewiesen ist.

§ 2. Opferkult und Riten in Ugarit

Werden die Glaubensvorstellungen im Verhältnis von Ba'al und Volk in Ugarit untersucht, so kommt den in den Texten beschriebenen Kultbräuchen eine ganz besondere Bedeutung zu. Denn gerade der Opferkult und die Riten können darüber Aufschluß geben, wie man in Ugarit das Zusammenspiel der göttlichen und menschlichen Welt verstanden hat. Die Texte lassen durchblicken, wie in den Opfern und Riten die Verehrung der Götter und die Bitte um Erhörung in den verschiedensten Notsituationen zusammenhängen.
Für den Bereich des Opferkults entdeckt man sehr rasch auffallende Vergleichsmomente mit den biblischen Angaben[41]. Es stellt sich heraus, daß ein Großteil der hebräischen Opfertermini einen gemeinsemitischen Ursprung aufweist[42]. Allerdings hat man inzwischen gelernt, von einem rein terminologischen Vergleich abzusehen; es geht ja nicht an, aus einem gemeinsemitischen Wortbestand auf eine gemeinsame Opferpraxis und schon gar nicht auf ein gemeinsames Opferverständnis zu schließen[43]. Der Bedeutungswandel, den einige dieser

Opfertermini durchgemacht haben, ist unverkennbar[44], so daß man mittlerweile vorsichtiger geworden ist[45]. Für unsere Fragestellung wichtiger ist die Absicht und Auswirkung, die man mit den Opfern und Riten in Ugarit verknüpft hat. Konnte man durch die Opfer auf die Götter einwirken und somit den Lauf des Naturgeschehens beeinflussen? Setzten diese Opfer ein bestimmtes Verhalten bei den Kultteilnehmern voraus? Gerade diese Fragen können helfen ein deutlicheres Bild der ugaritischen Kultpraxis zu gewinnen. Freilich, die ugaritischen Opferlisten[46] geben darüber nur dürftige Auskünfte. Dagegen enthalten gerade die mythologischen und epischen Texte wertvolle Hinweise auf Riten, von deren Vollzug man eine bestimmte Auswirkung erwartete. Sicher kann man nicht einfach von diesen Beschreibungen auf die konkrete Gestaltung der Kultbräuche schließen. Die Verlegung des Kultapparats und der Kultteilnehmer in den göttlichen Bereich wird gewiß eine Verzerrung des tatsächlichen Ablaufs mit sich gebracht haben. Andererseits jedoch erhellen gerade die mythologischen Texte den ideellen Hintergrund der Glaubensvorstellungen, die diesen Berichten - und so auch den dort enthaltenen Kultbräuchen - zugrunde liegen.
Die meisten Riten stehen direkt oder indirekt in Zusammenhang mit der Wiedergewinnung der Fruchtbarkeit des Landes.

1. Imitative (oder sympathetische) Magie in den Wasserriten von Ugarit

Am deutlichsten beziehen sich einige Wasserriten auf die Fruchtbarkeit des Landes, indem sie den Regen imitativ herbeiführen wollen.

Als Beispiel für die verschiedenen Belege sei hier
CTA 3 B 38-41 (// D 86-88)[47] erwähnt.
Nach der Beschreibung des blutigen Kampfes, den ʿAnat
geführt hat, berichtet der Text, wie ʿAnat sich einem
Waschritus unterzieht:

[t]ḥspn. mh.
wtrḥṣ / [t]l. šmm.
šmn. ʾarṣ.
rbb / [r]kb ʿrpt.
tl. šmm. tskh /
[rb]b. nskh. kbkbm.

"Sie schöpft[48] Wasser
und wäscht sich[49] mit dem Tau des Himmels,
mit dem Fett der Erde,
mit dem Regen des Wolkenreiters;
Tau, den der Himmel für sie ausschüttet[50];
Regen, den die Sterne für sie ausschütten" (CTA
3 B 38-41).

Die parallelen Wendungen lassen erkennen, daß neben
dem rbb auch tl šmm (poetisch auch als šmn ʾarṣ beschrieben) dem Baʿal zugeordnet wird[51]. Der Zusammenhang zwischen der furchtbaren Schlacht der ʿAnat
und dem Waschritus ist umstritten.

J.C.de Moor[52] deutet die Zeilen 38-41 als Regenzauber. Das vorausgehende Blutvergießen hat nur
den Zweck, den Regen herbeizubringen (vgl. 1 Kön
18, 28)[53]. Die poetische Bildersprache von CTA
3 B trägt mehrere Züge, die von der Traubenlese
und Kelterarbeit inspiriert sind. CTA 3 B ist deshalb keine getreue Beschreibung eines Rituals,
sondern ist mythische Bildersprache, in der sich
Weinlese und Weinzubereitung widerspiegeln. De
Moor schließt sogar nicht aus, daß auch menschliches Blut bei dieser Weinernte vergossen wurde
und diese Sitte durch den Gedanken, daß die Sünder (Z.15f.) die eigentlichen Opfer der rachsüch-

tigen Gottheit waren, hier rationalisiert und gerechtfertigt wird. Möglicherweise spielt in diesem Ritual ein Mädchen die Rolle der ʿAnat[54]. Die Vorbereitungen, die ʿAnat sowohl vor als auch nach der Schlacht trifft, deuten auf das große Fest der Weinlese.

Die Parallele mit 1 Kön 18 mag auf den ersten Blick bestechend wirken. Sowohl der Ritus des Wassergießens (1 Kön 18,34ff.) als auch das Gemetzel unter den Baʿal-Propheten (Gegner der Königsherrschaft Jahwes in Israel) finden hier eine Parallele[55]. Die Unterschiede sind aber nicht weniger auffallend. Der erste Unterschied besteht darin, daß die Gegner der Gottheit in diesem Text doch wohl eine andere Funktion haben als in 1 Kön. In Z. 7f. werden sie beschrieben als lʾim ḫp ym, "die Leute vom Meer (d.h. vom Westen) bzw. ʾadm ṣʾat š[p]š, "die Leute vom Sonnenaufgang (d.h. vom Osten)"[56]. In Z. 16 werden sie außerdem noch šbm[57] bzw. mdnt[58] genannt; diese Bezeichnungen versteht de Moor als moralisch-religiöse Kategorien. Während in 1 Kön 18 die religiöse Führungsschicht der gegnerischen Partei ausgerottet und das Volk so wieder zu der Erkenntnis des wahren Gottes gebracht wird, nachdem es mit Spannung den Ausgang dieser Kraftprobe auf dem Karmel abgewartet hat, scheint hier ein blutiger Kampf als solcher einfach erforderlich zu sein, um die eigene Herrschaft bzw. die Herrschaftsübernahme des Baʿal zu ermöglichen und zu sichern. Es gibt in diesem Ugarit-Text keine Zweiteilung zwischen Volk und religiöser Führung. Das Blutbad unter den Baʿal-Propheten bildet den Abschluß der gesamten Karmelszene und unterstreicht noch einmal die Überlegenheit Jahwes. Auch das Ausgießen des Wassers hat in 1 Kön 18 keinen anderen Sinn, als die Größe der Wundertat Jahwes herauszustellen. Zudem geht in CTA 3 B der Kampf dem Wasserritus voraus. Eine Verknüpfung von CTA 3 B mit dem Neujahrsfest[59] und dem Fest der neuen Weinernte kann man hier zwar nicht ausschließen, doch sind gerade die Züge, die möglicherweise der Weinernte entnommen sind, eben doch nicht mehr als nur Bildelemente, die der Ausmalung des eigentlichen Motivs, der Inthronisation des Ba'al, untergeordnet sind.

> E. Lipinski[60] bringt den Waschritus der 'Anat in Verbindung mit ihrem Baden im Blut der Feinde. Die Z. 36ff. und 20-22 umrahmen auf diese Weise die Beschreibung des "Blutbades", in dem 'Anat ihre Kräfte erneuert[61].

Die Gegner der 'Anat werden aber in CTA 3 B nicht als Helden vorgestellt, deren Kraft 'Anat durch das "Blutbad" in sich aufnehmen möchte. Außerdem läuft die Szene deutlich auf den Wasserritus hinaus; denn auf die Fruchtbarkeit, die dieses Wasser geben kann, kommt es in diesem Kontext an. Der gleiche Text kommt übrigens in dem unkriegerischen Kontext von CTA 3 D nochmals vor. Dort hat 'Anat vorher den Friedensauftrag von Ba'al erhalten: sie soll ihre Mordlust aufgeben und nun mithelfen, eine neue Zeit des Friedens einzuleiten. Dazu sucht sie dann Ba'al auf. Ba'al empfängt sie freundlich und bereitet ihr etwas zu essen. In seiner Anwesenheit macht 'Anat sich schön, indem sie sich mit dem Tau des Himmels wäscht (Z.86-88). So kann es in beiden Episoden nur um Begleitszenen der Inthronisation des Ba'al gehen; sie bereiten seine Stellung als für die Erde wirksamer Gott vor. 'Anats Waschritus greift der Gabe des Regens durch Ba'al vor und deutet damit schon die neue Wende an, die nun an-

brechen soll. Als Abschluß ihres Kampfes - den sie
für Ba'al geführt hat - und als Übergang zur erneuten
Herrschaft des Ba'al setzt sie mit diesem Ritus ein
neues und heilvolles Zeichen, dessen Wirkung nicht länger auf sich warten lassen wird. Daß 'Anat und nicht
Ba'al diesen Kampf austrägt, wird wohl daher zu erklären sein, daß 'Anat immer an der Seite des Ba'al kämpft[62]
und auch sonst kriegerische Aufgaben für Ba'al übernimmt[63].

Der Ritus kann konkret nur von ähnlichen Gebräuchen
in Ugarit inspiriert und angeregt worden sein. Durch
ihn hat man die Inthronisation des Ba'al, seine Vorherrschaft im Pantheon, vor allem die Folgen, die daraus
für die Erde resultieren, vergegenwärtigen und aktivieren wollen.

Sehr wahrscheinlich geht auch die Fensterepisode im
Ba'al-Zyklus (CTA 4 V 123-127; VI 1-17; VII 14-36)
auf konkrete Gegebenheiten im ugaritischen Tempelkult
zurück. Cl.F.-A.Schaeffer[64] hat Überlegungen in diesem
Sinne durch seinen Bericht über eine Stele, die im
Ba'al-Tempel aufgestellt war, noch unterstützt. Der
obere Teil dieser Stele scheint nämlich vom Regen abgeschliffen zu sein[65]. So war der Ba'al-Tempel in
Ugarit wahrscheinlich mit einer Öffnung versehen (vielleicht ein Treppenhaus, das einen direkten Zugang zum
Dach gestattete). Die Fensterepisode selbst beschäftigt sich nicht nur mit der mythologischen Erzählung
des Tempelbaus und der Anfertigung dieser Öffnung,
sondern gibt zugleich eine Deutung dieses Baudetails[66].
Es gibt nach diesem Bericht einen direkten Zusammenhang
zwischen dem Fensterbau im Tempel und dem Spalt, den
Ba'al in den Wolken anbringt. Wahrscheinlich hat das

Tempelpersonal zu gegebener Zeit das "Fenster" im Tempel geöffnet, um durch sympathetische Magie zu bewirken, daß die Wolken ihren Regen für das Land abgeben. Die mythologische Erzählung ist vor allem darauf bedacht, daß diese Öffnung "zur rechten Zeit" geschieht; denn nur Ba'al weiß den richtigen Zeitpunkt für seinen Regen. Zwar konnte man gewiß durch die Fensteröffnung im Tempel den Regen nicht erzwingen, doch schaffte man damit auf der Erde die Voraussetzung, daß Ba'al das gleiche im Himmel machen konnte.

2. Sonstige Riten in Bezug auf die Fruchtbarkeit des Landes

Ein deutlicher Hinweis auf ein Ritual, das im Zusammenhang mit dem Antritt der Königsherrschaft Ba'als gesehen werden muß, liegt in CTA 3 C 11-14 (// D 52-54. 66-69.71-75)[67] vor. Nach der Beendigung der Schlacht schickt Ba'al seine Diener Gpn und 'Ugr zu 'Anat, um diese zu beruhigen und anzuflehen, den Kriegszustand zu beenden. Eine Friedensbotschaft im feierlichen Stil (Z.10f.) folgt:

    qryy. b'arṣ / mlḥmt
    št. b'rpm. ddym /
    sk. šlm. lkbd. 'arṣ /
    'arb dd. lkbd. šdm.
    "Komme zu mir[68] vom Schlachtfeld[69],
    lege[70] die Töpfe[71] auf den Erdstaub;
    schütte[72] ein Friedensopfer[73] in die Erde,
    Honig vom Krug[74] auf die Felder" (CTA 3 C 11-14).

Die Botschaft ist in allen Parallelstellen die gleiche, nur weisen die Verbformen in CTA 3 D 66-69.71-75

die 1.Person auf, weil ʻAnat hier über ihr eigenes
Vorhaben spricht (ʼaqry; ʼašt; ʼask).
Die Interpretation des Textes ist schon von jeher in
der Fachwelt umstritten. Doch kann man mit einigem
Recht vermuten: Baʻal verspricht feierlich, seinen
Donner und Blitz zu senden und etwas völlig Neues ein-
zuführen. Der Ritus steht zweifellos in Zusammenhang
mit der kommenden Herrschaftsposition des Baʻal, die
die Fruchtbarkeit der Erde zur Folge haben wird.
Die Termini mlḥmt, ddym und šlm können verschieden
ausgelegt werden, je nachdem man sie als konkrete Gegenstände oder als Abstraktbegriffe auffaßt. Dementsprechend ändert sich dann der Sinn des gesamten Ritus. Vom Kontext her scheint mlḥmt aber eher "Schlacht,
Krieg" als "Brot"[75] zu bedeuten. Dann könnten auch
ddym konsequenterweise besser als Abstraktbegriff "Liebe"[76] und šlm als "Friede"[77] interpretiert werden.
Dennoch scheinen gerade die Verben ein konkretes Objekt
der Handlung zu fordern. So wird man ddym wohl
konkret deuten müssen: in der Kulthandlung wird ein
Topf in die Erde gesenkt[78]. Weil šlm parallel zu ddym
steht, muß auch dieser Terminus dann als konkreter
Gegenstand ("šlm-Opfer") verstanden werden. Das
šlm-Opfer schließt übrigens die Assoziation mit dem
Abstraktbegriff "Frieden" nicht aus: als Gemeinschafts-
opfer will es ja ursprünglich das Gemeinschaftsverhältnis zwischen den Göttern und den Kultteilnehmern bzw.
unter den Kultteilnehmern selbst wiederherstellen[79].
Das Wort ʼarbdd ist wohl eine Zusammensetzung von ʼarb
und dd (Krug). In diesem Fall vermeidet man, daß die
Wurzel dd im gleichen Kontext in zwei verschiedenen
Bedeutungen vorkommt. Im übrigen hat Cl.F.-A.Schaeffer

es doch wahrscheinlich gemacht, daß es eine derartige
Opferpraxis in Ugarit gegeben hat[80].
Daß der Ritus einen Fruchtbarkeitscharakter aufweist
und von der sympathetischen Magie her verstanden werden muß, beweist vor allem die jeweilige Fortführung
der Botschaft in CTA 3 C 23f. (D 61f.69ff.). Nach der
dritten Wiederholung der Botschaft wird in CTA 3 D
86ff. nochmals der Waschritus der ʿAnat beschrieben.
Da sie nun bei Baʿal eingeladen ist, schließt sich der
Kreis nach ihrem blutigen Kampf gegen Baʿals Gegner.
Das Thema des Palastbaus kann jetzt voll entfaltet
werden, denn nach der Beseitigung der Feinde ist eine
weitere Voraussetzung für die volle Inthronisation
des Baʿal gegeben; nach dem Palastbau wird er dann
das Land zur rechten Zeit mit seinem Regen versorgen
können.
Das Verlassen des Kriegschauplatzes, das Ausleeren
der (Wasser)töpfe, das Darbringen des šlm-Opfers und
des Honigs symbolisieren die neue Zeitwende, die eingeleitet werden soll. Nach dem blutigen Streit, der
erforderlich war, um Baʿals Herrschaft erst einmal
zu festigen, setzt dieser Ritus die Zeichen für den
Aufschwung in der Natur und im Leben der Menschen[81].
Das geschieht durch ʿAnat, die allerdings nur auf Anordnung des Baʿal (in CTA 1 II: ʾIl) agiert. Mit ihm
ist sie so die treibende Kraft bei der Wiederherstellung der Fruchtbarkeit auf Erden.
Auch CTA 1 II 19-21 enthält - ein fünftes Mal - diese
Friedensbotschaft[82]; der Kontext dieser Stelle ist wegen
der schweren Beschädigung der Tontafel kaum noch festzustellen. Sicher ist jedoch, daß auch hier der Ritus
in Zusammenhang mit einem Palastbau gebracht werden

muß, wie ʼIls Herbeirufen des Ktr (CTA 1 III) beweist;
nur gilt ʼIls Aufforderung für diesen Bau sehr wahrscheinlich nicht Baʽal, sondern Ym (vgl. CTA 2 III).

3. Riten im Zusammenhang der Wiederbelebung Baʽals

Der Text CTA 6 II 30-37[83] enthält einen Ritus, den
ʽAnat auf dem Wendepunkt zwischen der Herrschaft des
Mt und der Auferstehung des Baʽal ausführt. Kol. II
beginnt mit einer wunderbaren, gefühlsbetonten Beschreibung der sehnsuchtsvollen Liebe der ʽAnat zu dem (verstorbenen) Baʽal. Danach greift ʽAnat Mt an und fordert von ihm das Leben des Baʽal (Z.12: ʼaḥy, "mein
Bruder") zurück. Nachdem Mt ihr erzählt hat, wie er
Baʽal getötet hat, folgt eine Schilderung der Auswirkung, die die Abwesenheit des Baʽal für die Erde hatte.
Der Text erzählt weiter, wie nach einiger Zeit[84] ʽAnat
leidenschaftlich nach dem verstorbenen Baʽal sucht
und dabei Mt packt:

    tʼiḫd / bn. ʼilm. mt.
    bḥrb / tbqʽnn.
    bḫtr. tdry/nn.
    bʼišt. tšrpnn /
    brḥm. tṭḥnn.
    bšd / tdrʽnn.
    šʼirh. ltʼikl / ʽṣrm[.]
    mnth. ltkly / npr[m.]
    šʼir. lšʼir. yṣḥ
    "Sie ergreift den Sohn des ʼIl, Mt,
    mit dem Schwert spaltet sie ihn[85],
    mit dem Sieb worfelt sie ihn[86],
    mit Feuer röstet sie ihn[87]
    mit den Mühlsteinen mahlt sie ihn[88],

auf dem Feld verstreut sie ihn[89].
Sein Fleisch fressen die Vögel[90],
seine Glieder verzehren die Sperlinge[91],
Fleisch ruft Fleisch[92]" (CTA 6 II 30-37).

Die Interpretation dieser Handlung ist bis heute sehr
umstritten. Zwei Erklärungen sind hier möglich: entweder behandelt ʽAnat den Mt hier, wie es normalerweise mit dem reifen Korn bei der Ernte gemacht wird, oder die Termini stammen nicht aus dem Sprachgebrauch des Erntevorganges, sondern wollen nur die gründliche Vernichtung des Mt darstellen[93]. Wird der gesamte Vorgang als "Getreideritus"[94] gedeutet, dann identifiziert man Mt meistens mit dem reifen Getreide, so daß Mt nicht nur der Gott der Unterwelt und des Todes ist, sondern auch als Fruchtbarkeitsgott fungiert, indem er das reife Getreide symbolisiert, das geerntet, verarbeitet, wieder ausgesät und als Keim für die nächste Ernte verwendet wird[95]. Dazu hat man Parallelen in der griechischen Mythologie herangezogen[96].
Vor allem S.E. Loewenstamm hat in verschiedenen Beiträgen[97] versucht, diese Deutung und die dazu gehörende religionsgeschichtlichen Parallelen zu entkräften. Eine zentrale Stellung in seiner Argumentation nimmt die Interpretation des Ausdrucks bšd tdrʽnn (Z.34f.) ein, das er nicht als "auf dem Feld aussäen" verstanden wissen will, sondern als "auf dem Feld zerstreuen". In seiner Sicht ist diese Aussage dann ein weiteres Glied in der Kette der Vernichtungsaktionen, denen Mt ausgesetzt wird.
Die Unsicherheit der Interpretation wurzelt in der Mehrdeutigkeit der verwendeten Termini; denn die **meisten**

können sowohl als Vernichtungstermini wie auch als
Ernteausdrücke verstanden werden. Die Reihenfolge
der Verben folgt aber ziemlich genau dem Erntevorgang,
so daß dieser sicher einige Bildelemente für die Beschreibung der Vernichtung des Mt geliefert hat[98].
Ernte und Vernichtung haben zudem insofern etwas Gemeinsames, als das langwährende Wachsen auf dem Feld
mit der Ernte be-endet (in gewissem Sinne auch "vernichtet") wird. Daß Mt deshalb auch Fruchtbarkeitsgott sein muß, folgt aber nicht daraus; denn erst Mts
Tod schafft in dieser Beschreibung den Lebensraum für
Ba'al, der nun wieder auferstehen und mit seinem Regen
Leben erwecken kann. Durch Mts Einwirkung - die primär
unter einem negativen Aspekt gesehen werden muß, insofern seine Aktivität im Fernhalten und Machtlos-sein-Lassen des Ba'al besteht - wird das Getreide bis zur
Reife gebracht. Die Handlung der 'Anat beendet nun
diesen Prozeß; mit ihrem Ritus symbolisiert sie sowohl
die Ernte wie auch das Ende der Herrschaft des Mt.
Mts Tod bewirkt in diesem Sinne indirekt das Wiederaufleben des Ba'al bzw. die Fruchtbarkeit der Natur; denn
erst er ermöglicht eine erneute Aktivität des wiedererstandenen Ba'al. Mt spielt keine eigenständige,
positive Rolle im Fruchtbarkeitsgeschehen. Das Ganze
bleibt im Rahmen des Rituellen, weil 'Anat dem entscheidenden Kampf bzw. der Beendigung der Herrschaft des Mt
durch ihren Ritus vorausgreift.

> Möglicherweise ist der hier beschriebene Ritus
> in Zusammenhang mit dem Fest zu bringen, das anläßlich des Sammelns der letzten Getreidegarben
> gefeiert wurde[99]. Die Existenz eines solchen Festes
> konnte jedoch für Ugarit noch nicht nachgewiesen
> werden. Die Zeitbestimmung von Z.26f. könnte aber
> dennoch darauf hinweisen, daß sowohl die ersten

wie auch die letzten Garben der Ernte mit einem
besonderen mythischen Geschehen in Verbindung
gebracht wurden, was dann entsprechend auch kultisch gefeiert wurde.

An anderer Stelle (CTA 6 V 11-19)[100] referiert Mt selbst
den Ritus, den ʻAnat an ihm vollzogen hat. Baʻal scheint
inzwischen wieder auf seinem Herrschersitz zu thronen
(Z.5f.)[101]. Eine lange Zeit vergeht (Z.7f.)[102]. Dann,
"im siebten Jahr", erhebt Mt seine Stimme und beklagt
sich bei Baʻal, weil er von ʻAnat Schmach hat leiden
müssen:

    ʻlk. b [ʻ]lm / pht. qlt.
    ʻlk. pht / dry. bḫrb.
    ʻlk / pht šrp. bʼišt /
    ʻlk. [pht. ṭḥ]n. brḥ/m.
    ʻ[lk.] pht[.dr]y. bkbrt /
    ʻlk. (?) pht.[-]l[-?]/ bšdm.
    ʻlk. pht / drʻ. bym.

"Wegen dir, Baʻal[103], erfuhr ich[104] Schande[105],
wegen dir erfuhr ich das Worfeln mit dem Schwert,
wegen dir erfuhr ich das Rösten mit Feuer,
wegen dir erfuhr ich das Zermahlen mit den Mühl-
steinen,
wegen dir erfuhr ich das Worfeln mit dem Sieb[106],
wegen dir erfuhr ich....auf dem Feld[107],
wegen dir erfuhr ich das Verstreutwerden auf dem
Meer[108]" (CTA 6 V 11-19).

Die Parallele bringt einige neue Elemente. Daß der
in CTA 6 II beschriebene Ritus Mt selbst betrifft,
wird nun vollends klar. Die Reihenfolge der Handlungen
ist leicht verschieden. Das Ergreifen (Z.30: ʼaḫd)

und das **Spalten** (Z.32: bq`), zwei Termini die direkt
das Festnehmen und Abschneiden der Garben ausdrücken,
fehlen hier. Das Wort bym (Z.19) liefert einige zusätzliche Schwierigkeiten. Man muß es wohl als deutli-
chen Akt der Vernichtung auffassen. So wie die Vögel
die Reste des Mt in CTA 6 II fressen, so werden seine
Überreste hier im Meer verstreut.
Der Wortwechsel zwischen Ba`al und Mt findet im "sieb-
ten Jahr" (Z.8f.: bšb` šnt) statt. Obwohl die Parallele
tmn šnt hier fehlt, die sonst die ungefähre Zeit ausdrückt[109], scheint an dieser Stelle kein Hinweis auf
einen siebenjährigen Zyklus vorzuliegen[110]. Es ist
unwahrscheinlich, daß die Ereignisse von CTA 1-5 alle
im Rahmen eines Jahres gedacht werden, während hier
durch diese eine kleine Notiz die Spanne von sechs
weiteren Jahre zusammengefaßt wäre. Sämtliche Zeit-
bestimmungen im Ba`al-Zyklus werden wohl analog zu er-
klären sein: der Ablauf der Ereignisse in der Götterwelt muß mit anderen Maßstäben gemessen werden; die
Zeitkategorien kommen nur in gesteigerter Form vor,
was durch Zahlenangaben in anderen Zusammenhängen
deutlich wird[111]. Sie übersteigen die menschlichen
Zeitkategorien in quantitativer Weise, um so den qua-
litativen Unterschied zwischen beiden Bereichen deutlich
zu machen. Der Getreideritus, den `Anat verrichtet
hat, betrifft Mt; er antizipiert seinen Untergang,
bewirkt diesen aber nicht sofort. Der Ritus ist das
sichere Zeichen, daß Mts Zeit nun zu Ende ist. Die
Zeitwende selbst wird mythisch durch den Zweikampf
der Götter ausgedrückt. Die verschiedenen - nach
mythologischer Terminologie sich über Jahre erstrecken-
den - Etappen dieser Auseinandersetzung zeigen nur,

wie intensiv das menschliche Interesse an der lang
erhofften Intervention des wiedererstandenen Ba'al
ist.

Anhand von Bildern, die teilweise dem Erntevorgang
entnommen werden, wird hier die Vernichtung des Mt
rituell begangen; der Ritus zeugt vom Bewußtsein und
von der Sicherheit, daß Mts Herrschaft tatsächlich
ein Ende nehmen wird und daß damit Ba'als Wiederkommen
gesichert ist. Mt hat in dem Ritus und in diesem Geschehen
keine selbständige Rolle als Fruchtbarkeitsgott,
weil er nicht den verstreuten "Samen" zu neuem
Leben erwecken kann. Zunächst geht es hier nur um
Mts sterbliche Übereste, nicht um den Samen, den er
etwa symbolisieren soll. Mit der Ernte aber endet
seine Herrschaft. Das bedeutet keine Identifizierung
von Mt und der reifen Ernte, doch ist es verständlich,
daß man seinen Tod anhand des zur gleichen Zeit stattfindenden
Erntevorganges beschreibt, wobei nicht zu
übersehende Varianten deutlich machen, daß es hier um
bildliche Elemente geht, die eine Vernichtung ausdrücken.
Ob man das mythisch gedeutete Naturgeschehen auch mit
einem diesem Text entsprechenden Kultritus gefeiert
hat, kann wohl mit einem hypothetischen Ja beantwortet
werden. In einem solchen Ritus wurde dann symbolisch
dargestellt, daß die Herrschaft des Mt bzw. der Abstieg,
die Abwesenheit und die Machtlosigkeit des Ba'al
ein Ende gefunden hat. Doch kann aus den Texten nicht
gefolgert werden, daß durch den Vollzug des Ritus auf
das Naturgeschehen bzw. auf den mythischen Vorgang
in der Götterwelt direkt eingewirkt werden kann.

4. Die Gemeinschaftsmahle

Die Gemeinschaftsmahle der Götter sind ein oft wiederkehrendes Motiv in den Texten aus Ugarit[112]. Sie schließen größere Episoden, Auseinandersetzungen oder Entscheidungen ab bzw. bereiten eine neue Wende vor. Auffallend ist in diesen Schilderungen der weitgehend stereotype Gebrauch von Klischees: so wird zunächst beschrieben, wie die Götter die Tiere zum Mahl schlachten und zubereiten[113] und wie man dabei aus dem Becher Wein trinkt[114]. Eine direkte Anspielung auf den Opfercharakter der Mahlzeit ist nicht vorhanden, doch ist anzunehmen, daß diese göttlichen Mahlzeiten ein himmlisches Pendant der im alten Orient üblichen Mahle der Kultvereine[115] darstellen. Diese Kultvereine hatten offensichtlich eigene Häuser für ihre Zusammenkünfte[116], sie verfügten über eigene Weingärten[117] und hatten bestimmte Götter als Schutzpatrone[118]. Bedeutung und Zweck dieser Bruderschaften - die nicht ausschließlich Ba'al galten[119] - sind nicht mehr genau auszumachen. So können sie nur hypothetisch in Erwägungen über die Opfer- und Ritenpraxis in Ugarit herangezogen werden, weil nicht mehr sicher festzustellen ist, ob diese Bruderschaften, die sicher zum Zweck der Verehrung bestimmter Gottheiten gegründet wurden[120], noch kultische Funktionen erfüllten.

5. Opfer und die menschliche Fruchtbarkeit

In Kapitel II § 1 war Ba'als Funktion in der Frage der menschlichen Unfruchtbarkeit zu bedenken. Beide aus Ugarit überlieferte Königsepen setzen sich mit der

Problematik auseinander; beide Berichte erwähnen auch
in diesem Zusammenhang Opfer, die dargebracht werden,
um das Unheil für Mensch und Land zu beheben.
CTA 14 II enthält eine ziemlich übersichtliche Schilderung
der Opferpraxis: nach einer rituellen Waschung und Kosmetik[121] ergreift Krt das Opfertier, füllt Wein und Honig ab und besteigt den Turm des Tempels, wo er die Hände bittend[122] zum Himmel erhebt. Das Opfer, das er darbringen soll, gilt 'Il und Ba'al.
CTA 17 enthält die Beschreibung eines Inkubationsritus,
mit der gleichen Bitte und dem gleichen Anliegen wie
in CTA 14[123].
Beide Epen zeigen, wie diese Opfer zum Erfolg führen.
Sowohl dem Krt wie auch dem Dn'il wird die erbetene Nachkommenschaft gewährt. Damit verschaffen die Texte ein
Bild von den Bräuchen, die in Ugarit bei Kinderlosigkeit
(nicht nur in Königshäusern) üblich waren. Man war offensichtlich überzeugt von der Tatsache, daß es letztlich
in der Hand der Götter lag, ob die Bitte erhört wird
oder nicht. Erst der Segen, den 'Il ausspricht, bewirkt
letztlich, daß sich Nachkommenschaft einstellt.

6. Die Effektivität der Opfer

Am Ende dieser eher summarischen Übersicht stellt sich
erneut die Frage: welchen Zweck wollen oder sollen diese Riten erfüllen? Glaubte der Ugariter durch seine Opfer- und Ritualhandlungen Einfluß auf die Entscheidungen der Götter bzw. auf den daraus resultierenden Verlauf der Naturereignisse ausüben zu können?
Die sympathetische Magie einiger Wasserriten sowie die
Opfer zum Zweck der Nachkommenschaft im Krt- und

'Aqht-Epos scheinen in diese Richtung zu weisen. Die meisten Riten können allerdings nur als Voraussetzung für das Wirken der Götter verstanden werden, indem sie nämlich nicht selbst die Wende herbeiführen, sondern indem in ihnen zum Ausdruck kommt, wie die Götter deprekativ um Hilfe in der konkreten Notsituation gebeten werden. Man glaubt und vertraut auf die je eigene Wirksamkeit, die bestimmten Göttern zugeschrieben wird. Einen sicheren Erfolg kann aber kein Ritus den Göttern abringen. In diesem Zusammenhang mag ein Vergleich mit 1 Kön 18 sich als sehr hilfreich erweisen. Die Ba'als-Propheten versuchen dort, Ba'al zur Ausübung seiner Aktivität, zur Demonstration seiner Macht zu bewegen. Elia gibt für das Ausbleiben seines Eingreifens spöttisch verschiedene (verzerrte) Gründe an; doch zeigen gerade auch Elias Begründungen, daß die Ba'als-Propheten selbst wußten und damit rechneten, daß ihr Geschrei und ihre Selbstverwundungen nicht notwendig zum sicheren und gewünschten Erfolg führen mußten. Ihr Kultgebaren könnte höchstens als Aktivieren und Vergegenwärtigen der schlummernden Kräfte Ba'als aufgefaßt werden; ihn zwingen, in dieser konkreten Streitfrage einzugreifen, konnten sie nicht.
So scheint auch der Glaube in Ugarit fest mit einem Wiederkommen des Ba'al und seiner Wirkung zu rechnen, nur legt der Ba'al-Mythos selbst nahe, daß es nicht in der Menschen Macht liegt, eigenmächtig den richtigen Zeitpunkt für Ba'als Wiederbelebung festzusetzen.
Man weiß und glaubt, _daß_ Ba'al wiederkommt, kann aber nicht durch Opfer bestimmen, _wann_ er wiederkommt.
Das Ineinandergreifen von Gebet, Opfer und Ritus einer-

seits und die Erhörung dieser Bitten durch die Götter
andererseits ist daher differenziert zu betrachten.
Es liegt kein festgelegter Mechanismus vor, der dafür
bürgt, daß in allen Fällen Erhörung gewährt wird. Es
bleibt ein Unsicherheitsfaktor bestehen, indem der Zeitpunkt des Eintreffens im Ungewissen gelassen und die
grundsätzliche Frage nach der aktuellen Herrschaftsposition Ba'als von der mythischen Interpretation der
Wirklichkeit abhängig gemacht wird. Dennoch garantiert
der Glaube das sichere Eintreffen des wiederbelebten
Ba'als: er kann und wird sein heilsträchtiges Wirken
über das Volk ergehen lassen, unabhängig von der Frage nach dem ethischen und religiösen Verhalten des
Volkes. Denn von einer ethischen Vorbereitung auf seine Wiederkunft wird in den Texten nichts gesagt. Geboren
aus der Notsituation des Alltags, aus den Problemen der
Ackerbaukultur, scheinen die Kulthandlungen in Ugarit
keine innere Einstellung bzw. ethische Grundvoraussetzung zu fordern. In ihnen kommt lediglich der Glaube an
die effektive Wirksamkeit der Gottheit zum Ausdruck,
ohne daß dieser Glaube sonstige Verpflichtungen für die
Beteiligten mit sich bringen würde.

7. Die qdšm und die Kultprostitution

Ein wichtiges Anliegen der vorexilischen alttestamentlichen Schriftprophetie ist die Abwehr des Ba'alismus
und dies besonders auch im Phänomen der Kultprostitution. Gerade Hosea kämpft energisch gegen das Unwesen
der qdšm bzw. qdšt[124], denn hierin sieht er einen Ausdruck des Israel fremden Ba'alsglaubens.
Der Begriff "Kultprostitution" ist allerdings nicht

eindeutig. Bei diesem Terminus klingt zunächst das
Verständnis an, das wesentlich von anderen benachbarten
Kulturbereichen inspiriert und bestimmt wird. Besonders
im Zweistromland erweist sich die Sakral- bzw. Kultprostitution als Gebrauch, in dem weibliche (manchmal
auch männliche) Personen, sich der Fruchtbarkeits-
göttin gewidmet haben. Religiöser Hintergrund dieser
Praxis ist die Sicherung der Fruchtbarkeit im Lande,
die u.a. dadurch gewährleistet werden kann, daß der
König in einem hieros gamos mit einer Tempelprosti-
tuierten das Fruchtbarkeitsgeschehen "vorbildlich"
darstellt[125].
Die Ugarit-Texte geben allerdings keinerlei Hinweise
für einen derartigen Brauch. Die Feminin-Form qdšt
kommt in diesem Zusammenhang nicht vor[126].
Vielmehr begegnet in CTA 71; 73; 75; 77 und PRU II 26
der männliche Terminus qdsm.
Hier geht es aber immer um eine bestimmte Berufsgruppe,
wie die Listen zeigen. Leider fehlen sonstige Angaben
über die Art ihrer Tätigkeit bzw. ihre spezifische
Aufgabe im Kult. Die qdšm stehen neben anderen Berufsgruppen, so daß nur ihre Einordnung innerhalb der Liste
etwas über ihre Rangordnung und Aufgabe aussagen kann.
In CTA 71,73 nennt die Liste nqdm/ khnm/ qdšm/ nsk.ksp/
mkrm. In CTA 73,1 führen die qdšm die Reihe der Berufsgruppen an. Es folgen die Verwalter (mr'u s[kn])
und andere Würdenträger (mr' u 'ibrn). CTA 75,2 weist
die Rangordnung khnm/ qdšm/ mkrm auf. CTA 77 ist ein
kurzer Text mit folgendem Wortlaut:

  khnm. tš'/ bnšm. w. ḫmr /
  qdšm. tš'/ bnšm. w. ḫmr.

Schließlich stehen die qdšm in PRU II 26,7 zwischen den khnm und pslm (Bildhauern)/ mkrm.
Es fällt auf, daß die qdšm immer in der Nähe der khnm erwähnt werden, was sicher auf ihre Beziehung zum Tempelkult hinweist. Man sollte aus der Erwähnung der qdšm neben verschiedenen Handwerkern nicht schließen, daß sie keine gehobene Stellung im Tempel eingenommen hätten[127].
Eine andere Interpretation der Kultprostitution deutet diesen Brauch als rituelle Defloration der Frauen durch Fremde. Gerade diese Form der Sakralprostitution, die die Behebung der Kinderlosigkeit bezweckt, ist aber erst relativ spät nachzuweisen[128]. Auch die Ugarit-Texte geben keine Hinweise auf irgendwelche sexuelle Handlungen mit männlichem Kultpersonal[129].
An sich sagen die Belege aus Ugarit nicht mehr aus, als den Inhalt des Wortes qdš selbst: es handelt sich dann bei den qdšm sicher um "Tempel-Geweihte", nicht gesagt wird aber, daß sich ihre Funktion in sexuellen Praktiken zeigt.
So bleibt - in Anbetracht der Belege - nichts anderes übrig, als die spärlichen Zeugnisse so auszulegen, daß 1. das Qedeschentum in Ugarit offensichtlich ein männlicher Tempeldienst gewesen sein muß[130], 2. daß die qdšm den Priestern als Berufsgruppe nahestanden und daß sie sicher eine im Tempelkult begründete Funktion erfüllten, 3. daß jede weitere Funktionsbeschreibung dieser qdšm hypothetischen Charakter aufweist.
Man gibt daher den Terminus vorsichtshalber besser mit "Geweihter" als mit "Tempelprostituierter"[131] wieder.

§ 3. Ba'al und die Ethik

Schon aus den vorausgegangenen Untersuchungen wurde ersichtlich, daß ein Zusammenhang zwischen Götterverehrung und Ethik in den Texten nicht nahegelegt wird.
Die verschiedenen Beschreibungen der ugaritischen Opferpraxis machen kaum Angaben über die innere und gesellschaftsbezogene Einstellung der Opfernden. In diesem Sinne kann die Ermordung des 'Aqht nicht mit einer von Ba'al veranlaßten Dürreperiode (als Strafe für das Vergehen) in Verbindung gebracht werden. Jede Schwächung des Königshauses wirkt sich zwar als Gefährdung der Naturordnung aus, letztlich liegt diesem Vorgang aber doch das Schicksal des Ba'al selbst zugrunde.

An dieser Stelle sei nun noch einmal nach dem Verhältnis von Ethos und Kult in Ugarit gefragt.
Wiederum liefern insbesondere die epischen Texte einige Hinweise, die hier in Betracht kommen.
In CTA 17 I 27-34.45-49; II 1-8.15-23 wird Ba'als Erhörung des unglücklichen Dn'il mit den Aufgaben in Verbindung gebracht, die der Mensch (hier: der Sohn) in der Gesellschaft zu erfüllen hat. Die Forschung spricht in diesem Kontext von "Sohnespflichten"[132].
Die Betonung in dieser Aufzählung von Pflichten liegt aber deutlich auf dem Verhältnis Kinder-Eltern. Nur innerhalb dieser Beziehung wird auch die kultische Aufgabe des Sohnes erwähnt. O. Eissfeldt[133] konnte die Aufzählung als Dodekalog bestimmen, indem er zwölf Glieder unterscheidet, die jeweils mit einem Verbum im aktiven Partizip anfangen[134]. Die erste Dreiergruppe

bezieht sich auf magisch-mantische Riten, die den
Ahnenkult des (alt gewordenen und bald auch zu den
Verstorbenen gehörenden) Vaters dienen sollen. Die
zweite Dreiergruppe setzt sich mit den Sohnespflichten
bei der Verteidigung der gesellschaftlichen Stellung
und Ehre des Vaters auseinander. Schließlich folgen
noch drei Zweiergruppen, die sich auf die Hilfe erstrecken, die der Sohn dem Vater im Falle der Trunken-
heit (nach kultischen Feiern im mrzḥ-Kultverein?) zu
leisten hat, auf den Verzehr der Portionen, die ihm
aus den Tempeln des Baʻal und ʼIl zufallen, auf die
Instandhaltung des elterlichen Wohnhauses und auf die
Reinigung der Kleider. Damit liefert auch dieser Text
mit seiner umfassenden Schilderung des ethischen Verhaltens in der Gesellschaft kaum neue Anhaltspunkte
für die ethische Einstellung, die von den Opfernden
verlangt werden kann. Vielmehr geht dieser Pflichten-
katalog hervor aus der dringenden Sorge des Vaters,
männliche Nachkommenschaft zu erlangen, die ihm all
das sichern kann, was einem alternden Menschen ohne
Kinder verloren zu gehen droht. Wenn diese Kinderlosigkeit das Königshaus trifft, ist sie doppelt schlimm,
weil sie direkte Folgen für das ganze Land hat.

Auch der Aufgabenbereich des Königs, der sich im Text
CTA 17 V 4b-8 und 19,20-25[135] widerspiegelt, bezieht
sich als stereotype Wendung auf die königlichen Pflichten; kultabhängige bzw. erhörungsbringende Eigenschaf-
ten sind damit nicht gemeint.

Die epischen und mythologischen Texte aus Ugarit liefern
somit insgesamt keine Hinweise auf die innere Einstellung, die etwa beim Opferkult vorausgesetzt wird. Es
scheint so, daß der Kult ein natürlicher Ausdruck des

Glaubens an die Götter ist, wodurch der Mensch zwar
nicht in sein Schicksal einzugreifen vermag, aber doch
möglicherweise die Götter dazu bewegen kann, das Schicksal zu ändern bzw. die konkrete Not zu beheben. Die
Gewißheit der Erhörung basiert auf dem im Glauben erkannten Ausgang der göttlichen Kämpfe, nicht auf dem
ethischen Verhalten des Kultteilnehmers.

Auch von einer anderen Seite könnte versucht werden,
Auskunft über die ethischen Voraussetzungen der Religion - insbesondere beim Opferkult - zu bekommen. Wichtig wäre die Frage, ob es in den Ugarit-Texten einen
strafenden Ba'al gibt, der Rache ausübt, weil seine
Verehrer oder Widersacher ihm nicht die gebührende
Ehre erwiesen haben oder sonstwie schuldig geworden
sind. Aber auch in dieser Frage lassen sich kaum positive Hinweise beibringen.

Im 'Aqht-Epos könnte 'Anat eine solche strafende Aktion
zugeschrieben werden, doch sagt auch hier der Text
nicht ausdrücklich, daß 'Aqhts Tod durch seine hartnäckige Weigerung, 'Anat seinen von K̲tr-wḪss geschenkten
Bogen auszuhändigen, verschuldet wurde. Sicher sind
'Aqhts Worte wenig schmeichelhaft für 'Anat[136], aber
eine echte Beleidigung enthalten sie nicht. 'Aqhts
Tod wird daher vor allem auf 'Anats Verlangen nach dem
wunderbaren Bogen zurückzuführen sein. Das zeigt sich
auch darin, daß 'Anat später offensichtlich bereut
(vgl. CTA 19 I), daß die Ereignisse eine solche Wende
genommen haben. Die Verfluchung des Dn'il über die
drei Ortschaften[137] und über die Vögel, die über 'Aqhts
Grab fliegen werden, haben nichts mit dem Kult zu tun
und stellen vielleicht einen Brauch dar, der im Falle
einer Ermordung vollzogen wurde.

Relevanter scheint im Krt-Epos Krts Vernachlässigung
des Gelübdes zu sein, das er der 'A̲t̲rt gegenüber ausgesprochen hatte (CTA 14,197-206). Hier rächt die
Göttin den Wortbruch (CTA 15 III), so daß die Krankheit
des Königs (CTA 16 I/II), die anschließende Hungersnot
(CTA 16 III) und die Erhebung des Königssohnes Yṣb
gegen ihn (CTA 16 VI) möglicherweise mit der Nichterfüllung dieses Gelübdes zusammenhängen. So wie in
CTA 16 VI 55, wo Krt seinen Sohn Yṣb mit der Rache
der Götter, insbesondere des Ḥoron[138] bedroht, liegt
auch hier viel eher ein Eingreifen der Götter vor:
sie wollen das Recht wahren, Versprechen müssen ein-
gelöst, verletzte gesellschaftliche Normen geahndet
werden. Mit dem Kult im eigentlichen Sinne haben diese
Angaben zunächst nichts zu tun.

Abschließend kann deshalb gesagt werden, daß die ugaritischen Texte im allgemeinen über die ethischen
Voraussetzungen beim Opferkult schweigen[139]. Sie
setzen nicht mehr oder weniger voraus als den Glauben
an die Wirkmacht der Götter. Ba'als Eingreifen in das
Schicksal des Landes und des Volkes scheint nur von seiner Königsherrschaft über die anderen Götter abhängig
zu sein, nicht von der ethischen Verfassung seiner
Verehrer.

Ergebnis

1. Die Vielfalt der Bereiche, für die Ba'al zuständig ist, kann die Tatsache nicht verdecken, daß sein Wirken doch hauptsächlich in seiner Verfügungsgewalt über die Naturphänomene besteht. Durch seinen Regen sorgt Ba'al für das Wachstum der Vegetation. Regen, Tau und Schneeschmelze sind unerläßliche Voraussetzungen für das Leben selbst.

2. Ba'als Wirkmacht ist jedoch nicht in jeder Situation gesichert. Der Ugariter weiß, wie sehr Ba'als Wirken gefährdet, zum Stillstand kommen, ja sogar überzogen werden kann (vgl. CTA 12). Auch wenn ihm der Ausgang aller internen göttlichen Auseinandersetzungen bewußt ist, liegt damit doch eine schwere Hypothek auf dem Glauben an die umfassende und allgegenwärtige Wirksamkeit des Gottes. Seine Naturbezogenheit macht Ba'al zu einem Gott, der zwar für das Wohlsein des "Volkes" zuständig ist; diese Beziehung selbst ist aber noch anderen Gesetzen unterworfen, denen auch Ba'al sich zu beugen hat.

3. An anderen Stellen erweist sich Ba'al als der Gott, der sich um den einzelnen, um das Volk und um dessen konkrete Probleme kümmert. Das gläubige Bewußtsein, daß Ba'al sich seines Volkes annimmt, entspringt aber auch dann der religiösen Grundauffassung, daß seine Stellung im Leben der Menschen sich vordergründig im Bereich der Naturgegebenheiten abspielt.
Ba'al ist daher primär Gott eines bestimmten geographischen Gebietes; er ist der Gott des "Volkes im Lande", nicht der Gott eines Volkes schlechthin.

4. Ihn verbindet keine historische Dimension mit dem Land bzw. mit dem Volk. Seine Beziehung zum Volk ist so alt wie der Kreislauf im Naturgeschehen selbst. Das Ba'al-Bild hat auch keine direkten Berührungspunkte mit dem Schöpfungsthema. Die Schöpfung - als Einschnitt und Eingriff in der Geschichte dieser Erde - wird vielmehr mit der Gestalt des 'Il verknüpft. Dagegen erweist sich Ba'al als der Erhalter und Erneuerer der Schöpfung, indem er die Vegetation immer wieder aus dem Machtsbereich des Mt entreißt und sie wieder neu aufleben läßt.

5. Die Beispiele aus den epischen Texten zeigen, wie Ba'als Wirksamkeit zugunsten des einzelnen auf dem Hintergrund der grundsätzlicheren mythischen Deutung des Naturgeschehens gesehen werden muß. Ba'als Wirken für den einzelnen ist nur möglich, wenn seine Herrschaftsposition gefestigt ist. Die konkreten Beispiele der Hilfestellung, die Ba'al gegenüber Dn'il bzw. Krt leistet, haben keinen allgemeingültigen oder exemplarischen Charakter, weil sie schon von der Voraussetzung einer gefestigten Königsherrschaft Ba'als ausgehen.

6. Seine kultische Verehrung durch das bodenständige Volk entspringt aus dem Glauben an die mythische Vorgegebenheiten, die als Ausdruck und Deutung des sichtbaren Naturgeschehens verstanden werden. In Ugarit weiß man, daß der Mensch auch durch Opfer keinen direkten Einfluß auf die Wirklichkeit ausüben kann; die Vielfalt der Riten stellt den Ausgang des mythischen Geschehens lebendig vor Augen und appelliert so an die Glaubensgewißheit des sicheren Wiederauflebens des Ba'al. Die konkrete Wirklichkeit auf Erden selbst

ist aber durch die göttlichen Gegebenheiten vorbestimmt. Die Gewißheit der Erhörung stößt so auf eine für die Menschen nicht verfügbare und manipulierbare Wirklichkeit. Opfer und Riten können nur Voraussetzungen schaffen, damit Ba'al auf Erden realisieren kann, was ihm im mythischen Geschehen zugeschrieben wird. Bei alledem bleibt Ba'al die Entscheidung überlassen, wann er eingreifen wird: nur er kennt und bestimmt dafür den richtigen Zeitpunkt.

7. Ethische Voraussetzungen für die Erhörung durch die Götter wie für das religiöse Leben überhaupt werden in diesem Zusammenhang nicht erhoben. Die Ungewißheit der göttlichen Intervention ist im wechselhaften Schicksal der Gottheit selbst begründet, nicht im konkreten Verhalten des Menschen. Daher gibt es in den Texten auch keine Hinweise auf ein Strafhandeln der Gottheit.

An dieser Stelle muß nochmals auf den hypothetischen Charakter dieser Überlegungen hingewiesen werden. Was an religiösen Vorstellungen in den mythischen und epischen Texten zum Vorschein kommt, ist der Niederschlag von Glaubensvorstellungen, die wahrscheinlich älter sind als die uns überlieferten rein rituellen Opfertexte. Darin spiegelt sich wahrscheinlich auch die Glaubenswelt des königlichen Hofes und der Priesterschaft wider, während die Opfertexte möglicherweise getreuer den tatsächlichen

Glauben des Volkes wiedergeben. Als religiöser Hintergrund und "Theologie" dürften aber die mythologischen und epischen Texte dennoch auf die religiösen Vorstellungen und auf die Praxis des Volkes eingewirkt haben.

II. TEIL: JAHWE UND ISRAEL BEI HOSEA

Vorüberlegungen

1. Wenn man die hoseanische Verkündigung mit den zuvor besprochenen mythologischen und epischen Texten aus Ugarit vergleichen will, muß man zunächst klarstellen, daß es beachtliche Unterschiede in dem Anliegen, der Zusammenstellung und der Art der Texte gibt.
Das Hoseabuch geht von einer ganz konkreten, zeitgeschichtlich bedingten Situation des Volkes im Nordreich aus. Hosea muß sein warnendes, beschuldigendes, drohendes und verheißendes Wort in eine politisch brisante Zeit hineinsprechen. Gerade weil Jahwe sich mit der gegenwärtigen religiösen und politischen Lage des Volkes Israel nicht zufrieden geben kann, benützt er die Propheten, um durch sie seinen Willen und seinen Unmut kundzutun. So ist Hoseas Wort vor allem Wort Gottes, gesprochen angesichts einer Glaubenskrise, die dem Volk selbst gar nicht bewußt ist, weil es seine Situation nicht erkennt. Das erfordert eine Rückbesinnung auf die Vergangenheit, eine kritische Beurteilung der Gegenwart, ein wegweisendes Wort für die Zukunft. Tatsächlich meldet Jahwe in dieser Auseinandersetzung seine Rechte an, die in den Anfängen der Volksgeschichte Israels wurzeln. Hosea bemüht sich, die kontinuierliche Linie von Gottes Heilshandeln bis in die Gegenwart zu verfolgen. Dabei setzt er voraus, daß Jahwes Wirken vor den Grenzen des Landes Kanaan nicht halt gemacht hat. Die andersartige Kultur der Bevölkerung Kanaans hat die überlieferte Tradition und das vertraute Jahwebild weitgehend verwischt[1].
Unter diesem Einfluß hatte man in Israel angefangen,

die Welt anders zu interpretieren, wobei die Ba'al-
Vorstellung des Landes Kanaan Pate stand. Mit der
Ackerbaukultur übernahm man auch die dort übliche
Interpretation der Weltwirklichkeit. So spitzt sich
Hoseas Botschaft auf die Herausstellung der geschichtlichen Heilstaten Jahwes, u.a. auf seine Gabe der Kulturlandgüter zu. Diese Heilstaten und seine immerwährende Fürsorge hatten ein besonderes Verhältnis zwischen
ihm und dem Volk Israel geschaffen. Israel lebte, ja
verdankte seine Existenz einzig und allein diesem
"Bund". Daher kann es die Voraussetzungen dieses "Bundes" nicht einfach mißachten, ohne sich selbst schwer
zu verschulden, seinen eigenen Schutz zu verspielen
und damit auch seine eigene Existenz aufs äußerste
zu gefährden. Nach Hosea ist das Volk nur dadurch
in die politische Notsituation der Gegenwart geraten,
daß es an dem einst von Jahwe initiierten Bund schuldig geworden ist.

Die mythologischen und epischen Texte aus Ugarit heben
sich deutlich von diesem krisenbedingten Charakter
des Hoseabuches ab; durch ihren mythologischen Charakter erweisen sie sich als relativ unabhängig von der
aktuellen Situation des Volkes. Sie versuchen ja die
überzeitlichen, religiösen Hintergründe des Fruchtbarkeitsgeschehens und anderer Phänomene im Leben der
Menschen zu erhellen. Der Mensch selbst hat auf das
mythische Geschehen keinen Einfluß: er ist der Nutz-
nießer bzw. der Leidtragende des Schicksals, das Ba'al
selbst über sich ergehen lassen muß oder will. Aus
den ugaritischen Texten wird nicht erkennbar, daß
Ba'al sein Wirken für das Land steigert oder mindert,

je nachdem das Volk seinem "Herrn" treu oder untreu
ist. Nur durch Riten und Opfer vermag der Mensch
seinem Wunsch nach rascher Wiederkehr des Ba'al Ausdruck zu verleihen, um so von der Segenswirkung seiner
Rückkehr zu profitieren.
Die mythologische Deutung dessen, was dem Ugariter
im Leben wichtig ist, steht somit der gewaltigen, leidenschaftlichen Konfrontation zweier Partner eines
Bundesverhältnisses gegenüber, wobei der Initiator
des Bundes sich mit dem aktuellen schlechten Zustand
des Verhältnisses auseinandersetzt. Aus beiden Textsammlungen werden dennoch die Konturen der Beziehungen
zwischen Gott und Mensch deutlich, so daß sie durchaus
unter diesem Aspekt verglichen werden können.

2. Ohne Berücksichtigung der Zeitgeschichte kann die
Verkündigung Hoseas nicht verstanden werden, weil sie
ganz und gar zeitbezogen, situationsbedingt ist[2].
Er spricht zu Menschen, die im Verlauf ihrer Geschichte, und je länger je mehr, den Blick für das Wesentliche israelitischer Religion verloren hatten.
Zu groß war die Verwirrung, in die Israel nach der
Seßhaftwerdung und bei seiner Volkswerdung im Lande
geraten war. Die vielen neuartigen Errungenschaften
der Ackerbaukultur sowie die selbstverständliche Verknüpfung derselben mit der Gottheit Ba'al hatten das
Bild Jahwes als Retter- und Führergott verblassen
lassen. Die Spaltung des Reiches, der Bruderzwist
während des syrisch-efraimitischen Krieges, die Instabilität der Königshäuser, die Schaukelpolitik der

rasch aufeinanderfolgenden Machthaber im Nordreich und die außenpolitische Unsicherheit angesichts der herandrängenden Grßreiche ließen die Vorstellung eines einzigen Gottes Jahwe, der sich seit jeher dem Wohl seines Volkes verschrieben hatte, fragwürdig erscheinen. Damit aber hatte Israel - wenn wohl auch unbewußt - sich selbst als Volk Gottes aufgegeben, seine Existenz als Volk Jahwes verspielt.
Es war Hoseas Aufgabe, durch seine Verkündigung die Wurzeln israelitischer Existenz wieder ins Bewußtsein zu rufen, die Gründe für die politische Krisensituation zu erhellen, die Eigenverschuldung des Volkes durch seine Nichterfüllung der Voraussetzungen des Bundesverhältnisses aufzudecken und die Verdunkelung des Eigencharakters Jahwes klarzumachen.

3. Das Hoseabuch enthält eine Sammlung hoseanischer Verkündigungsinhalte, die offensichtlich einen Traditionsprozeß durchgemacht haben[3]. Obwohl das Buch sicher viele Texte enthält, die Hoseas mündliche Verkündigung ziemlich genau wiedergeben, sind Eingriffe bei der Redaktion des Buches unübersehbar. Das gilt insbesondere für die judäischen Glossen, die das Buch bei seiner Rezeption im Südreich für den dortigen Hörer- und Leserkreis zugänglich machen wollten. Auch in der Zusammenstellung und Ordnung der einzelnen Sprüche sowie im Aufbau des gesamten Buches merkt man die redaktionelle Hand. Diese Untersuchung will jedoch keine erschöpfende Darstellung der literarkritischen und traditionsgeschichtlichen Probleme des Hoseabuches geben,

berücksichtigt sie jedoch, wo Fragestellung oder Textgestalt dies erfordern. Der Untersuchung kleinerer Texteinheiten geht in dieser Arbeit eine Übersetzung der betreffenden Stelle voraus. Für größere Textzusammenhänge ist auf die Übersetzung in den entsprechenden Kommentaren hinzuweisen.

KAP. III: JAHWES HEILSHANDELN AN ISRAEL

In der Verkündigung des Propheten Hosea wird an verschiedenen Stellen von Jahwes Heilshandeln in der Geschichte des Volkes Israel gesprochen. Die hoseanische Botschaft ist wesentlich von der Geschichte her bestimmt, indem der Prophet seine Verkündigung in der Vergangenheit begründet, durch die Gegenwart veranlaßt und für die Zukunft bestimmend darstellt. Ausgehend von der gegenwärtigen Lage des Volkes, greift er auf das Heilshandeln seines Gottes in den Anfängen der Geschichte Israels zurück. Diese "historischen Rückblenden" sind nicht etwa als eine großangelegte Rückschau auf die Vergangenheit konzipiert, sondern der Beurteilung der gegenwärtigen Krisenlage untergeordnet. Bei Hosea tritt eine schematische Geschichtsbetrachtung zu Tage, die sich durch die kontinuierliche Gegenüberstellung vom Einst und Jetzt Einblick in das Ausmaß der Versündigung des Volkes verschaffen will. Die Anfangszeit wird dabei durchaus als eine "Heilszeit" verstanden, in der ein ungetrübtes Verhältnis zwischen Jahwe und seinem Volk bestand. Das "Heil" selbst wird nicht abstrakt, sondern konkret formuliert. Es bezieht sich auf das tägliche Leben des Volkes im Land und erstreckt sich genauso über die gleichen realen Grunderlebnisse und -nöte der Menschen, wie es auch für Ba'als Wirken in den Ugarit-Texten bezeugt ist. Dazuhin hat es aber auch ereignishaften Charak-

ter: was Israel in seiner Geschichte erfahren hat,
hat es als Tat Jahwes erfahren, als sein Heilshandeln
zugunsten seines Volkes, hat es als geschichtliches
Ereignis erfahren und nicht nur als naturbedingtes
Geschehen, das sich je neu auf ein und dieselbe Weise
im Ablauf der Jahreszeiten wiederholt. So kann Hosea
das Volk an die Grundlagen seiner Existenz erinnern
und diese wieder ins Bewußtsein rufen. Die historische Verankerung der Beziehung Jahwes zu Israel im
Auszug aus Ägypten und in der Führung durch die Wüste
wird als entscheidendes Merkmal des besonderen Verhältnisses gesehen. Die Kategorien der Ba'al-Religion
reichen für Hosea nicht aus, um die Beziehung zwischen
Jahwe und Israel zu bezeichnen.

§ 1. Die historische Dimension der Heilstaten Jahwes

Die Heilsinitiative Jahwes hat sich in der Geschichte des Volkes Israel so ausgewirkt, daß sie für Hosea
einen Ansatzpunkt aufweist, auf den er immer wieder
rekurrieren kann. Hosea kann ihn als seiner Generation
bekannt voraussetzen: es handelt sich um den Auszug
aus Ägypten und die darauf folgende Führung des Volkes durch die Wüste. Von da an ist Jahwe "der Gott
Israels" (vgl. Hos 13,4), der sich als solcher erwiesen hat und in dieser Eigenschaft auch anerkannt werden will. Die Aussagen tragen einen ausgeprägt formelhaften Charakter und sind zumeist (nur Hos 2,17
und 12,14 bilden darin eine Ausnahme) Selbstdarstellungen Jahwes[1]. Der Kern der Aussage kann dabei durch

kleinere Erweiterungen ausgeführt bzw. begründet werden.

1. Hos 11,1-4

1. Als[2] Israel jung war, gewann ich ihn lieb,
   aus[3] Ägypten rief ich meinen Sohn.
2. Je mehr ich sie rief,
   desto mehr liefen sie von mir[4] weg.
   Sie opferten den Baʻalen
   und brachten den Götzenbildern Rauchopfer dar.
3. Ich war es, der Israel gehen lehrte[5],
   ich nahm sie auf meine Arme[6].
   Aber sie erkannten nicht,
   daß ich sie heilen wollte.
4. Mit Menschenseilen zog ich sie,
   mit Stricken der Liebe[7].
   Ich war für sie wie einer,
   der das Joch über ihren Kinnbacken hochhebt[8],
   ich neigte mich ihm zu[9], gab ihm zu essen[10].

Hos 11,1-11, über dessen literarischen Aufbau und Form a.a.O. noch ausführlicher zu sprechen sein wird[11], birgt eine dreimalige Schilderung (VV.1.3a.4), wie Jahwe Israel das Heil als Angebot für eine innige, personale Beziehung unterbreitet. Als Anfang der Heilsinitiative Jahwes (vgl. die Zeitbestimmung נער in V.1a)[12] werden das Liebgewinnen und das Herausrufen seines Sohnes aus Ägypten angegeben. Das מן in ממצרים gehört mit zur Bedeutungsbestimmung des Verbums קרא ("aus einem Ort herausrufen") und enthält einen

unmißverständlichen Hinweis auf den Auszug aus Ägypten.
Dort fand die erste Begegnung Jahwes mit Israel statt[13].
Neben der Exodustradition begegnet die von der Führung
durch die Wüste[14]. Mit dem Kollektivum "Israel" ist
hier das noch ungeteilte Volk der Anfangszeit gemeint[15].
Jahwes Verhältnis zu Israel wird als Akt der Liebe
beschrieben[16]. Die Initiative geht dabei ganz von
Jahwe aus: Er steht am Anfang der Geschichte Israels.

Als "Liebe" bestimmt Hosea das Verhältnis, in das Gott
Israel aufnimmt. Weil Jahwe liebt, macht er Israel
zu seinem Eigentum, befreit es aus der Knechtschaft
und führt es in eine Situation der Freiheit und der
Verbundenheit mit ihm hinein. Doch zugleich ruft er
Israel zu einer dieser Beziehung entsprechenden Antwort
auf.

Als Parallelwort zu אהב charakterisiert das Verbum קרא
den heilbringenden Aspekt der von Jahwe initiierten
Beziehung. Die Verbindung mit der Präposition מן
bezieht das Verbum direkt auf Jahwes Rettertat beim
Auszug aus Ägypten. Aus diesem Grund muß auch das
Verbum קרא in V.2a als heilbringendes Zurufen Jahwes
gedeutet werden[17]. Die "Sohnschaft" Israels wird als
vorgegeben vorausgesetzt, so daß sie im Verbum אהב
schon mitenthalten und davon auch begründet sein muß.

Die Metapher des väterlichen Herausrufens[18] zeigt, daß
das Vater-Sohn-Verhältnis von V.1a auch heilsgeschichtliche Dimensionen birgt. Es geht um eine besonders
enge Zugehörigkeit, die sich in einer historisch nach-
weisbaren Rettung und Führung ausgedrückt hat. Der
Gedanke an physische Zeugung ist deshalb auch völlig

abwegig: es geht um Berufung und Rettung, nicht um Abstammung[19]. So wie Hosea an anderer Stelle (vgl. 2,6) das zeitgenössische Israel als "Hurensöhne" abqualifizieren kann, bezeichnet er hier das erwählte Volk der Anfangszeit als "Jahwes Sohn"[20]. "Liebgewinnen" und "jemanden als Sohn (aus dem Land der Knechtschaft) herausrufen" gehören zusammen.
Das letztere ist in diesem Falle nur Folge und historische Konkretisierung des einen Liebesverhältnisses. Seine Stellung als Sohn bedeutet für Israel vor allem, daß Jahwe sich Israels annimmt, es aus der Knechtschaft befreit und in die Freiheit geführt hat. Damit erweisen sich sowohl kanaanäische als auch ägyptisch-weisheitliche Auffassungen als nicht-adäquate Interpretationen der "Sohnschaft" im hoseanischen Sinne[21]. Es gibt eine Geschichte Jahwes mit seinem Volk, die konkret mit der Herausführung aus Ägypten angefangen hat. Besonders hervorgehoben wird die initiierende Liebe Jahwes als Motiv seines Handelns. Auf diesem Hintergrund will Hosea die Sünde und die Untreue Israels schildern.
Der zweite Ansatz in dieser geschichtstheologischen Anklagerede[22] enthält das Bild von Jahwe, der das Kleinkind (Efraim) gehen lehrt und es auf die Arme nimmt. Korrespondierend dazu steht die Schuldansage, daß "sie aber nicht erkannten, daß Jahwe sie heilen wollte". Bei V.3 stellt sich die Frage, welches Tun Jahwes zugunsten Israels Hosea im Auge hat. V.3b gibt zunächst keine eindeutige Antwort, weil das Wort רפא neue Fragen aufwirft; denn von einer Krankheit Israels ist ja nirgendwo die Rede[23]. Die anstehenden Fragen

lösen sich jedoch, wenn man die Bilder von V.3 in der
Weise versteht, daß sie Jahwes Führung und Fürsorge
nach dem Auszug beschreiben[24]. Dann ergänzt V.3 das
in V.1 Dargelegte. Aus der Knechtschaft im Lande Ägypten herausgeführt, lehrt Jahwe Efraim gehen, führt es
zur Selbständigkeit und Freiheit der Bewegung.
Auf den Armen Tragen ist liebevoller Ausdruck für das
Einfühlungsvermögen des Vaters, der die Strapazen der
ersten Schritte Efraims ahnt. רפא kann sich dabei
auf Jahwes rettendes Heilen aus der Gefahr der ersten
selbständigen Schritte beziehen[25]. Rettende und heilende Erlösungstat, dazu die Liebe als der eigentliche
Antrieb des Wirkens Jahwes werden auf diese Weise zusammengesehen.
Das dritte Bild, vom Bauern und seinem Vieh (V.4), ist
im Kulturland zu situieren. Die Leitung an Seilen der
Liebe sowie das Füttern[26] können auf die Führung des
Volkes im Kulturland, auf den rechten Gebrauch der
Kulturlandgüter im Lande bezogen werden[27].
Die drei Bilder umreißen so die Geschichte Israels
vom Auszug bis zum Leben im Kulturland[28]. Die verschiedenen Bilder geben einen Einblick in die Grundstruktur der Beziehungen zwischen Jahwe und Israel:
von Jahwes Seite wird diese als Liebes- und Heilsangebot
beschrieben. Israel antwortet auf dieses Angebot mit
Untreue und Abfall[29]. Hos 11,1-4 beschreibt Jahwes
erwählende Heilsinitiative, seine liebevolle Heilspädagogik bei Israels Umgang mit der Freiheit, Jahwes
helfendes Dasein und seine wegweisende Führung beim
Leben im Kulturland. Parallel dazu kontrastiert Hosea
mit einer Beschreibung des aktuellen Verhaltens Israels,
das sich als konsequenter Widerspruch zum Angebot Jahwes

erweist. Jahwes dreifacher Liebestat folgt eine dreifache Feststellung der Untreue Israels, so daß Israel nichts gegen die überwältigende Beweiskraft der Liebeserweise Jahwes vorbringen kann. Zusammen mit den VV. 5-7, die Israels Untreue in der Gegenwart aufdecken, enthalten die VV.1-4 erdrückendes Beweismaterial für Israels Schuld. Nur Jahwes vernichtendes Urteil über das Volk wäre die logische und gerechte Konsequenz.

2. Hos 12,10.14

10. Aber ich bin Jahwe, dein Gott, vom Lande Ägypten her; ich lasse dich wieder in Zelten wohnen, wie in den Tagen der Begegnung.
14. Aber durch einen Propheten führte Jahwe Israel aus Ägypten herauf; und durch einen Propheten wurde es behütet.

Der literarische Aufbau von Hos 12 ist sehr undurchsichtig[30]. Durch die Aufnahme des Jakobthemas (VV.3b-5.13) hebt sich das Kapitel von seiner Umgebung ab, obwohl keineswegs alle Verse direkt mit der Person des Jakob in Zusammenhang gebracht werden können. Eine gewisse Verbindung ist nur insoweit gegeben, als "Jakob" hier das gesamte Volk Israel verkörpert und Israel/Efraim von den Beschuldigungen, die gegen Jakob erhoben werden[31], mitbetroffen wird. Das Leitmotiv des Kapitels ist das Thema des Betrugs und Verrats an Jahwe[32], nicht die Gestalt des Erzvaters. Hos 12 enthält mehrere Stichworte für das verräterische und rechtswidrige Verhalten Israels[33]. Die Anspielungen auf die wankelmütige Außenpolitik Efraims (V.2), seinen Krämergeist (V.8f.), auf Jakob (V.4f. und 13) und Gilgal (V.12) wollen zeigen, daß Betrug und Lüge zur zweiten Natur des Volkes geworden sind. Eine Berufung auf Jakob erweist sich insofern als ungeschickt, indem Jakobs Kampf mit Jahwe, seine Flucht vor ihm und sein sklavischer Dienst wegen einer Frau gegen Israel selbst gerichtet werden kann. Formal zeigt Hos 12 keinen einheitlichen Charakter[34]: die VV.1f.10f. enthalten Jahwereden, während die übrigen Verse als Prophetenworte formuliert sind[35]. Hos 12 führt keinen logisch weiterschreitenden Gedanken aus; vielmehr kann man das Kapitel als Sammlung locker zusammengefügter Redeelemente bezeichnen, die aufgrund der gleichen Thematik aneinandergereiht sind[36]. Die VV. 10.14 sind im Rahmen dieser kleineren rhetorischen Einheiten zu untersuchen.

Hos 12,10 eröffnet mit einer Selbstvorstellung Jahwes als Rettergott vom Lande Ägypten her[37]. Das Suffix in אלהיך deutet auf die enge persönliche Bindung zwischen dem sich in der Heilstat offenbarenden Gott und seinem Volk. Das Geschehen im Lande Ägypten ist die Grundlage für das gegenseitige Verhältnis; Jahwes Bindung an Israel ist zeitgeschichtlich verankert (vgl. die Präposition מן), indem er in einem historischen Rettungsakt dem geknechteten Volk Israel ein Leben in Freiheit ermöglicht hat. Die Selbstvorstellung Jahwes folgt indessen direkt auf den Schuldnachweis der VV.8f. In diesen Versen kommt die Sünde, der böse Wille und die ganze Überheblichkeit Efraims zu Tage. Sich weder Sünde noch Schuld bewußt, wird Efraim seinem Gott gegenübergestellt. Jahwes Selbstvorstellung setzt sich auf diese Weise bewußt mit der Selbstzufriedenheit Efraims auseinander. Gewertet wird Efraims Vergehen auf dem Hintergrund der Beziehung, die Jahwe seit der Ägypterzeit durch seine Rettertätigkeit begründet hat.

In V.10b folgt die Strafe als Antwort auf den Betrug Efraims: Jahwe wird sie wieder in Zelten wohnen

lassen, wie in den Tagen der Begegnung[38]".
Der geschichtliche Rückverweis spielt auf Jahwes Begegnung mit Israel[39] und auf Israels Aufenthalt in der Wüste an[40]. Aufgrund von Hos 2,16f. ist anzunehmen, daß damit keineswegs eine reine Heilsansage gemeint ist. Vielmehr wird Jahwes Maßnahme als strafendes Eingreifen wegen Israels Verhalten dargestellt. Der Unterschied zu Hos 2,16f. liegt dann darin, daß die Strafmaßnahme nur unter ihrem negativen Aspekt gesehen wird (Entzug des Landes und seiner Güter); die pädagogische Absicht, die in Hos 2,16f. deutlich vorliegt - Jahwe will durch das Hinführen in die Wüste Israel für sich allein haben und ihm dort zu Herzen reden, so daß es auf seine Anrede dann auch antworten wird -, tritt hier völlig in den Hintergrund.

Hos 12,14 enthält einen weiteren Hinweis auf Jahwes Rettungstat der Herausführung aus Ägypten. Im Gegensatz zu Hos 12,10 liegt hier keine Jahwerede vor. Die Aussage steht direkt antithetisch zu der Versklavung, der Jakob sich selbst unterwarf: er begab sich ja freiwillig in die Knechtschaft (עבד), und das "nur wegen einer Frau" (zweimaliges באשה). Dem עבד באשה Jakobs steht das בנביא עלה ממצרים Jahwes gegenüber[41]. Neu an der Formulierung der Rettungstat Jahwes ist die Vermittlung (Präposition ב) durch einen Propheten (Mose). Offensichtlich ist diese Erweiterung nur durch die bewußt gezielte Kontrastierung mit עבד באשה bedingt, wie auch das שמר באשה die Weiterführung der Gottesinitiative mit dem "Behütetwerden des Volkes durch einen Propheten" veranlaßt haben mag. Auf diese Weise erstreckt sich die Vermittlungsrolle des Mose sowohl auf die Herausführung aus Ägypten als auch auf

Jahwes Willenskundgabe, denn בנביא נשמר kann wohl nur als Anspielung auf Moses Vermittlerfunktion bei der Gesetzgebung Jahwes verstanden werden[42]. Neben Jahwes Rettungstat beim Auszug aus Ägypten wird hier auch seine Willenskundgabe als Grundpfeiler für das von Jahwe begründete Verhältnis dargestellt. Die Antwort Efraims auf diese Heilsinitiative ist aber "bittere Kränkung" (V.15). Entsprechend wird seine Schuld geahndet.

3. Hos 13,4

> Ich aber bin Jahwe, dein Gott, von Ägypten her;
> keine anderen Götter als mich sollst du anerkennen,
> es gibt keinen Retter außer mir.

Obwohl Hos 13,4 mit einer Kopula an das Vorausgehende syntaktisch angeschlossen ist, leitet die feierliche Selbstvorstellung Jahwes an dieser Stelle eine neue Redeeinheit ein[43]. Mit einem geschichtlichen Rückblick, der die Strafandrohung des V.8 vorbereitet, liegt eine abgerundete rhetorische Einheit vor[44]. Die Thematik von Hos 13 unterscheidet sich von der aus Hos 12. Stilistisch wirkt Hos 13 einheitlicher: es werden nur Jahwereden verwendet[45]. Erst mit Hos 14,2 taucht die prophetische Rede wieder auf, so daß die kerygmatische Einheit wohl 13,1-14,1 umfaßt[46]. Die Gerichtsworte von Hos 13 sind sehr bildreich, zugleich aber in der Kompromißlosigkeit ihrer Aussagen überraschend. Sie weisen auf ein vernichtendes Urteil Jahwes über Israel und lassen keinen Lichtblick für die Zukunft erkennen.

Die Selbstvorstellung Jahwes in Hos 13,4 geht dem Schuldnachweis und der Gerichtsansage voraus[47]. Sie ist zunächst eine göttliche Selbstbestätigung[48], die das Ziel hat, den Verstoß Israels gegen Jahwes Stellung im Leben des Volkes klarzumachen. Die Formel ist breiter ausgearbeitet, weil sie Jahwes Exklusivitätsanspruch besonders hervorhebt[49]. Die geschichtliche Rückblende auf die Wüstenzeit (V.5) will die Unvergleichbarkeit Jahwes dokumentieren: er konnte das Volk in der Wüste weiden[50], obwohl dort doch gar nichts wächst (vgl. V.5b). Das Thema des Auszuges und der Führung Jahwes in der Wüste stehen hier als zusammengehörige Elemente einer Tradition nebeneinander. Auf dem Hintergrund des Heilswirkens Jahwes hebt sich nun die Schuld Israels ab; sie wird als Überheblichkeit entlarvt. Israel konnte durch Jahwes Fürsorge satt werden, nahm aber Jahwes Gaben als selbstverständlich hin. So sündigte Israel nicht in der Wüste, sondern im Kulturland, denn nur dort sind die Voraussetzungen für das Sattwerden und ein Überflüssigwerden Jahwes vorhanden[51]. Die Anklage gipfelt in Jahwes Beschuldigung, daß sie ihn, den Rettergott, der Israel auch im Kulturland versorgt, vergessen haben[52]. In verschiedenen Bildern folgt dann das vernichtende Urteil: Jahwe selbst wird seinen Zorn wie ein wildes Tier über Israel ergehen lassen[53]. So wie Jahwe der einzige Retter für Efraim ist, so wird er sich auch als Strafvollstrecker ohne Erbarmen zeigen. Der geschichtliche Rückblick auf Jahwes Herausführung aus Ägypten und auf seine Führung in der Wüste bildet den Hintergrund für Hoseas Einschätzung des Verhaltens Israels im Kulturland. Jahwes Rettung und Fürsorge geben schließlich Israels Schuld ihre letzte und tiefste Dimension.

4. Hos 2,17

> Dann werde ich ihr von dorther ihre Weinberge
> geben und die Ebene Achor als Tor der Hoffnung.
> Dorthin wird sie dann Antwort geben wie in ihren
> Jugendtagen, wie damals, als sie aus dem Lande
> Ägypten heraufzog.

Wie bei Hos 11,1-4 sind auch an dieser Stelle wichtige form- und literarkritische Bemerkungen zurückzustellen, weil die Einheit Hos 2,4-17 a.a.O. ausführlicher in ihrem literarischen Zusammenhang besprochen wird[54]. Hier sei nur darauf hingewiesen, daß V.16f. mit seinem einführenden לכן als drittes Glied (zugleich auch als Klimax) einer Kette von Strafmaßnahmen steht. Diese folgen jeweils auf Beschreibungen der Sündenschuld Israels[55]. V.15b bildet einen Schuldnachweis, dem Jahwe in V.16f. mit einer letzten, diesmal wirksamen heilspädagogischen Reaktion begegnet[56]. Sie besteht in der Verführung[57] und Umwerbung[58] Israels durch Jahwe selbst: er will das Volk dorthin locken, wohin es von sich aus gar nicht will, in die Wüste[59]. Israel muß fürchten, dort all das zu entbehren, was es im Kulturland so liebgewonnen hat. Die "Strafe" stellt sich allerdings als eine Heilsmaßnahme heraus. Einmal sich selbst überlassen, frei von allen fremden und ablenkenden Einflüssen der Außenwelt (d.h. von allen Einwirkungen, die das persönliche Verhältnis der beiden gefährden können), wird Israel seinen Gott wiederfinden, und dann wird Jahwe Israel all das zurückgeben, was ihm im Kulturland so kostbar war. Die Geschichte Jahwes mit seinem Volk, die seit dem Einzug in das Kulturland heillos an den neuen Verhältnissen zerbrochen war, wird eben an diesem Punkt wiederaufgenommen und in die richtige Bahn gelenkt. Der Ort des Verbrechens und der Untreue wird zum Tor der Hoffnung[60]. Die Zeit, als Israel aus Ägypten herausgezogen war, nennt Hosea Israels "Jugendzeit"[61]. Dieser Abschnitt in der Geschichte Israels war gekennzeichnet von Israels ענה, von seinem "Antworten"[62] auf Jahwes Zureden: es zeugte von einem ungetrübten, vertrauensvollen Verhältnis zwischen beiden. Damals war das Antworten wohl die einzig mögliche Reaktion Israels auf Jahwes Heilsinitiative, denn nur die Antwort auf Jahwes Herausrufen (vgl. Hos 11,1) ermöglichte das Überleben angesichts der zahlreichen und stärkeren Verfolger.

5. Weitere Hinweise auf Jahwes Heilsinitiative

Durch ihre Gerichtsansage weisen Hos 8,13 und 9,3 in negativer Weise auf Jahwes Heilsinitiative zurück. In beiden Fällen droht Jahwe mit einer "Rückkehr" (שוב) nach Ägypten. Gerade weil in diesen Drohungen auf die erste Rettungstat Jahwes hingewiesen wird, ist die Drohung so zu verstehen, daß Jahwe damit die gesamte Heilsgeschichte rückgängig machen will. Seine Beziehung zu Israel wäre dadurch gegenstandslos, Israel nur noch auf sich selbst angewiesen, was den sicheren Untergang mit sich bringen würde. In Hos 9,3 steht die Drohung der Rückführung nach Ägypten in Parallelität zur Unterwerfung unter Assur[63]: Ägypten und Assur sind in diesem Fall nicht auswechselbar, weil die konkrete Verwirklichung der Drohung nicht offen gelassen ist. Die Gefahr wird richtig erkannt: sie kommt aus Assur! Der Hinweis auf Ägypten deutet die konkrete Drohung

aber zugleich als Beendigung der Heilsgeschichte.
Durch den bildhaften Charakter[64] bezeichnet die "Rückkehr nach Ägypten" den Verlust der besonderen Beziehung zwischen Jahwe und Israel, denn diese wurde erst durch die Herausführung aus Ägypten initiiert und begründet. Als Befreiung aus der Knechtschaft wird sie völlig rückgängig gemacht, wenn Jahwe es zuläßt, daß andere Mächte Israel unterwerfen. Sowohl die Heilsinitiative als auch die Strafansage haben eine enge Beziehung zum Verhalten Israels. Die Heilsinitiative schafft ein Verhältnis, das vom Partner Anerkennung und ein entsprechendes Verhalten verlangt; die Strafandrohung wird andererseits nur deshalb ausgesprochen, weil Israel dieses Verhalten nicht vorweisen kann. Es übersieht bzw. negiert den Charakter dieser Beziehung als Liebesverhältnis.
So steht Jahwes Herausführung Israels aus Ägypten als seine Heilsinitiative am Anfang der Geschichte Israels[65]. Seit diesem Heilswirken Jahwes existiert ein inniges Verhältnis zwischen Jahwe und Israel. In der Wüste hat Jahwe diese Beziehung immer wieder bestätigt und im Kulturland hat er durch seine Fürsorge diese auf vielfache Weise unter Beweis gestellt.
In Hos 9,10[66] ist die Erwähnung von מדבר in Zusammenhang mit dem Bild der Trauben (ענבים) zu sehen. Es liegt keine besondere Betonung auf den Ort der Heilsinitiative Jahwes, denn במדבר will primär nur das völlig Unerwartete und Beglückende des "Fundes" herausstellen. In die gleiche Richtung weist auch die zweite Bildhälfte("wie eine erste Frucht[67] am Feigenbaum[68] sah ich eure Väter"), die besonders die "Schmackhaftigkeit" Israels für Jahwe hervorheben will. Die

bildliche Darstellung muß allerdings in ihrer spezifischen Funktion als schematisierende Geschichtsbetrachtung gesehen werden: sie bereitet den kommenden Schuldnachweis bei der gegenwärtigen Generation Israels vor. Der Hinweis auf Baal-Peor ordnet gewiß "die Zeit vorher" in die Periode vor der Landnahme ein, so daß mit Israel klar die Väter der Anfangszeit (vgl. die Parallelität ישראל //אבותיכם) gemeint sind. Seinen wunderbaren und begehrenswerten Charakter scheint Israel erst bei der Begegnung und beim Anblick Jahwes bekommen zu haben. Die Betonung liegt auf dem aktiven Aspekt der Verba מצא bzw. ראה : sie schaffen neue Tatsachen und Verhältnisse[69]. Die beiden Verba haben nicht ihre übliche Bedeutung, sondern sind theologisch gefüllt, indem sie den Auftakt der von Jahwe begründeten Beziehung bezeichnen wollen.

> Damit stellt sich die Frage nach der Eigenständigkeit der "Fundtradition". R.Bach[70] hat die These aufgestellt, daß bei Hosea Spuren einer Sondertradition vorliegen, die die Erwählung Israels nicht in Ägypten, sondern in der Wüste anfangen läßt. Neben den Hoseastellen 9,10; 10,11; 13,5 und 2,5 zieht er dafür auch Dtn 32,10 und Jer 2,2f. heran. Ausführlicher verarbeitet liegt die gleiche Tradition noch in Ez 16.1ff. vor. H.W.Wolff[71] ist geneigt, dieser Hypothese zuzustimmen, und sieht darin dann einen weiteren Beweis für Hoseas Beheimatung in Kreisen, die Traditionen kannten und pflegten, die sich im AT nicht durchgesetzt haben. Zu den Pentateuch-Überlieferungen stünden sie dann in einem ganz klaren Gegensatz[72].
> V.Fritz[73] hat aber eingehend dargelegt, daß E an den Überlieferungskomplex der Wüstenerzählungen (Ex 15-17 und Num 10-21) nicht beteiligt war. Hier war J am Werk, der auf eine vorjahwistische Sammlung, die dem Überlieferungsgut der südpalästinensischen Stämme zugehört, zurückgreifen konnte. Sammlung und Weitergabe dieses Traditionsgutes erfolgte wahrscheinlich am Heiligtum von Beerscheba

(kultischer Mittelpunkt der Südstämme nach der Landnahme). So ist die Darstellung des Aufenthaltes Israels in der Wüste als eine Zeit des Ungehorsams und des Abfalls von Jahwe eine neue Deutung der Wüstenüberlieferung, die erst vom Jahwisten eingebracht und durchgesetzt wurde. Das Schweigen Hoseas über ein negatives Verhalten Israels in der Wüste wäre dann durchaus durch seine geistige Verwandtschaft mit der E-Schicht zu begründen. Die Theorie einer Idealisierung der Wüstenzeit durch Hosea erübrigt sich dann von selbst. Neuerdings hat R.Kümpel[74] die "Fundtradition" nochmals verteidigt. Ihre früheste erreichbare Fassung sieht er in der israelitischen Stammes- und Kulttradition aus Beer-Lachai-Roi enthalten, wie sie in der ältesten Schicht von Gen 16,7-14 vorliegt. Die schon komplexe ismaelitische Tradition ist später auch in den israelitischen Raum eingedrungen, wo sie sowohl im Nordreich (Hos 9; 12; Jer 31; 1 Kön 19) als auch im Vorstellungskreis des Jerusalemer Königsfestes (Ps 89; 1 Kön 11) aufgegriffen wurde. Die Wendung der Tradition in der Reihenfolge: Gottesname- מצא - Personenname - במדבר wurde dabei stark formalisiert, ihre Aussage zudem auch umgewandelt, indem der konzentrierte Aussagewert der gesamten Tradition, der sie entstammt, stärker hervortrat. Neben dem rettenden und verheißenden Moment bekommt die Begegnung Gottes nun auch fordernden Charakter und begründet eine dauernde Verbindung zwischen Gott und Mensch. Dadurch sind מצא und מדבר bei Hosea als theologische Aussagen aufzufassen. מדבר weist nicht auf die historische Wüstenzeit, sondern auf die Situation der Verlorenheit und Not des Menschen vor seiner Begegnung mit Jahwe.

Für Hos 9,10 mag es nun zutreffen, daß Hosea mit dem Bildelement מדבר nicht die historische Zeit des Wüstenaufenthaltes bezeichnen wollte. Die Aussage des ganzen Verses kann indessen wohl nur interpretiert werden als Schilderung eines guten, ungetrübten Verhältnisses zwischen Jahwe und Israel, bei dem Jahwe, im Gegensatz zur Gegenwart, Freude an Israel haben konnte. Durch die darauffolgende Erwähnung von Baal-Peor besteht kein Zweifel darüber, daß diese Zeit in die Periode

vor der Landnahme einzuordnen ist. Wenn Hosea in 2,16
von einer Rückführung in die Wüste spricht, meint er
damit vor allem eine Rückkehr in die Gesinnung und das
Verhalten, das Israel dort gezeigt hat. Dieses Verhalten war damals möglich, weil Jahwe dort mit seinem
Volk ganz allein war. Die Notlage und die Entbehrung
bewirkten, daß Israel ganz auf Jahwe angewiesen war.
Gerade das Bewußtsein, daß man Jahwe braucht und sein
Zureden zu beantworten hat, ist nur in der "Wüste"
zu erreichen. Der historische Aufenthalt in der Wüste
wird für Hosea auf diese Weise zur Chiffre für die
Situation des Angewiesenseins, in die Jahwe Israel
zurückführen möchte. Daß er damit eine Tradition aufgenommen hat, die kein negatives Bild des Wüstenaufenthaltes kennt[75], ist mit V.Fritz besser aufgrund
von Hoseas Verwandtschaft mit E zu erklären als durch
die Annahme einer eigenständigen Fundtradition.

§ 2. Der Inhalt des Heilshandelns Jahwes
----

1. Die Gabe des Landes und der Kulturlandgüter

Jahwes Herausführung aus Ägypten und seine Führung
des Volkes durch die Wüste bilden nur den Anfang seines Heilshandelns. Er möchte Israel eine neue Zukunft
erschließen und es unter ganz anderen Verhältnissen
als im Lande der Knechtschaft leben lassen.
Wenn Hosea über Jahwes Gabe des Kulturlandes spricht,
dann ganz konkret von den reichen Agrarprodukten dieses
Landes. Gerade an den "guten Gaben" des Landes entfacht

sich der Kampf mit dem Baʽal-Glauben. Als Landeserzeugnisse sind die Kulturlandgüter so eng mit der Ackerbaukultur verbunden, daß sie offenbar nicht ohne Bezug auf den Herrn (בעל) dieses Landes gesehen werden können. Es ist Israel nicht von vornherein klar geworden, was der "Retter- und Führergott" mit der schon vorgegebenen - und scheinbar auch ohne Jahwe funktionierenden - Agrarwirtschaft in Kanaan gemein hat. Hosea wirft seinem Volk vor, im Kulturland andere Götter verehrt und dabei Jahwe "vergessen" zu haben. Damit spricht er die weitgehende Kanaanisierung des Jahweglaubens im Kulturland an. Weil dieser Bruch eben im Kulturland stattgefunden hat, kann man von vornherein annehmen, daß das Naturverständnis bzw. die Weltinterpretation eine eminent wichtige Rolle in dieser Auseinandersetzung gespielt haben muß. Israel interpretiert Jahwe und die Welt nach dem Muster des kanaanäischen Baʽal-Glaubens: die Kulturlandgüter sind nicht länger Gaben eines Gottes, mit dem Israel seit seinem Existenzanfang als Volk verbunden ist, sondern Naturprodukte, die durch eine geheimnisvolle, aber immerhin fixierte Ordnung der Auseinandersetzungen zwischen Göttern gewährleistet sind.

So konzentrieren sich Hoseas Bemühungen auf die Klarstellung der Eigenart der Beziehungen zwischen Jahwe und Israel. Hosea kämpft gegen eine ins Naturhafte absinkende Jahwevorstellung, die sich allzusehr den kanaanäischen religiösen Anschauungen angenähert hatte. Das zeigt sich deutlich in Hoseas Bestreben, das Fruchtbarkeitsgeschehen in der Natur wieder unter den direkten Herrschaftsanspruch des in der Geschichte wirksam gewordenen und mit Israel in einer Liebesbeziehung verbundenen Jahwe zu stellen. Dabei wird die Fruchtbarkeit des Landes in ihrer Bedeutung für Israel keineswegs geleugnet oder verdächtigt, sie ist eine gute Gabe, nur eben ganz und gar Gabe Jahwes, ein Geschenk des Gottes von Ägypten her, der sein Volk liebt und seine Liebe gerade in der Gabe der Fruchtbarkeit erfahrbar macht. Den Beweis für Jahwes Herrschaftsanspruch über das Naturgeschehen erbringt Hosea mit der Feststellung, daß Jahwe das Land - er nennt es _sein_ Land - und die Kulturlandgüter gegeben hat; noch deutlicher wird dieser Anspruch, wenn Jahwe Land und Güter wieder wegnimmt.

A. Hos 2,4-17[76]

Wiederholt wird in dem allegorisch ausgearbeiteten Rechtsverfahren gegen die untreue Frau (Israel)[77] betont, daß Jahwe die Kulturlandgüter "gegeben"(נתן) hat[78]. Dagegen schreibt Israels falscher Glaube diese Güter den "Liebhabern" (מאהבים) zu (vgl. VV.7.14). Israels Versündigung scheint in einer Divinisierung der Kulturlandgüter bzw. der Fruchtbarkeit gelegen zu haben. Die Fruchtbarkeit selbst, die sich in den Kulturlandgütern offenbart, wird mit der wirksamen Präsenz der "Liebhaber" verknüpft. Weil man Jahwe wie die kanaanäischen Götter versteht, glaubt man auch, daß seine Gegenwart notwendigerweise die Kulturlandgüter zur Verfügung stellen muß. Seine Macht kann sich erst in der Fruchtbarkeit der Erde erweisen.
An diesem Punkt setzt nun Hosea mit seiner Verkündigung ein: Jahwe ist nicht wie die Liebhaber, denen man nur nachzulaufen und die man zu verehren hat, um dadurch die Kulturlandgüter zu bekommen.
Jahwe ist frei und souverän, er _muß_ nicht geben, er kann

auch nehmen. In V.5a droht Jahwe damit, die Frau nackt hinzustellen, wie am Tage ihrer Geburt. Das Bild wird als Drohung direkt auf das Land hin gedeutet[79]: durch den Wasserentzug wird es verdursten und versteppen.

Ein Anklang an den Ba'al-Mythos ist hier insoweit gegeben, als Jahwes Macht über Regen (und daher auch über die Fruchtbarkeit des Landes) herausgestellt wird. Dennoch tritt zugleich ein grundlegender Unterschied zum Mythos hervor: Jahwe droht mit einer Entscheidung, die dem Ba'al-Mythos grundsätzlich zuwider läuft. Wenn Ba'al nämlich seine Königsherrschaft über die anderen Götter gefestigt hat, kann er zwar den Zeitpunkt seiner Regengabe selbst auswählen und bestimmen, nie aber wird von ihm berichtet, er hätte diese Gabe aus irgendeinem Grund verweigert. Fruchtbarkeitsentzug als Strafmaßnahme gegen Volk oder Land wird in den Ugarit-Texten nirgends bezeugt.

Somit kann gerade auch die Krisensituation einer Dürreperiode den grundsätzlichen Unterschied zwischen beiden Glaubensweisen offenbaren. Eine Weltinterpretation, die Dürre und Unfruchtbarkeit durch das Abwesendsein bzw. durch den Abstieg des Ba'al in die Unterwelt erklärt, steht hier dem Glauben an einen Gott gegenüber, der die gleichen Phänomene als Strafe über Land und Volk herbeiführen kann.

Jahwes Absicht bei der Bestrafung seines Volkes ist klar zu erkennen: er will Israel dadurch veranlassen, sich auf seinen Rettergott zu besinnen. Im Glauben an ihn soll Israel die Verbindung zwischen Jahwes Rettung und Fürsorge in der Vergangenheit und seinem Wirken im Kulturland sehen. Kultur und Religion in

Kanaan machten es Israel schwer, in guten Zeiten diese Verbindung einzusehen und die Gaben des Landes als Geschenk des mit Israel verbundenen Rettergottes dankend zu würdigen.
So bleibt Jahwe nichts anderes übrig, als diese Gaben rigoros wegzunehmen. Durch die Strafandrohung erweist er sich als der gegenwärtige, wirksame Gott. Dürre und Hungersnot sind bei ihm kein Zeichen der Schwächung oder des Verlustes seiner Macht. Er steht seinem Volk im Gegenteil sehr nahe, indem sein Strafhandeln als Reaktion auf Israels Verhalten verstanden sein will. Durch den strafenden Entzug der Kulturlandgüter will er Israel auf sich und auf seine Beziehung zum Volk aufmerksam machen.
Israels Dirnencharakter und schändliches Treiben werden in V.7b als "den Liebhabern nachlaufen"[80] bezeichnet. Israel hält diese Liebhaber für die Spender der Kulturlandgüter. In einer dreifachen Zweierreihe werden diese Güter aufgezählt: sie enthalten das zum Leben unentbehrliche Brot und Wasser, Wolle und Leinen als wichtige Produkte zur Kleideranfertigung, darüber hinaus noch Öl[81] und sonstige Getränke[82].
Indem Israel den Liebhabern nachläuft, zeigt es, daß es sich um das Lebensnotwendige und Angenehme sorgt: es bezahlt dafür jeden Preis, denn es wartet nicht auf seine Liebhaber, sondern läuft hinter ihnen her.
Die מאהבים können hier als Bezeichnung für die kanaanäischen Götter (unter denen Ba'al eine zentrale Stellung einnimmt) stehen. Dennoch ist es wahrscheinlicher, daß damit Israels Jahweverehrung angegriffen wird, insoweit diese nämlich vom Ba'al-Glauben infiziert ist[83]. Man erhofft sich die Kulturlandgüter nicht

von einem Gott, der seit dem Auszug in einer besonderen
Beziehung zu Israel steht, sondern von einem Gott,
der zwar den gleichen Namen beibehalten, dazu aber
die Züge der Ba'al-Gottheit weitgehend übernommen hat.
Israel hat es nicht fertig gebracht, das Neuartige
der Kulturlandsituation mit der alten Tradition des
Rettergottes in Verbindung zu bringen. Es hat die
kanaanäische Interpretation der Wirklichkeit (bezüglich
Ackerbau und Feldertrag) übernommen und auf Jahwe
übertragen. Dabei hat es vergessen, daß das von Jahwe
initiierte Verhältnis ein entsprechendes Verhalten
erfordert. Jahwe kann weder durch Opfer noch durch
sonstige Kultpraktiken gezwungen werden, den Kreislauf
der vegetativen Fruchtbarkeit aufrechtzuerhalten.
Seine Bindung als Ehemann an seine Frau (Israel) verbürgt die Gewährung der Kulturlandgüter. Anerkennt
Israel diese Beziehung zu Jahwe nicht in all seinen
Konsequenzen, dann entfällt auch Jahwes Fürsorgepflicht.

Jahwes Wirken und seine Führung haben mit dem Einzug
ins Kulturland nicht aufgehört. Die Konfrontation
mit der neuen Kultur, ihren Errungenschaften, ihren
regelmäßig wiederkehrenden reichen Erträgen, die Begegnung mit der Interpretation dieses vegetativen Geschehens eröffnen für Israel eine neue Welterfahrung,
die erst in das Bild des Retter- und Führergottes integriert werden muß. Hier taucht eine neue Wirklichkeut auf, für die im traditionellen Jahwebild zunächst
noch kein Platz vorgesehen ist. Die Frage, ob und wie
Jahwe mit dieser Realität zu tun hat, wird vorerst
theologisch nicht zu Ende gedacht. Israel begnügt
sich offensichtlich damit, die neue Situation zwar
mit dem Namen Jahwe zu markieren, doch interpretiert

man die neue Welt und alles, was mit ihr zusammenhängt,
nach der Weise und dem Muster des angetroffenen Ba'al-
Glaubens. Dadurch wird Jahwe Ba'al angeglichen, verliert
er seine Spezifika und wird mehr und mehr zu einer
Naturgottheit. Kultische Anstrengungen ersetzen das
Verhalten, das sich nach der besonderen Beziehung zu
Jahwe auszurichten hat. Der Kreislauf der Vegetation
und außergewöhnliche Naturkatastrophen können mit dem
Hinweis auf ein vorübergehendes Sich-Zurückziehen Jahwes
erklärt werden. Man lebt aus der Gewißheit, daß Jahwe
bestimmt einmal wiederkommen muß. Eine Vermehrung
der Opfer kann diese Wiederkehr beschleunigen.
Damit wird aber die Identität Jahwes als Rettergott
in Israels Geschichte, als Begründer einer personalen
Beziehung zu seinem Volk, völlig umgewandelt.
Eine erste Absperrmaßnahme (V.8) durch Jahwe bewirkt
indessen nichts; noch immer erkennt Israel nicht, daß
Jahwe es ist, der ihm "das Korn, den Wein und das Öl
gegeben[84], der es mit Silber und Gold überhäuft hat"
(V.10)[85].
Während die Kulturlandprodukte von den VV.7.11.14.17
immer mit Personalsuffixen versehen sind, um die (ver-
meintlichen bzw. wahren) Besitzansprüche erkennbar
zu machen[86], sind sie in V.10 mit dem Artikel konstruiert.
Die Aufzählung enthält wieder andere Agrarprodukte
und Kulturlandgüter (הדגן, התירוש, היצהר, זהב und כסף).
Die Artikel lassen auf die Bekanntheit und Verbreitung
dieser Produkte im Lande schließen[87]. זהב und כסף
weisen auf einen Wohlstand, der über das Lebensnotwendige hinausgeht.
Hoseas Aufzählung der Kulturlandgüter erinnert an den
ugaritischen Text CTA 16 III 13-16. Obwohl die Lücken

in diesem Text (besonders in den Z.1-10) den Sinnzusammenhang nur schwer bestimmen lassen, scheinen die Z.7-10 einen Lobpreis auf Ba'als Segenswirken für die Erde zu enthalten. Dagegen beschreiben die Z.13-16 anschaulich die drückende Not, die als Folge der augenblicklichen Dürre auf dem Volk lastet: Krüge und Fässer werden leer, es fehlt an lḥm, yn und šmn. Gerade die unterschiedliche Aufzählungen bei Hosea und in diesem Ugarit-Text lassen darauf schließen, daß man kaum von einer im altorientalischen Raum festgeprägten Reihe sprechen kann[88]. Mit seiner Aufzählung betont Hosea nachdrücklich, daß er die Kulturlandgüter Jahwe zuschreiben will: er ist derjenige, der Israel mit allem Lebensnotwendigen und Nützlichen versorgt. Dazu werden verschiedene charakteristische Produkte repräsentativ aufgeführt. Das Fehlen des Lebensnotwendigen im Krt-Epos ist andererseits keine Folge von irgendwelchen Strafaktivitäten seitens des Ba'al, sondern ist die Folge seiner Abwesenheit. Die Krankheit des Krt wird von der Königsideologie her als konkrete Folge der Absenz Ba'als gedeutet.

In seiner zweiten Strafmaßnahme will Jahwe "Korn und Wein" (V.11) zurücknehmen. Die Suffixe stellen wieder den eigentlichen Spender dieser Produkte heraus. Auffallend ist aber noch die zweifache Zeitbestimmung בעתו bzw. במועדו. Sie hebt hervor, daß Jahwe es in seiner Hand hat, zu jeder Zeit Wachstum und Ernte zu vernichten. Die hoseanische Zeitbestimmung kann die Zeit der jeweiligen Ernte[89] der Agrarprodukte bezeichnen. Aber wahrscheinlicher liegt darin zugleich noch eine Spitze gegen die kanaanäische Auffassung der fruchtbarkeitbringenden Wirkung des Ba'al vor.

In CTA 4 V 68-71 wird Ba'al dargestellt als jener, der den richtigen Zeitpunkt für die Gabe des Regens, Schneeschauers und Gewitters festsetzt. Auch die Fensterepisode im Ba'al-Zyklus (CTA 4 Vff.) zeigt, wie nur Ba'al für die Entscheidung über den Zeitpunkt des Regens verantwortlich zeichnet. Die große Rolle, die der richtige Augenblick in diesen Episoden spielt, wird vom Verfasser wahrscheinlich als Erklärung für ein eventuell längeres Ausbleiben der Regenzeit benützt.

Hoseas Betonung des Zeitpunktes steht dagegen ganz im Dienst der Strafankündigung: Jahwe setzt nicht nur den Termin der Ernte, sondern auch den des Entzugs der Kulturlandgüter fest. Jedweder Schutz wird Israel im Gericht entzogen; auch die Wolle und das Leinen, die Jahwe zur Bekleidung gegeben hat (vgl. die Pronominalsuffixe), nimmt er Israel weg[90]. Festesfreuden und Feiern verlieren ihren Sinn, weil es nichts mehr zu feiern gibt[91]. Reben und Feigenbäume werden von Jahwe verwüstet, die Weingärten werden zur Wildnis. Die Grundlagen und Voraussetzungen für ein friedliches und angenehmes Leben im Kulturland sind damit nicht mehr vorhanden.

V.16f. enthält den dritten und letzten Versuch, Israel zur Umkehr zu bewegen: Jahwe will die widerstrebende Frau verführen und ihr zu Herzen reden. In der Einsamkeit und in der Entbehrung will er sie für sich allein haben, damit er Gelegenheit hat, sie dort wieder anzusprechen. Indem Israel ganz allein auf Jahwe angewiesen sein wird - wie in den Tagen des Auszugs aus Ägypten - will er ihm dann das Land wiedergeben. Er will es, weil er davon ausgehen kann, daß Israel in der "Wüste" von der Einzigartigkeit seiner Beziehung zu ihm betroffen sein wird. Nur eine Rückführung in die ursprüngliche Notsituation, in das Anfangsverhältnis der Auszugs- und Wüstenzeit, macht es Jahwe möglich, Israel wieder für sich allein zu haben, das historisch Erlebte aufzufrischen, Israels Augen für seine Führung und Fürsorge im Kulturland zu öffnen und eine willige Antwort Israels auf sein Zureden zu erreichen.

B. Hos 2,23ff.

23. An jenem Tage, Spruch Jahwes, erhöre ich.
    Ich erhöre den Himmel,
    und der Himmel erhört die Erde.
24. Die Erde erhört Korn, Wein und Olivensaft
    und diese erhören Jesreel.
25. Ich säe sie mir aufs Land.
    Ich werde mich Lo-Ruḥamas erbarmen
    und zu Lo-'Ammi sage ich: Du bist mein Volk!
    Und er wird sagen: Mein Gott!

Der gleiche heilsgeschichtliche Kontext der irdischen Fruchtbarkeit wird in diesem Verheißungswort sichtbar. Die VV.23f. und 25 sind Teile einer losen Spruchreihe, die Hos 2,18-25 umfaßt[92]. Die VV.23f. kündigen - in Form eines weisheitlich gefärbten Kettenspruches[93] - die neue Fruchtbarkeit des Landes an. Diese verleiht Jahwe, das betont der Text eigens; denn er stellt Jahwe an den Anfang der Erhörungskette. Das Heilswort könnte durchaus in einer Situation der Dürre und Hungersnot gesprochen sein[94], besser noch ist es aber, den Spruch als prophetische Interpretation der Rückführung in die Wüste und Erhörung von dort aus (vgl. V.16) aufzufas-

sen[95]. Letzter Empfänger des Fruchtbarkeitspruches
ist "Jesreel", womit die Bewohner des Nordreiches gemeint sind[96]. Zumindest die redaktionelle Verknüpfung
der VV.23f. mit den vorausgehenden Versen läßt eine
Verbindung dieses Erhörungsspruches mit dem von Jahwe
neu gestifteten Ehebund durchscheinen, der in den VV.
21f. als durch Jahwes Brautgaben gesichert und rechtsgültig[97] beschrieben wird. Den VV.23f. angeschlossen
beendet V.25 die kerygmatische Einheit vom Jahwes neuen
Bund mit Israel.
Die Erwähnung des geographischen Namens Jesreel in V.24
mag diesen Vers über die Umdeutung der Namen der Hoseakinder nach sich gezogen haben[98]. In ihm wird verheißen, daß Jahwe Israel[99] für sich (לי) in seinem
Land aussäen[100] und die Namen der beiden anderen Kinder in ihr Gegenteil umkehren wird, so daß Israel dann
seinerseits in einem Bekenntnis Jahwe als seinen Gott
(אלהי) anerkennen wird[101]. Damit wird Jahwes erneute
Gabe des Landes und seiner Fruchtbarkeit (vgl. Hos
2,17)[102] sowie seine Liebesverbundenheit mit dem Volk
neu ausgesprochen. Das Wort ברית fehlt im engeren
Kontext, aber V.25 ist doch im Lichte der VV.20 und 21f.
(Ehebund) zu sehen, so daß auch hier eine innig personale Verbundenheit Jahwes mit Israel beschrieben und
zugesichert wird. Diese schließt nun die Fruchtbarkeit und die Gabe der Kulturlandgüter als Jahwes Gaben
an Israel ein.

C. Hos 14,2-9

Hos 14,2-9[103] enthält, nach einem prophetischen Mahnruf zur Umkehr zu Jahwe (VV.2.3a), eine vom Propheten

vorgebetete Bußrede des gestürzten Volkes (VV.3b.4)[104].
In ihr bittet Israel um Verzeihung und schwört der drei
Hauptsünden gegen Jahwe ab. Danach folgt eine Heils-
ansage (V.5), die in den VV.6-9 weiter entfaltet wird[105].
Kern des Abschnittes ist ohne Zweifel V.5; nur von ihm
aus ist Sinn und Funktion der VV.2-4 zu erschließen.
Hier zeigt sich, daß Jahwes heilende Liebe nicht von
Vorbedingungen bzw. Gegenleistungen Israels bestimmt
werden will (vgl. נדבה)[106], sondern daß sie Israels
Abtrünnigkeit "heilen" will. Eine Umkehr des Volkes
scheint daher noch nicht stattgefunden zu haben; der
Prophet selbst betet das Bußgebet vor, ohne daß irgendwo
ein entsprechendes Bekenntnis bzw. Wandel des Volkes
deutlich erkennbar wird. Daher muß sich Jahwes Heilung
der Abtrünnigkeit auf die noch vorhandene Untreue des
Volkes beziehen.
Im Stil einer feierlichen Urteilsverkündigung wendet
sich Jahwe mit dieser Botschaft an Hosea[107]; mit einer
Fülle von Bildern, deren Motive vielfach der Liebesdichtung entnommen sind[108], wird Jahwes heilbringendes
Wirken an Israel beschrieben. Jahwe vergleicht sich
(d.h. sein Wirken für Israel) mit dem Tau[109], der Israel
Fruchtbarkeit und Wachstum verleihen wird. Damit übernimmt Jahwe eine Funktion des Baʻal, der ja im Tau die
Erde befruchtet. Hosea verwendet damit kein Bild für
die Vergänglichkeit, sondern stellt die direkte Konfrontation zwischen Jahwe und Baʻal heraus: Jahwe ist es,
der die Fruchtbarkeit schenkt. Israel wird zurückkehren
können[110], wieder im Lande wohnen[111] und dort Korn an-
bauen[112].
In V. 9a werden noch ein letztes Mal die Fragwürdigkeit
der Götzen und Jahwes alleiniges Erhören und Umsorgen[113]
hervorgehoben. Der eigentliche Beweggrund des Heilshandelns Jahwes wird damit erneut aufgedeckt: die Gabe

des Landes und seiner Reichtümer ist kein Folgeakt
der von vornherein festgelegten, naturgesetzlich ge-
regelten Präsenz Jahwes, sondern ein Geschenk aus
reiner Liebe. Jahwes Handeln läßt sich von Israels
Verhalten nichts vorschreiben. Liebe ist der letzte
und einzige Antrieb für sein Handeln. Landgabe und
Fürsorge im Lande erfolgen nicht aus irgendeinem inneren Zusammenhang der irdischen Fruchtbarkeit mit dem
Wesen der Gottheit, sondern aus Liebe zu Israel, das
Jahwe zur Gemeinschaft mit ihm berufen hat.

D. Das Land als Haus Jahwes

In Hos 8,1 wird das Land בית יהוה [114] genannt; es ist
Jahwes Eigentum. Daß diese Bezeichnung nachgerade
unbetont in einer Jahwerede auftaucht, weist darauf
hin, daß es sich hier um einen geläufigen Ausdruck
handelt. Er ist in der Tat im Alten Orient und auch
im Alten Testament belegt. Hosea schließt sich zunächst
diesem Sprachgebrauch an[115].
Der grundsätzliche Unterschied des Jahweglaubens wird
aber aus der negativen Durchbrechung der Gesetzmäßig-
keit in den Beziehungen zwischen Göttern und Menschen
deutlich. Der Ausdruck "Jahwes Haus" wird im Kontext
von Strafandrohungen gegen Israel verwendet!
In Hos 9,15 taucht die Bezeichnung ביתי in einer Jahwerede auf; mit dem geschichtlichen Rückblick auf die
Versündigung des Volkes in Gilgal[116] wird ein Drohspruch
begründet:"Ich vertreibe sie aus meinem Haus, ich liebe
sie nicht länger". Welche konkrete Sünde Hosea dabei
vor Augen steht, ist nicht sicher zu bestimmen. In

einem kultischen Kontext wird Gilgal noch in Hos 4,15 und 12,12 erwähnt. Andererseits weist שר in Hos 9,15cβ auf eine politische Gegebenheit. Bei der Entstehung und Wertung des Königtums spielt Gilgal eine bedeutende Rolle[117].
Dennoch ist an dieser Stelle weniger an Hoseas grundsätzliche Antipathie gegen das Königtum zu denken[118], sondern vielmehr an Gilgal als wichtige Station bei der Landnahme[119]. Gilgal war einer der ersten Berührungspunkte mit der Kultur und Religion des Landes Kanaan[120]. Damit ordnet sich dieser Spruch gut in die Gesamtverkündigung des Hosea ein.
V.15 nimmt die Bildrede von Jahwe als Israels Ehemann auf, denn גרש מביח ist als Aufkündigung der Ehefrau und ihre Entfernung aus dem Haus[121] zu deuten. Auch שנא, als Oppositum von אהב, wird im Kontext der Ehe verwendet[122]. Das Liebesverhältnis und das Eheband werden in Hos 9,15 aufgekündigt aufgrund der Bosheit, die sich bei der ersten Berührung mit dem Kulturland gezeigt hat.
Jahwes Gabe besteht aus der Liebes- und Ehegemeinschaft mit Israel. Er gab ihm ein Haus zum wohnen. Dieses besondere Verhältnis mit Israel will Jahwe nun beenden; er wird ihm das Land wegnehmen, so daß Israel heimatlos und schutzlos seinen Feinden ausgeliefert sein wird.
Eine letzte Stelle, die das Land Jahwes Eigentum nennt, wäre Hos 9,8. Allerdings weicht der Name von den anderen Stellen ab (בית אלהים statt בית יהוה) und so ist es nicht sicher, ob der Ausdruck "Gottes Tempel" oder nicht doch "Gottes Land" bezeichnet[124].

Die Untersuchung der Stellen, die von der Gabe
der Kulturlandgüter und des Landes sprechen, führt
zum folgenden Ergebnis.
Jahwes Wirken in der Natur, besonders seine Funktion
im Fruchtbarkeitsgeschehen der Erde, wird - im Vergleich
zu den religiösen Vorstellungen aus Ugarit - keineswegs
abgeschwächt. In seiner Auseinandersetzung mit dem
vom Ba'alismus beeinflußten Jahweglauben[125] setzt Hosea
ganz klare Akzente: nicht die Ba'ale, sondern Jahwe
ist es, der die Fruchtbarkeit und die Kulturlandgüter
gibt. Daß es keine Fruchtbarkeit ohne Jahwe gibt,
erweist sich sowohl in Jahwes Gabe als auch in seinem
Entzug der Fruchtbarkeit. Ja gerade die Strafandrohungen zeigen deutlich seine Macht und Verfügungsgewalt;
in Gegensatz zu den Texten aus Ugarit zeigen sie einen
absoluten und souveränen Charakter auf. Jahwe kann
den Menschen (vgl. Hos 4,10; 9,11f.14.16), Tieren (Hos
4,3) und der Vegetation (Hos 2,5.11.14; 4,3; 9,2; 10,8;
13,15) ihre Fruchtbarkeit vorenthalten.
Fruchtbarkeit und Wohlergehen im Lande sind somit keine
Naturgegebenheiten, die etwa im Schicksal einer Gottheit
typologisch vorgebildet sind und deshalb Gültigkeit
haben. Sie werden im Gegenteil als heilsgeschichtlich
bedingtes Wirken des fürsorgenden und liebenden Gottes
dargestellt. Die Fruchtbarkeit ist eine Konsequenz
der Liebesbeziehung, die Jahwe initiiert hat und durchhalten will (Hos 14,2-9). Sie ist mit seiner geschichtlichen Gabe des Landes verbunden, denn in dieser Rettertat war die Versorgung des Volkes im Lande schon mitenthalten. So bekommt die Fruchtbarkeit und die gesamte
Natur einen heilsgeschichtlichen Aspekt, indem sie auf
Jahwes Liebesbeziehung, die er beim Auszug aus Ägypten
begonnen hat, zurückgeführt wird.

2. Die Weisungen als Gabe Jahwes

Außer der Gabe des Landes und seiner Güter hat Jahwes Heilshandeln für Israel sich auch im Geschenk seiner Weisungen konkretisiert. Die Landgabe war Ausdruck seines Rettungs- und Führungswillens und führte zu einer umfassenden, persönlichen Liebesbeziehung mit Israel. Der gleiche Wille äußerte sich aber auch in den Weisungen, die Jahwe Israel mit auf dem Weg gab und die Israels Verhalten im Kulturland bestimmen sollten. Diese Weisungen erhalten ihren Inhalt und ihre Autorität vom Verhältnis her, das Jahwe mit Israel begründet hat und aufrechterhält. Jahwes Gebote sind kein Diktat, das Israel etwa von außen auferlegt wurde; sie ergeben sich konsequent aus der Eigenart des Verhältnisses mit Jahwe selbst. Sie sind als konkretes und fortgesetztes Heilshandeln gedacht, denn ohne sie kann Israel den Anforderungen des von Jahwe angebotenen Verhältnisses nicht entsprechen. Ihre Nichtbeachtung stellt Israel außerhalb der Heilssphäre Jahwes und führt so notwendigerweise Israels Untergang herbei. Die Weisungen werden im Namen Jahwes von den Priestern (vgl. Hos 4,1-19) oder von den Propheten vermittelt (vgl. Hos 12,11). Es kann sich um eine schon fest umrissene Größe oder um konkrete Einzelweisungen handeln.

A. Hos 8,1-3

1. An deinen Mund[126] das Horn!
   Wie ein Geier über Jahwes Haus[127],
   weil sie meinen Bund übertreten haben
   und gegen meine Weisung sich auflehnten.

2. Zu mir schreien sie: mein Gott.
   Wir kennen dich, Israel!
3. Verworfen hat Israel das Gute,
   der Feind wird es verfolgen.

Der Abschnitt bildet ein in sich geschlossenes Drohwort[128], das von einem Befehl Jahwes, Alarm zu schlagen, eröffnet wird. Zwischen den Drohungen in V.1aβ und V.3b befindet sich die Begründung.

Israel trägt selbst die Schuld für die Gefahr[129], in der es sich befindet: es hat "Jahwes ברית übertreten und sich gegen Jahwes תורה aufgelehnt" (V.1b). Die Suffixe bei ברితי und תורתי betonen, daß beide von Jahwe stammen. Indem Israel gegen sie verstoßen hat, versündigte es sich auch gegen das in ihnen enthaltene Heilshandeln Jahwes. Die beiden Termini, deren Auslegung umstritten ist[130], stehen formal parallel. Sinngemäß ist תורה aber eine weitere Ausführung, eine Konsequenz dessen, was in ברית grundgelegt ist.

ברית ist hier als Jahwes "Selbstverpflichtung" zu deuten, aber nicht im juristischen Sinne, sondern als Vorgabe, die er dem Volk gegenüber geleistet hat und durchhalten will. Bei der Gründung seiner Beziehung zu Israel hat Jahwe eine Wahl getroffen und sich in Israels Sache engagiert. Gegen diese Beziehung hat Israel sich versündigt, indem es sich darüber hinweggesetzt hat[131].

תורה bezeichnet die konkreten Konsequenzen, die dem Volk aus dem ברית entstehen. So hat תורה hier den allgemeinen Sinn einer Willenskundgabe Jahwes: die תורה sollte Israel helfen, in einem ברית mit Jahwe zu leben. Sie erscheint als umfassende Größe, die deutlich über die konkrete Einzelweisung der Priester hinausgeht[132]. Obwohl das Volk den Jahwenamen im Mund

führt (vgl. V.2), hat es in Wirklichkeit Jahwes ברית
und תורה übergangen.
Die Willenskundgabe Jahwes bestimmt den Rahmen für
das Leben in einem ברית mit Jahwe; sie ist die Weisung,
die dem Volk helfen soll, Jahwe und seinem Angebot
überhaupt gerecht zu werden. Es ist keine Last, die
etwa schwer auf Israel gedrückt hätte[133]: in V.3 wird
die תורה ausdrücklich als "das Gute" (טוב) bezeichnet.
Durch seine Mißachtung der תורה hat Israel sich selbst
dem Tode geweiht; es hat sich aus Jahwes ברית entlassen
und sich seinem Heilshandeln entzogen. So kann Jahwe
Israel nun nur noch sich selbst überlassen und zusehen,
wie die Feinde das wehrlose Israel überfallen werden
(V.3b).

B. Hos 4,1-19

> Der Abschnitt kann durchaus als Überlieferungseinheit gelten[134]. Der innere Aufbau und die Absonderung einzelner Redeeinheiten ist hingegen schwer durchzuführen: Risse und Unebenheiten in der formalen Verknüpfung[135] weisen auf den komplexen Charakter der Einheit. Gattungsmäßig weist die Einheit eine (allerdings freie) Verwendung des Prozeßverfahrens im Tor auf[136].

Die Aufdeckung der sittlichen und kultischen Versündigung des Volkes, neben der besonderen Verantwortung
der Priesterschaft in dieser Sache, zieht sich wie ein
roter Faden durch die ganze Einheit. In V.6 wird dem
Priester[137] gedroht, sein Amt nicht weiter ausüben
zu dürfen, weil er "die Erkenntnis" (דעת) abgelehnt
hat. Parallel dazu droht Jahwe, auch "seine Söhne
zu vergessen", weil er die תורת אלהיך vergessen hat.

Mit der Weitergabe der דעת ist die Aufgabe des Priesters umrissen. Sie entspricht dem דעת אלהים aus V.1, dessen Fehlen die schrecklichen Folgen hat, wie sie in V.2 beschrieben werden (moralische und religiöse Entgleisung des Volkes). Erfüllt der Priester diese, seine wesentliche Aufgabe nicht, dann hat er als Priester keine Existenzberechtigung mehr. Vergißt er dazu noch die Weisungen seines Gottes, dann droht ihm sowie seiner Familie das gleiche Schicksal wie dem Volk, nämlich die Vernichtung. Insoweit sind die zwei Glieder des Parallelismus nicht ganz synonym; denn das zweite Glied verschärft die Strafe empfindlich, weil diese letzte Schuld den Kern des Verhältnisses zwischen Jahwe und Israel berührt. Der erste Schuldnachweis betrifft das Amt, der zweite trifft den Priester als Mitglied des erwählten Volkes und läßt die gleiche Strafe über ihn ergehen wie über das ganze Volk. In V.6b geht es um die Aufgaben des Priesters, in V.6c um seine Existenzberechtigung als Mitglied des Volkes, zu dem Jahwe ein besonderes Verhältnis hat.

Für den religiösen und moralischen Verfall des Volkes trägt der Priester die Hauptschuld: die Sünden des Volkes werden auch ihm angelastet. Löst Israel sich von Jahwe, dann wird auch der Priester ins Unheil und in die Vernichtung hineingerissen, weil er selbst daran beteiligt ist. Das Verhältnis zu Jahwe existiert insofern nicht mehr, als nur noch die Initiative und Liebe Jahwes aufrechterhalten bleibt, während das entsprechende Verhalten des

Volkes, das aus dem Wissen um Gott hervorgehen
soll, ganz und gar fehlt (vgl. V.2).
Hos 4,2 legt mit fünf absoluten Infinitiven dar,
welche Folgen das Fehlen dieses Wissens um Gott
hat: die Versündigung gegen Jahwe und den Nächsten
reißt nicht ab und führt so in den Untergang.
Die Infinitive stimmen nicht mit Wortlaut und Reihenfolge des Dekalogs überein, so daß kaum anzunehmen ist, daß Hosea den uns geläufigen Dekalog
zitiert, vielmehr wird er sich auf eine der Reihen
stützen, die Vorstufen des Dekalogs darstellen[138].

Das Wissen um Gott ist ein Wissen um die besondere Beziehung, die Jahwe mit seinem Volk eingegangen ist und seitdem aufrechterhält. Es schließt
das Bewußtsein um Jahwes Heilsinitiative in Ägypten,
seine Führung in der Wüste, seine Segnungen in der
alltäglichen Wirklichkeit im Kulturland genauso
ein wie auch die diesem Verhältnis zu Jahwe entsprechende "Antwort" Israels.
Aufgabe des Priesters ist es, dieses Bewußtsein
dem Volk einzuschärfen, die Konsequenzen mitzuteilen und zu erläutern, die aus Israels Verhältnis
zu Jahwe hervorgehen.
Die תורה hat Jahwe im Rahmen seines Heilshandelns
für Israel deshalb geschenkt, damit Israel sich mit
Hilfe dieser תורה bundesgemäß verhalten kann. Sie
selbst ist ein Geschenk Jahwes, ein konstitutiver
Teil der דעת אלהים . Ihre Befolgung ist eine unabdingbare Voraussetzung für die Aufrechterhaltung
der Beziehungen mit Jahwe. "Kognitives" Wissen um
Gott allein ist noch kein wahres "Wissen um Gott",
es kann sogar das Verhältnis töten[139] und damit

auch jede Überlebenschance des einzelnen und des
Volkes ausschalten. Die Parallelstellung von חסד
und דעת אלהים in Hos 4,1 (vgl. auch 6,6) bestärkt
diese Interpretation.

C. Hos 8,12

> Ich kann ihnen noch so viele Gesetze aufschrei-
> ben, sie gelten wie etwas Fremdes.

> Mit Hos 8,11 beginnt eine neue Scheltrede[140],
> die Israels Verhalten in der Kultpraxis an-
> prangert. Die Redeeinheit mündet mit V.13b
> in eine Strafandrohung, die - im Gegensatz
> zu den VV.11-13a - als Prophetenrede formu-
> liert ist.

Den ungeheuren kultischen Anstrengungen des Volkes[141]
wird schroff die Nichtbeachtung der Weisungen Jahwes
(תורות) gegenübergestellt. Die Opfer sollten
Israel von seiner Sündenschuld befreien, nun sind
sie selbst zur Falle für Israel geworden. Sie können keine automatisch sicher wirkende Verbesserung
des Gemeinschaftslebens mit Jahwe bewirken.
Hoseas Überzeugung opponiert damit direkt gegen das
damals in Israel geläufige Opferverständnis, das
sich offensichtlich durch Umwelteinflüsse gebildet
hatte. Das Leben in einem Bundesverhältnis mit
Jahwe kann für das Volk jedoch nur durch die Beobachtung der Weisungen aufrechterhalten bleiben, die von
Jahwe selbst klar formuliert wurden. Dagegen
gilt die תורה - hier offensichtlich im Sinne eines
bereits schriftlich fixierten Gesetzeskorpus[142] -,

die Jahwe im Rahmen des Verhältnisses erlassen hatte, für Israel als Verordnungen eines Fremden. Die תורה erweist sich auch an dieser Stelle als Konsequenz der Beziehung, d.h. hier des Gemeinschaftslebens mit Jahwe, die er durch seine Heilsinitiative und liebevolle Führung begründet und lebendig erhalten hat.

Die תורה gehört somit zum inneren Wesen der Beziehungen Jahwes zu Israel und ist nicht etwa von außen auferlegt. Sie enthält die Bedingungen, unter denen das "Leben mit Jahwe" erst möglich wird. Von sich aus ist Israel zu einem solchen Gemeinschaftsverhältnis mit Jahwe gar nicht fähig. Jahwe muß auch hier Israel weiter unterstützen und führen und gerade dazu schenkt er ihm seine תורה. Die Drohung (V.13b) steht in einem Entsprechungsverhältnis zum Handeln Israels: wenn Jahwes eigenhändig niedergeschriebene תורות wie Verordnungen eines Fremden (זר) gelten, dann zerfällt damit auch das gesamte Verhältnis! Jahwe ist dann für Israel kein Retter und Helfer mehr, alle geschichtlichen und aktuellen Heilstaten Jahwes müssen rückgängig gemacht werden; so wird Israel selbst in die Fremde wandern müssen, was bildlich mit der Metapher einer Rückkehr nach Ägypten wiedergegeben wird.

D. Jahwes Weisungen und die Propheten

Bei der Vermittlung der "Antwort", die Israel in seinem Leben mit und vor Jahwe zu leisten hat, haben die Propheten eine besondere Funktion. Hier

sieht Hosea sich in die lange Tradition von Prophetengestalten eingeordnet.
Seine gesamte Botschaft zeigt eine breitgefächerte Palette von Versuchen, die Grundlagen der Existenz Israels als Gottesvolk wieder bewußt zu machen. Hosea kann sich daher als Werkzeug in Jahwes Händen fühlen; Schuldnachweise, Drohungen, Klagen, Mahnungen, symbolische Zeichenhandlungen und Heilsansagen erfüllen nur den einen Zweck, Israel mit seiner eigenen kritischen Lage zu konfrontieren, die Gefahr bewußt zu machen und das Volk zur Umkehr zu bewegen. Denn durch seinen Verstoß gegen die Wurzeln des "Liebesverhältnisses" mit Jahwe, durch seine Verwerfung der דעת אלהים, durch seine Mißachtung der תורה gefährdet Israel seine eigene Existenz.

Eine erste Erwähnung der Funktion der Propheten findet sich in Hos 6,5.
Nach dem sogenannten "Bußlied" (Hos 6,1-3) drückt V.4 die Ratlosigkeit des liebenden Gottes aus. Das "Bußlied" selbst ist nämlich ganz und gar von einer ba'alisierten Jahwe-Vorstellung durchdrungen[143]. Die unerschütterliche Glaubensgewißheit Israels an Jahwes Beistand, bei gleichzeitigem Fehlen eines beständigen und dauerhaften חסד (vgl. V.4), widerspricht dem von Jahwe gewollten "Bundesverhältnis". Die Gerichtsbotschaft der Propheten ist daher als Korrektiv an Israels Jahwe-Vorstellung zu verstehen. Die prophetische Gerichtsverkündigung[144] widerspricht nicht dem bestehenden Bundesverhältnis, sondern ist als Warnung Jahwes vor dem selbstzerstörerischen Handeln Israels zu verstehen. In ihr wird Jahwes Gerechtigkeitssinn (V.5: משפט)[145] sichtbar. Jahwes Sinn für klare und ehr-

liche Verhältnisse mit Israel verlangt חסד und
דעת אלהים als Antwort auf das Angebot seines
gemeinschaftstiftenden Handelns. Keine Opferart
kann dieses Gemeinschaftsverhältnis sichern oder
festigen. Das "Bundesverhältnis" kann ohne "bundesgemäßes" Verhalten Israels nicht realisiert,
ja nicht einmal gedacht werden, weil Israels Gott
immer den ganzen Menschen einfordert, nicht nur
den Intellekt. Das Gerichtswort soll Israel helfen,
sich seiner Situation bewußt zu werden, die Drohung
selbst ist nur die logische Konsequenz aus Israels
eigenem Verhalten. So wollen die VV.7-10 nichts
anderes, als einige konkrete Beispiele aus jüngster
Zeit[146] nennen, die zeigen, daß und wie Israel
gegen das Gemeinschaftsverhältnis mit Jahwe verstoßen
hat.

Ein zweiter Beleg, der sich mit der Funktion der
Propheten befaßt, findet sich in Hos 12. Die VV.
11-14 lassen jeweils unterschiedliche Aspekte
des prophetischen Auftrages erkennen. In V.11
dient der Hinweis auf Gottes Reden zu den Propheten[147] als Verstärkung der Anklage, die in Hos 12
vorherrscht[148]. Die Propheten können in Jahwes
Auftrag nur das Gericht[149] über Israel verkünden.
In dem antithetischen Parallelvers 14 steht ein
zweimaliges בנביא (Sg.) dem באשה von V.13 gegenüber.
Jakobs minderwertige Dienstleistung (das Schafe-Hüten)
geschah nur wegen einer Frau. Demgegenüber sieht
Jahwes Führen und Hüten des Volkes Israel ganz
anders aus: durch einen Propheten wurde das Volk
aus Ägypten herausgeführt, durch einen Propheten
wurde es auch weiterhin behütet. שמר umschreibt
hier wohl die mahnende und gerichtsverkündende

Botschaft der Propheten, nicht nur die gesetzes-
vermittlende Funktion des Mose[150].
Die Propheten erweisen sich als Gehilfen Gottes
im Vollzug und bei der Bewährung des "Liebesverhältnisses".
Jahwes Gabe der Weisungen gehört konstitutiv zur
Liebesgemeinschaft, die Jahwe mit Israel eingegangen ist. Sie sind ein weiterer Beweis dafür,
daß Jahwe Israels Rettung nicht nur initiiert
hat, sondern diese auch weiterführen will. Die
Gebote sind als Hilfe für die Verwirklichung der
von Jahwe angebotenen Gemeinschaftsbeziehung zu
verstehen. Sie folgen aus der Eigenart Jahwes
und dieser Beziehung selbst. Nicht mit einem
institutionalisierten und unpersönlichen Opfer-
oder Altardienst kann man Jahwe begegnen, sondern
nur durch eine die ganze Person in Anspruch nehmen-
de "Bundestreue" (חסד), die um das Heilshandeln
und den Heilswillen Jahwes weiß.

3. Hoseas Bezeichnungen für Jahwes Beziehung zu Israel

Hoseas Rückgriff auf den historischen Anfang der
Beziehung Jahwes zu Israel (Herausführung aus
Ägypten und Führung durch die Wüste), die Betonung,
daß Jahwe der eigentliche Spender der Kulturland-
güter und der Geber der Weisungen ist, sie lassen
Jahwe als Initiator und Begründer eines besonde-
ren Verhältnisses mit seinem Volk Israel erkennen.
Nur durch Jahwes Initiative konnte Israel zu einem
solchen Verhältnis mit Jahwe berufen werden. Die
Beziehung selbst war nur aufrechtzuerhalten, wenn

Israel das Wissen um seinen Gott pflegte, indem
es Jahwe חסד entgegenbrachte und seine תורות beach-
tete. Von Israel wurde keine eigentliche "Gegen-
leistung" verlangt, vielmehr ein Verhalten gefordert, das dem von Jahwe angebotenen Verhältnis
entsprach; Jahwes תורה war nur als Hilfe und Wegweisung gedacht, denn bei ihrer Nichtbeachtung
würde Israel notwendigerweise sich selbst der
Vernichtung preisgeben. Ohne eine entsprechende
Antwort Israels wäre Jahwes Beziehung gegenstandslos, weil Israel sich dadurch als Partner aus dieser Beziehung ausschließen würde. Wie Jahwe selbst
seine Beziehung zu Israel sah, wird bei Hosea
vor allem darin deutlich, daß Jahwe die Untreue
gegen ihn als Verrat und Betrug empfinden und sich
von Israels Abkehr persönlich betroffen fühlen
konnte. Hosea verwendet für seine Beschreibung
der Jahwebeziehung verschiedene zwischenmenschliche Kategorien, die im folgenden näher zu erörtern
sind.

A. Jahwes Beziehung zu Israel als ברית

Die Untersuchung von Hos 8,1-3 zeigte schon, daß
ברית, als Ausdruck für Jahwes Beziehung zu Israel,
Hosea nicht völlig fremd war. In 8,1b drückt
בריתי (mit dem Personalsuffix) Jahwes Engagement
aus: er steht zu Israel in einem besonderen Verhältnis. Letztlich bezeichnet Hosea damit Jahwes
Heilswillen und sein Heilshandeln, die zur Beziehung
mit Israel geführt haben[151]. An anderen Stellen
wird dieses Band mit Israel als Heilshandeln dar-

gestellt, das sich nach seinem Anfang beim Auszug
aus Ägypten und nach der Führung in der Wüste
konsequent im Kulturland fortgesetzt hat.
ברית, als Ausdruck für Jahwes heilschaffendes
Wirken, ist dennoch nicht zu einem theologischen
Zentralbegriff der hoseanischen Verkündigung geworden. Sein Vorkommen in Hos 8,1b kann sogar
singulär genannt werden[152]. Andererseits läßt
sich Hos 8,1b gut in die hoseanische Gesamtverkündigung von Jahwes Beziehung zu Israel einfügen;
terminologisch mag die Verwendung von ברית einen
Sonderfall darstellen, theologisch aber ist sie
mit dem Kontext seiner theologischen Gesamtan-
schauung gut zu vereinbaren. Komplementär zu
Jahwes ברית erwähnt Hosea mehrere andere Begriffe
(דעת אלהים, חסד und תורה), die Israels Verhalten
als Volk, das unter Jahwes ברית steht und lebt,
bestimmen sollen. Diese zeigen, daß Jahwes Beziehung zu Israel zumindest einen bundesgemäßen
(d.h. hier: Jahwes Engagement einschließenden)
Charakter hat. Ob der Bundesgedanke aber der
zentrale Blickwinkel ist, unter dem Hosea diese
Beziehung sieht und deutet, kann aufgrund seiner
Gesamtverkündigung eher verneint werden.
In Hos 6,7; 10,4[153] und 12,2 bezeichnet ברית die
profanen Bündnisse, die Israel mit Fremdmächten
abgeschlossen hat. R.Kümpel[154] hat mit Recht
darauf hingewiesen, daß politische Staatsverträge
bei Hosea durchaus als ברית bezeichnet werden können. Diese werden aber selbst als Verstoß gegen
die schon vorgegebene ברית mit Jahwe aufgefaßt.
Bündnisse mit Fremdmächten sind gegen die besondere Beziehung gerichtet, die Jahwe mit Israel

verbindet; sie verstoßen gegen das darin enthaltene Vertrauensverhältnis und die damit verbundene Zusicherung des Beistandes. Sie leugnen nachträglich die Retterfunktion, die Jahwe schon von Anfang an gegenüber Israel erfüllt hat (vgl. Hos 13,4). So steht ברית an diesen Stellen indirekt mit dem Jahwebund mit Israel in Zusammenhang, insofern nämlich jede Bundesschließung mit auswärtigen Mächten Israels eingeschworene Existenz auf Jahwe hin negiert. In diesem Kontext ist der Hypothese von R.Kümpel durchaus zuzustimmen, daß der Bundesbruch von Hos 6,7f. sich in Wirklichkeit auf einen profanen Bundesschluß bezieht, den Israel in Adam abgeschlossen haben muß[155].
Insofern kann man bei Hosea doch von einer "Bundestheologie" sprechen, obwohl seine Theologie nicht vordringlich mit dem Begriff ברית operiert. Für Hosea ist ברית nur einer der belegten Ausdrücke für die Beziehungen zwischen Jahwe und Israel; er besitzt bei ihm kaum Eigengewicht und bekommt seinen eigentlichen Inhalt erst vom Bild der ehelichen Bindung zwischen Jahwe und Israel. Hoseas Verwendung des Terminus ברית in 8,1b läßt ihn so als Vorläufer der deuteronomistischen Bundestheologie erscheinen.
Eine Sonderstellung nimmt Hos 2,20 ein[156]. Hier ist Jahwe jener, der zugunsten Israels das Wild des Feldes, die Vögel des Himmels und die Kriechtiere des Ackerbodens in Verpflichtung nimmt[157]. Mit dieser Maßnahme will Jahwe die Fruchtbarkeit der Weinberge ermöglichen und sichern[158]. Die Heilsansage enthält noch die Zusage, daß die feindlichen Völker ferngehalten und Ruhe und Geborgenheit

herrschen werden. Der "Friedensbund" bereitet
aber deutlich eine Steigerung der Aussage in den
VV.21f. vor: dort wird dieser Bund näher als
"Ehebund" präzisiert. So zeigt auch Hos 2,20,
daß Hosea den Begriff ברית sehr verschiedenartig
verwendet und daß er keine ausgeformte "Bundestheologie" als zentralen Ansatzpunkt seiner Verkündigung einsetzt.

B. Das Ehebild in der hoseanischen Verkündigung

Das Ehebild, als Ausdruck für Jahwes Beziehung
zu Israel, ist im Hoseabuch viel stärker vertreten
als ברית. Besonders in den Gerichtsreden gegen
Israel bildet es den Hintergrund, vor dem Israels
Schuld dargestellt und gewertet wird. Andererseits wird bei der einzigen positiven Beschreibung
der Beziehung als Ehebild (Hos 2,21f.) bewußt
auf den Terminus technicus für die Eheschließung
(vgl. Hos 1,2: לקח אשה) verzichtet. Hosea wählt
dafür an dieser Stelle das Verbum ארש. Obwohl
ארש sicher die gleichen rechtlichen Konsequenzen
für beide Partner mit sich bringt, wird damit
doch Abstand von dem theologisch offensichtlich
allzu anstößigen Bild einer Eheschließung genommen, insofern diese letzte auch die Heimführung
und die sexuelle Gemeinschaft einschließt.
In den Gerichtspartien des Hoseabuches ist das
Bild einer ehelichen Verbindung zwischen Jahwe
und Israel häufig und sehr deutlich, auch terminologisch belegt. Freilich dominiert dabei einerseits der Aspekt der Liebe Jahwes zu seinem Volk

und andererseits die Untreue Israels, das dem
Ehebund nicht gerecht wird, ja ihn bricht.
So zielt auch Hos 1,2-9 mit seinem Bericht über
Hoseas Ehe mit Gomer (vgl. V.2f.) letztlich auf
die Namengebung der Kinder und ihre Deutung als
Gerichtsbotschaft, nicht auf die Ehe der beiden
als symbolische Zeichenhandlung für die Beziehung
Jahwes zu Israel[159].
Im einzelnen verwendet Hosea das Ehebild so, daß
er die Untreue des Volkes Israel durch verschiedene Verben ausdrückt, die dem Sprachgebrauch der
Institution Ehe (insbesondere die Verstöße gegen
die Ehe) entnommen sind. Dabei überwiegt bei
ihm besonders die Wurzel זנה . Das Verbum setzt
nicht unbedingt ein rechtlich geregeltes Eheverhältnis zweier Partner voraus[160], doch weist der
hoseanische Kontext auf eine solche rechtliche
Bindung hin, gegen die verstoßen wurde.
Außer dem Verbum זנה(im Qal: Hos 1,2; 2,7; 3,3;
4,12.13.14.15[161]; 9,1; im Hif.: 4,10.18; 5,3)
kommen noch die Substantiva זנונים (zweimal in
Hos 1,2; 2,4.6; 4,12 und 5,4) und זנות(Hos 4,10;
6,10) vor. Subjekt des Verbums ist - abgesehen
von Hos 1,2 (ארץ!) - Israel als Volk (Hos 2,7;
3,3[162]; 4,10.12.13.18; 5,3 und 9,1) bzw. die
Priester und ihre Familien (Hos 4,10.14). In
Hos 4,13f. steht זנה parallel zum Verbum נאף.
Das letzte Verbum setzt deutlicher eine eheliche
Bindung voraus, gegen welche dann durch Ehebruch
verstoßen wird. Im Sündenkatalog Hos 4,2 bezeichnet נאף die sexuelle Freizügigkeit der Bevölkerung, während Hos 4,13f., aufgrund des Kontextes, als
Rüge gegen den Prostitutionskult verstanden wer-

den muß (vgl. V.14b: ועם-הקדשות יזבחו).
In Hos 7,4 bezeichnet מנאפים [163] die Untreue der konspiratorischen Königsmacher, vor deren leidenschaftlichen Intrigen kein Treueverhältnis sicher ist. Die weitgehende parallele Verwendung der Wurzeln זנה und נאף[164] weist den Bedeutungsunterschied zwischen beiden Verben bei Hosea als irrelevant aus.
Schließlich deutet auch das Verbum בגד auf eine Verletzung der bestehenden ehelichen Bindung zwischen beiden Partnern. Das Verbum wird sowohl in Hos 5,7 als auch in 6,7 mit der Präposition ב konstruiert; Jahwe ist das leidtragende Objekt: er wird in seinen Rechten als Ehemann verletzt[165]. Hos 5,7 läßt den Zusammenhang des Verbums mit dem Eheverhältnis besonders deutlich werden: als Auswirkung des "treulosen Handelns" (בגד) Israels wird in V.5b das Gebären "fremder Kinder" erwähnt[166]. Eine ausgeprägt religiöse Dimension weist Hos 6,7 auf, wo בגדו בי parallel zu עברו בריתי steht. Der Bundesschluß in Adam, der für Jahwe nur als Verstoß gegen die von ihm begründete Beziehung verstanden werden kann, ist ein Akt der religiösen Treulosigkeit, ein Beweis für die Unzuverlässigkeit und Brüchigkeit des חסד Israels (vgl. Hos 6,4).

Ein Eheband zwischen Jahwe und Israel wird noch in Hos 2,4 und 9,15 vorausgesetzt. In Hos 2,4 wird aber die faktische Trennung der beiden Partner festgestellt, indem Israel durch sein Verhalten zeigt, daß es von Jahwe nichts mehr erwartet und sich deshalb den Liebhabern zuwendet[167].
In Hos 9,15 will die Strafandrohung die eheliche Gemeinschaft durch die Entlassung der Ehefrau beenden.

C. אהב bei Hosea

Hoseas Darstellung der Beziehungen Jahwes zu Israel unter dem Bild einer ehelichen Bindung (Ehebund) nötigt ihn, einige Abstriche bei den allzu anthropomorphen Konsequenzen dieses Bildes zu machen. Es geht Hosea in dieser Bildsprache primär um das persönliche Treue- und Vertrauensverhältnis, das von Jahwe begründet wurde; erst durch die Hervorhebung der Dimension der Liebe in diesem Ehebund gibt Hosea der Verbindlichkeit der ehelichen Beziehung Leben und Inhalt. Jahwes Liebe begründet letztlich seine Initiative und andauernde Fürsorge. Sie begründet auch die Wertung der Sünde Israels, weil diese auf dem Hintergrund der besonderen Beziehung ihre eigentliche Tiefe erhält. Unter Verwendung der Kategorie "Liebe" hat Hosea das Ehebild weiter entwickelt und Jahwes Beziehung zu Israel auf neue Weise erhellt.
Die Wurzel אהב wird von ihm in zweifacher Weise verwendet: neben Jahwes standhafter und treuer Liebe aus freiem Antrieb (14,5) gibt es bei Israel nur Untreue und Verrat, die Hosea als Karikatur der Liebe darstellt. Der Liebe als letzter Motivation des Handeln Jahwes steht die Liebe Israels als Bezeichnung für die Sünde des Volkes gegenüber. Dieser merkwürdige und wohl einzigartige Gebrauch[168] der Wurzel אהב tritt durch eine differenzierte Verwendung der einen Wurzel hervor. Sie hat zwei grundverschiedene Bedeutungsinhalte, je nachdem, ob das Subjekt Israel oder Jahwe ist. Die auffallend häufige Verwendung der Wurzel אהב[169] bei Hosea kann nicht zufälliger Art sein. Sein

konsequent differenzierter Gebrauch gipfelt in
der vierfachen Verwendung von אהב in Hos 3,1. Dort
wird dem Propheten von Jahwe eine Zeichenhandlung
auferlegt: er soll eine Frau "lieben"[170], die einen
anderen liebt[171] und Ehebruch betreibt. Seine symbolische Handlung hat Verkündigungscharakter und
soll darstellen, daß und wie Jahwe Israel liebt.
Auch wenn Israel sich anderen (fremden) Göttern
zuwendet und den heidnischen Kult "liebt"[172],
hält Jahwe doch seine Liebe aufrecht. Jahwes Liebe erweist sich in der Ausführung und Deutung
der Symbolhandlung als eine die Initiative er-
greifende, rettende und zugleich schmerzvolle
Züchtigung. Israel wird all das weggenommen, was
der Erkenntnis und der praktischen Anerkennung
der Liebe Jahwes entgegensteht[173]. Seine Liebe
zeigt sich auch im Gericht als Versuch Israel
wieder allein für sich zu gewinnen.
Dagegen bezieht sich Israels Liebe nicht auf Jahwe, sondern auf die Baʻale (die מאהבים , vgl. Hos
2,4-17), deren "Liebeslohn" (die Kulturlandgüter)
es sich um jeden Preis sichern will (vgl. Hos 4,18;
8,13 und 9,1.10). Hierin zeigt sich der große
Selbstbetrug Efraims; mit falscher Waage (vgl. Hos
12,8) vergleicht es den von den Baʻalen zugesicher-
ten Reichtum der Kulturlandgüter mit den Heilstaten Jahwes, die man nur noch als Geschehnisse
der Vergangenheit begreift.
Israels Hurengeist offenbart sich darin, daß es
mit "Liebesgeschenken" (vgl. Hos 8,9) wirbt, in
der Hoffnung, sich damit innenpolitische Stabilität und außenpolitische Selbständigkeit zu sichern.
In seiner "Weltklugheit" reißt Israel sich selbst

aus dem Treue- und Liebesverhältnis zu Jahwe heraus
und beschwört so unweigerlich den eigenen Untergang
herauf. Dabei gab es doch einst die Zeit der Anfänge, in der Israel sich willig zeigte und gerne (vgl.
Hos 10,11) Jahwe diente. Jahwe hatte sich offensichtlich vergebens bemüht, Israel wie ein Vater zu lieben (vgl. Hos 11,1f.), wie ein Bauer, der sein Vieh
geduldig und liebevoll zum Futterplatz lenkt (vgl.
Hos 11,4). Jahwes Drohung, Israel seine Liebe zu
entziehen (vgl. Hos 9,15), bedeutet für Israel das
sichere Ende. Die Ehegemeinschaft wird damit aufgekündigt, Jahwes Engagement gegenüber Israel wird
gegenstandslos. So will Jahwe Israel aus seinem
Haus vertreiben und ausliefern.

Davon hebt sich wiederum die Verkündigung von Jahwes
Liebe in Hos 11,1-11 ab. Hier erweist sich die Macht
der göttlichen Liebe als so stark, daß sie sich auch
gegen Jahwes zu Recht aufflammenden Zorn durchsetzen
kann. Als betrogene und verletzte Liebe geht sie
dennoch unbeirrt ihre eigenen Wege und läßt sich
nicht von der Untreue Israels bestimmen, schlägt
nicht in Haß um: ohne Gegenleistungen Israels (Hos
14,5) will sie Israels Abtrünnigkeit heilen und weiter lieben.

Die "Antwort" Israels, die in den Heilsansagen verheißen oder in den Aufforderungen angedeutet wird,
drückt Hosea nicht mit Hilfe von Derivaten der Wurzel אהב aus.

In dem Schuldnachweis Hos 4,1 tauchen die Begriffe
אמת , חסד und דעת אלהים auf. Hos 4,6 nimmt dieses
letzte Stichwort wieder auf und beschreibt Israels
Schuld als "Verwerfen (מאס) der דעת , Vergessen der
תורת יהוה ". Den Priestern und dem Königshaus wird

vorgeworfen die Wahrung des משפט (Hos 5,1) nicht
betrieben zu haben; der Hurengeist hindert sie daran,
"Jahwe zu erkennen" (5,4). Israels חסד ist wie Morgentau,
der bald aufzieht und verschwindet (6,4).
Dennoch sind es gerade חסד und דעת אלהים, die
Jahwe vom Volk als Antwort auf seine Liebe erwartet,
nicht die vielen Opfer (6,6).
Die Übertretungen gegen seinen ברית und die Verstöße
gegen seine תורה werden Israel in den Untergang führen
(8,1). Israels Schuld liegt darin, daß es Jahwes
תורה als Bestimmungen eines Fremden betrachtet (8,12).
In der Bildsprache des Ackerbaus werden Jahwes Forderungen
gegenüber Israel klar formuliert und besonders
auf das Leben im Kulturland zugeschnitten: Israel
soll seine Saat nach der צדקה aussäen, ernten
auf eine Weise, die dem חסד entspricht[174] (10,12).
Die Imperative sind von der Dringlichkeit der Situation
her gegeben; es ist jetzt an der Zeit, Jahwe
zu suchen (דרש), damit[175] er kommen kann und צדק
auf das Volk regnen lasse[176]. Nur so kann das richtige
Verhältnis zwischen Israel und Jahwe wiederhergestellt
werden.
Hos 12,7 gibt den Inhalt von Jahwes Gespräch mit
Jakob wieder. Jahwes Worte und Forderungen gelten
dabei auch als Verhaltensorientierung für die gegenwärtige
Generation: חסד und משפט soll Israel pflegen
(שמר) und dabei immer auf seinen Gott hoffen.
So erweisen sich חסד , משפט , die Beachtung der תורת
יהוה sowie דעת אלהים (als Zusammenfassung) als
die Voraussetzung für das Handeln und das Leben Israels
im Rahmen seiner Beziehung zu Jahwe.
Die Reihe kann gelegentlich mit den Begriffen צדקה

und אמת erweitert werden, aber alle zielen auf ein
Anerkennen der Realitäten (die von Jahwe initiierte
Gemeinschaftsbeziehung), das sich konsequenterweise
auch in Taten zu manifestieren hat.
In der Schilderung der Zukunft Israels in Hos 2,17
drückt das Verbum ענה das Antworten auf Jahwes Zureden aus; es will Israels Sich-Einordnen und -Einfügen
unter Jahwes Liebe bezeichnen.
Hos 2,21 beschreibt die Brautgaben, die Jahwe für das
Zustandekommen des Ehebundes stiftet: צדק und משפט,
חסד und רחמים [177], schließlich noch אמונה [178]. Erst
dieser Brautpreis wird es Israel ermöglichen, um seinen Gott zu wissen (als Verbalform: ידעו את-יהוה)[179].
Jahwes fünffacher Brautpreis enthält Qualifikationen,
die Israel in seinem Verhältnis mit Jahwe ausweisen
werden, nur muß Jahwe sie hier offensichtlich Israel
selbst schenken, damit das Verhältnis, der Ehebund
für immer weiterbestehen kann.
In seiner Beziehung zu Israel ist Jahwes Handeln
von seiner Liebe inspiriert. Ein Verhalten, das
dieser Wirklichkeit entspricht, sollte auch Israel
aufbringen. Diese Aufgabe umschreibt Hosea mit dem
Zentralbegriff דעת אלהים, wobei andere Begriffe
einzelne Aspekte dieses "Wissens" noch erläutern
können. Erst von der Wirklichkeit der Liebe Jahwes
her erhält דעת אלהים seinen vollen Inhalt: es geht
um das Wissen in ein Liebesverhältnis mit Jahwe aufgenommen zu sein, das eben dadurch eine ebenso persönliche wie totale Antwort des Angesprochenen fordert. Das Wissen um Gott duldet keine Ablenkung
und kein Abweichen; entweder bejaht Israel Jahwes
Zureden oder es stellt sich taub. Ein freies und
eigenmächtiges Entscheidungsrecht ist Israel damit

allerdings nicht eingeräumt. Jahwes Heilshandeln
im Anfang (Auszug aus Ägypten) hat schon neue Tatsachen geschaffen und die Liebesbeziehung verwirklicht. So ist jede Abwendung Israels von Jahwe schon
von vornherein ein Ausschlagen der in der Geschichte
konkret gewordenen Liebe Jahwes.
Der wesentliche Unterschied zum Ba'al-Mythos aus
Ugarit besteht hier darin, daß bei Hosea eine höchst
"persönliche" Beziehung zwischen zwei "Partnern"
(wobei Jahwes Partner erst als Partner von ihm aufgerufen und zu dieser Beziehung befähigt werden muß)
sichtbar wird. Jahwes freiwilliges Engagement und
seine Selbstverpflichtung schaffen eine neue Wirklichkeit für Israel, der es nur durch eine hingebungsvolle Antwort entsprechen kann. Hier gibt es für
Israel keine Möglichkeit nur die Leistungen des Partners zu empfangen oder gar noch auf bestimmte Rechte
zu pochen. Israel soll um die Eigenart seines Verhältnisses zu Jahwe wissen, das eben nicht durch
fixierte naturhafte Wechselbeziehungen der Beteiligten, sondern durch das Sich-Schenken Jahwes gekennzeichnet ist.

D. Ehe und Liebe im AT

Indem Hosea das Ehebild als Ausdruck für Jahwes Beziehungen zu Israel in seiner Verkündigung eingesetzt
hat, entwickelt er damit eine eigene Vorstellungsform,
die erst auf dem Hintergrund der alttestamentlichen
Eheinstitution ihren vollen Aussagewert bekommt.
Hier kann unmöglich eine erschöpfende Darstellung
der soziologischen Implikationen des alttestamentli-

chen Eherechts und der damit zusammenhängenden Bräuche gegeben werden, insbesondere auch keine detaillierte Schilderung der Entwicklungen, die sich in diesem Bereich abzeichnen[180].

Die Eheschließung kann mit gutem Recht als Angelegenheit privatrechtlicher Art (zwischen zwei Familien) dargestellt werden[181]. Die Väter der beiden Familien spielen dabei durchweg die wichtigste Rolle, obwohl eine Eigeninitiative des Bräutigams (vgl. Gen 26,34f.; Ex 27,15) oder die Einwilligung der Braut (vgl. Gen 24,58) nicht ausgeschlossen werden. Das Arrangement der beiden Familien und die vielschichtigen gesetzlichen Bestimmungen schließen nicht aus, daß "Liebe" in einigen alttestamentlichen Berichten als Beweggrund bzw. als konstitutives Element bei der Eheschließung dargestellt wird. So stellt vor allem Gen 29 die große Liebe des Jakob für Rahel heraus: die sieben Jahre Knechtschaft (עבד) kamen ihm wie eine kurze Zeit vor, "weil er sie liebte"(V.20: באהבתו אתה). Abgesehen von 1 Sam 18,20.28, wo von Mikals Liebe (Verbum אהב) zu David gesprochen wird[182], ist sonst nur der Mann Subjekt des Verbums אהב: so Isaak zu Rebekka (Gen 24,67), Jakob zu Lea (Gen 29,32), Sichem zu Dina (Gen 34,3), Simson zu einer Philisterin (Ri 14,16) und zu Delila (Ri 16,4.15), Elkana zu Hanna (1 Sam 1,5), Amnon zu Tamar (2 Sam 13,1.4.15)[183], Salomo zu vielen ausländischen Frauen neben der Tochter des Pharao (1 Kön 11,1f.), Rehabeam zu Maacha (2Chr 11,21), Ahasveros zu Esther (Est 2,17). Wie die Beispiele zeigen, wird die Wurzel אהב nicht immer für das Verhältnis der Partner in einer monogamen Ehegemeinschaft verwendet. אהב kann sich durchaus auf mehrere Frauen beziehen, wie es der Brauch der

polygamen Ehe ja möglich machte. Oft erhält das
Verbum in diesen Fällen ein komparativisches Moment
und ist dann besser mit "bevorzugen" zu übersetzen[184].
Der Eheschließung selbst geht die Zeit der "Verlobung"[185] voraus; nachdem der Mann bzw. seine Familie
dem Schwiegervater den Brautpreis bezahlt hat, gehört
die Frau ihm : er ist ihr Herr (בעל), sie ist בְּעֻלַת
בַּעַל (vgl. Dtn 22,22). Mit der Aufnahme der Braut
in das Haus des Mannes ist die Eheschließung perfekt.
Obwohl der Brautpreis konstitutiv für jede Eheschließung
scheint[186], ist die Frau keineswegs ein käufliches
Objekt, über das der Ehemann willkürlich verfügen
kann[187]. Die Bindungen und rechtlichen Verpflichtungen sind derart, daß man die Ehe als einen Bund
sui generis, als einen Ehebund bezeichnen kann[188].
Der Ehemann geht dabei Selbstverspflichtungen ein,
die der Frau einen materiellen Schutz bieten. Gegen
diesen Ehebund kann man "treulos handeln"[189], indem
der Ehemann grundlos seinen Selbstverpflichtungen
nicht mehr nachkommt bzw. indem die Frau ihre Bindung an den Mann durch Hurerei oder Ehebruch verleugnet.
Hat die Ehe bundesähnlichen Charakter, dann können
auch Begriffe, die sonst mit der Begriffswelt ברית
zusammenhängen, im Kontext der ehelichen Gemeinschaft
verwendet werden. Das gilt insbesondere auch für
חסד, das als Akt anhänglicher Liebe im Rahmen der
Beziehungen zwischen Ehepartnern durchaus seinen
Platz hat[190].

E. Zusammenfassung

Jahwes Beziehungen zu Israel werden von Hosea als Ehebund dargestellt. Dieser Ehebund wird von Jahwe als historisches Geschehen initiiert und bekommt seine konkrete Verwirklichung in Jahwes dauerhafter Liebe zu seinem Volk: in der Herausführung aus Ägypten, in der Führung durch die Wüste, in der Landgabe und in der zuverlässigen Versorgung des Volkes mit allen Kulturlandgütern.
Der Ehebund verlangt von Israel ein entsprechendes Verhalten; doch auch in dieser Aufforderung zeigt sich Jahwes Liebe, denn er macht das Volk mit den dazu unerläßlichen Weisungen bekannt, damit Israel seiner Beziehung zu Jahwe gerecht werden kann. Dennoch muß Jahwe seit der Landnahme und der damit verbundenen Konfrontation des Volkes mit der kanaanäischen Kultur und Religion feststellen, daß das personale Liebes- und Treueverhältnis durch eine schwerwiegende Veränderung der Jahwevorstellung Israels zerbrochen ist. Israel meint, Jahwe und dem bestehenden Verhältnis gerecht zu werden, auch wenn es das geschichtliche Wirken seines Gottes in den Hintergrund drängt und bei der Sorge um das materielle Wohl (Fruchtbarkeit des Landes, innen- und außenpolitische Stabilität) Jahwe nach dem Muster der kanaanäischen Religion begegnet. Dabei vergißt Israel vor allem, daß es auf Jahwes persönliche Liebe zu antworten hat. Es meint, die Kulturlandgüter und Jahwes Fürsorge auch dadurch sicherstellen zu können, daß es die bundesgemäße Antwort auf Jahwes Verhältnis durch Mehrung der Opfer ersetzt.

Doch Israels Verhalten wird von Hosea als Hurerei und "Vergessen seines Gottes" gebrandmarkt. Israels Versündigung erhält erst auf dem Hintergrund des personalen Liebes- und Treueverhältnisses mit Jahwe seine tiefste Dimension. Der Untreue Israels begegnet Jahwe mit einer Reaktion, die im Bild eines betrogenen Ehemannes verständlich gemacht wird. Im Unterschied zum Ba'al-Mythos erweist sich Jahwe hierbei als ein Partner, der in Zorn gerät und der zur Bestrafung schreitet, der aber auch von seiner diesen Zorn überwindenden Liebe bestimmt ist.
Das Ziel der Beibehaltung bzw. der Wiederbelebung seiner Beziehung zu Israel verliert er nicht aus den Augen. Hosea zeigt verschiedene Wege auf, die Jahwe zur Rettung seines Verhältnisses mit Israel einschlagen will.

KAP. IV: ISRAELS LEBEN MIT JAHWE

Nachdem im dritten Kapitel beschrieben wurde, welche Vorleistungen Jahwe in seine Beziehung zu Israel eingebracht hat und wie dieses Verhältnis von ihm selbst initiiert und historisch verankert war, will das vierte Kapitel die Konsequenzen näher betrachten, die sich für Israel aus dem Verhältnis zu Jahwe ergeben.
Die ethischen Forderungen, die in diesem Zusammenhang aufgestellt werden, bilden einen Angelpunkt in Hoseas Auseinandersetzung mit dem Glaubensleben seines Volkes. Gerade sie zeigen, daß Israel seiner Aufgabe und seinem Verhältnis zu Jahwe nicht gerecht geworden ist. So wird eine völlig neue Situation geschaffen. Die Beziehung zwischen Jahwe und Israel zeigt sich als ein gebrochenes, zerrüttetes Verhältnis, dessen Grundlagen und Voraussetzungen von einer Seite mißachtet und nicht anerkannt wurden. An diesem Punkt setzt Hoseas Situationsanalyse ein, indem er bei der Suche nach dem historischen Wie dieses Mißstandes auch gleich die Wurzeln des Übels aufdeckt. Bewegt von der Frage nach der Zukunft seines Volkes, liefert das Hoseabuch verschiedene Lösungen, von denen allerdings keine mit einer Änderung bzw. Umkehr des Volkes Israel rechnet. Aus dieser dunklen Perspektive heraus kann nur noch von Jahwe selbst ein Ausweg geboten werden.

§ 1. Jahwes ethischen Forderungen an Israel

Im Rahmen dieser Untersuchung können nicht alle hoseanischen Textstellen berücksichtigt werden, die direkt oder indirekt von der ethischen Verpflichtung sprechen, der Israel, entsprechend seiner Beziehung zu Jahwe, nachzukommen hat. Hoseas Botschaft ergeht mitten in der Glaubenskrise seines Volkes, wobei er immer wieder auf die Diskrepanz hinweist, die zwischen Jahwes Liebesverhältnis zu Israel und Israels tatsächlichem Verhalten besteht. So begegnet uns im Hoseabuch auf Schritt und Tritt der Appell, die Zusammenhänge zwischen Jahweglauben und ethischem Verhalten nicht aus dem Auge zu verlieren. Das Grundübel ist nach Hosea nicht so sehr das Problem der Verehrung eines falschen Gottes, denn im Nordreich wurde nicht Baʻal, sondern wahrscheinlich Jahwe verehrt. Hosea kämpft vielmehr gegen eine Verehrung des richtigen Gottes unter falschen Voraussetzungen. Die Namen werden dadurch austauschbar und decken sich nicht mit dem Inhalt, ein baʻalisierter Jahwe ist nicht mehr wert als die Baʻal-Gottheit selbst. Israels Jahwevorstellung ist zu tief von der kanaanäischen Baʻalsreligion beeinflußt und entstellt. Die sittlichen Konsequenzen des Liebesverhältnisses zwischen Jahwe und Israel werden von Israel, dem Beispiel der Baʻalsreligion entsprechend, geflissentlich übersehen. Stattdessen erhofft man, Jahwes Beistand und Fürsorge durch eine Intensivierung der Kultpraxis zu sichern. Als geradezu exemplarisch für Hoseas Abgrenzung der richtigen Jahwevorstellung vom kanaanisierten Jahwebild kann Hos 6,1-6 gelten.

1. Hos 6,1-6

> Die literarische Abgrenzung der VV.1-6 als Redeeinheit wird vom Charakter des "Bußliedes" mit dem darauffolgenden Gottesspruch nahegelegt[1]. Mit V.7 setzt eine Kette von kleineren geschichtlichen Rückblenden ein, die zwar an die VV.4-6 als Beispiele angehängt wurden, aber doch keine direkte Verbindung mit ihnen aufweisen[2]. Obwohl Hos 6,1-6 durchaus als literarische Redeeinheit betrachtet werden kann, ist es keineswegs ausgeschlossen, daß dieses "Bußlied" mit dem darauffolgenden Gottesspruch von der Jahwerede in Hos 5,15 ausgelöst wurde[3]. Mit H.W.Wolff[4] kann man die VV.1-3 als ein von der Priesterschaft angestimmtes Bußlied auffassen, das in einer großen politischen Notlage gesprochen wurde[5]. An der Ernsthaftigkeit der Gesinnung der Betenden braucht daher auch nicht gezweifelt zu werden[6].

Obwohl wichtige Stichworte der hoseanischen Verkündigung in diesen Text aufgenommen wurden[7], muß Hos 6,1-3 wohl trotzdem als Gebet verstanden werden, das "ganz von der durch den kanaanisierten Jahwekult geprägten Volksfrömmigkeit" inspiriert ist[8]. Gemeinsame Stichworte und Verwandtschaft in den Vorstellungen lassen ja um so deutlicher erkennen, in welchen Punkten Hosea den grundsätzlichen Unterschied zwischen dem wahren Jahweglauben und dem vom kanaanäischen Glauben infizierten Jahwekult sieht. Mit Hos 6,1-3 liegt ein Glaubensbekenntnis vor, das Hosea reichlich Anlaß gibt, den Finger auf den wunden Punkt der darin enthaltenen Jahwevorstellung zu legen.

1. Kommt, wir wollen zu Jahwe zurückkehren,
   denn er hat zerrissen, er wird uns auch heilen;
   er hat zugeschlagen[9], er wird uns auch verbinden.
2. Er wird uns aufleben lassen[10] nach zwei Tagen,
   am dritten Tage[11] wird er uns wieder aufrichten,
   daß wir leben vor seinem Angesicht.
3. Laßt uns erkennen[12], uns hasten, Jahwe zu erkennen.
   Wie das Morgenlicht[13] steht sein Hervorgehen fest[14];
   er kommt für uns wie der Regen,
   wie der Spätregen, der das Land durchtränkt[15].

Wenn dieses Gebet in der Zeit einer großen politischen Notlage gesprochen worden ist (vgl. Hos 5,15), dann fällt um so mehr auf, daß von einem echten Schuldbekenntnis bzw. von einer ehrlichen Bußabsicht, wie sie Jahwe in einer solchen Situation hätte erwarten können (vgl. אשם in Hos 5,15), eigentlich nicht explizit die Rede ist. Auch das Verbum שוב im Eingang des Gebetes zielt ja nur auf die Begegnung mit der heilenden Kraft Jahwes. Die Heilsgewißheit übertönt alle anderen in der Not aufkommenden Stimmungen; sie spricht sich in der Gewißheit der nahenden Restauration aus und zieht dafür in V.3 die absolut feststehenden und wiederkehrenden Naturphänomene als Vergleichsmoment heran. Bezeichnenderweise findet auch kein direktes Gespräch mit Jahwe statt. Gemessen an der Grundhaltung der richtigen Jahwebeziehung zu Israel, kann Hosea diese Worte unmöglich als aufrichtiges Bußgebet werten; sie weisen vielmehr den Charakter einer Selbstbeschwichtigung[16] auf. Die Motive des kanaanäischen Ba'al-Mythos schwingen

in den Vorstellungen und Formulierungen des Gebetes
unüberhörbar mit. Zunächst erinnert das zerrissene
und geschlagene Volk an das Schicksal des Ba'al.
Hier wird vom Volk eine Parallelität im Schicksal
der Gottheit und im eigenen Schicksal postuliert,
die es ihm aber auch erlaubt, mit absoluter Gewißheit an eine Restauration der göttlichen Machtsausübung und infolgedessen auch an eine Wiederherstellung
des geschlagenen Volkes zu glauben. So wie die kanaanäische Volksfrömmigkeit Unfruchtbarkeit, Dürre
und Hungersnot nicht als letztes Wort der Gottheit
ansehen kann, so meint auch Israel mit Sicherheit
zu wissen, daß Kriegsnot und Elend nicht Jahwes letztes
Wort sein können. Eine Wende steht ebenso fest wie
die Naturphänomene, die sich notwendigerweise ereignen, wenn die Gottheit wieder erscheint.
Die Frist der Schwächung und Zerschlagung ist begrenzt,
sie kann nicht andauern, weil Jahwe nicht wegbleiben
kann, so wie auch Ba'al nicht ewig seine Herrschaft
über die Erde dem Ym oder Mt überläßt.
Der Ba'al-Mythos wird aber keineswegs streng übernommen. In den VV.1f. wird Israels Zustand als Auswirkung der Tatsache verstanden, daß Jahwe sich zurückgezogen hat (vgl. Hos 5,15). Von Jahwe selbst
wird nicht angenommen oder vorausgesetzt, daß er
sich ebenso in einem Zustand der Abschwächung und
Machtlosigkeit befindet, wie dies bei Ba'al der Fall
ist. Denn man weiß, daß er es ist, der zugeschlagen
und verwundet hat. Diese Erkenntnis ist mit dem
Ba'al-Mythos schlechthin unvereinbar.
Andererseits spiegelt V.3, mit seiner Aussage über
Jahwes sicheres Kommen und Aufrichten, die Grundüber-

zeugung wider, die für den Ba'al-Mythos so charakteristisch ist: eine Entmachtung und Geschlagenheit des Volkes kann grundsätzlich nur vorübergehender Art sein. Mit Sicherheit wird ihr ein Wiederaufleben folgen. Vorausgesetzt wird zwar ein Verschwinden Jahwes (vgl. 5,15), das unweigerlich katastrophale Folgen für das Volk haben muß, nicht aber, daß Jahwe selbst Opfer irgendwelcher Auseinandersetzungen mit konkurrierenden Göttern sei. Er selbst faßt ja den Beschluß, sich zurückzuziehen, und bezweckt damit nur eine heilspädagogische Strafmaßnahme, damit das Volk in der Not wieder zu ihm findet.

V.3a unterstreicht nochmals die Ernsthaftigkeit des Gebetes. Man will Jahwe in dieser schweren Notlage "suchen", um ihn zu "erkennen". Obwohl damit die ureigenen Forderungen Hoseas anklingen[17], entlarvt sich dieses Suchen doch als Gewißheit, mit magisch wirkenden Opfern Jahwes Kommen erzwingen zu können. Im Geiste der Ba'alsreligion glaubt Israel seiner eigenen Wiederherstellung gewiß zu sein, indem es durch den Kult (V.6) das erreichen will, was nur eine dauerhafte חסד und דעת אלהים (ein Leben das von und aus diesem Bewußtsein der Gemeinschaft mit Jahwe lebt) verbürgen kann.

Der Fortschritt im Vergleich zu sonstigen Schilderungen des Verhaltens Israels ist zunächst auffallend. Während Hos 5,13 noch zeigt, wie Efraim (und Juda) ihre Zuflucht bei der Fremdmacht Assur suchen (הלך und שלח) und Hosea dabei feststellen muß, daß diese Mächte unmöglich Efraims Krankheit heilen können, so setzt sich in Hos 6,1-3 - wohl aufgrund der schweren Notlage - die Erkenntnis durch, daß nun nur noch Jahwe allein imstande ist, zu "heilen" und sie "wieder

aufleben zu lassen". Doch auch diese neue Erkenntnis ist im Grunde genommen nur ein falsch verstandener Jahweglaube, denn sie interpretiert Jahwe nach dem Vorbild der Ba'al-Gottheit. Das Objekt ihres Suchens und Erkennens hat sich damit wohl gewandelt (vgl. שוב in V.1), mit ihren Erwartungen und ihrer Heilsgewißheit, die sich vor ethische Konsequenzen scheut, bleiben sie aber dennoch im Bereich eines naturhaft verstandenen Gottes.
Wie nun Hosea die Beziehungen zwischen Jahwe und Israel verstanden wissen will, drückt er in der als Jahwerede formulierten Entgegnung[18] der VV.4-6 aus. Anlaß für Israels eigenmächtige Beistandsgewißheit war die politische Katastrophe der hereinbrechenden Großmacht Assurs. Damit stellte sich die Frage, ob die von Israel in Anspruch genommene Jahwebeziehung eine Garantie für eine heilvollere Zukunft liefern konnte. Nach Hoseas Worten hat Israel das zwischen Jahwe und Israel bestehende Verhältnis wohl allzusehr strapaziert!

4. Was soll ich mit dir tun, Efraim?
   Was soll ich mit dir tun, Juda?
   Eure Bundesgesinnung ist doch wie Morgennebel,
   wie der Tau, der rasch vergeht.
5. Darum[19] werde ich dreinhauen[20] durch die Propheten, werde ich sie töten durch die Worte meines Mundes[21], so daß mein Recht[22] wie das Licht aufleuchtet.
6. Denn Bundesgesinnung will ich, nicht Schlachtopfer,
   Wissen um Gott, nicht Brandopfer.

V.4a führt unvermittelt den ratlosen Gott ein, der mit so viel Fehldeutung seines Liebesverhältnisses nicht fertig zu werden scheint. Die ganze Unverständlichkeit des Verhaltens Israels klingt hier an. Israels חסד, das Verhalten, das seiner Verbundenheit mit Jahwe entsprechen soll, ist nicht beständig: es verschwindet wie die aufgeführten Naturphänomene[23]. Worin das Flüchtige der Bundesgesinnung Israels besteht, wird in V.6 erläutert. Vorher ergeht noch die Drohung mit der Gerichtsverkündigung der Propheten, in der scheinbar die endgültige Vernichtung Israels angedroht wird. Sie wird hier als unausweichlich dargestellt, weil sonst Jahwes משפט völlig verdunkelt und sein ברית mit dem Volk zu einer Farce degradiert wäre. Jahwes משפט soll Israel ja auch darin klar werden, daß sein gemeinschaftstiftendes Handeln unweigerlich den Bruch des Verhältnisses - und damit auch die Strafe - herbeiführen wird[24], wenn Israel kein Verhalten entwickelt, das dieser Bindung mit ihm entspricht.

V.6, als Abschluß der göttlichen Erwiderung auf Israels Heilsgewißheit, stellt dann vollends klar, wie Jahwe sich das Verhalten Israels innerhalb seiner Beziehung zu ihm vorstellt. Keine Häufung von Schlacht- und Brandopfern[25] können dieses Verhältnis aufrecht erhalten, nur eine recht verstandene Bundesgesinnung, das Wissen um Jahwe als Partner in diesem Bund. Sowohl חסד als auch דעת אלהים haben hier eine das Verhalten bestimmende Bedeutung; zusammengenommen sind sie als "gelebte" Bundesgesinnung aufzufassen, die um den Eigencharakter der Beziehung mit Jahwe weiß und sich auch entsprechend dieser besonderen Beziehung verhalten will. Das beinhaltet einen konsequenten Lebenswandel, der die Weisungen Jahwes beachtet, diese nicht durch Vermehrung der Opfer verdrängen will, sondern sie im konkreten alltäglichen

Leben zu realisieren versucht. Damit denkt Hosea sowohl an die gegen Jahwe gerichtete Außenpolitik, die sich lieber auf die Fremdmächte und die eigenen Wehrreserven verläßt (vgl. den Kontext in Hos 5,11b-13), als auch an die kriegerische Politik der beiden Teilreiche Juda und Israel (vgl. Hos 5,8.10)[26]. Ohne "bundesgemäßes" Verhalten seitens Israel kann es auch kein Heilswirken Jahwes geben. Hos 2,16f.21f.; 11,1-11 und 14,2-9 gehen einen wesentlichen Schritt weiter, indem sie deutlicher Jahwes heilendes Zukunftshandeln beschreiben: Jahwe wird Israel selbst von innen her umbilden und mit der richtigen Einstellung dauerhaft beschenken, damit Israel fähig wird, die richtige Antwort auf Jahwes Angebot zu geben und so dann die Voraussetzungen gegeben sind, die ein Leben mit Jahwe und diesem gemäß ermöglichen.

2. Die Ebenen des ethischen Verhaltens

Hos 6,7-7,2 ist zwar keine direkte Weiterführung von Hos 6,1-6[27], enthält aber doch konkrete Beispiele, die das Grundübel des falsch verstandenen Jahweglaubens illustrieren. Der Text enthält in den VV.7-10 drei Städtenamen, die mit einer bestimmten Sünde verbunden werden. Abgesehen von V.10, wo der Name Bethel an den dort betriebenen Kult erinnert, sind die Hintergründe der Verfehlungen in Adam und Gilead kaum noch zu rekonstruieren. R. Kümpel[28] hat aber überzeugend dargestellt, daß hinter dem Bundesbruch in Adam ein "Bundesschluß" stehen könnte, den Israel in jüngster Vergangenheit mit einer Fremdmacht abgeschlossen hat. Hosea kann ihn schlichtweg

als "Bundesbruch" abqualifizieren, weil er profaner
Art und so gegen Israels innige Verbundenheit mit
Jahwe gerichtet war.
Auch die Bluttat in Gilead muß sich wohl noch in
der Erinnerung der Zuhörer Hoseas lebendig erhalten
haben[29]; möglicherweise spielt Hosea hier auf spezifische Kultvergehen (Kindesopfer?)[30] an.
Damit wird die Vielschichtigkeit der Sünde Israels
aufgedeckt. Verstöße gegen Jahwes Verbundenheit
mit Israel finden auf den verschiedensten Ebenen
statt. Diese Vielschichtigkeit verhindert aber
nicht, daß Hosea das Ausmaß der Schuld auf dem Hintergrund der einen Beziehung Jahwes zu Israel sieht.
Damit bekommt auch das politische und gesellschaftliche Verhalten des Volkes eine tiefere, religiöse
Dimension.

a. Im _kultischen_ Bereich wird vor allem der Fruchtbarkeitskult angegriffen, der unter Einsatz von Tempeldirnen vollzogen wird[31]. Die Feier der Ernte
wird zum Fest der Untreue, weil man dabei den Ba'alen
opfert (Hos 2,15; 9,1; 13,1) und kanaanäische Kultbräuche übernimmt (vgl. Hos 7,14). Die Opfer (vgl.
Hos 4,13; 8,13; 11,2; 12,12) und Kultstätten (vgl.
Hos 2,4; 8,11) dienen nur den Ba'alen. Israel macht
sich seine eigenen Götzenbilder (vgl. Hos 8,4b und
13,2) und erwartet Aufschluß und Weisung von seinem
Kultinstrumentarium (vgl. Hos 4,12). Den Priestern
werden diese religiöse Mißstände besonders angerechnet; sie sind ja die Verantwortlichen für die Wahrung
der richtigen Jahwebeziehung (vgl. Hos 4,6). Dabei
begünstigen sie den kanaanisierten Kult (vgl. Hos 4,13f.),

weil sie selbst davon profitieren (vgl. Hos 4,8).
In der Befeindung der Propheten und ihrer religiösen
Botschaft äußern sich der Widerstand und der Unwille
gegen Gottes Wort, obwohl die Propheten nur die Klarstellung der Beziehung Jahwes zu Israel im Auge haben (vgl. Hos 9,7-9).

b. Im <u>politischen</u> Bereich wird jede Anlehnung Israels
an Fremdmächte als Verstoß gegen die Verbundenheit
mit Jahwe gesehen. Nur Jahwe hat sich in Israels
Geschichte als Retter erwiesen und in seiner Heilstat
beim Auszug aus Ägypten eine besondere Beziehung
zu Israel begründet. Diese von Jahwe initiierte
Liebesverbundenheit läßt das Vertrauen auf andere
Mächte als Verrat an Jahwe erscheinen. Dieser Irrweg führt Israel in den eigenen Untergang (vgl. Hos
5,13; 6,7; 7,8f.11; 8,9; 11,5). Keine Macht kann
Jahwe ersetzen (vgl. Hos 13,4); die Schaukelpolitik
Israels (vgl. Hos 7,8-16) beweist ja selbst, daß
Israel sich nicht schlüssig war, wem es sich anvertrauen konnte. Innenpolitisch wirkt sich diese Untreue
im Bruderkrieg mit Juda (vgl. Hos 5,10f.) und in den
Thronwirren im eigenen Land (vgl. Hos 7,3-7; 8,4a)
aus.

c. Schließlich hat die Verbundenheit Jahwes mit Israel auch notwendigerweise Konsequenzen für den
<u>gesellschaftlichen</u> Bereich. Hos 4,1f. zeigt am
deutlichsten, wohin das Fehlen der אמת , חסד und
דעת אלהים führen kann: die gesellschaftlichen Grundlagen kommen ins Wanken, das Zusammenleben wird unmöglich gemacht (vgl. noch Hos 10,4). Wo Jahwes

Forderungen, die er an seine Liebesbeziehung knüpft, von den Beteiligten nicht beachtet werden, machen sich Unrecht und Gewalttat breit[32]. Die gleichen gesellschaftlichen Verstöße, Lug und Trug, Gewaltverbrechen und Täuschung tauchen auch in Hos 12 auf.

Die Bereiche von Kult, Außen- und Innenpolitik sowie die Sozialordnung sind auf diese Weise zum Tummelplatz der ethischen Verwirrung geworden. In ihnen wird deutlich, daß Israel dem Liebesangebot Jahwes kein Vertrauen schenken will (vgl. Hos 11,3b), weil es meint, aus eigener Kraft sein Schicksal gestalten zu können. In Eigenmächtigkeit und Überheblichkeit (vgl. Hos 10,13; 12,9; 13,6) meint man, nicht länger auf Jahwe angewiesen zu sein, man will sich der Verbundenheit mit Jahwe entziehen, nicht mehr auf seine Stimme hören.

3. Die positive Formulierung der ethischen Verpflichtungen

Hosea drückt das ethische Verhalten, das Jahwes Zuwendung zu Israel entsprechen soll, mit verschiedenen Begriffen aus. Ihre präzise Bedeutung erhalten diese zunächst abstrakt anmutenden Termini aus dem Kontext, besonders aus ihrer Kontraststellung zur konkreten Versündigung Israels.
Eine zentrale Stellung nimmt hier das Verbum ידע ein[33]. Es wird sowohl personal als auch in der Form eines Verbalnomens verwendet. Objekt dieses "Kennens" ist Jahwe (vgl. Hos 2,22; negativ in 5,4b) bzw.

אלהים(besonders beim Infinitiv דעת; vgl. Hos 4,1
und 6,6). In Hos 4,6 wird דעת zweimal absolut verwendet, in Hos 6,3 hängt דעת את-יהוה von beiden Verben ידע und רדף ab. Hos 10,12 bietet mit דרש את-
יהוה eine kleine Variante.
Um den genauen Inhalt der דעת אלהים zu bestimmen,
sei hier zunächst Hos 4,2 herangezogen; denn an dieser Stelle werden die Konsequenzen des Fehlens der
דעת beschrieben. Die absoluten Infinitive, die an
wichtige Gebote des Dekalogs erinnern, beschreiben
das Überhandnehmen von Gewalttaten und Betrügereien.
Die sozial ausgerichteten Normen, die von Jahwe als
Wegweisung gegeben waren, hat Israel aufgehoben, so
daß jede Form gemeinschaftlichen Lebens unmöglich
geworden ist. Das "Wissen um Gott" ist also auf gar
keinen Fall vom sittlichen Verhalten der Menschen
untereinander loszulösen.
Das absolut gebrauchte הדעת in Hos 4,6 weist auf
V.1f. zurück. Hier geht es ohne Zweifel um das gleiche "Wissen" wie in V.1, von dem nun aber gesagt wird,
daß es den Priestern anvertraut, von ihnen allerdings
auch mißachtet worden ist. Das Volk kommt dadurch
zu Fall und wird zugrunde gerichtet. Die Schuldbegründung fährt dann noch weiter mit der Anklage, die
Priester hätten die תורה vergessen. דעת und תורה
stehen somit in einer Relation zueinander, die nur so
erklärt werden kann, daß die דעת die innere Gottverbundenheit ausdrückt, die bewußt gelebt wird und sich
daher auch in einem entsprechenden Verhalten äußert,
während die תורה die konkreten Gottesweisungen bezeichnet, die dem Volk vorzeichnen wollen, wie es

sich zu verhalten hat. Beide Begriffe stehen nicht
strikt parallel, weil die דעת offensichtlich umfassender und allgemeiner die Gottverbundenheit und das
konsequente Leben in der Beziehung zu Jahwe bezeichnet, während die תורה die konkreten Bestimmungen
Jahwes meint, so wie sie Israel wahrscheinlich schon
im Dekalog und in anderen Gesetzesbestimmungen vorlagen.
In Hos 5,4 kann das Gesamtvolk dann auch vorgeworfen
werden, daß sie Jahwe "nicht kennen", weil der Geist
der Hurerei im Volk zu Hause ist.
Auch in Hos 6,6 bezeichnet דעת אלהים diese innere
Gottverbundenheit, die sich in bundesgemäßem Verhalten (vgl. den Parallelismus mit חסד) zu bewähren hat
(vgl. noch Hos 4,1).
Damit kann das Wissen um Gott nicht auf das kognitive
Wissen einzelner Heilsfakten beschränkt sein[34], obwohl sicher dieses Wissen das konkrete Verhalten
mitbestimmt und ihm eine tiefere Dimension und Begründung gibt.
Hos 2,10 (... והיא לא ידעה כי)deutet keineswegs in
eine andere Richtung, so als ob hier das kognitive
Wissen um den wahren Geber der Kulturlandgüter allein
entscheidend wäre (vgl. auch Hos 11,3). Schließlich
will der Verfasser von Hos 2,4-17 auf die gehorsame
Antwort hinaus (vgl. ענה in V.17). Das schließt
ein bundesgemäßes Verhalten ein, das mit Israels
tatsächlichem Verhalten schlichtweg nicht zu vereinbaren ist.
In Hos 2,21f. deuten sämtliche Brautgaben Jahwes
aus Israels innere Einstellung, die Israel aus eigener Kraft allerdings nicht realisieren kann. Nur
Jahwes Eingreifen ändert Israel von innen heraus

und ermöglicht das tiefe Wissen um Gott, das dieses neue Ehebündnis zu einer Verbindung לעולם machen kann.

In Hos 13,4 weist die überwältigende und exklusive Liebe Jahwes zugleich auf seinen Anspruch, außer ihm keinen anderen Gott zu "kennen". Hier zeigt die Weiterführung in V.6, wie das überhebliche Verhalten Israels - es glaubt auf seinen Gott Jahwe verzichten zu können - den sicheren Zorn Jahwes auf sich herabrufen wird.

Noch deutlicher spricht Hos 10,12 das ethische Verhalten an, wo die Aussage der Wendung דרש את-יהוה vom vorausgehenden צדק und חסד bestimmt ist.

Im Gegensatz zu Israels fehlendem "Wissen um Gott" kann Jahwe wiederholt feststellen, "Israel zu kennen" (Hos 5,3; 8,2). Jahwe weiß nämlich sehr wohl, wie Israel seine Jahwebeziehung verwirklicht.

Mit דעת אלהים ist also die bewußt erlebte Verbundenheit mit Jahwe gemeint, der Israel gerettet und mit seiner Fürsorge ständig begleitet hat. Diese Verbundenheit wird vom Wissen um Jahwes Heilswirken in Vergangenheit und Gegenwart genährt. Aus diesem Wissen resultiert auch der Anspruch, sich dieser Verbundenheit entsprechend zu verhalten. Das "Wissen um Gott" wird so in der hoseanischen Verkündigung zum Zentralbegriff für Israels Verhalten Jahwe gegenüber.

Dagegen betonen die anderen in Frage kommenden Termini andere (wesentliche) Aspekte der gleichen Verbundenheit. Das gilt insbesondere von חסד, das fast als Parallelbegriff zu דעת verwendet wird (vgl. Hos 2,21; 4,1; 6,6)[35], aber noch deutlicher den Aspekt

des Sich-Einfügens in diese Beziehung zu Jahwe und
das dieser Beziehung entsprechende Verhalten hervorhebt. Zusammen mit den anderen Parallelbegriffen
bildet חסד in Hos 2,21f. die Voraussetzung für die
umfassendere דעת אלהים.
אמת (Hos 4,1) und אמונה (Hos 2,22)[36] bezeichnen die
Treue zum Ehebund, den Jahwe schließen will, משפט
(Hos 2,21; 5,1; 12,7) die dieser Beziehung entsprechende Rechsordnung[37], צדקה (Hos 10,12) und צדק (Hos
2,21) das gemeinschaftstreue Handeln[38], רחמים in
Hos 2,21 - als vierte Brautgabe - das liebevolle
Erbarmen mit den Schwächeren. Das sind Aufgaben,
vor denen Israel im neuen Bund steht und zu deren
Bewältigung es der Hilfe Jahwes bedarf, weil Israel
dazu nicht aus eigener Kraft imstande ist.
Israel besitzt nämlich nicht den "Mut" umzukehren,
weil sein "Hochmut" es daran hindert (vgl. Hos 7,10).
Die Umkehr[39] kann deshalb nur mit Jahwes Hilfe erfolgen (vgl. Hos 12,7a: באלהיך), wie schon das Beispiel des Jakob zeigt. Kennzeichen für diese Umkehr ist das Bewahren (שמר) von חסד und משפט, das
ständige Hoffen auf Gott[40]. So zeigt sich Jahwes
Zuwendung zu Israel als eine innige Liebesverbundenheit, die als Antwort auf Jahwes Rettung und Fürsorge
vom Volk ein "bundesgemäßes" Verhalten verlangt.
Dieses hat sich in der Anerkennung der Einzigartigkeit Jahwes zu bewähren, weil Jahwe sich in Israels
Geschichte und im Kulturland als der einzige Gott
Israels erwiesen hat. Auch im Kulturland lenkt er
das politische Geschick des Volkes, versorgt es mit
allem Notwendigen und macht das Miteinanderleben
durch die Gabe seiner Weisungen erst möglich. Die

Eigenart der Beziehung steht mit einem Kult nach
kanaanäischen Muster in grundsätzlichem Widerspruch:
Jahweverehrung, die sich nicht um die aus dieser Beziehung resultierenden ethischen Verpflichtungen
kümmert, ist keine Jahweverehrung, auch wenn sie
diesen Namen trägt.

§ 2. Israels Untreue und Jahwes Gericht

Hoseas Botschaft versteht sich als Verkündigung
Jahwes in der Krise seiner Beziehungen zu Israel.
Konfrontiert mit der Untreue des Gottesvolkes, versucht
Hosea den historischen Ansatzpunkt und die Voraussetzungen dieser Abkehr von Jahwe zu bestimmen. Dabei
stößt er immer wieder auf das veränderte Jahwebild,
das sich Israel unter kanaanäischem Einfluß gemacht
hat. Verheerend wirkt sich darin vor allem Israels
Verweigerung der Antwort aus, die Jahwe aufgrund
seiner Vorleistungen und seiner Partnerliebe erwarten kann und auch erwartet.

1. Anfang und Anlaß der Untreue

So wie Jahwes Heilsinitiative historisch bei der
Herausführung des Volkes aus Ägypten einen Anfang
genommen hat, worauf Hosea in seiner Verkündigung
zurückgreifen und hinweisen kann, so ist auch Israels
Untreue historisch verankert: der Übergang vom Wüstenaufenthalt in das Kulturland ist der Wendepunkt in
Israels Verhältnis zu seinem Gott. Hoseas schemati-

sierendes Geschichtsdenken stellt immer wieder Israels
erste Begegnung mit dem Ba'alismus im Kulturland
heraus, um sie mit der vorausgegangenen guten Zeit
in der Wüste zu kontrastieren.
Die wichtigsten Belege dafür finden sich in Hos 9,10;
10,11f.; 11,1f. und 13,6. Dagegen greifen Hos 10,1ff.
und 13,1 zwar auch die schematisierende Gegenüberstellung von Israels Einst und Jetzt auf, doch wollen
diese Textstellen den Anfangspunkt der Untreue nicht
geschichtlich festlegen. Ähnliches gilt für den
schwer einzuordnenden geschichtlichen Rückblick in
Hos 10,9. Hos 12,4f.13f. wiederum holt noch weiter
in Israels Geschichte aus und verweist auf Jakob,
der als Prototyp des gegenwärtigen, untreuen Volkes
Israel gesehen wird.

A. Hos 9,10

> Wie Trauben in der Wüste fand ich Israel,
> wie eine Frühfeige am Feigenbaum in ihrem Anfang
> erblickte ich eure Väter.
> Sie (aber) kamen nach Baal-Peor,
> da weihten sie sich der Schande
> und wurden Scheusale, ihrem Lieben entsprechend.

Hos 9,10 bildet den Anfang eines geschichtlichen
Rückblickes, der Jahwes Heilsinitiative Israels Abkehr
gegenüberstellt[41]. Der Rückblick ist der Ausgangs-
punkt für die Aufdeckung der gegenwärtigen Schuld des
Volkes. Die Anfangszeit der Beziehungen Jahwes zu
Israel wird mit einem fast ans Groteske reichendem
Bild dargestellt. Die Superlative häufen sich in

diesem Vers und wollen sowohl das Wunderbare wie
auch die Köstlichkeit des erwählten Israel herausstellen. Die Wüste wird hier nicht primär als Ortsbestimmung gedacht, sondern muß als Bildelement zusammen mit dem Wort ענבים gesehen werden; der bildliche
Ausdruck stellt das völlig Überraschende und Beglückende des Fundes heraus. Die zweite Bildhälfte drückt
außerdem die "Schmackhaftigkeit" Israels in Jahwes
Augen aus.
Hosea läßt keinen Zweifel darüber aufkommen, daß
diese ungetrübte Zeit historisch in Israels Zeit
vor der Landnahme einzuordnen ist. Durch seine Erwähnung von Baal-Peor als Ort der großen Wende in
Jahwes Beziehungen zu Israel ist die Zeit eindeutig
bestimmt. "Israel" bezeichnet dementsprechend das
(noch ungeteilte) Volk der Anfangszeit (vgl. die
Parallele in V.10b: אבותיכם).
Die Schilderung des wunderhaften und begehrenswerten
Charakters Israels ist der des Abfalls deutlich untergeordnet. Sobald Israel mit der Ba'al-Verehrung
in Berührung kommt, ist von seinem wunderbaren Charakter nichts mehr übrig geblieben.
Mit המה[42] wird das Bild von der früheren goldenen
Zeit jäh unterbrochen; der geschichtliche Rückblick
wendet sich nun den Anfängen der Untreue Israels zu.
Zwischen Jahwes (vgl. מצא und ראה) und Israels Handeln liegt eine unüberwindliche Kluft, die Israel
selbst geschaffen hat. Der Ort und der Ansatzpunkt
der Abkehr wird mit Baal-Peor angegeben[43]. Als erste
Station auf dem Weg ins Kulturland[44] war Baal-Peor
auch die entscheidende Falle für Israel. Baal-Peor
wurde zu einer doppelten Zäsur in Israels Geschichte,

denn mit dem Einzug in das Kulturland ereignete sich
gleichzeitig auch Israels Abkehr von Jahwe und seine
Hinwendung zu den Ba'al-Gottheiten. Die Weiterführung
des Spruches in den VV.11ff. zeigt, wie diese Untreue sich als ein kontinuierliches Merkmal in Israels
Verhalten eingeprägt hat; seit jenem Tag ist Israel
dieser ersten Untreue "treu" geblieben.
Hosea erinnert in 9,10 an die Versündigung Israels
in Schittim (vgl. Num 25; 31,16), wo das Gottesvolk
mit dem Moabiterkult in Berührung kam und ehebrecherische Beziehungen mit den Moabiterfrauen unterhielt[45].
Für die Hingabe an die (falsche) Gottheit verwendet
Hosea das Verbum נזר[46]. Die Gottheit selbst wird
בשת (Schande) genannt. Wahrscheinlich geht diese
Bezeichnung auf Hosea selbst zurück. Der spätere
Gebrauch, den Namen des Ba'al durch בשת zu ersetzen[47],
könnte somit auf Hosea zurückzuführen sein.
Israel richtet sich durch die Hingabe an die "Schande"
selbst zugrunde. Die Väter Israels werden zu "Scheusalen". Das Wort שקוצים steht für alle verächtlichen
und widerlichen Dinge und wird später oft für die
Götzen oder für heidnische Symbole verwendet[48].
Das vergleichende כאהבם[49] ist als Infin.cs. mit
Suffix (ihrem Lieben gemäß) aufzufassen. Die Väter
Israels sind damit selbst zu Scheusalen geworden,
gemäß der Art, wie sie "lieben" verstehen und praktizieren. Ihre Art zu "lieben" verstößt direkt gegen
die Heilsinitiative Jahwes, die mit Israel eine Ehebeziehung in Liebe begründet hat.

B. Hos 10,11-13a

Hos 10,11-13a[50] entfaltet das Bild von Israel als
das einer jungen Kuh (עגלה) und fährt dann fort
mit einer bildlichen Aussage über Israels Aufgaben,
die der Ackerbaukultur entnommen ist. Am Ende von
V.12 und in V.13a geht die Einheit in eine Jahwe in
der 3.Person anführende Prophetenrede über[51].
Zunächst wird Israel in V.11a als eine "gelehrige"[52]
Jungkuh[53] dargestellt, die gerne[54] drischt[55].
מלמדה weist auf die willige Bereitschaft Israels
hinzuhören und zu lernen hin[56]. Damit steht diese
Beschreibung Israels in einem direkten Gegensatz
zur hoseanischen Darstellung von Israel als פרה
סררה (Hos 4,16): dem gegenwärtigen Israel steht hier
das Israel aus der Frühzeit gegenüber, so daß eine
schematische Gegenüberstellung vom Einst und Jetzt
verwendet wird.
Da die weiteren Bildelemente der Ackerbaukultur entnommen sind, muß mit dem ersten Bild die Frühgeschichte
Israels, die Zeit vor der Landnahme gemeint sein.
Eine Schwierigkeit bereitet dabei sicher das Verbum
דוש , das in der Wüste kaum einen Sinn haben kann.
Das Bild soll aber verdeutlichen, daß Israel die ihm
anvertraute Aufgabe gut und gerne erfüllen wollte;
es war bemüht, den Verpflichtungen nachzukommen, die
aus der engen Liebesbeziehung mit Jahwe auf Israel
zukamen. Das Bild vom Dreschen will - genau wie die
Qualifikation מלמדה - nur die Bereitschaft zur "Antwort" auf Jahwes Liebesangebot durch Erfüllung der entsprechenden Weisungen unterstreichen[57]. Dann kommt
der Einschnitt in Israels Geschichte: Jahwe legt ein
Joch[58] auf Israels kräftigen[59] Nacken, denn im Kul-

turland gilt es auf andere, neue Weise zu arbeiten
und Jahwe zu dienen. Die neue Aufgabe im Kulturland
wird in drei Verben mit einem je eigenen Subjekt
aufgeteilt[60]. Darin ist nur eine Freiheit des Bildes
zu sehen, die nicht allegorisch gedeutet werden sollte. Das Einspannen, Pflügen und Eggen ist keineswegs
von Jahwe als Strafe gemeint, vielmehr sollen die drei
Verben den dem Leben im Kulturland entsprechenden
Aufgabenbereich umreißen.
Deutlicher - aber immer noch unter Beibehaltung des
Bildes aus der Ackerbaukultur - wird Israels Aufgabe
im Kulturland in V.12 ausgedrückt. Das Aussäen hat
צדקה-gemäß zu erfolgen[61], das Ernten entsprechend
des חסד[62], Neuland ist zu gewinnen[63], während Israel
bei alledem Jahwe zu suchen hat[64], bis er kommt und
צדק über Israel regnen läßt[65].
V.12 beschreibt damit Israels Aufgabe als eine exklusive Ausrichtung auf Jahwe: es soll so leben und
arbeiten, daß es damit der Beziehung zu Jahwe entspricht. Die Imperative in V.12 bilden die Voraussetzungen für die gleich darauf folgende Anklage
(V.13a), denn Israel hat sich im Kulturland um diesen
Auftrag Jahwes nicht gekümmert. Es hat hingegen
Bosheit (רשע)[66] gesät, Frevel (עולתה) geerntet
und Lügenfrucht (פרי-כחש) gegessen[67]. Die Anklage
schließt ohne Strafandrohung. In der prägnanten
Gegenüberstellung von Israels Einst und Jetzt, von
Israels Aufgaben und tatsächlichem Verhalten, von
Jahwes Erwartungen und Forderungen einerseits und von
Israels enttäuschenden Ausführung andererseits liegt
dennoch eine abgerundete Einheit vor.
Obwohl dies nicht ausdrücklich gesagt wird, weist

die anklagende Bildrede in Hos 10,11-13a deutlich
auf eine Zäsur in Israels Geschichte. Mit dem Einzug ins Kulturland steht Israel vor einer völlig neuen
Aufgabe. Jahwe hat Israel aber schon vorher darauf
vorbereitet, und damals konnte er mit Israels Lernwilligkeit rechnen. Diesem guten Verhältnis in Israels Frühzeit steht nun die Schilderung des fatalen Fehlverhaltens Israels im Kulturland gegenüber.
Der geschichtliche Rückblick hat hier keine andere
Funktion, als den Schuldnachweis kontrastierend zu
begründen[68].

C. Hos 13,4-8

Hos 13,4-8[69] bietet, nach der vorausgehenden, breit
angelegten Vorstellungsformel Jahwes, einen erneuten
geschichtlichen Rückblick. Innerhalb der Redeeinheit
hat dieser wiederum keine andere Funktion, als die
Strafandrohung begründend vorzubereiten. Der Rückblick bezieht sich auf Jahwes Hirtentätigkeit in der
Wüste. Mit der Selbstvorstellungsformel, die sich
auf Jahwes Rettertat bei der Herausführung aus Ägypten bezieht, werden Auszugs- und Wüstentradition
in einem einzigen Zusammenhang gesehen. Die Schuld
Israels wird im Kulturland situiert, wo Jahwe das
Volk weidete[70], so daß es satt werden konnte. Sobald
es aber satt wurde, "erhoben sich ihre Herzen" und
sie vergaßen Jahwe. Die Situation des Kulturlandes
ließ Jahwe - als Rettergott, der auch jetzt noch in
einer Liebesgemeinschaft mit Israel weiterleben will
und deshalb auch eine Antwort Israels auf sein Angebot erwartet - überflüssig werden. Israel ist sich

im Kulturland nicht mehr bewußt, wie es sich in dieser Liebesbeziehung zu verhalten hat, welche exklusiven Anforderungen Jahwe durch seine weitgehende Heilsinitiative und stetige Fürsorge gestellt hat.

D. Hos 12

Noch weiter zurück in die Geschichte Israels greift Hosea, wenn er im 12. Kapitel Jakob als Prototyp des Volkes darstellt[71]. In der Person des Erzvaters spiegelt sich schon das Verhalten des gegenwärtigen Israel. So wie Jahwe auch Jakob angesprochen (vgl. V.6) und in den Verpflichtungen seiner Liebesgemeinschaft unterrichtet hat, so tat er es auch mit dem Volk Israel. Durch einen Propheten befreite er das Volk aus der Knechtschaft und lehrte es, wie es sich in seiner Berufung zu verhalten hat (vgl.V.14).
Die Antwort Jakobs auf Jahwes Angebot wird von Hosea als Vorwegnahme des gegenwärtigen, untreuen Handelns Israels gewertet[72]. Voraussetzung für Hoseas Einbeziehung der Jakobgestalt ist die beim Volk allgemein anerkannte Identifizierung mit und die Verherrlichung von Jakob. Hoseas taktisches Verkündigungsgeschick besteht darin, daß er diese Identifizierung voll bejaht, die Person des Jakob aber so kritisch durchleuchtet, daß daraus ein regelrechter Schuldnachweis - auch und gerade für das gegenwärtige Israel - werden kann[73]. Jakobs List, Betrug und Überheblichkeit sind tatsächlich in der gegenwärtigen Generation Israels treffend wiederzufinden[74].
Die Jakobtraditionen werden von Hosea nicht deshalb

aufgenommen, um außer dem historischen Ansatzpunkt
der Untreue Israels (beim Eintritt in das Kulturland) einen zweiten zu nennen. Es geht vielmehr
darum, eine falsch verstandene Erwählungstradition,
wie er sie in Israel vorfand, ins Absurde zu führen.
Die gleiche verhängnisvolle Fehldeutung der Jahwebeziehung findet er schon bei Jakob belegt, weil dieser sich nicht von Jahwes Weisungen führen ließ (vgl.
V.6ff.). Gerade auf ihn aber möchte Israel sich so
gerne berufen!
Damit steht Hoseas kritische Aufnahme der Jakobtraditionen nicht in Konkurrenz zu seinen anderen geschichtlichen Rückblenden, die sich auf die Herausführung
aus Ägypten, die Führung durch die Wüste und den Einzug ins Kulturland beziehen. Während in Hos 12 die
__Einzelgestalt__ des Patriarchen vorgeführt wird, um die
offensichtlich kontinuierliche Linie der umfassenden
Heilsinitiative Jahwes und der Untreue des damit
angesprochenen Israels aufzudecken, vollzieht Hosea
in seinen anderen geschichtlichen Rückblenden im
Grunde genommen das gleiche bezüglich Jahwes Rettungstat
und Fürsorge gegenüber dem Volk __als__ __ganzem__. In beiden Verkündigungen betont er sehr stark die gehorsame
Antwort, die Jahwe auf sein angebotenes Gemeinschaftsverhältnis mit Recht erwarten kann. Der Rückgriff
auf diese geschichtliche Traditionen hat dabei jeweils
die Funktion eines anklagenden Schuldnachweises, der
die Strafandrohung begründen soll.

Somit werden Anfang und Anlaß der Untreue Israels
ganz deutlich im geschichtlichen Übergang vom Wüstenaufenthalt zur Seßhaftwerdung im Kulturland situiert.
Obwohl Israel durch Jahwes Weisungen gut instruiert

und vorbereitet war, ließ es sich vom Neuartigen
der Kulturlandsituation und seiner religiösen Welt
irreführen, indem es die geschichtliche Grundlage
seiner Existenz vergaß und die Eigenart seiner Beziehung mit Jahwe grob vernachlässigte. Ein Ausweichen auf die Gestalt des Jakob erweist sich dabei
als höchst gefährlich, denn auch Jakob hatte durch
seine Berufung in das Verhältnis mit Jahwe keinen
Freibrief für selbstbestimmendes Verhalten bekommen.
Auch von ihm verlangte Jahwe eine Unter- und Einordnung in die von ihm angebotene Beziehung, indem Jakob
die Weisungen zu befolgen hatte, die Jahwe ihm gab.
Untreue und Verrat an diesem Verhältnis tritt dann
auf (und tritt auch jetzt im gegenwärtigen Israel
auf), wenn er (oder Israel) nicht diesem Verhältnis
entsprechend lebt und damit diese Beziehung - und
sich selbst - gefährdet.

2. Jahwes Gericht an Israel

Weil Hoseas Botschaft Verkündigung des Gotteswortes
in und für eine konkrete Situation ist, deshalb muß
er sich mit Israels Versagen als Jahwevolk auseinandersetzen. So hat er seinem Volk die Botschaft vom
Zorn und von der Strafe Jahwes zu überbringen.
Allerdings zeichnet sich innerhalb der hoseanischen
Verkündigung über Jahwes Gericht eine differenzierte
Funktion dieser Bestrafung ab. Es gibt mehrere Hinweise dafür, daß Jahwes Gericht in einigen Fällen
eher eine pädagogische Heilsmaßnahme denn ein endgültiges Gericht ist. Durch Züchtigungen will Jahwe
sein Volk zur Umkehr bewegen; er hat nicht die end-

gültige Verwerfung und Vernichtung im Sinne, sondern
die Rückführung in das ursprüngliche Verhältnis.
An anderen Stellen eröffnet sich keine Zukunftsperspektive. Hier erscheinen die Strafandrohungen mit
unerbittlicher Härte und mit bedingungsloser Endgültigkeit: Israel wird kein Ausweg offen gelassen.
Diese unterschiedliche Aussagen drängen die Frage
auf, welche Aussage über Jahwes Gerichtshandeln als
letztes Wort Hoseas zu betrachten ist. Der Text
ist auch zu befragen, ob es Hinweise für eine Gerichtsverkündigung gibt, die diese Aufteilung des Gerichtshandelns Jahwes übersteigt.

A. Das "pädagogische" Gericht

   a. Hos 2,4-17

Die ausführlichste Schilderung verschiedener, nacheinander folgender Versuche Jahwes, Israel durch
Strafmaßnahmen wieder für sich zu gewinnen, findet
sich in Hos 2,4-17.

> Die Abgrenzung der literarischen Einheit ist
> nicht unangefochten[75]. Zwar hebt sich Hos 2
> deutlich von seiner unmittelbaren Textumgebung
> ab, das innere literarische Gefüge von Hos 2
> selbst ist aber sehr undurchsichtig.
> Hos 2,1-3 (prophetische Heilsverkündigung) ist
> sicher keine Fortsetzung von Hos 1,2-9 (Namengebung
> der Kinder als Gerichtsdrohung gegen Israel).
> Ebenso hat der Schluß von Hos 2 nichts gemein
> mit dem in sich abgerundeten prophetischen Selbstbericht über eine Zeichenhandlung in Hos 3.
> Innerhalb von Hos 2 beginnt mit V.4 ein neuer
> Abschnitt: die Heilsbotschaft der VV.1-3 wird
> jäh von Jahwes Aufforderung zur Anklage gegen
> die Mutter seiner Kinder abgelöst. In einem

dreifachen Ansatz (VV.8.11.16), der jeweils mit
לכן eingeleitet wird, möchte Jahwe Israel alle
Fluchtwege versperren, ja alles wegnehmen, was
das Zusammenleben mit seiner Frau Israel stören
könnte, um Israel auf diese Weise den einzig
übrig gebliebenen Weg, der zu ihm führt, wieder
finden zu lassen. Die Maßnahmen steigern sich
deutlich, wobei sie sich jeweils auf die vorausgehende Beschreibung der Schuld (VV.7.9f.15bc)
beziehen.
Hos 2,4-17 erweist sich als duchkomponierte, literarische Einheit. Darauf weisen die Einheitlichkeit im Stoffbereich (Allegorie von Jahwe
als Ehemann, der mit seiner treulosen Frau Israel
ins Gericht geht), die literarische Strukturierung
durch das dreifache לכן nach vorausgehendem Schuldnachweis, der einheitliche Stil als Jahwerede
wie auch der Charakter der Bestrafung als heilspädagogische Maßnahme.
Aus diesen Gründen sollte man auch die kerygmatische Einheit bei V.17 enden lassen[76]. Weil man
innerhalb von Hos 2,4-17 noch Redeeinheiten absondern könnte und der Text - obwohl er eine
kerygmatische Einheit bildet - doch als ein lockeres Spruchgefüge zu bezeichnen ist[77], könnte die
letzte literarische Gestaltung des Textes möglicherweise auf Hosea selbst zurückzuführen
sein[78].
Die literarische Form der Einheit (Rechtsverfahren
wegen ehelicher Untreue)[79] ist zwar überall durchgehalten, doch zeigt der Text in dieser Hinsicht
auch einige Unebenheiten; so stimmt die Rollenverteilung nur teilweise[80]. Ebenso läuft die
Prozedur nicht auf eine Verurteilung, sondern
auf eine Wiedergewinnung der Angeklagten aus[81].
Wegen der literarischen Strukturierung mit dem
dreifachen לכן ist es nicht zu empfehlen V.8f.
nach V.16 zu versetzen[82].
Als Entstehungszeit kommen die letzten Jahre
Jerobeams II. (um 750) in Betracht, weil hier
noch blühende wirtschaftliche Verhältnisse (vgl.
VV.7.10f.) und eine noch ungehemmte Kultausübung
(vgl. VV.13.15) vorausgesetzt werden[83].

Nach vorausgehender Anklageerhebung (V.4a) und Begründung (V.4b) folgt eine Warnung (V.4c) und Strafandrohung (V.5)[84]. V.6 enthält erneut eine begründete Drohung. V.7 schließlich führt den Schuldnach-

weis weiter aus und bereitet die erste heilspädagogische Maßnahme vor. In ihr wird das hurerische Treiben und das schändliche Benehmen der Mutter in parallelen Sätzen angeklagt. V.7bc präzisiert die in 7a vorausgegangene, allgemein gehaltene Anklage. Israels Schuld liegt darin, daß es sich dachte (אמרה), den מאהבים nachlaufen zu müssen, weil nur diese ihr verschaffen können, was man zum Leben braucht.
Wer ist dann mit diesen מאהבים gemeint[85]? Dem Sprachgebrauch liegt das Bild von Israel als Hure (זונה) zugrunde. In der ehelichen Gemeinschaft mit Jahwe (vgl. V.4) soll sie das Lebensnotwendige von ihrem Ehemann Jahwe, nicht von anderen erwarten. Sucht Israel trotzdem die Sicherung der Kulturlandgüter bei anderen, dann können diese nur "Liebhaber" sein. Es fällt schwer zu entscheiden, ob die מאהבים als Verkörperung einer verfälschten Jahwe-Vorstellung fungieren, oder ob sie wirklich andere (mit Jahwe konkurrierende) Götter repräsentieren. Die ins Konkrete gehende Bildsprache Hoseas spricht sicher nicht dagegen, wenn aufgrund von anderen textlichen Hinweisen hier der verfälschte Jahwedienst angeprangert wird[86]. Israels Jahweverehrung wäre dann nach hoseanischem Verständnis de facto Ba'alsdienst.
Mit V.8f. wird der erste Versuch Jahwes beschrieben, die Frau (Israel) von ihrem Lebenswandel und Glauben an die מאהבים abzubringen. Sie soll nicht mehr ihren Liebhabern nachlaufen. Jahwe selbst macht es ihr förmlich unmöglich, den Weg zu den מאהבים wiederzufinden. הנני mit dem Partizip (שך)weist dabei auf die unmittelbar bevorstehende Initiative Jahwes[87]. **Dorn**enzäune[88] und Steinwälle[89] will er als Wegsperren[90] aufrichten[91], jedes Weitergehen

auf den gewohnten Pfaden verhindern. Vom Kontext aus kann damit nur die Verhinderung des Aufbruchs zu den Kultheiligtümern gemeint sein[92], denn dort will Israel ja die מאהבים um die Gabe der Kulturlandgüter bitten.

V. 9 hebt den erneuten Versuch Israels hervor - trotz Wegsperren -, den Zugang zu den Liebhabern zu finden. Die Beschreibung weist auffallenderweise Termini der Liebessprache auf[93]; als זונה drängt es Israel zu ihren Liebhabern, weil von ihnen die Kulturlandgüter erhofft werden. V.9c führt eine zweite Überlegung der Frau (אמרה ; vgl. V.7) ein: sie ist bereit[94] zu ihrem ersten Mann zurückzukehren, denn durch Jahwes Verhinderung ihrer Pläne erkennt sie, daß das frühere Zusammenleben mit Jahwe doch besser war als ihre jetzige Situation. Damit rückt die Umkehrabsicht von V.9c in direkte Nähe zum "Bußlied" von Hos 6,1-3! Auch dort will Israel zurückkehren (vgl. die gleiche Verbindung von הלך und שוב und die wichtige Funktion des Verbums ידע), in der Erkenntnis, daß Jahwe zugeschlagen hat, aber sicher auch wieder heilen werde.

V. 10 bietet daher eine treffende Interpretationshilfe für Israels Voraussetzungen im Bußgebet von Hos 6,1-3. Obwohl Israel ernsthaft zurückkehren will - die Not ist ja groß! -, fehlt trotzdem die richtige "Erkenntnis"[95]. Jahwes Eigenart und das Besondere seiner Beziehung zu Israel werden nicht erkannt, weil man aus Jahwe einen Ba'al gemacht hat.

Damit scheint Jahwes erster Versuch gescheitert. Die Notsituation hat Israel zwar zu einer Rückkehr zu Jahwe bewogen, doch hat diese nur die Rückgewinnung

der abhanden gekommenen Kulturlandgüter vor Augen.
Es fehlt die ehrliche Erkenntnis und die Anerkennung
der Schuld, die beide nur aus einem richtigen Gottesverständnis gewonnen werden können. So stellt sich
V.10 als erneute Schilderung der Schuld Israels dar.
Anders als in V.7, wo davon die Rede war, daß Israel
den מאהבים nachläuft, liegt nun die volle Betonung
auf dem Nichterkennen von Jahwes Eigencharakter
(... כי אנכי נחתי לה). Israel hat den Heilscharak-
ter Jahwes nicht (an)erkannt, nicht erkannt, daß er
es ist, der es mit allen guten Gaben des Landes versorgt. Es geht hier um die Identifizierung des geschichtlichen Rettergottes mit dem Gott, der Israel
auch im Kulturland mit allem Notwendigen[96] und An-
genehmen[97] versorgt (vgl. Hos 13,4ff.).
Die Androhung der zweiten Strafmaßnahme erfolgt in
V.11. Sie bezieht sich direkt auf den Schuldnachweis
von V.10[98]. Die dort aufgezählten Kulturlandgüter[99]
werden von Jahwe weggenommen[100], wenn er die Zeit
dafür gekommen hält[101]. צמר und פשתי nehmen den
Platz von יצהר ein; dadurch bereiten sie ja das Bild
von V.12 (Entblößung)[102] vor. Die zweite Strafmaßnahme enthüllt nun den wahren Charakter Jahwes.
Deutlicher als in V.8f. stellt Jahwe sich als Erzie-
her und Strafender dar, der um die Anerkennung seiner
Beziehung zu Israel ringt. Die Strafe ist vielschich-
tig und wird breit ausgeführt (VV.11-15). Das Bemühen um Anerkennung ist aber trotzdem nicht völlig
verschwunden, so daß auch dieser Bestrafung ein heils-
pädagogischer Charakter nicht abgesprochen werden kann.
Letztlich soll Jahwes Verfügungsgewalt über die Kulturlandgüter[103] herausgestellt werden[104]. Die Strafe

der Entblößung[105] wird vor den Augen der Liebhaber[106] vollzogen; sie müssen dabei machtlos zusehen, können keinen Beweis der eigenen Macht erbringen, weil "niemand Israel aus Jahwes Hand entreißen kann". Das Bild von der Entblößung wird in den VV.13-15a sachlich gedeutet: der Entzug der Kulturlandgüter (vgl. V.14) nimmt jede Grundlage für Feierlichkeit und Festesfreude[107]. Sämtliche Feste[108] verlieren ihren Sinn, weil es nichts mehr zu feiern gibt. Daß sämtliche Feste in Zusammenhang mit Ernte und Fruchtbarkeit des Landes stehen müssen, bezeugt V.14: hier wird der vollständige Ausfall der Ernte als Strafe angekündigt. Weinstock und Feigenbaum[109], Symbole für die Fruchtbarkeit des Landes, werden von Jahwe vernichtet. Israels Sünde wird nochmals rekapitulierend in V.14b aufgenommen, indem zwei Kulturlandgüter - repräsentativ für alle - von Israel selbst als Hurenlohn[110] bezeichnet werden. Gerade weil Israel die Kulturlandgüter als Hurenlohn betrachtet, wird Jahwe das Land zur Wildnis machen.

In der Strafandrohung V.15a präzisiert Hosea noch ein letztes Mal, wer mit den מאהבים gemeint ist. Es sind die Baʻale (Plural!), deren Feste Israel mit Rauchopfer[111] feiert. Damit wird klar, daß die Feste von V.13 durchaus den Baʻalen gegolten haben müssen. Aber auch hier ist wiederum die Frage zu stellen, ob mit diesen Festen eine direkte Verehrung der Baʻal-Gottheit und anderer kanaanäischen Gottheiten gemeint ist oder der Jahwedienst unter kanaanäischen Voraussetzungen. Höchstwahrscheinlich handelt es sich um in Israel eingebürgerte Feste, die zwar mit dem Namen Jahwes verbunden waren, dennoch aber den im

Lande Kanaan gebräuchlichen Festen angepaßt und von
deren religiösen Voraussetzungen bestimmt waren[112].
Von hier aus sind die מאהבים dann eindeutig als Projektion der Jahweverehrung unter falschen Voraussetzungen aufzufassen. Hosea qualifiziert mit dem Begriff מאהבים Israels Jahwedienst als Dienst für die Götter des Landes Kanaan. Dieser baʿalisierte Jahwedienst enthält nichts mehr von den authentischen Traditionen über Jahwes Rettertat und Fürsorge, nichts von der exklusiv auf Jahwe gerichteten Beziehung, die durch Jahwes Heilsinitiative und immerwährende Fürsorge (auch im Kulturland) bestimmt war, auch nichts von Israels Antwort auf diese Zuwendung Jahwes. So verkörpern die Baʿalim bzw. die Liebhaber eine Weltanschauung, die weder um die Anfänge noch um die Begründung israelitischer Existenz weiß und sich dafür gedankenlos die nächstliegenden Auffassungen der Umwelt angeeignet hatte. Der Gebrauch des Plurals für die Liebhaber bzw. Baʿale, der weder vom Kontext noch vom Bild ehelicher Untreue her geboten ist[113], entlarvt den israelitischen "Jahwedienst", indem er nahelegt, daß Jahwe in dieser Anschauung zu einem Glied im vielfältigen kanaanäischen Pantheon geworden ist. Die Pluralität des Pantheons steht aber dem einen Jahwe gegenüber[114]!
Jahwe muß aufgrund seiner Beziehung zu Israel eingreifen (פקד), um Israel an seine Verantwortung zu erinnern[115]. Entsprechend der oben dargelegten Interpretation der ימי הבעלים wird hier mit den Baʿal-Opfern wohl die Opferpraxis im allgemeinen, nicht das spezifische Opfer für die Gottheit Baʿal angeklagt[116].
V. 15bc führt den dritten Schuldnachweis ein[117]: Is-

rael legt sich Schmuck und Ringe an[118], bevor es zu
seinen Liebhabern geht. Wahrscheinlich hat Hosea
dieses Bildelement aus seiner Bildrede von Jahwe als
Ehemann eingebracht[119]. Israel schmückt sich aber
nicht für den eigenen Ehemann, den es vergessen hat,
sondern für seine Liebhaber. Geschickt leitet V.15b
einen erneuten Schuldnachweis ein, der gut an V.15a
(Zusammenhang mit dem Kult) anschließt und auf die
neuartige und überraschende Heilsmaßnahme von V.16f.
vorbereitet (Jahwe verführt Israel, nachdem es sich
für andere geschmückt hat). Das Bildelement selbst
kann dann immer noch mit dem Brauch, sich bei Kultfeiern festlich zu schmücken[120], sachlich gedeutet
werden. Auf alle Fälle tritt das Bild vom betrogenen Ehemann hier wieder deutlicher hervor. Das
"Den-Liebhabern-Nachlaufen"[121] und "mich hat sie
vergessen" stehen dann parallel zueinander und bilden eine letzte Zusammenfassung der Schuld Israels.
Dabei steht אתי emphatisch voran und ist den מאהבים
chiastisch gegenübergestellt. נאם יהוה hebt den
wichtigen Einschnitt in dieser kerygmatischen Einheit
hervor: es beschließt die zusammenfassende Anklage
von V.15bc, nicht aber die Sprucheinheit, indem es
die Aufmerksamkeit nun ganz auf Jahwes folgende Initiative lenkt.
V.16 ist die dritte, endgültige (Straf)Maßnahme, die
Jahwe auf Israels Verhalten folgen lassen will. Wie
in V.8 und 11 führt לכן nach dem vorausgehenden Schuldnachweis keine endgültige Strafe oder Vernichtung ein,
sondern eine heilspädagogische (Straf)Maßnahme Jahwes.
Der literarische Aufbau von Hos 2,4-17 mißt nun allerdings diesem dritten Versuch Jahwes, Israel für sich
zurückzugewinnen, eine größere Bedeutung zu, indem

es hier um den letzten Versuch überhaupt geht. Die
Initiative Jahwes klingt durch die starke Hervorhebung
des Subjekts (אנכי הנה mit Partizip) unüberhörbar
an. Ein neues, entscheidendes Moment im göttlichen
Werben um Israel beginnt. Jahwe selbst wird Israel
"verführen", es in die Wüste bringen und zu seinem
Herzen reden. Jahwes Aktion, die hier mit den Verben
פתה und דבר על-לב umschrieben wird, umschließt die
eigentliche "Strafhandlung", die Rückführung in die
Wüste, die einen Entzug der Kulturlandgüter in sich
schließt (vgl. V.17, wo diese dann zurückgegeben
werden). Der (pädagogische) Strafcharakter der Aktion
Gottes wird vor allem aus dem Wort מדבר ersichtlich.
Da weder die Wegsperren noch die Vernichtung der Kulturlandgüter einen hinreichenden Erfolg zeitigten,
folgt nun der totale Verlust, indem Jahwe Israel
zunächst aus dem Land herausführt. Dazu muß er
Israel erst im wahren Sinne des Wortes überlisten,
denn die beiden Verba פתה und דבר על-לב schließen
ja aus, daß Israel etwa aus eigenem Antrieb sich in
die "Wüste" begeben würde.
Wie Hosea sich die Rückführung in die "Wüste" vorgestellt haben mag, ist dem Text nicht zu entnehmen[122].
מדבר scheint hier als Chiffre für Israels Situation
vor der Landnahme zu fungieren. In dieser Situation
der Abhängigkeit und Verlorenheit will Jahwe auf
Israel "einreden". Die Verba פתה und דבר על-לב können nur in Zusammenhang mit Jahwes Reaktion als betro-
gener Ehemann gesehen werden. Er will nun endlich
die Lage bereinigen und bei Israel eine Entscheidung
zu seinen Gunsten herbeiführen.
Die Verba drücken das leidenschaftliche Werben des
Liebenden aus, der gegen Gefühle und Überzeugungen

seiner Geliebten ankämpfen muß.

פתה hat meistens keine positive Bedeutung; auch wenn es direkt auf Jahwe bezogen verwendet wird (vgl. Jer 20,7//חזק ; Ez 14,9; 1 Kön 22,20-22// 2 Chr 18,19-21), ist mit dem Verbum eine gewaltsame Täuschung des Betroffenen nicht ausgeschlossen. So kann פתה auch zur Charakterisierung eines bös gemeinten Überlisten, Übertölpeln empfunden werden (vgl. Nif. und Pi. in Jer 20,7. 10; Pi. und Pu. in Ez 14,9; Pi. in 2 Sam 3,25 und Spr 16,29). Seltener wird damit das geschickte, raffinierte Überzeugen (vgl. Pu. in Spr. 25,15) ausgedrückt. Frauen spielen im AT in dieser Hinsicht eine keineswegs unbedeutende Rolle (vgl. Pi. in Ri 14,15; 16,5; dagegen Nif. in Ijob 31,9). Zugleich kann פתה gelegentlich auch für die Verführung einer Jungfrau zum Beischlaf (vgl. Pi. in Ex 22,15) verwendet werden. Weitere Aussagen warnen, sich von der Sünde oder durch ein unbegründetes Vertrauen verführen zu lassen (vgl. Qal in Dtn 11,16; Ijob 31,27. Im Pi. in Spr 1,10). Dem Qal Partizip פתה steht in einer parallelen Aussage der Tor (אויל) gegenüber (vgl. Ijob 5,2). Speziell ist noch auf Hos 7,11 hinzuweisen: Hosea vergleicht Israel mit einer Taube, die leicht zu verlocken (פותה) und unverständig (אין לב) ist.

So stellt sich Jahwe als Ehemann vor, der seine Frau verführen muß, um sie so in eine Situation zu bringen, in der er "leichtes Spiel" mit ihr hat, und in die Israel sich nie von alleine begeben hätte.

Das gleiche will auch Hoseas Wendung דבר על-לב ausdrücken. Sie ist als Zureden einander liebender Menschen im AT öfter belegt und steht daher oft parallel zum Verbum נחם(trösten)[123].

So z.B. in Gen 50,21 (Josef zu seinen Brüdern; //נחם); Ri 19,3 (der Levit zu seiner entlaufenen Frau, die er zurückholen will); Gen 34,3 (Sichem zu Dina) spricht ausdrücklich von der Liebe zwischen beide: ותדבק נפשו בדינה...ויאהב את-הנער וידבר על-לב הנער ; Ruth 2,13 (Ruth zu

Boaz; // נחמתני); Jes 40,2 (// נחם); auch in
2 Sam 19,8 (David zu seinen Männern) und 2 Chr
30,22 (Hiskia zu den Leviten) ist mit דבר על-לב
eher an ein ermunterndes, anerkennendes Reden
als an ein verstandesmäßiges Überzeugen gedacht[124].

Sowohl פתה als auch דבר על-לב sind nur im Kontext
der Liebessprache zu verstehen. Sie bezeugen die
Kraft, die von Jahwes überwältigender Liebe ausgeht,
nicht seine nüchterne, logische Überredungskraft.
Daran ändert auch der sonstige Gebrauch des Wortes
לב nichts[125], das hier nicht isoliert, sondern in
seinem Zusammenhang mit dem Verbum דבר על und mit
seinem Kontext betrachtet werden muß. פתה und דבר
על-לב sind Ausdrücke des liebenden Einredens Jahwes
auf Israel, sie zeugen von seinem leidenschaftlichen
Wunsch, Israel ungestört für sich zu haben. Schließlich verbieten sie deshalb auch, diese dritte Maßnahme Jahwes als eine reine Strafmaßnahme zu deuten.
Auch die letzte Strafmaßnahme hat nicht Israels Vernichtung im Sinn, sondern die heilspädagogisch gemein-
te Rückkehr in die Situation vor der Landnahme.
Die Kulturlandsituation selbst wird dabei nicht ver-
teufelt. Jahwe möchte nur Israel ganz allein für sich
haben, in der Einsamkeit die alte Zweisamkeit wiederherstellen. Die Einsamkeit der "Wüste" ist aber
keineswegs ein Endpunkt. Es geht Jahwe nicht um
eine Festschreibung des Zustandes vor der Landnahme
- im Sinne eines bleibenden Aufenthaltes in der
(geographischen) Wüste -, sondern um die Beibehaltung und Wahrung der dort durch Jahwes Werben und Zureden bewirkten <u>Gesinnung</u> Israels.
Ein erneutes "Geben" Jahwes leitet dann in der Wüste
einen Neuanfang in Israels Geschichte mit Jahwe ein,
der das Kulturland zum Ziel hat. Von der Wüste
aus (משם) erfolgt die Rückgabe der Weinberge, die

hier als pars pro toto sowohl das Land als auch alle seine Güter repräsentieren[126]. Jahwes Liebe erweist sich somit als eine Wirklichkeit, die neue Tatsachen für Israel schafft.

Auf dem Weg ins westjordanische Land wird die zu durchschreitende Achor-Ebene[127] nun ein Tor der Hoffnung[128] sein. Die Zeichen im Kulturland werden von jetzt an anders gesetzt. Achor wird zum Tor in eine neue Zukunft, in der Jahwe nicht mehr durch die Sünden Israels um seine Liebe betrogen wird.

V.17b schildert die Antwort des Volkes, die dort erfolgen wird. Sie ist keine Voraussetzung, sondern gleichfalls Folge von Jahwes Heilshandeln. V.17b hat daher seinen richtigen Platz nach V.17a und ist nicht umzustellen[129]. Denn V.17a enthält nicht etwa die Belohnung, die Jahwe nach vorausgegangener positiver Antwort Israels geben will. Vielmehr erfolgt zuerst die neue Gabe des Landes aus Jahwes Händen, worauf dann die anerkennende Antwort des neubeschenkten Volkes folgen wird. Auch diese "Antwort" ist im Heilshandeln Jahwes eingeschlossen, denn Jahwe fordert hier keine Umkehr, er setzt sie auch nicht als Bedingung für sein Heilshandeln voraus, sondern er ermöglicht diese Antwort, indem er selbst die Umkehr in Israel vollzieht[130].

Das Verbum ענה bedeutet hier "antworten"[131] und bezieht sich direkt auf das vorausgegangene דבר על-לב. שמה weist auf die Richtung der Hoffnungspforte hin[132], denn von dort (d.h. von diesem heilsgeschichtlichen Augenblick an) wird Israel - wie in den Tagen ihrer Jugend[133] - nun antworten. Es wird nicht in der Wüste bleiben müssen, sondern mit der dort neugewonnenen Gesinnung und Einsicht wieder ins Kulturland einziehen dürfen.

In seiner prophetischen Verkündigung kommt es Hosea
letztlich auf diese Wiedergewinnung der Bereitschaft
und Fähigkeit zur Antwort bei Israel an; darauf läuft
ja auch die ganze Einheit Hos 2,4-17, mit seinem
dreifachen Anlauf, hinaus, nicht auf die Wahrung
und Rettung der äußeren Lebensumstände im Kulturland.
Die Haltung des gehorsamen Antwortens wird Israel
genauso geschenkt wie das Land und seine Güter.

Die geschichtstheologische Bezeichnung "Tage der
Jugend" wird als die Zeit des Herauszuges aus Ägypten[134]
gedeutet. Die Tradition der geschichtlichen Rettertat Jahwes wird so zur Beschreibung der Zukunftserwartung Israels herangezogen. Jahwe will mit seinem
Volk aufs neue das Wagnis des Lebens im Kulturland
eingehen, darin bestärkt durch die von ihm neu geschenk-
te Gesinnung des Volkes, das um seine Rettung und
um Jahwes Führung in der "Wüste" weiß. Nachdem er
Israel in die Situation der Zeit vor der Landnahme
versetzt und ihm dazuhin ungestört in Liebe zugeredet
haben wird, kann er aufs neue die Kulturlandsituation
gewähren und trotzdem Israels Antwort sicher sein.
Die geschichtliche Erfahrung der Anfänge in den Beziehungen zwischen Jahwe und Israel ist die Grundlage
für einen Neuanfang im Kulturland.

b. Hos 5,15

Ich will zurückgehen an meinen Platz,
bis sie verwüstet sind[135] und mich suchen;
in ihrer Notlage werden sie nach mir Ausschau
halten.

Ein weiterer Hinweis auf den pädagogischen Charakter des göttlichen Gerichtes findet sich in Hos 5,15. Auch hier hat Jahwe zunächst nicht die endgültige Verwerfung des Volkes im Auge, sondern verfolgt ein ganz bestimmtes pädagogisches Ziel.
Hos 5,15 bereitet unmittelbar das Bußgebet Hos 6,1-3 vor. Schon in Hos 5,15 klingen deutlich Grundauffassungen an, die dem kanaanäischen Mythos vom Verschwinden bzw. vom Abstieg des Ba'al in die Unterwelt verwandt sind. Wenn Jahwe sich aus der Welt zurückzieht, dann hat das - wie bei Ba'al - unmittelbare und katastrophale Konsequenzen für die Erde. Weiter geht die Anlehnung nicht, denn weder zieht Jahwe sich in die Unterwelt zurück - er wird ja nicht dem Machtsbereich einer anderen Gottheit, etwa dem des Mt unterstellt[136] - noch ist sein Verschwinden Folge irgendwelcher Machtkämpfe unter den Göttern.
Jahwe will in seinem Rückzug bewußt Not über das Land bringen, damit Israel sich seiner Schuld bewußt wird (vgl. אשם) und ernsthaft damit anfängt, Jahwe zu suchen und zu erkennen.
Damit taucht das gleiche Schema (allerdings nicht dreistufig) wie in Hos 2,4-17 auf. Zwar werden auch bei der Reaktion Israels, geboren aus großer Not, die Termini der Umkehr und Erkenntnis verwendet, doch weiß Israel trotzdem nicht um die entsprechende ethische Verpflichtung (im politischen, religiöskultischen und gesellschaftlichen Bereich), die diese Umkehr und Erkenntnis mit sich bringt.
Anders als in Hos 2,4-17 ist hier dieses wichtige hoseanische Thema in eine groß angelegte Anklagekomposition eingebettet[137]. Die Fortführung ab Hos 6,7 zeigt ja immer wieder neue Beispiele von fehlen-

dem Wissen und mangelnder Bundesgesinnung. Auch
die Funktion beider Textstellen ist verschieden:
in Hos 2,4-17 wird mit V.16f. ein Ausweg nach dem
Fehlschlagen der beiden anderen pädagogischen Maßnahmen aufgezeigt und eingeschlagen. Hier jedoch
deckt das Scheitern der erzieherischen Maßnahmen
Jahwes nur die Wurzeln des eigentlichen Vergehens
Israels auf. Doch scheint Jahwes pädagogisches Handeln in beiden Fällen nicht auszureichen: es ruft
nach einem tiefergehenden, grundsätzlicheren Handeln
Jahwes. Nur die heilende Kraft Jahwes kann Israel
aus seiner Lethargie und aus seiner Untreue heraus-
reißen (vgl. Hos 11,3 und 14,5; negativ in 5,13 für
die Fremdmächte). Israel läßt sich von Jahwes er-
zieherischem Handeln nicht belehren, so daß Hosea an
anderen Stellen zu dem Schluß kommen muß, Jahwe selbst
müsse die Umkehr in Israel bewirken (vgl. Hos 2,17
und 14,5). Jahwes pädagogisches Gericht hat insofern
kein Eigengewicht, als es über sich selbst hinaus-
weist. Es dokumentiert zwar Jahwes unermüdliches
Engagement für Israel, der Erfolg dieser Bemühungen
bleibt Jahwe aber verwehrt, so daß er nach einem
neuen, anderen Ausweg suchen muß!
Weitere Hinweise auf den pädagogischen Charakter
des Gerichtes könnten zunächst in Hoseas Verwendung
der Wurzel יסר (vgl. Hos 5,2; 7,15[138] und 10,10)
vermutet werden. Sie entstammt nämlich primär dem
Bereich der Erziehung (Eltern und Lehrer)[139]. Übertragen auf Jahwe hat sie meistens eine positive Wirkung beim Gezüchtigten vor Augen, obwohl sie gerade
in prophetischen Gerichtsreden auch die Strafe selbst
meinen kann, ohne daß der positive Zweck der Züchtigung herausgestellt wird[140]. Bei Hosea muß man im

Rahmen seiner Gesamtverkündigung mit einer Züchtigung rechnen, die als Angebot die Wiedereinordnung des Volkes in Jahwes Lebensordnungen zum Ziel hat. Der unmittelbare Kontext dieser Stellen weist allerdings zunächst nur auf Jahwes herannahendes, strafendes Gerichtshandeln.

B. Das endgültige Gericht

Die Mehrheit der prophetischen Worte im Hoseabuch enthält bedingungslose Gerichtsdrohungen gegen Israel. Hosea verwendet nur sehr selten ein "wenn" oder "aber" (vgl. jedoch Hos 2,5). Auch das "pädagogische" Gericht zeigt keinen konditionalen Charakter, doch wird darin der Rettungswille und die Liebe Jahwes erkennbar. Hoseas Verkündigung des endgültigen Gerichtes steht dennoch in einer gewissen Spannung zu seinen Schilderungen des pädagogischen Gerichtes bzw. in einem unüberbrückbaren Widerspruch zu seinen Heilsansagen.
So wird zu fragen sein, ob Hoseas Gerichtsbotschaft nicht doch Israel aufrütteln und das Volk zur Umkehr bewegen will. Schon Hos 2,4-17 wie auch die Verkündigung vom endgültigen Gericht zeigen allerdings, daß Hosea an eine Umkehr des Volkes als Folge der prophetischen Verkündigung nicht glauben kann. Jahwes Gericht, das auch schon früher auf Israel herabgerufen worden war (vgl. die politische Notlage), hat Israel nicht verändern können (vgl. Hos 5,15 und 6,1-6). Durch seine Untreue hat sich ein faktischer Bruch in der Beziehung zu Jahwe vollzogen (vgl. Hos 2,4): Israel hat sich auf diese Weise selbst von

Jahwe und seiner Fürsorge entfernt. Es hat damit von seinem Rettergott Abschied genommen und sich einen anderen Gott geschaffen, der ihm mit Sicherheit all das gewähren sollte, was das Volk im Kulturland braucht. Viele Strafandrohungen wollen nun gerade diese Zusammenhänge aufdecken. Israels *eigenes* Handeln zieht das Verderben unabwendbar herbei, weil es sich von seinem eigenen Schutz und seiner Geborgenheit entfernt hat. Ohne daß Jahwe selbst einzugreifen braucht, stellt Israel sich selbst ins Abseits und liefert sich schutzlos der Täuschung und Vernichtung aus (vgl. Hos 4,6; 5,5; 8,3.7; 9,10).

In anderen Gerichtsworten ergreift Jahwe die Initiative, indem er seinen Zorn über Israel walten läßt. Auch diese Gerichtsworte erscheinen meistens als begründete Drohworte; ihre Härte und Bedingungslosigkeit sind zwar unübersehbar, doch wirbt Hosea auch damit noch um Verständnis für Jahwes Entscheidung. Sie wollen klarmachen, wie berechtigt Jahwes Zorn ist, weil Israel durch seine Untreue gegen Jahwes innerste Gefühle, gegen dessen Liebe und die daraus entstandene und begründete Beziehung verstoßen hat. Die Erinnerung an seine geschichtliche Rettertat, seine Warnungen und Mahnungen, seine Drohung mit vernichtenden Strafen verlieren jeden Sinn, wenn Jahwe damit Israel nicht "treffen", wenn er Israel dadurch nicht zur Erkenntnis seiner Schuld und Schuldigkeit bringen kann.

Repräsentativ für die vielen Drohreden, die nicht explizit den pädagogischen Charakter der Strafe hervorheben, wird hier Hos 13,1-14,1 herangezogen.

Hos 13,1-14,1[141] ist als Überlieferungseinheit
aus verschiedenen Redeeinheiten zusammengesetzt.
Die gleiche Thematik (endgültige Bestrafung),
der formal einheitliche Verlauf der Gerichtsworte (meistens wird die Strafandrohung durch
einen Hinweis auf die kontrastierende Vergangenheit vorbereitet; vgl. VV.1,4f.15a) und der
Rückverweis von 14,1 auf 13,1[142] lassen
Hos 13,1-14,1 als Überlieferungseinheit erscheinen. Die Jahwerede wird konsequent im gesamten
Kapitel verwendet[143], so daß die Einheit sich auch
dadurch von ihrer Umgebung abhebt.

Die erste Redeeinheit birgt ein Gerichtswort (VV.
1-3). Efraims sündige Vergangenheit (V.1) und sündige Gegenwart (V.2) bieten die Voraussetzung und
Begründung für die angedrohte Strafe (V.3), die mit
לכן eingeführt wird. Die Verehrung des Ba'al in der
Vergangenheit liefert Efraim dem Tode aus; obwohl
es sich damit selbst dem Untergang preisgibt[144],
zieht das Volk doch keine Lehre daraus. Es treibt
die kultische Verehrung der Götzen munter weiter.
Die Strafandrohung enthält ein vierfaches Bild der
Vergänglichkeit. Die rasche Auflösung hinterläßt
keine Spur von dem, was einmal gewesen ist. Efraims
Untergang[145] erfolgt unaufhaltsam und gründlich.

Die VV.4-8 wurden schon in einem anderen Zusammenhang
erörtert[146]. Jahwes rettendes Handeln in Israels
Geschichte läßt ihn als den einzigen Helfer erscheinen. Seine Fürsorge begleitet Israel auch in der
Wüste und beim Einzug ins Kulturland. Dort findet
Israel mühelos, was es braucht: es kann sich satt
essen. Doch auch ihre Herzen werden bald satt,
und Israel glaubt, ohne seinen Rettergott auskommen
zu können. Die Strafandrohung[147] enthält drei Tier-
gleichnisse.
In V.7 wird Jahwe mit einem Löwen bzw. einem lauernden

Panther verglichen. In V.8 vergleicht Hosea Jahwes
Strafhandeln mit der Reaktion einer Bärin, die ihrer
Jungen beraubt wird. Das Bild von der Bärin enthält
eine Beschreibung der totalen Vernichtung. In ihm
wird das grausame Ende Efraims angekündigt. Nachdem
sie den Angreifer erschlagen hat, zerreißt sie seinen
Brustkorb[148] und überläßt das Opfer den wilden Tieren
und den Hunden[149], die es weiter zerfleischen. Der
gewaltige Zorn Jahwes wird hier als instinktiver
Vergeltungsschlag beschrieben. Der Verlust ihrer
Jungen reizt die Bärin zum blutigen Racheakt. Damit
hat Hosea wohl eines der finstersten Bilder von Jahwes Zorn geliefert. Hier gibt es nichts anderes
mehr als blindes Zuschlagen, weil Jahwe sich zutiefst
verletzt und angegriffen fühlt.

Die VV.9-11 führen die alleinige Rettungsmacht Jahwes
weiter aus. Wenn nur er retten kann, braucht Israel
nicht nach einem anderen Helfer zu suchen, denn niemand kann ihn an seinem Vernichtungswerk hindern
(vgl. Hos 2,12)[150]. Könige und deren Beamte[151] sind
wohl am wenigsten dazu imstande; sie sind ohnehin
nicht auf Jahwes Geheiß eingestellt, weshalb Jahwe
sie in seinem Zorn auch kurzerhand wieder entfernen
wird.

Die VV.12-14 zeigen, wie Efraims Schuld sich im Laufe
der Zeit angehäuft hat und zu einer erdrückenden
Last geworden ist. Das Bild der Geburtswehen will
darstellen, daß Efraim auch in der Stunde des Gerichtes nichts dazu gelernt hat. Die Wehen sollten
Israel zu einem neuen Leben als Jahwes Sohn verhelfen. Sie werden aber für Efraim zur akuten Lebensgefahr, weil es sich weigert, Konsequenzen aus der

von Jahwe auferlegten Notlage zu ziehen, und sich
weiterhin querlegt. V.14 erläutert den Sinn des
Bildes, indem es Jahwes Willen zur Rettung und Befreiung von Unterwelt und Tod[152] herausstellt. Aber
was kümmert Efraim die Macht der Unterwelt? In seinem Glauben an (den ba'alisierten) Jahwe unterschätzt
es den Ernst der Lage und meint genau zu wissen, daß
dies alles einmal vorübergehen wird, weil Jahwe sicher wieder erscheinen und helfen wird. Tod und
Unterwelt können nach Efraims Glauben keinen Stachel
haben. Politische Gefahr und nationaler Untergang
können keine Strafe sein, die Jahwe Efraim auferlegen will[153]. Auf so verfälschten Glauben hin reagiert Jahwe auf die Weise, daß er sein aufkommendes
Mitleid verdrängt.
Hos 13,15-14,1 schildert die konkrete Verwirklichung
des Strafhandelns Jahwes. Pracht und Kraft[154] Efraims
werden vom sengenden Sturm der Rache Jahwes weggerafft. Der Feind kommt aus dem Osten und wird Efraims
Brunnen versiegen lassen[155]. Der Hauptstadt Samaria
wird dieses Schicksal nicht erspart bleiben. In einer dreigliederigen Satzreihe wird die verheerende
Strafe über sämtliche Einwohner der Stadt beschrieben. Es entbehrt dabei nicht der beißenden Ironie,
wenn Hosea das Verehren des Fruchtbarkeitsgottes
Ba'al (vgl. zuletzt noch V.14) mit dem Gedanken einer
Bestrafung verbindet, die Kindersterben und Tötung
der schwangeren Frauen einschließt.
Die kerygmatische Einheit verkündet wie keine andere
die unerbittliche Härte des kommenden Gerichts.
Eine Erklärung dafür scheint der wiederholte Hinweis zu sein, daß Jahwe schon eher durch Strafmaßnahmen versucht hat, Israels Schuldbewußtsein zu

wecken (vgl. VV.1c.13). Erst als das mißlungen zu
sein scheint (vgl. VV.2.14), greift Jahwe durch und
droht die totale Vernichtung an. Sein Wille, Israel
zu befreien und zu retten, wird nicht (an)erkannt.
Die Stunde des Gerichtes wird nicht als solche erfahren. Im Gericht sieht Efraim nur einen vorübergehenden Zustand, der nichts grundsätzlich aufhebt,
sondern von einem sicheren Wiedererscheinen Jahwes
abgelöst wird. Was bleibt dann Jahwe anders übrig,
als alles Vorläufige, Vermittelnde, Pädagogische
seines Strafhandelns aufzuheben und das Böse an der
Wurzel zu packen, indem er Efraim radikal ausreißt
und auslöscht?

Ein Indiz für die Datierung der Überlieferungseinheit
findet sich in der zweimaligen Erwähnung einer vorausgegangenen Bestrafung. Damit wird sehr wahrscheinlich die prekäre politische Situation im Jahre 733
gemeint sein[156]. Diese hat allerdings kaum Spuren
im Verhalten der Bevölkerung hinterlassen; die veränderte politische Lage schien Israel sogar Recht zu
geben, wenn es in der vergangenen Krise nur ein vorübergehendes Sich-Zurückziehen Jahwes sah. Doch
jetzt stehen der Einfall der Assyrer und der Fall
der Stadt Samaria unmittelbar bevor. Daher kann
die Überlieferungseinheit kurze Zeit vor der Belagerung
Samarias (725/24) angesetzt werden[157].

So ist diese Gerichtsverkündigung in den letzten
Jahren der Verkündigung Hoseas zu situieren, so daß
die Frage wieder aktuell wird: wie ist dieses Nebeneinander von reiner Gerichtsdrohung, pädagogischem
Gericht und Heilsansage zu verstehen? Daß es hier
kein chronologisches Nacheinander gegeben hat, wird
aufgrund von Hos 13,1-14,1 deutlich. Nur eines haben

die verschiedenen Verkündigungsinhalte gemeinsam:
mit einer Bekehrung Israels ist auf gar keinen Fall
zu rechnen!

C. Die Zukunft Israels im Gericht

Vor der Aporie stehend, die die hoseanische Gerichtsverkündigung hervorruft, ist zu fragen, ob Hosea selbst nicht wenigstens andeutungsweise einen Ausweg vorgezeichnet hat. Hos 2,4-17 gab einen Einblick in die konsequente Beharrlichkeit von Jahwes pädagogischem Gerichtshandeln. Nachdem die ersten beiden Versuche Jahwes im Sand verlaufen sind, verführt er selbst seine Frau Israel und redet auf sie ein; in der Einsamkeit der Wüste gelingt es ihm, eine Antwort zu erhalten und Israel wieder für sich zu gewinnen. Damit wird zugleich angedeutet, daß kein Gerichtshandeln Israel zur Umkehr bewegen kann. Der einzige Weg, der Jahwe noch offen steht, ist ein weiteres und noch tiefergreifendes Geschehen, in dem Jahwe Israel von innen her umbildet und mit der entsprechenden Gesinnung ausstattet (vgl. Hos 2,18-25). Die einzige andere Alternative wäre, daß Jahwe konsequent seine Beziehung zu Israel aufkündigt und Israel für immer aufgibt.
Die Datierung von Hos 2,4-17.18-25 bzw. 13,1-14,1 verbietet, das heilende bzw. das endgültig vernichtende Eingreifen Jahwes als das chronologisch letzte (und daher auch gültigere?) Wort aufzufassen. Vielmehr scheint das Verhalten Israels Jahwe vor ein Rätsel gestellt zu haben, vor dem er sich selbst als ratloser Gott (vgl. Hos 6,4 und 11,8) bekennt.

Was Jahwe zu seinem Handeln gegenüber Israel bewegt,
darüber kann niemand, außer Jahwe selbst, Auskunft
geben.
Angesichts des festgefahrenen Zustandes - Israel
lernt es ja nie, seine Untreue abzulegen und sich
auf seinen Gott zu konzentrieren - ist es klar, daß
eine Heilszukunft für Israel in keiner Weise von
Israels Verhalten abhängig gemacht werden kann.
Wenn schon, dann ist diese nur denkbar, wenn Jahwe
sich in seiner Liebe zu Israel als ebenso "festgefahren"
erweist. In diesem Zusammenhang verrät Hos 11 etwas
von den irrationalen Beweggründen, die Jahwes Treue
in seiner Beziehung zu Israel bestimmen.

> Hos 11 stellt sich als eine selbständige kerygmatische Einheit dar[158]. Mit dem Vorausgehenden
> hat Hos 11 zwar gemein, daß es die historischen
> Rückblicke als Vorbereitung der Anklage einsetzt
> (vgl. Hos 9,10 und 10,1), doch weist die Rückblende von 11,1 keine Verbindung mit Hos 10
> auf. Durch Thematik (Betrug) und Einführung
> des Namens Jakob hebt sich Hos 12 deutlich von
> Hos 11 ab. Fraglich ist nur, inwiefern Hos 11
> in seinem inneren Aufbau literarisch einheitlich
> strukturiert ist[159]. Die Jahwerede zieht sich -
> von V.10 abgesehen - im gesamten Kapitel durch,
> doch sind erhebliche Spannungen und Sprünge in
> den VV.6f. und vor allem ab V.8 zu beobachten.
> Die Risse im Aufbau stellen sich aber als inhaltlich überraschende, nicht so sehr als formale
> Neueinsätze heraus. Zunächst erwecken die VV.1-7
> einen relativ geschlossenen Eindruck[160]. Nach
> einem dreifachen Verweis auf das heilsgeschichtliche Handeln Jahwes (VV.1.3a.4) folgt jeweils
> ein Schuldnachweis (VV.2.3b.5)[161]. V.6 führt
> diesen Vorgang insofern weiter, als er zuerst
> die Notlage aufdeckt, die Israels untreues Verhalten selbst herbeigeführt hat[162]; darauf folgt
> dann in V.7 die erneute Feststellung der Untreue
> Israels. So wie das Heilshandeln in der Vergangenheit Israel nicht zur Umkehr zu Jahwe bewegen
> konnte, bleibt auch die aktuelle Notlage und
> die Selbstzerfleischung ohne Konsequenzen.

> V.7a erhält dadurch den Charakter einer Zusammenfassung, indem hier Israels Verhalten als Hang zur Untreue[163] bestimmt wird.
> So zeigt sich Hos 11,1-7 als geschichtstheologische Anklagerede in der Form eines Rechtsstreites[164]. Die drei Rekurse auf Jahwes Heilshandeln sowie der Hinweis auf die pädagogische Züchtigung durch Jahwe (die aktuelle politische Krisensituation) bereiten kontrastierend den jeweiligen Schuldnachweis vor.
> Die VV.1-7 haben Israels totales Versagen aufgedeckt. In Israels Geschichte und Gegenwart läßt sich kein Hinweis finden, daß es jemals eine entsprechende Antwort auf Jahwes Erwählung und Heilshandeln gegeben hat.

Damit ist die Anklage mehr als genügend begründet; die Urteilsverkündigung müßte nun unmittelbar folgen. Die VV.8f. zeigen aber einen ratlosen Gott, der die logische Weiterführung der Gerichtsverhandlung nicht mitmachen kann. Wie unvermittelt diese neue Szene über das "Innenleben Jahwes" dasteht, zeigt auch das Fehlen einer Kopula in V.8; Israel/Efraim wird direkt angesprochen (vgl. damit die Kopula und Personalsuffixe in den VV.1-7, die auf Efraim zurückverweisen).

> Es fehlt denn auch in neuester Zeit nicht an Kommentatoren, die in den VV.8f. eine ursprünglich selbständige Einheit sehen wollen[165]. Trotzdem spricht nichts gegen einen Sinnzusammenhang der VV.8f. mit den VV.1-7, denn die überraschende Wendung ab V.8 setzt gerade die VV.1-7 voraus; die Überlegungen des ratlosen Gottes in den VV. 8f. verlieren völlig ihren Sinn, wenn sie nicht auf dem Hintergrund der Beschreibung von Jahwes andauernder Liebe und Israels ständiger Untreue gesehen werden. Der Wechsel von der 3.Person des Angeklagten zur 2.Person in den VV.8f. kann man mit H.W.Wolff[166] damit begründen, daß in V.8 ein Übergang von der Anklage zum Schlichtungsvorschlag stattfindet; bei derartig lebhaften und leidenschaftlich geführten Auseinandersetzungen[167] richtet sich der Kläger direkt an den Angeklagten.

Das Besondere der VV.8f. liegt dann darin, daß
der Schlichtungsvorschlag inhaltlich auf eine
Strafverzichtserklärung hinausläuft[168]. Diese
nun (insbesondere Jahwes Berufung auf sein
אל-Sein und auf seine Heiligkeit) ist völlig
unerklärlich, wenn nicht gerade ein entgegen-
gesetztes Verhalten erwartet werden konnte.
Die Beschreibung des "Vorlebens" Israels und
seiner fortgesetzten Untreue in der Gegenwart
ist somit unerläßlich für das Verständnis von
V.8.
Anders ist der Sachverhalt in V.10, wo der Übergang von der Jahwerede zu einer Aussage <u>über</u>
Jahwe problematisch erscheint[169]. Auch sprach-
liche Argumente zeugen gegen eine hoseanische
Verfasserschaft dieses Verses[170]. Nach Jahwes
Beschluß, Israel seine Liebe nicht zu entziehen,
erfolgt ein knapper Ausblick auf Israels Zukunft
(V.11)[171]. Die Formel נאם־יהוה schließt die
Einheit ab und zeigt, wie ein Redaktor Hos 11
als abgeschlossene Einheit mit einem eigenen
unverwechselbaren Verkündigungsinhalt darstellen
wollte[172].

Die drei geschichtlichen Rückblenden wurden a.a.O.
schon erörtert[173]. Sie führen kein einheitliches
Bild in drei Etappen aus, sondern enthalten drei
voneinander unabhängige Bildreden; während die VV.
1 und 3a das Verhältnis Vater-Sohn zum Inhalt haben,
handelt die Bildrede in V.4 vom liebevollen Umgang
des Bauern mit seinem Vieh. V.5 beschreibt die Reaktion Israels auf Jahwes Heilshandeln (V.4). Israel
sucht Zuflucht in Ägypten, obwohl es weiß, daß Assur
Herr der politischen Lage ist und im Begriff steht,
in das Land einzubrechen[174].
V.6 gibt ein Bild von der verheerenden politischen
Situation im Lande. Die Kriegsgefahr ist schon da
und noch immer werden Pläne geschmiedet, sich durch
politische Machenschaften aus der herannahenden Katastrophe herauszuhalten. Das Durcheinander ist
komplett: Befürworter und Gegner der Bündnispolitik
mit Ägypten bzw. Assur schalten sich gegenseitig aus.

V.7 bringt das zusammenfassende Ergebnis der vielen
Liebeserweise Jahwes und der aktuellen Notlage; trotz
allem[175] hält Jahwes Volk[176] an der Abkehr von seinem
Gott fest. Nichts kann Israel belehren, weder Jahwes
Liebe noch die politische Notlage des Landes. Das
geschlagene Volk ruft weiterhin zu Baʻal[177], er aber
kann Israel gewiß nicht[178] wiederaufrichten[179].

Unter der erdrückenden Beweislast von Jahwes Liebes-
erweisen hätte Israel in einer weitergeführten Ver-
handlung nur seine Schuld gestehen können. Hier
wäre es völlig am Ende gewesen, die Anklagerede der
VV.1-7 hätte ihm keine Möglichkeit der Ausrede offen
gelassen. Es hätte sein Verhalten - auf dem Hintergrund der überwältigenden Beweise der Liebe Jahwes -
als Verrat an dem Einzigen, der sich um Israel gekümmert hatte, entlarven müssen. Doch auch eine solche
Bußgesinnung wird nicht mehr erwartet; Jahwe hat an-
scheinend kein Vertrauen mehr zu seinem Volk und
dessen Bußgesinnung. So wäre ein vernichtendes Urteil die "logische" Reaktion Gottes auf so viel Untreue. Daß Jahwe sich tatsächlich mit dem Gedanken
an ein Gericht beschäftigt hat, das jedes Leben in
Israel für immer vernichtet hätte, zeigt V.8a.
Jahwe kann diesen Gedanken aber nicht ausführen, denn
"sein Herz kehrt sich gegen[180] ihn, sein ganzes Mitleid[181] wird erregt[182]". Hier ist eine andere Kraft
in Jahwe am Werk, die sich gegen seinen rational
begründeten Zorn stemmt. Es ist Jahwes Liebe, die
seinen aufkommenden (und berechtigten) Zorn nieder-
ringt. לב bezeichnet hier den gleichen Antrieb, der
schon in den Bildern der VV.1-4 beschrieben wurde;
es handelt sich keineswegs um den nüchternen Verstand
oder um kühle Logik, denn diese schreit ja gerade

nach einer anderen, "entsprechenderen" Reaktion[183].
In V.9 hat der innere Streit zu einer definitiven
Willensbildung geführt. Jahwes לב hat seinen "glü-
henden Zorn" überwunden; er will Efraim nicht wieder
verderben. Das zweimalige לא macht deutlich, daß
in Jahwe ein wahrer Umschwung stattgefunden hat:
seine ursprüngliche Absicht hat er aufgegeben. In
zwei parallelen Sätzen wird diese Willensänderung
weiter begründet: ein לא-Satz hebt dabei die Aussage jeweils von der rationalen Logik radikal ab.
V.9a weist auf ein erstes, vorangegangenes Vernichtungs-
handeln Jahwes hin, das er nun nicht mehr wiederholen möchte. Wenn möglich, will Jahwe damit Israel
den endgültigen Untergang ersparen, den Israel sich
selbst - als Konsequenz des eigenen Verhaltens (vgl.
V.5f.) - zuzufügen in Begriff ist[184]. Daß sein Zorn
nicht die Oberhand über seine Liebe gewinnt, darin
erweist sich Jahwes Gott-Sein; er läßt sich nicht
von menschlichen Affekten und rationalen Motiven
bestimmen. Die zweite Begründung wird in Jahwes
"Heilig-Sein" verankert; auch diese Eigenschaft
setzt sich über seinen Zorn[185] hinweg. Jahwes Heiligkeit begründet seinen Heilswillen, indem sie nicht
dem Zorn, sondern der Liebe zum Sieg verhilft.
Diese Verkündigung vom überraschenden Umschwung in
Jahwe bekommt nun noch eine konkrete Verwirklichung
in der Heilszusage für Israel: alle früheren Strafandrohungen der Vernichtung und Vertreibung werden
zurückgenommen. Die Heilszusage nimmt Israel an.
Bebend nähert es sich Jahwe[186]. Jahwe knüpft mit
dieser Handlung an seine erste Rettertat beim Auszug
aus Ägypten an. V.10 enthält drei Ergänzungen, die
die knapp gehaltene Heilsansage weiter interpretie-

ren und verdeutlichen[187].

Jahwe bestimmt also weiterhin die Zukunft Israels! Angesichts der andauernden Untreue Israels war es mehr als fraglich geworden, ob es überhaupt noch eine Zukunft für Israel geben würde. Israels Verhalten schrie förmlich nach einer Bestrafung und nach einer Kündigung des Bundesverhältnisses. Nach menschlichem Ermessen hätte Jahwe als Betroffener nun zuschlagen und Israel gänzlich aufgeben müssen. Hos 11 zeigt aber, daß es eine Kraft in Jahwe gibt, die stärker ist als sein Zorn. Seine irrationale Liebe bestimmt sein Wesen so entscheidend, daß sie auch seinen rechtmäßig aufkommenden Zorn überwindet und verdrängt.

Hos 11 enthält einige Hinweise, die bei der Datierung der Einheit helfen können. So deutet vor allem V.5f. auf Anlehnungsversuche an Ägypten, während Assur seine Oberherrschaft über das Gebiet schon gefestigt hat. Im Land gibt es Streitigkeiten wegen der zu befolgenden Bündnispolitik. Der Untergang des Landes scheint schon heranzunahen, die Not ist gestiegen. Aufgrund dieser Hinweise kann mit einer Entstehungszeit um 724 (Regierungszeit Salmanassars V., 727-722) gerechnet werden[188].

Wie verhält sich nun Hos 11 zu den anderen Gerichtsankündigungen? Auch aus den Heilsansagen im Hoseabuch wird klar, daß Hosea keine Umkehr des Volkes erwartet (vgl. Hos 2,20-22; 14,2-9). Ein positiver Umschwung wird nur insofern als real möglich gedacht, als Jahwe selbst die Initiative ergreift und Israel von innen heraus umformt. Hos 11 fügt sich in dieses Bild ein, indem es die Hintergründe für Jahwes Handeln aufzeigt; Jahwe läßt sich durch die Untreue

Israels nicht von seinem Liebeswillen zu Israel abbringen. Wie in Hos 2,4-17 stellt Hos 11 fest, daß weder Jahwes Liebeserweise noch sein Gerichtshandeln eine Umkehr in Israel haben bewirken können[189].
In Hos 2,4-17 wird Jahwes Gerichtshandeln - das pädagogische Zwecke verfolgt - seinem Liebeswerben unterstellt und gerade dieses Werben erzeugt dann schließlich die neue, positive Einstellung Israels. So verankert auch Hos 11 die Wende im Geschick und im Verhalten Israels in der alles überwindende Kraft der Liebe Jahwes. Das Band, das Jahwe mit Israel verbindet, ist stärker und übersteigt zugleich die rechtlichen Kategorien aller menschlichen Beziehungen. Auch wenn die ethischen und rechtlichen Konsequenzen aus der Beziehung Jahwes zu Israel keineswegs verschwiegen werden (vgl. die Schuldnachweise in Hos 11), so bestimmen sie doch nicht das alles entscheidende Verhalten Jahwes. Nicht Israels Schuld, sondern Jahwes Liebe hat das letzte Wort. Insofern bietet Hos 11 eine Hilfe zum richtigen Verständnis von Hos 2,4-17 und 14,2-9.
Das Gericht behält trotz Hos 11 seinen eigenen Platz innerhalb der hoseanischen Verkündigung. In der Vergangenheit wurde es von Jahwe wiederholt als pädagogische Maßnahme eingesetzt, die die Umkehr bewirken sollte. Daß es stets ergebnislos blieb, erschwerte die Schuld Israels und trieb Jahwe zu härteren, bedingungslosen Strafansagen. Aber auch das hat nichts geholfen. Durch seine andauernde Untreue stellt Israel Jahwe vor eine Tatsache, die ihn - als ratlos Liebenden - nach neuen Wegen suchen läßt. Jahwes Ratlosigkeit erweist sich aber keineswegs als ein

wehrloses Ausgeliefertsein, weil er sich etwa den
von Israel geschaffenen Tatsachen fügen müßte. In
allem bewahrt er die Initiative! Der Kampf um die
Liebesbeziehung zwischen Jahwe und Israel wird nicht
durch Israels Verhalten entschieden, sondern Jahwe
selbst treibt diesen Prozeß aktiv weiter, indem
seine Liebe zu Israel sich als göttliche Liebe erweist, indem seine Heiligkeit den Zorn besiegt.
Durch seine Initiative, die von seiner Liebe inspiriert ist, bereitet er die Grundlage für das Weiterexistieren der Liebesbeziehung mit Israel vor.

III. TEIL : ZUSAMMENFASSENDER
             VERGLEICH

I. Möglichkeiten und Grenzen eines Vergleichs

1. Obwohl in Ugarit und bei Hosea zwei verschiedene Religionsformen vorliegen, wurde versucht, das Ba'al-Bild von Ugarit und die Jahwe-Vorstellung im Hoseabuch möglichst parallel darzustellen, um so das Wesen, das Gemeinsame wie die Unterschiede zu erfassen. Doch stellte sich dabei heraus, daß so unterschiedliche Religionstypen nicht mit der gleichen Fragestellung angegangen werden können. Beide sind aus ihrer je eigenen Gesamtheit, aus ihrem je eigenen Zusammenhang und inneren Struktur, aus ihrer Geschichte und Entwicklung zu verstehen; sie folgen ihren eigenen inneren Gesetzen und Strukturen, so daß notwendigerweise bestimmte Fragen und Aussagen, die für die eine Form gelten, bei der anderen ins Leere stoßen. Wenn es sich gezeigt hat, daß beide Religionstypen nicht völlig parallel behandelt werden konnten, so ist das nicht nur ein Nachteil, sondern hat zugleich deutlich gemacht, wo Vergleichsmöglichkeiten vorliegen und wo nicht. Gerade das Proprium Israels wie das Ugarits kann dadurch besser erfaßt werden.

2. Die hoseanische Jahwe-Vorstellung ist durch eine lebhafte Auseinandersetzung und eine scharfe Abgrenzung gegenüber dem Jahweverständnis des Volkes Israel gekennzeichnet. Nach Hosea ist dieses Verständnis in seiner Grundauffassung tiefgehend vom kanaanäischen Ba'al-Glauben infiziert. Freilich ist gerade in diesem Zusammenhang zu fragen,

ob die von Hosea bekämpfte - weil ba'alisierte -
Gottesvorstellung mit dem in den Ugarit-Texten bezeugten Ba'al-Bild identisch ist. Die Ugarit-Texte
können auf diese Frage nur eine bedingt gültige
Antwort geben, weil sie leider keine umfassende
Schilderung der Glaubenswelt der Bevölkerung Ugarits
darbieten. In ihnen wird weder eine Kritik an den
Glaubensvorstellungen noch eine Verurteilung des
vom Volk gelebten und praktizierten Glaubens laut.
Damit fehlt bei ihnen eine Differenzierung, die im
Hoseabuch von überaus großer Bedeutung ist: eine
tiefe Kluft trennt dort den von Hosea verkündeten
Jahweglauben von der Volksfrömmigkeit, die allenthalben in Israel praktiziert wird. So könnten die
Ugarit-Texte möglicherweise Zeugen einer "offiziellen"
(höfischen?) Religion sein, die nicht notwendigerweise mit der Volksfrömmigkeit identisch zu sein braucht.
Einzelheiten, wie etwa die Kultprostitution, die im
Hoseabuch bei der Darstellung des religiösen Verhaltens des Volkes immerhin eine gewisse Rolle spielt,
finden in den Ugarit-Texten keine Entsprechung.
Das könnte darauf hinweisen, daß von vornherein nicht
zu erwarten ist, daß die ugaritischen Texte ein zutreffendes und umfassendes Bild der Volksfrömmigkeit
vermitteln; sie bieten viel eher eine gelehrte Theologie. Israel aber ist nach der Landnahme nicht
mit einer Ba'al-Theologie, sondern mit dem praktizierten Ba'al-Glauben konfrontiert worden.

3. Die meisten der im Hoseabuch erfaßten religiösen Praktiken und Vorstellungen Israels lassen
sich dennoch mühelos in den Ugarit-Texten wieder-

finden. Der Opferkult, die kultischen Feierlichkeiten, die Kultfreude, der Tempelbesuch, die Gebetsformen und -haltungen erweisen sich als Charakteristika einer Religiosität, die im gesamten kanaanäischen Raum über Jahrhunderte hinweg zwar viele verschiedene Ausprägungen gekannt hat, dennoch aber im wesentlichen Allgemeingut des dort ansässigen Volkes (einschließlich Israels) gewesen sein mag.

Jedoch noch bedeutsamer ist die Grundstruktur der Ba'al-Religion, die in der hoseanischen Darstellung des israelitischen Volksglaubens wiedererkannt werden kann und die mit der des ugaritischen Ba'al-Mythos identisch zu sein scheint. Ba'als Tod und Auferstehung, das Heil, das mit seiner sicher wiederkehrenden Präsenz verknüpft wird, der temporäre Niedergang der Gottheit, der sich im Absterben der Natur und in der Gefährdung der Menschheit im Lande offenbart, bilden ein Grundmuster, das sich bis in die Zeit Hoseas durchgehalten hat und sogar den überlieferten Jahweglauben neu interpretieren ließ.

Obwohl Weiterentwicklungen, das Eindringen fremder Einflüsse und die Andersartigkeit der Volksfrömmigkeit sicher das Ba'al-Bild der ugaritischen Texte nicht bis in die hoseanische Zeit unverändert gelassen haben werden, zeigt die hoseanische Darstellung des von ihm bekämpften Glaubens dennoch Grundzüge, die in der ugaritischen Ba'al-Religion ebenfalls ihren festen Platz haben. So wenig sinnvoll es ist, von einer direkten Abhängigkeit der kanaanisierten Jahwe-Religion von der Ba'al-Verehrung Ugarits zu sprechen, so darf man doch die gemeinsame und dauerhafte Substanz der Ba'al-Religion im palästinisch-

syrischen Raum nicht übersehen. Hoseas Zeitgenossen scheinen einen Jahwe-Glauben gekannt zu haben, der an entscheidenden Punkten von der Ba'al-Religion tief beeinflußt war.
Damit ist die Möglichkeit und Berechtigung eines Vergleichs grundsätzlich gegeben: die ugaritischen Texte erweisen sich als eine äußerst wertvolle Hilfe, wenn man den im Hoseabuch geschilderten Ba'al-Glauben präziser umreißen will; sie ermöglichen damit auch indirekt, die wichtigsten Ansätze der hoseanischen Jahwe-Vorstellung zu erörtern.

II. Wirkmacht und Gaben der Gottheit

1. Die Gemeinsamkeiten des Ba'al-Bildes und der Jahwe-Vorstellung beziehen sich vorwiegend auf die Weltwirklichkeit und die Heilssphäre, in die hinein beide Gottheiten wirken. Sie kümmern sich um den Menschen, der von ihnen abhängig ist und dessen Geschick sie dadurch weitgehend bestimmen. Durch ihre Macht über die Naturgegebenheiten verfügen sie entscheidend über die Lebensqualität der Menschen im Lande.
Es fällt allerdings auf, daß die Ugarit-Texte deutlicher das Wirken Ba'als mit den Himmelsphänomenen verknüpfen und daß sie erst in einer zweiten Bewegung die daraus sich ergebende Auswirkung auf die Vegetation und auf die Lebensgestaltung der Menschen herausstellen.
Dagegen verläuft Hoseas Jahwe-Vorstellung eher im umgekehrten Sinne: er hebt besonders Jahwes Gabe

der Kulturlandgüter hervor und spricht von Jahwes Verfügungsgewalt über Trockenheit, Dürre und Unfruchtbarkeit nur im Kontext des Strafhandelns Jahwes. In Bezug auf die materiellen Gaben stellt Hosea zunächst eine defensive Forderung auf; in direkter Auseinandersetzung mit Jahwes Konkurrenten wird die neue Realität des Kulturlandes dem Machtbereich des Ba'al abgesprochen und dem Bereich Jahwes untergeordnet. Indem sich Hosea gegen die übliche Ba'al-Verehrung wendet, postuliert er, daß Jahwe auch für die Realitäten des Kulturlandes zuständig ist. Den neuen Wirklichkeitsbereich soll Israel nicht der heimischen Ba'al-Gottheit überlassen: nicht Ba'al, sondern Jahwe gibt ihn Israel!

2. Bei seinem Versuch, die neue Wirklichkeit des Kulturlandes in den überlieferten Jahwe-Glauben zu integrieren, hat Israel offensichtlich nicht nur die Namen der Gottheiten vertauscht. Es verehrt zwar weiterhin Jahwe, interpretiert diesen Gott jedoch nach und nach im Sinne der kanaanäischen Ba'al-Religion. Diese Neuinterpretation tangiert nicht nur rein Äußerliches, erweitert auch nicht nur die Kompetenzen Jahwes, sondern trifft den Jahwe-Glauben in seiner inneren Substanz. Das Hoseabuch hebt deshalb den andersartigen, ja <u>souveränen</u> Charakter des Wirkens Jahwes hervor, und dies auch und gerade dann, wenn der Prophet von Jahwes Wirksamkeit in der Natur spricht.
Ba'al ist nur ein Gott unter vielen im ugaritischen Pantheon. Außer ihm gibt es noch eine Vielzahl von Göttern und göttlichen Gestalten, die ihn bei seinen Aufgaben unterstützen, gegebenenfalls auch hemmen. Der Ba'al-Mythos berichtet, wie Ba'al in den entschei-

denden Momenten seines Kampfes um die Herrschaft
auf die Hilfe der ʿAnat und des K̲tr angewiesen ist
und wie er bei der Ausübung seiner Funktionen von
einer großen Helferschar umgeben wird. Baʿals Wirken wird zudem deutlich Grenzen gesetzt, weil eine
andere Gottheit (Mt) - als Baʿals Widersacher - ihn
in einem zyklisch wiederkehrenden Prozeß ablöst.
Mt kommen eigene Aufgabenbereiche und Zuständigkei-
ten zu, indem er der Vegetation eine Zeit der Hitze
und Trockenheit beschert, die wiederum nicht ewig
dauert, denn auf sie folgt notwendig die Wiederkehr
Baʿals. Über den Göttern, die an diesem Geschehen
beteiligt sind, steht ʾIl, der die ganze Welt er-
schaffen hat, den natürlichen Ablauf des Naturgeschehens jedoch den anderen Göttern (gerne) überläßt.

Dagegen erweist sich Jahwe als der Überlegene, als
der absolut _einzige_, der im Leben und im Geschick
Israels eine Rolle spielt. Niemand außer ihm kann
das Geschick von Land und Leuten bestimmen, niemand
außer ihm Heil oder Gericht über das Volk verhängen.
Seine Wirkmacht über das Vegetationsgeschehen und
sein letztes Herr-Sein über die Naturgegebenheiten
stellt Jahwe deutlich und unmißverständlich unter
Beweis: er kann Israel die Kulturlandgüter auch entziehen und vollkommen eigenmächtig ins Naturgeschehen
eingreifen. Im Gegensatz zum Baʿal-Bild, das Baʿals
Wirken und Schicksal gemäß dem wechselhaften Verlauf
des Naturprozesses darstellt, vereinigt Jahwe die
Wirksamkeit des Baʿal und des Mt in einer Person.
Sowohl in der Gabe als auch im Entzug der Kulturlandgüter ist Jahwe nicht auf die Hilfe oder die
Zusammenarbeit mit anderen Göttern angewiesen.

Jahwe entlarvt den trügerischen Glauben Israels, indem er alles, worauf es baut und vertraut, auf das richtige (sprich: nichtige) Maß reduziert. Jeder, der den Anspruch erhebt, irgendwelche Zuständigkeit oder Wirkmacht zu besitzen, ist im Grunde genommen ein trügerischer "Liebhaber". Jahwes Liebe und seine Ehebeziehung zu Israel geben dem Verhältnis einen exklusiven Charakter. In dieser Optik ist weder Platz für Dritte noch für sonstige Abhängigkeitsverhältnisse.

3. Der Machtbereich Ba'als ist zwar lebenswichtig für die Menschen, seine Wirkmacht beschränkt sich jedoch auf die Himmelsphänomene, auf die dadurch bedingte Vegetation sowie auf die menschliche Fruchtbarkeit. Damit erstreckt sich Ba'als Wirken und Geltung nicht auf alle Lebensbereiche der Menschen. Ein Verhältnis, das auch die ethische Dimension einschließen würde, ist in den Texten nicht nachzuweisen. Das heißt nicht, daß es keine ethischen Verpflichtungen oder keine gesellschaftliche Ordnung gegeben hätte, sondern nur, daß diese kein Thema innerhalb des Ba'al-Zyklus gebildet haben. Der einzelne weiß, was er in dieser Welt, für die Gottheit und zur Erlangung der Fruchtbarkeit und des Heils zu tun hat. Durch die sicher wiederkehrende Präsenz der Gottheit wird jede ethische Voraussetzung des Gottesdienstes stark relativiert.

Ist Ba'als Verfügungsgewalt als mythische Projektion der Naturerfahrung durch den Ablauf der Naturereignisse bedingt und weist sie deshalb einen relativen Charakter auf, so zeigt sich Jahwes Souveränität im

Naturgeschehen darin, daß er auf nichts und niemanden angewiesen ist. Seine absolute Herrschaft tut sich aber auch vor allem dadurch kund, daß sein Wirken nicht nur auf die Natur beschränkt ist; er kann - sowohl seiner Person als auch seinem Wirken nach - nicht auf die Natur reduziert und aus ihr deduziert werden. Deshalb gerade betont das Hoseabuch sehr eindringlich die <u>Willenskundgabe</u> Jahwes. Häufig wird sie mit der Gabe des Landes und der Kulturlandgüter zusammen erwähnt, weist jedoch bei der Darstellung der Zuwendung Jahwes zu Israel einen weit größeren Stellenwert auf. Durch die Verbindung mit Land und Kulturlandgütern wird die heilsgeschichtliche Dimension der Willenskundgabe stark hervorgehoben. Jahwe gibt seine Weisungen Israel mit auf dem Weg, damit sie Israels Verhalten im Kulturland bestimmen können. Ihren Inhalt und ihre Autorität erhalten die Weisungen vom Verhältnis her, das Jahwe mit Israel begründet hat. Sie ergeben sich konsequenterweise aus der Eigenart der Beziehung selbst, denn sie sind als konkretes und fortgesetztes Heilshandeln gedacht, ohne das Israel den Anforderungen des von Jahwe angebotenen Verhältnisses nicht entsprechen kann.

4. Ba'als Wirken ist prinzipiell ein durch den Zyklus bedingtes Wirken: es ist vom Ausgang der Auseinandersetzungen unter den Göttern abhängig. Mt gelingt es, Ba'al - wenigstens zeitweise - auszuschalten. Den Gesetzen des immer wiederkehrenden Vergehens und Wiederkommens hat Ba'al sich zu beugen. Das Ba'al-Bild ist von der menschlichen Beobachtung des Naturgeschehens inspiriert und bestimmt. Die absterbende Vegetation findet ihre Projektion

im Schicksal des für die Vegetation zuständigen
Gottes; jedes Mißgeschick im Kulturlandgeschehen
wird irgendwie in Zusammenhang gebracht mit göttlichen Ereignissen, mit dem Geschick Ba'als.
Dagegen bleibt Jahwe von den Naturereignissen und
-katastrophen unberührt. Souverän und eigenmächtig
kann er über sie verfügen und nach eigenem Gutdünken
dieses oder jenes über Land und Leute verhängen.
Er erweist sich als der <u>überlegene</u> Herr über Vegetation, über Leben und Tod. Auch Jahwe kann sich
von seinem Volk abwenden; aber eine solche Abkehr
ist nicht die Folge einer vorausgegangenen Auseinandersetzung mit anderen Göttern, in deren Verlauf
Jahwe unterlegen wäre, sondern eine bewußt gezielte
Strafe oder Züchtigung der davon Betroffenen.
Solches Gerichtshandeln soll Israel zu sich selbst,
zu seinem Gott und zur richtigen Einschätzung seiner
Beziehung zu Jahwe zurückfinden lassen. Jahwes
(Un-)Heilswirken ist nicht durch die Tatsache seiner
Präsenz bedingt, weil er immer und in allen Situa-
tionen gegenwärtig ist und nie die Initiative aus
der Hand gibt.

III. Die Beziehung der Gottheit zum Volk

1. Durch seine Eigenart und sein Wirken erweist
sich Ba'al vor allem als Gott eines bestimmten Terri-
toriums. Die meteorologischen Daten bedingen weithin
das Ba'al-Verständnis. Der Ba'al-Mythos kann als
Versuch einer theologischen Interpretation des Naturgeschehens gewertet werden. Dieses Geschehen selbst

kennt keinen ersten Anfang und kein absolutes Ende, sondern nur den immer wiederkehrenden Kreislauf von Leben und Tod. So wird auch Ba'als Wirkmacht zeitweise aufgehoben, um darauf immer wieder neu einzusetzen. Dem Ba'al-Glauben kann insofern schwerlich eine historische Dimension zugesprochen werden. Die mythische Interpretation des zyklisch ablaufenden Naturgeschehens verleiht dem Ba'al-Bild eine überzeitliche Komponente. Die eigentliche Theophanie der Gottheit vollzieht sich im Bereich seiner Aktivität als Regen- und Gewittergott; als solche ist sie nicht spezifisch historisch dimensioniert, weil es hier um ein Wirken geht, das zyklisch wiederkehrt.

Dagegen ereignet sich Jahwes Theophanie vorwiegend im Bereich seines Wirkens für Israel in der <u>Geschichte</u>. Hosea verkündet einen Gott, der eine besondere Beziehung zum Volk Israel eingegangen ist und aufrechterhält. Diese Beziehung weist einen in der Geschichte des Volkes greifbaren Anfang auf, auf den Hosea immer wieder zurückkommt. Der strengen Naturgebundenheit Ba'als, der sein Heil hauptsächlich in der Gabe des Fruchtbarkeit spendenden Regens schenkt, steht der geschichtsmächtige Gott Israels gegenüber, der in einer ganz konkreten Situation dieses Volk angesprochen, es aus seiner Notlage befreit, es durch die Wüste geführt und im Kulturland mit allem versorgt hat, was es zum Leben - auch zum Leben mit ihm - braucht. Der personale Aspekt der Beziehung, der gewiß auch im Ba'al-Bild nicht völlig fehlt, erhält durch die historische Verankerung eine ganz besondere Prägung.

Auch die Krise im Verhalten Israels Jahwe gegenüber vermag Hosea zeitlich einzuordnen, weil er den Übergang vom Wüstenaufenthalt in das Kulturland als die eigentliche Bruchstelle des Verhältnisses bestimmt. Gerichts- und Heilsbotschaft zielen so letztlich auf die Bewahrung eines Verhältnisses, in dem Jahwe sich durch seine Vorleistungen als Gott seines Volkes zu erkennen gegeben hat und in dem Israel sich durch eine darauf entsprechende Antwort erkenntlich zeigen soll. Sünde und Gericht werden auf dem Hintergrund von Israels Berufung gesehen. Vor, mit und hinter der Antwort Israels steht Jahwes Initiative, Hilfe und Liebe; sie sollen Israel ermöglichen, bundesgemäß zu leben. Gerade die geschichtliche Komponente hebt die Verbindung zwischen Jahwe und Israel über das Naturhafte hinaus, weil Hosea göttliche Initiative und menschliches Verhalten als Kräfte darstellt, die keinem Naturgesetz, sondern dem freien Willen der Beteiligten unterstellt sind.

2. In den Ugarit-Texten wird keine ethische Ordnung mit dem Wesen oder Wirken Ba'als verknüpft. Dementsprechend erklärt sich die Tatsache, daß diesen Texten jegliche Gerichtserwähnung abgeht. Die feste und im Kreislauf wiederkehrende Welt- und Naturordnung läßt nur wenig Spielraum für eine strafende Gottheit. Hier können nur Einzelpersonen den Zorn bestimmter Gottheiten auf sich herabrufen, weil sie diese in irgendeiner Weise beleidigt haben. Das Schicksal des Landes selbst, auch das Mißgeschick durch Dürre und Hungersnot, werden letztlich

immer auf das Schicksal Ba'als zurückgeführt, nicht
auf das falsche oder sündige ethische Verhalten des
Volkes.

Dagegen setzt das Hoseabuch sich ausführlich mit dem
Versagen Israels als Jahwevolk auseinander. Hosea
hat seinem Volk den Zorn und die Strafe Jahwes zu
verkünden. Das <u>Gericht</u> nimmt dabei verschiedene
Formen (pädagogisch oder endgültig) an. Da das
Volk zu einer wirklichen Umkehr nicht bereit, ja
nicht mehr fähig ist, zeichnet sich in Hoseas Verkündigung von Gottes Liebe, die seinen Zorn überwindet, für Israel eine neue Zukunftsmöglichkeit im
Gericht ab.

3. Das Verhältnis des ugaritischen Menschen zu
seinen Göttern scheint festen Regeln unterworfen
zu sein. Gerade der naturhafte Charakter des We-
sens Ba'als drückt dieser Beziehung seinen besonderen Stempel auf. Ausgehend vom ewigen Kreislauf
des Naturgeschehens, weiß der Ugariter sicher, daß
jedem Absterben in der Vegetation ein Wiedererwachen
folgen wird. Die nicht einkalkulierbaren Faktoren
des Naturgeschehens und der Ackerbaukultur beziehen
sich so nur auf den Zeitpunkt, <u>wann</u> Ba'al wieder
die Macht ergreift und die Vegetation wieder aufleben läßt. <u>Daß</u> der Natur durch Ba'als Wirken neues
Leben gegeben wird, steht außer Zweifel. Daraus
resultiert eine <u>Glaubenssicherheit</u>, die über jedes
Absterben hinaus auf die Wiederbelebung des Ba'al
harren kann; diese Glaubenssicherheit ist begründet in der Eigenart des Fruchtbarkeitsgottes Ba'al

selbst. Naturkatastrophen geben daher wohl Anlaß zu Volksklagen und Trauer, nicht aber zu Umkehr und Schuldbewußtsein.

Dagegen kämpft Hosea gerade an zentralen Stellen seiner Verkündigung gegen die Glaubenssicherheit seines Volkes, in der er eine Pervertierung der Jahwe-Verehrung sieht. Denn gerade sie lähmt das Bestreben, auf die Bedingungen und Konsequenzen des Verhältnisses zwischen Jahwe und Israel einzugehen. Indem Jahwes Anspruch nicht mehr auf das gesamte Leben, sondern nur auf die Natur und auf den kultischen Bereich bezogen wird, entsteht eine Glaubenssicherheit, die jedes Verantwortungsgefühl der Menschen erstickt. So führt diese Glaubenssicherheit die Menschen unweigerlich zu einer Kultideologie, die meint durch Vermehrung der Opfer die Machtergreifung des wiedererstandenen Gottes herbeiführen zu können. Jahwe selbst, seine Beziehung zu Israel, die Anforderungen, die dieses Verhältnis für Israel mit sich bringt, werden dabei vergessen.

4. Ba'al bestimmt zwar primär das Naturgeschehen, das schließt aber nicht aus, daß er sich auch des Geschickes der Menschen annimmt. Er erweist sich auch als ein Gott, der sich um den einzelnen, um das Volk und dessen konkrete Probleme kümmert. Freilich, der Überstieg von der Vegetation zur persönlichen Sorge um die Verehrer gelingt nur im Einzelfall und wird zudem stets in engem Zusammenhang mit seiner Naturbezogenheit gesehen. Zu sehr ist das Wirken Ba'als in den Naturgegebenheiten verankert, zu tief ist seine Wirkkraft vom Ausgang des

Machtstreites zwischen den göttlichen Kontrahenten abhängig; er bleibt seinem Wesen nach der Gott des "Volkes im Lande" und kann nicht der Gott eines Volkes schlechthin genannt werden. Das Verhältnis Gottheit - Menschen in Ugarit weist nur sekundär personale Züge auf und ist zudem hauptsächlich auf die materiellen Interessen der Menschen abgestimmt.

Dagegen erweist sich Jahwe als der "Gott Israels", der im Gericht dem Volk die Fruchtbarkeit des Landes, ja das Land selbst wegnehmen kann. Ihn verbindet mit Israel eine Beziehung, die er selbst begründet hat und die er über die Grenzen des Landes hinweg aufrechterhält oder auch zu beenden droht. Das Band ist so fest und persongebunden, daß Hosea sich nicht scheut von einem Eheverhältnis zwischen Jahwe und Israel zu sprechen. Dadurch bringt er zwischenmenschliche Kategorien ein, die es ihm ermöglichen, das Verhältnis als eine exklusiv einander zugeordnete Relation zu beschreiben. Zusammen mit der historischen Komponente dieser Beziehung drückt die Liebes- und Eheterminologie die tiefe __personale__ Bezogenheit des Verhältnisses aus. Es gibt keine mythische Bindung an das Land, sondern eine reale, zutiefst auf das erwählte und geliebte Volk ausgerichtete Bezogenheit Jahwes.

5. Das Baʻal-Bild bleibt bei seiner Darstellung der Gottheit in antropomorphen Zügen stecken. Sicher übersteigt die Wirkkraft der Gottheit die menschlichen Möglichkeiten, aber bei der Schilderung dieses Wirkens heben gerade nur die Übertreibungen der Maße, Gewichte und Größenordnungen den göttlichen

Charakter der auftretenden Personen und ihrer Tätigkeit hervor. Die Götter selbst reagieren sehr menschlich, ihre Gedanken, Vorhaben und Aktionen werden in antropomorphen Bildern und Zügen dargelegt.

Jahwe, dessen Tun zwar auch in antropomorphen Bildern ausgedrückt wird, offenbart sein tiefstes Wesen jedoch in Aktionen und Reaktionen, die deutlich das <u>Antropomorphe übersteigen</u> und durchbrechen. Gewiß erweist sich die personale Bezogenheit des Jahwe-Verhältnisses als eine Beziehung, die zu ihrer Darstellung menschliche Kategorien und Denkmodelle verwendet, aber sie erschöpft sich nicht darin. Gerade Hos 11 zeigt einen Gott, der nicht nur "Gerechtigkeit" kennt. In einer bewegten Schilderung offenbart der Text, wie Jahwes Liebe mit seiner Gerechtigkeit kämpft. Nachdem in verschiedenen Einzelszenen dramatisch gezeigt wird, wie Israel Schlag auf Schlag Jahwes Liebeserweise mit Untreue beantwortet hat, läuft alles auf eine letzte Verwerfung und Verurteilung hinaus. Doch da erweist sich Jahwes Liebe in diesem Zusammenhang als eine irrationale Liebe, die über die vorgegebenen Fakten anders entscheidet, als dies menschliche Gerechtigkeit tun würde. Aber auch dafür ließen sich Parallelen und Vergleichsmöglichkeiten aus der menschlichen Erlebniswelt herbeiführen! Schließlich ist es Jahwes "Heiligkeit" und "Gott-Sein", die die letzte Begründung ausmachen, warum ein solcher Weg überhaupt eingeschlagen werden kann. Als völlig souveräner Gott läßt sich Jahwe sein Handeln nicht durch das Verhalten Israels vorschreiben: er bleibt Herr seiner Ge-

fühle und Entscheidungen, Herr auch seines Zornes.
Wenn eine Eigenschaft sich in Jahwes Wesen durchsetzt, ja sich quasi "selbständig" macht, dann ist es seine Liebe. Nur sie macht es möglich, daß dem zum Gericht verurteilten Israel dennoch eine Zukunft erschlossen wird. Nur in Jahwes Eigenheit und Andersartigkeit wird der Grund für sein – das Menschliche übersteigende – Verhalten und Wesen begründet.

6. In Ugarit finden die vielfältigen <u>Opfer</u> ihre Berechtigung in der Gewißheit der Wiederkehr des Ba'al und in der damit zusammenhängenden Erfüllung der menschlichen Bitten. Gott und Mensch befinden sich in einem Wechselspiel von Beziehungen, dessen konkreter Ablauf im einzelnen man zwar nicht ergründen kann, dessen endgültiger Ausgang aber dennoch von vornherein feststeht. Die Unsicherheiten und Risiken in der Welt, die auch im Ba'al-Bild nicht übergangen werden, wurden zum Teil durch die Betonung der (relativen) Eigenmächtigkeit Ba'als – er kann für das Kommen seines Regens selbst den Zeitpunkt bestimmen – theologisch erklärt. Die umfangreichen und vielfältigen Kultbegehen in Ugarit wollen an die die irdische Wirklichkeit bestimmende Realität der göttlichen Welt appellieren, damit die Beendigung der Notsituation durch die sicher eintreffende Präsenz der Gottheit bald eintritt.
Es ist denkbar, daß gerade an diesem Punkt die (offizielle) Kodifizierung des mythischen Geschehens und das Verständnis der einfachen Volksfrömmigkeit sich erheblich auseinander entwickelt haben.

Die Ugarit-Texte scheinen darauf hinzuweisen, daß es eine Korrespondenz zwischen dem Verhalten der Götter und dem Ablauf der Naturereignisse gibt. Besonders die Riten, die von einer sympathetischen und imitativen Magie zeugen, bezwecken, die eingeschlummerten Kräfte der Gottheit aufzuwecken, den temporären Stillstand der Aktivität Ba'als zu reaktivieren. Obwohl die Texte selbst nichts über das diesen Bräuchen zugrunde liegende theologische Verständnis ausführen, wird man wohl nicht fehl gehen in der Annahme einer wie auch immer gearteten Auswirkung der Opfer auf den Ablauf der Natur.

Dagegen können im Hoseabuch die Opfer weder die Verpflichtungen Israels gegenüber Jahwe noch das ethische Verhalten als solches ersetzen. Eine Glaubenssicherheit, wie sie dem Propheten in der Bevölkerung Israels seiner Zeit begegnete, gefährdet die Substanz des Jahweglaubens. In der direkt persönlichen Wechselbeziehung zwischen dem liebenden Jahwe und seinem angesprochenen Volk gibt es keine Bestimmungen, an die sich Jahwe zu halten hätte. Sein Bund und seine Liebe sind nur Ausdruck für seinen kontinuierlichen Heilswillen, der alle Kategorien des Naturhaften übersteigt. Um in diese Beziehung aufgenommen zu werden und in ihr bestehen zu können, hat Israel bestimmten Regeln zu folgen, die nicht von außen auferlegt sind, sondern aus der Eigenart dieses Verhältnisses selbst hervorgehen. Opfer und Kult haben in diesem Rahmen nur einen bedingten Sinn, indem sie das Verhältnis zu Jahwe in menschlichen Ausdrucksformen aussprechen und konkret gestalten helfen. Die dem Verhältnis ge-

mäße "Antwort" selbst können sie aber nie ersetzen.
Hoseas Angriff gegen die Opferpraxis Israels erklärt
sich daher aus dem korrumpierten Gottesbild, das
sich in Israel unter kanaanäischem Einfluß entwickelt
und herauskristallisiert hat.

IV. Schlußbemerkung

Auch wenn die Gottesvorstellungen von Israel
und Ugarit letztlich den Menschen und seine konkrete
Welt berücksichtigen und auf ihn bezogen sind, so
ist die Blickrichtung doch grundsätzlich verschieden.
Die hoseanische Jahwe-Vorstellung wird von der intensiven Schilderung der Auseinandersetzung zwischen
Jahwe und seinem Volk beherrscht. Getrieben von
der Liebe, die er zu Israel hegt, und aufgrund des
besonderen Verhältnisses, das dadurch entstanden
ist, bemüht sich Jahwe, diese neue Wirklichkeit unversehrt zu halten, das Herz seines Volkes für diese
Beziehung und die damit verknüpften Konsequenzen
zu gewinnen.
Die historische Dimension und die zwischenmenschlichen Kategorien der Ehebeziehung und der Liebe
betonen noch deutlicher die Eigenart des Verhältnisses, das eben dadurch einen personal ausgerichteten
Charakter bekommt und sich vom naturhaften Bereich
abhebt.
Für Heilssicherheit und Gottvertrauen ohne eigenes
Engagement bzw. ohne Eingehen auf Gottes Rufen läßt
die Prophetie Hoseas keinen Platz.

Das Ringen mit seinem Volk, das Hosea in sehr menschlichen Farben schildert, steht einem Bild von Ba'al gegenüber, in dem es nur Auseinandersetzungen zwischen den verschiedenen Göttern gibt, nicht zwischen Gott und Mensch. Die Probleme, die es im religiösen Bewußtsein und im Leben der Menschen gegeben hat, werden konsequent auf die Beziehung unter den verschiedenen Göttern projiziert. Unordnung und Katastrophen in der Natur werden nicht auf einen falsch gestalteten, von Ba'al entfremdeten, ethischen Lebenswandel der Menschen zurückgeführt. Der naturhafte Charakter der Gottheiten selbst beantwortet alle aufkommende Fragen.

Doch Israel kann sich der von Jahwe begründeten Beziehung und angebotenen Wirklichkeit verschließen. Das geschieht vor allem dann, wenn es Jahwe im Sinne des Ba'al-Glaubens interpretiert! Indem es den personalen Bezug seines Verhältnisses zu Jahwe verdrängt und Jahwes Beziehung zu ihm in naturhaften Kategorien umdeutet, vereinnahmt es schließlich Jahwe selbst; denn im ständig bewegten Werben des zutiefst engagiert liebenden Jahwe um sein auserwähltes Volk - das dauernd in Gefahr ist, von ihm abzufallen - liegt ein wesentliches Merkmal, das diese Jahwe-Vorstellung vom Ba'al-Bild unterscheidet.

Jahwes Liebe und Treue lassen sich mit der Vorstellung einer naturhaft bedingten und verstandenen Ba'al-Gottheit nicht in Einklang bringen.

Abkürzungsverzeichnis

AANLR	Atti della Accademia Nazionale dei Lincei, Roma.
AB	The Anchor Bible, Garden City/New York.
ABR	Australian Biblical Review, Melbourne.
ACIO	Actes du Congrès International des Orientalistes.
AcOr	Acta Orientalia, Havnia.
AcOrH	Acta Orientalia Hungarica, Budapest.
AfO	Archiv für Orientforschung, Berlin/Graz.
AfR	Archiv für Religionspsychologie und Seelenführung, Leipzig.
AHw	W. von Soden, Akkadisches Handwörterbuch, Wiesbaden 1965ff.
AION	Annali dell'Istituto Orientale di Napoli, Napoli.
AIPHO	Annuaire de l'Institut de Philologie et d'Histoire Orientales et Slaves, Brussel.
AJSL	The American Journal of Semitic Languages and Literatures, Chicago.
AKM	Abhandlungen für die Kunde des Morgenlandes, Leipzig/Wiesbaden.
AnBib	Analecta Biblica, Roma.
Ang	Angelicum, Roma.
AnOr	Analecta Orientalia, Roma.
ANVAO	Avhandlinger utgitt av det Norske Videnskap Akademi, Oslo.
AOAT	Alter Orient und Altes Testament, Kevelaer/Neukirchen.
ARM	Archives Royales de Mari, Paris.
ArOr	Archiv Orientální, Praha.
ArTh	Arbeiten zur Theologie, hrsg. von Th. Schlatter, Stuttgart.
ARW	Archiv für Religionswissenschaft, Leipzig/Berlin/Freiburg i.Br.
ASTI	Annual of the Swedish Theological Institute, Leiden.
ATD	Das Alte Testament Deutsch, hrsg. von A. Weiser, Göttingen.
AThANT	Abhandlungen zur Theologie des Alten und Neuen Testaments, Zürich.
AThD	Acta Theologica Danica, Kopenhavn.
AUP	Annales de l'Université de Paris, Paris.

BA	The Biblical Archaeologist, New Haven.
BASOR	Bulletin of the American Schools of Oriental Research, Jerusalem/Bagdad/New Haven.
BBB	Bonner Biblische Beiträge, hrsg. von G.J.Botterweck & K.Th.Schäfer, Bonn.
Ber	Berytus, Kopenhavn.
BFChrT	Beiträge zur Förderung christlicher Theologie, Gütersloh.
BHH	Biblisch-Historisches Handwörterbuch, hrsg. von L.Rost & B.Reicke, 3 Bde, Göttingen 1962-1966.
BHS	Biblia Hebraica Stuttgartensia. Liber XII Prophetarum. 1970.
Bib	Biblica, Roma.
BiKi	Bibel und Kirche, Stuttgart.
BiLe	Bibel und Leben, Düsseldorf.
BiLit	Bibel und Liturgie, Klosterneuburg.
BiOr	Bibliotheca Orientalis, Leiden.
BiVChr	Bible et Vie Chrétienne, Paris.
BJPES	Bulletin of the Jewish Palestine Exploration Society, Jerusalem.
BJRL	The Bulletin of the John Rylands Library, Manchester.
BK	Biblischer Kommentar, AT. Begründet von M.Noth, hrsg. von S.Herrmann & H.W.Wolff, Neukirchen, 1955ff.
BL	H.Bauer-P.Leander, Historische Grammatik der hebräischen Sprache des AT, Halle, 1922.
BM	בית מקרא, Jerusalem.
BO	Bibbia e Oriente, Milano.
BOH	Bibliotheca Orientalis Hungarica, Budapest.
BOT	De Boeken van het Oude Testament, hrsg. von A.van den Born, Roermond/Maaseik.
BrSynt	C.Brockelmann, Hebräische Syntax, Neukirchen, 1956.
BThB	Biblical Theology Bulletin, Roma.
BVSAWL	Beiträge und Verhandlungen der Sächsischen Akademie der Wissenschaften zu Leipzig.
BWANT	Beiträge zur Wissenschaft vom Alten und Neuen Testament, hrsg. von K.H.Rengstorff & L.Rost, Stuttgart.
BZ (NF)	Biblische Zeitschrift (Neue Folge), Paderborn.
BZAW	Beihefte zur Zeitschrift für die Alttestamentliche Wissenschaft, hrsg. von G.Fohrer, Berlin.

BZNW	Beihefte zur Zeitschrift für die Neutestamentliche Wissenschaft und die Kunde der Älteren Kirche, Berlin.
CAB	Cahiers d'Archéologie Biblique, Neuchâtel.
CAT	Commentaire de l'Ancien Testament, Neuchâtel.
CBQ	The Catholic Biblical Quarterly, Washington.
CJTh	Canadian Journal of Theology, Toronto.
CollBG	Collationes Brugenses et Gandavenses, Brugge.
CollMechl	Collectanea Mechliniensia, Mechelen.
COT	Commentaar op het Oude Testament, Kampen.
CRAIBL	Académie des Inscriptions et Belles-Lettres. Comptes rendus des séances de l'année..., Paris.
CTA	A. Herdner, Corpus des Tablettes en Cunéiformes alphabétiques découvertes à Ras Shamra-Ugarit de 1929 à 1939, Paris 1963.
DISO	Ch. F. Jean - J. Hoftijzer, Dictionnaire des Inscriptions Sémitiques de l'Ouest, 1965.
DTT	Dansk Teologisk Tidsskrift, Kopenhavn.
EB	Echter-Bibel, Würzburg.
EMM	Evangelisches Missions-Magazin, Basel.
ERE	Encyclopaedia of Religion and Ethics, Edinburgh 1908-1926 (Nachdruck: 1951).
ErIsr	ארץ ישראל, Jerusalem.
EstBib	Estudios Bíblicos, Madrid.
ET	The Expository Times, Edinburgh.
EtBib	Études Bibliques, Paris.
ETL	Ephemerides Theologicae Lovanienses, Leuven.
EuD	Euntes Docete, Roma.
EvQ	Evangelical Quarterly, London.
EvTh	Evangelische Theologie, München.
FRLANT	Forschungen zur Religion und Literatur des Alten und Neuen Testaments, Göttingen.
FuF	Forschungen und Fortschritte, Berlin.
GB	W. Gesenius - Fr. Buhl, Hebräisches und Aramäisches Handwörterbuch über das AT, Berlin 1962
GK	W. Gesenius - E. Kautzsch, Hebräische Grammatik, Hildesheim 1962.

GLECS	Comptes rendus du Groupe Linguistique d'Études Chamito-Sémitiques, Paris.
GTA	Göttinger Theologische Arbeiten, Göttingen.
GTT	Gereformeerd Theologisch Tijdschrift, Aalten.
HAT_2	Handbuch zum Alten Testament, Tübingen.
HBL^2	H. Haag, Bibellexikon, 1968^2.
HELOT	F. Brown u.a., A Hebrew and English Lexicon of the Old Testament, Oxford 1962.
HSAT	Die Heilige Schrift des Alten Testaments, Bonn.
HTR	Harvard Theological Review, Cambridge, Mass.
HTS	Hervormde Teologiese Studies, Pretoria.
HUCA	The Hebrew Union College Annual, Cincinnati, Ohio.
ICC	The International Critical Commentary of the Holy Scriptures of the Old and New Testament, Edinburgh.
IEJ	Israel Exploration Journal, Jerusalem.
Int	Interpretation, Richmond, Virg.
JANESCU	Journal of the Ancient Near Eastern Society of Columbia University, New York.
JAOS	The Journal of the American Oriental Society, Baltimore.
JBL	Journal of Biblical Literature, Philadelphia, Penn.
JBR	Journal of Bible and Religion, Chicago.
JCS	Journal of Cuneiform Studies, New Haven, Conn.
JEOL	Jaarbericht Ex Oriente Lux, Leiden.
JJS	The Journal of Jewish Studies, London.
JNES	Journal of Near Eastern Studies, Chicago.
JNSL	Journal of Northwest Semitic Languages, Leiden.
JPOS	Journal of the Palestine Oriental Society, Jerusalem.
JQR	The Jewish Quarterly Review, Philadelphia, Penn.
JRAS	Journal of the Royal Asiatic Society of Great Britain and Ireland, London.
JSS	Journal of Semitic Studies, Manchester.
JTS	The Journal of Theological Studies, Oxford.

KAI	H. Donner - W. Röllig, Kanaanäische und Aramäische Inschriften, Wiesbaden 1966-1969².
KAT	Kommentar zum Alten Testament, Gütersloh 1962ff.
KBL	L. Koehler - W. Baumgartner, Lexicon in Veteris Testamenti Libros, Leiden 1953.
KBL³	L. Koehler - W. Baumgartner, Hebräisches und Aramäisches Lexikon zum AT, Leiden 1967ff.
KHC	Kurzer Hand-Commentar zum AT, Tübingen.
KuD	Kerygma und Dogma, Göttingen.
LD	Lectio Divina, Paris.
Lesh	לשוננו, Jerusalem.
LUA	Lunds Universitets Arsskrift, Lund.
MAPS	Memoirs of the American Philosophical Society, Philadelphia.
Mel	מלילה, Jerusalem.
MGWJ	Monatsschrift für Geschichte und Wissenschaft des Judentums, Breslau.
MIO	Mitteilungen des Instituts für Orientforschung, Berlin.
MRS	Mission de Ras Shamra, Paris.
NeTT	Nederlands Theologisch Tijdschrift, Groningen.
NKZ	Neue Kirchliche Zeitschrift, Leipzig.
NoTT	Norsk Teologisk Tidsskrift, Oslo.
NTS	Nieuwe Theologische Studien, Wageningen.
NTSt	New Testament Studies.
NTT	Nieuw Theologisch Tijdschrift, Haarlem.
OBL	Orientalia et Biblica Lovaniensia, Leuven.
OLP	Orientalia Lovaniensia Periodica, Leuven.
OLZ	Orientalistische Literaturzeitung, Berlin.
Or	Orientalia, Roma.
OrAnt	Oriens Antiquus, Roma.
OrSuec	Orientalia Suecana, Uppsala.
OTS	Oudtestamentische Studien, Leiden.
OTSWA	Oud Testamenties Werkgenootskap van Suid-Afrika, Potchefstroom.
PEQ	The Palestine Exploration Quarterly, London.
POS	Pretoria Oriental Series, Pretoria.
POT	Princeton Oriental Texts, Princeton.
PrJ	Preußische Jahrbücher.
Prot	Protestantesimo, Roma.
PRU	Cl.F.A. Schaeffer, Le Palais Royal d'Ugarit, Paris 1959ff.

RA	Revue d'Assyriologie et d'Archéologie Orientale, Paris.
RB	Revue Biblique, Paris.
RÉJ	Revue des Études Juives, Paris.
Rel	Religions, London.
RÉS	Revue des Études Sémitiques, Paris.
RestQ	Restoration Quarterly, Abilene, Texas.
RExp	Review and Expositer, Louisville, Ky.
RGG^3	Die Religion in Geschichte und Gegenwart, Tübingen 1957-1965^3.
RHPhR	Revue d'Histoire et de Philosophie Religieuses, Strassbourg/Paris.
RHR	Revue de l'Histoire des Religions, Paris.
RivBib	Rivista Biblica, Roma.
RPOA	Les Religions du Proche-Orient Asiatique, 1970.
RQ	Revue de Qumran, Paris.
RScPhTh	Revue des Sciences Philosophiques et Théologiques, Paris.
RSF	Rivista di Studi Fenici, Roma.
RSém	Revue Sémitique, Paris.
RSO	Rivista degli Studi Orientali, Roma.
RSP	L.R. Fisher, The Ras Shamra Parallels, AnOr, Bd 49, 1972.
RThPh	Revue de Théologie et Philosophie, Lausanne.
SBS	Stuttgarter Bibelstudien, Stuttgart.
SBTh	Studia Biblica et Theologica. Fuller Theological Seminary, Pasadena, Cal.
SEA	Svensk Exegetisk Arsbok, Lund.
Sem	Semitica, Paris.
Semit	Semitics, Pretoria.
SJAOS	Supplement to the Journal of the American Oriental Society, Baltimore.
SJTh	Southwestern Journal of Theology, Hill, Texas.
SMSR	Studi e Materiali di Storia delle Religioni, Roma.
SPIB	Scripta Pontificii Instituti Biblici, Roma.
StANT	Studien zum Alten und Neuen Testament, München.
StBTh	Studies in Biblical Theology, London.
SThZ	Schweizerische Theologische Zeitschrift, Basel.
StSem	Studi Semitici, Roma.

StTh	Studia Theologica, Oslo.
SVT	Supplements to Vetus Testamentum, Leiden.
Tarb	Tarbiz, Jerusalem.
TGUOS	Transactions. Glasgow University Oriental Society, Hertford/Leiden.
ThBl	Theologische Blätter, Leipzig.
ThBü	Theologische Bücherei, München.
ThHAT	Theologisches Handwörterbuch zum AT, hrsg. von E. Jenni und C. Westermann, München/Zürich 1971.
ThLZ	Theologische Literaturzeitung, Leipzig/Berlin.
ThQ	Theologische Quartalschrift, Tübingen.
ThR	Theologische Rundschau, Tübingen.
ThSt	Theologische Studien, Zürich.
ThStKr	Theologische Studien und Kritiken, Gotha/Berlin.
ThT	Theologisch Tijdschrift, Leiden.
ThWAT	Theologisches Wörterbuch zum AT, hrsg. von G.J. Botterweck und H. Ringgren, Stuttgart 1970ff.
ThWNT	Theologisches Wörterbuch zum NT, hrsg. von G. Friedrich, Stuttgart 1933-1973.
ThZ	Theologische Zeitschrift, Basel.
TLond	Theology, London.
UF	Ugarit-Forschungen, Kevelaer/Neukirchen.
UUA	Uppsala Universitets Arsskrift, Uppsala.
VSp	La Vie Spirituelle, Paris.
VT	Vetus Testamentum, Leiden.
WdMyth.	Wörterbuch der Mythologie, hrsg. von H.W. Haussig, Bd 1, 1965.
WdO	Welt des Orients, Göttingen.
WMANT	Wissenschaftliche Monographien zum Alten und Neuen Testament, Neukirchen.
WuD	Wort und Dienst, Bethel.
WZKM	Wiener Zeitschrift für die Kunde des Morgenlandes, Wien.
WZUG	Wissenschaftliche Zeitschrift der Ernst Moritz Arndt-Universität Greifswald, Greifswald.
ZA	Zeitschrift für Assyriologie, Berlin.
ZÄS	Zeitschrift für Ägyptische Sprache und Altertumskunde, Leipzig/Berlin.

ZAW	Zeitschrift für die Alttestamentliche Wissenschaft, Berlin.
ZDMG	Zeitschrift der Deutschen Morgenländischen Gesellschaft, Wiesbaden.
ZDPV	Zeitschrift des Deutschen Palästina-Vereins, Wiesbaden.
ZEEthik	Zeitschrift für Evangelische Ethik, Würzburg.
ZKTh	Zeitschrift für Katholische Theologie, Innsbruck.
ZMR	Zeitschrift für Missionskunde und Religionswissenschaft, Berlin-Steglitz.
ZRGG	Zeitschrift für Religions- und Geistesgeschichte, Köln/Leiden.
ZThK	Zeitschrift für Theologie und Kirche, Tübingen.
ZWTh	Zeitschrift für Wissenschaftliche Theologie, Leipzig.

Die Abkürzungen der biblischen Bücher erfolgen nach dem Ökumenischen Verzeichnis der biblischen Eigennamen (Loccumer Richtlinien, Stuttgart 1971).

Sonstige Abkürzungen

'A	Aquila
AT	Altes Testament
E	Elohist
J	Jahwist
LXX	Septuaginta
LXX^B	B-Codices der LXX
MT	Masoretentext
NT	Neues Testament
P	Priesterschrift
Pesh	Peshitta
Vg	Vulgata
s.v.	sub voce
Targ	Targum
θ	Theodotion
Σ	Symmachus

Die Transkription der ugaritischen Texte erfolgt nach der Schreibweise und Edition von A. Herdner, CTA.

A n m e r k u n g e n   Z u r   E i n f ü h r u n g

1. Vgl. J.L.Mays,9; W.R.Harper, CXLIII-CXLV; G. von Rad, Theologie, II,148; H.W.Wolff, 16.41.54.

2. Zum Teil spielen im Verständnis und in der Darstellung der kanaanäischen Religion auch Berichte aus späterer Zeit eine unberechtigt wichtige Rolle. Siehe z.B. bei H.W.Wolff, 14.108. Nach der Entdeckung und Auswertung der Ugarit-Texte ist es unzulässig, Kultgebräuche (z.B. das Bestehen eines Initiationsritus) und religiöse Vorstellungen in Kanaan zu postulieren, die erst in den Berichten von Herodot (I 199) - die übrigens vom Kultleben in Babylon (!) sprechen - und Lukian (Byblos) ausführlicher dargestellt werden. Ähnlich untermauert auch G.von Rad, Theologie, I,35, seine Ausführungen, indem er mit einem allgemeinen Hinweis auf M. Buber, Königtum Gottes, seine Schilderung der Fruchtbarkeitskulte vorträgt. Zusätzlich führt G.von Rad dann zwar noch einige Bibelstellen an, die allerdings nicht kritisch nach ihrem polemischen Charakter hinterfragt werden. Zu Recht hat vor allem W. Rudolph, 42f., gegen dieses methodisch unzulässige Verfahren protestiert.

Zu den method. Vorbemerkungen

1. Eine Sammlung dieser Inschriften bieten M. Lidzbarski, Handbuch der nordsemitischen Epigraphik, 1898; G.A. Cooke, A Textbook of North-Semitic Inscriptions, 1903; H.Donner-W.Röllig, Kanaanäische und Aramäische Inschriften, 3 Bde (Abk.: KAI), 1966-1969².

2. Vgl. KAI,1: Die Inschriften stammen aus dem eigentlichen Mutterland (d.h. der syrisch-palästinensischen Küste), aus Syrien und Kleinasien, den Mittelmeerinseln, aus Ägypten und Afrika.
Die punischen und neupunischen Inschriften zeugen von der großen Ausbreitung, die diese Sprache im Mittelmeerraum nehmen konnte. Die Texte stammen generell aus der Zeit zwischen dem 11. Jhdt v.Chr. und dem 1. Jhdt n.Chr.

3. In einer unmittelbar räumlichen Nachbarschaft zum AT stehen die aramäischen Inschriften, die moabitische Mêša'-Inschrift aus Diban und die hebräischen Inschriften (Gezer-Kalender, Siloah-Kanal, Lachisch-Ostraka, ein Ostrakon aus Yavneh-Yam und verschiedene Stempelsiegel und Eigentumsvermerke auf Krughenkeln und Krugverschlüssen). Vgl. dazu aber KAI,1: Die Texte sind vorherrschend Bau- und Weihinschriften, in denen nur ganz selten historisch oder kulturgeschichtlich wichtige Andeutungen gemacht werden.

4. Damit wird nicht ausgeschlossen, daß diese Vorstellungen einen Einfluß auf das Gebiet von Kanaan ausgeübt hätten. Die wechselseitige Beeinflussung kann allein schon aufgrund der vielen politischen Machtverschiebungen in diesem Gebiet als gesichert gelten. Außerdem wird man wohl annehmen müssen, daß in Ugarit vieles aus den Nachbarkulturen (Ägypten, Babylonien, Ḫatti, Mitanni, die Ägäische Welt) assimiliert und zu einer neuen, selbständigen Kultur verschmolzen wurde. Es ist daher methodisch richtiger, mit Hilfe der kanaanäischen Textfunde der Frage nachzugehen, wie ägyptische bzw. mesopotamische Einflüsse rezipiert wurden. Mit dieser vom gesamten Alten Orient beeinflußten Mischkultur kam Israel in Berührung.

5. Die Ausgrabungsberichte erschienen in der Reihe MRS (Mission de Ras Shamra, Paris), nachdem sie zunächst in der Zeitschrift Syria von Band 10(1929) an veröffentlicht worden waren. Zu dieser Reihe MRS gehören auch die Bände der Sammlung PRU (Le Palais Royal d'Ugarit) und "Ugaritica".
Neben der Edition der Texte enthalten diese Werke auch Übersetzungen und Kommentare sowie ausführliche archäologische Studien.

6. Daß weitverzweigte Beziehungen bestanden, ist von der Lage der Stadt her - zwischen Ägäis und dem asiatischen Festland - verständlich. Zahlreiche Schriftstücke aus Ugarit (besonders Briefe) weisen auf Verbindungen mit Ägypten, dem benachbarten mesopotamischen Raum und dem hethitischen Reich.

7. Siehe dazu CTA 85 (UT: 80) und M. Noth, Die syrisch-palästinensische Bevölkerung des zweiten Jahrtausends v. Chr. im Lichte neuer Quellen, in: ZDPV 65(1942)9-67; R.de Langhe, Textes, II, 338f.

8. M. Noth, Ebd., 59f.

9. Vgl. das Brieffragment (des Königs von Ugarit?) in akkadischer Sprache an den Pharao (RS 20.182B 5f.) in: Ugaritica V, Nr 36. Es betrifft eine Regelung zwischen den Bewohnern von Ugarit (mâ-rû^M mat ú-ga-ri-it) und "Kanaan" (mâri^M mat ki-na-ḫi).

10. Auf gute Fremdsprachenkenntnisse der Ugariter weisen die ägyptischen, sumerisch-akkadischen, hethitischen und zyprischen Texte aus Ugarit. Siehe dazu R. de Langhe, Textes, I, 88-94.

11. Die Briefe wurden zusammengefaßt in CTA 50-63 (S. 139-152). Siehe weiter PRU V und Ugaritica V.

12. Die meisten Rechtstexte sind in akkadischer Sprache verfaßt. Von einem "diplomatischen" Text (CTA 64) liegt eine ugaritische Übersetzung vor; es handelt sich um einen Vertrag zwischen dem hethitischen König Šuppiluliuma und Nqmd II, König von Ugarit. Der Text liegt zugleich in verschiedenen akkadischen Versionen vor.
Vgl. Ch. Virolleaud, Lettres et Documents administratifs de Ras Shamra, IV, in: Syria 21(1940)260-266,

und J. Nougayrol, in: PRU IV, 40ff.

13. In CTA 65-159 als "Textes économiques" aufgeführt. Auch CTA 186-219 enthält einige Texte, die als Hilfe für die Verwaltung geschrieben wurden.

14. CTA 160 und 161.

15. CTA 162-165 enthält akkadische Texte in der ugaritischen alphabetischen Schrift, CTA 166-185 hurritische Texte. Für die akkadischen und hurritischen Schriftdokumente vgl. die Veröffentlichungen von J. Nougayrol, in: PRU III(1955); IV(1956).

16. Siehe PRU II(1957); V(1965); Ugaritica V(1968).

17. Von den wichtigsten Arbeiten, die sich auf die Gottheit Ba'al konzentrieren, seien folgende besonders erwähnt: A.S. Kapelrud, Baal in the Ras Shamra Texts, 1951; N.C. Habel, Yahweh versus Baal. A Conflict of Religious Cultures, 1964; K.L. Vine, The Establishment of Baal at Ugarit, 1965; J.C. de Moor, The Seasonal Pattern in the Ugaritic Myth of Ba'lu, 1971; P.J.van Zijl, Baal. A Study of Texts in Connexion with Baal in the Ugaritic Epics, 1972. Die ungedruckte Dissertation von H.S. Haddad, Baal-Hadad. A Study of the Syrian Storm-God, 1960, war mir leider nicht zugänglich.

18. Das Ugaritische macht nur bei der glottalen Pausa einen Unterschied zwischen 'a, 'i und 'u. C.H. Gordon, UT, 18, vermutet, daß die Schriftzeichen für 'i und 'u erfunden werden mußten, um die nicht-semitischen (besonders hurritischen) Silben wiederzugeben, die mit einem reinen Vokal anfangen konnten.
Diese Vokale gab es aber auch im Akkadischen.
Zur glottalen Pausa vgl. J. Sanmartin Ascaso, Notizen, in: UF 3(1971)175.

19. Sehr oft diente das Arabische als Fundgrube für Wurzelvergleiche. J. Gray, LC, 5 (besonders Anm. 1), setzt voraus, daß das Arabische bei seiner Verbreitung durch den Moslem-Glauben viele Wörter aus älteren Sprachen aufgenommen und diese dann in lokalen Dialekten beibehalten hat. Das Arabische

sollte aber nur zusätzlich, nach Ausschöpfung der zeitlich und räumlich näher stehenden Sprachen, als Vergleichsmöglichkeit herangezogen werden. Sowohl durch seine heutige weite Verbreitung auf der Welt wie besonders auch durch seine jahrhundertlange Entwicklung, eignet sich das Arabische nur als zusätzliche Hilfe.

20. Auf die Gefahren der Anwendung dieser Methode für die Auslegung des AT hat in neuester Zeit vor allem J. Barr, The Semantics of Biblical Language (Deutsch: Bibelexegese und moderne Semantik, 104ff.) 107ff., hingewiesen, wobei er den Begriff "Wurzelwahn" erfand. Aus den drei Grundkonsonanten einer semitischen Wurzel soll man keine "Grundbedeutung" herausdestillieren und diese dann im luftleeren Raum existieren lassen. Die Derivate der Wurzeln würden dann eine abgewandelte Form dieser Grundbedeutung aufweisen. Jedes Wort muß aber grundsätzlich von seinem Kontext her gesehen werden und bekommt erst von daher seinen spezifischen Sinn. Vgl. dazu J.C. de Moor, Seasonal Pattern, 44.

21. Vgl. G. Bergsträsser, Einführung in die semitischen Sprachen, 6.

22. Wörterbuch der ugaritischen Sprache, 1963 (zitiert wird nach den Wurzelnummern).

23. Zuletzt in Ugaritic Textbook, 1965; das "Glossary" befindet sich auf den S. 347-507 (zitiert wird nach den Wurzelnummern).

24. Besonders Ugaritic-Hebrew Philology, 1965. Siehe weiter seine vielen Beiträge, die meistens in Biblica (u.a. dort sein "Hebrew-Ugaritic-Lexicography", ab 1963) erschienen.

25. Zur ugaritischen Lexikographie, ab 1966 (in: BiOr, später in den UF).

26. Als größere grammatikalische Beiträge sind zu erwähnen: E. Hammershaimb, Das Verbum im Dialekt von Ras Schamra, 1941; M. Held, Studies in Ugaritic Lexicography and Poetry Style, 1957; C.H. Gordon, Ugaritic Textbook, 1965, 1-158; K. Aartun, Die Partikeln des Ugaritischen, Bd 1, 1974.

27. Für die Datierung vgl. J.C. de Moor, Seasonal Pattern, 47.

28. Die Frage nach dem genauen Zeitpunkt und nach dem Vorgang der Landnahme ist immer noch umstritten. Nach dem Buche Josua hätte Israel mit einer einzigen geschlossenen Operation die Besitzergreifung des Landes vollzogen. Als sicher kann gelten, daß nicht das ganze "Israel" tatsächlich in Ägypten gewesen ist, so daß auch die Landnahme viel differenzierter zu betrachten ist. Die Frage nach dem Vorgang der Landnahme hängt eng zusammen mit der historischen Einordnung der alttestamentlichen "Patriarchen". Eben über dieses Zeitalter der Patriarchen hat die Fachwelt noch keine Einigkeit erzielt. Vgl. dazu die Thesen von R. de Vaux, Histoire, 194-201, mit S. Herrmann, Geschichte, 76-81. Grundlegende Arbeit für diese Materie lieferte der kritische Überblick und die sorgfältige Wertung der verschiedenen Positionen bei M. Weippert, Die Landnahme der israelitischen Stämme in der neueren wissenschaftlichen Diskussion, 1967. Man kann sich das zeitliche Ineinanderhaken von Ugarit und dem Staat Israel so vorstellen, daß Israel sich gerade in der Zeit als Staat bilden konnte, in der die Seevölker das alte Ugarit zerstörten und verschiedene Orte der palästinisch-syrischen Küste eroberten. In der gleichen Zeit ging auch das Großreich der Hethiter zugrunde. In dem aus dem AT bekannten Volk der "Philister" muß man eine Teilgruppe dieser "Seevölker" sehen; auch für Israel wurde dieses Volk bald zu einem gefährlichen Gegner. Zur breiteren historischen Situierung siehe A. Jirku, Geschichte Palästina-Syriens, 133f.

29. Es ist nicht klar, inwieweit die Seevölker – und speziell die Philister (die illyrischer Herkunft waren) – die Kultur des Landes befruchtet haben. Gesichert scheint, daß sie das Eisen nach Palästina brachten und eine charakteristische Keramik aufweisen. Vgl. dazu A. Jirku, Geschichte Palästina-Syriens, 134f.

30. Zur Datierung vgl. M. Liverani, Storia di Ugarit, 134f.

31. Das wurde für verschiedene Opfertermini, wie auch für den gesamten Bereich der Kultpraxis nachgewiesen. Siehe dazu ausführlich in Kap. II, § 2.

32. Vgl. W.H. Schmidt, Königtum Gottes, 1966. Er stellt Jahwes Königsprädikation als "Erbe Kanaans" dar. Vgl. noch N.J. Tromp, Primitive Conceptions of Death and the Nether World in the OT, 1969, für die Vorstellungen über Tod und Unterwelt.

33. Vgl. W.F. Albright, Yahweh and the Gods of Canaan, 1968, 126-131, für andere phönizische Pantheonvorstellungen.

34. Kult und Mythos sind eng miteinander verbunden. Vgl. J. Hempel, Glaube, Mythos und Geschichte im AT, in: ZAW 65(1953)109ff.; H. Cancik, Art. Mythus, in: HBL^2, 1195-1204.

35. Vgl. U. Oldenburg, CEB. Er beschäftigt sich ausführlich mit dem Rollenwechsel, der sich, seiner Ansicht nach, um 2000 v.Chr. in Ugarit abgespielt haben soll. El scheint den Platz für Ba'al geräumt zu haben. Dies geschah, nach Oldenburg, durch die Konfrontation der Ugariter mit dem amoritischen Pantheon (Hadad, ʿAnat und Dagan). El hätte seine Hauptstellung nur noch in der kanaanäischen Region und zu dieser Zeit beibehalten, in der die hebräischen Patriarchen zu lokalisieren sind. Siehe dazu die Kritik von M.J. Mulder, in: UF 2(1970)359-366!
Für das Pantheon in Ugarit vgl. den Versuch von J.C. de Moor, The Semantic Pantheon in Ugarit, in: UF 2 (1970)187-228, eine gewisse Ordnung in die Vielfalt der Götterwelt zu bringen. Ein Kern der ugaritischen Götter scheint ständig verehrt gewesen zu sein, während in den letzten Jahrhunderten vor der Vernichtung Ugarits dazu noch viele andere Gottheiten in das Pantheon aufgenommen wurden. Vgl. weiter J.C. de Moor, Art. בעל, in: ThWAT, I, 706-718 (besonders 711ff.). Siehe weiter die Ausführungen in Kap. II, § 1.

36. Für den im Nordreich auftretenden Propheten Hosea war die räumliche Entfernung etwas geringer und besonders nach der Reichstrennung muß man mit einem größeren Assimilierungsprozeß an das kanaanäische Gedankengut rechnen (Distanzierungsversuche gegenüber dem Südreich bzw. Eheschließungen mit ausländischen Königshäusern).

37. Es fällt auf, daß den größeren mythologischen und epischen Texten eine sehr beschränkte Zahl von Göttern bekannt bzw. wichtig ist. Die kleineren

"religiösen" Texte erwähnen eine weitaus größere Zahl und zeigen eine teilweise andere Strukturierung und Reihenfolge der Götter im Pantheon auf. Vgl. J.C. de Moor, Semitic Pantheon, in: UF 2(1970) 187-228. So fehlt in den Ba'al-Mythen der Gott Dgn als selbständige Gottheit, obwohl er sehr wahrscheinlich eine ziemlich wichtige Rolle im religiösen Leben von Ugarit gespielt hat. In Ugarit wurde ein Dgn-Tempel, bis jetzt aber noch kein 'Il-Tempel, ausgegraben.

38. Eine Übersicht der Literatur von 1928 bis 1966 bietet nun die "Ugarit-Bibliographie 1928-1966", AOAT 20(1-3), herausgegeben von M. Dietrich - O. Loretz u.a. In einem vierten Band (1973) erschienen die Indizes zu dieser Bibliographie.

39. M. Dietrich - O. Loretz, Konkordanz der ugaritischen Textzählungen, AOAT, Bd 19. Hier werden die Ugarit-Texte nach allen bisher verwendeten Zählungen aufgeschlüsselt.

40. Die bestehenden Numerierungssysteme werden teilweise noch konsequent weitergeführt; vgl. z.B. das Eissfeldtsche System, das neuerdings von W. Herrmann für die seit 1968 herausgegebenen Texte weiter verwendet wurde. Siehe dazu W. Herrmann, Weitere keilalphabetische Texte aus Ras Schamra, in: UF 6(1974)69-73.

41. Corpus des Tablettes en Cunéiformes Alphabétiques Découvertes à Ras Shamra-Ugarit de 1929 à 1939, MRS 10, 2 Bde, 1963 (Abk.: CTA).

42. B. Reicke, Art. Mythos, in: BHH, II, 1266f.

43. "Mythos" und "ritueller Text" schließen sich keineswegs aus. Eine klar abgegrenzte Terminologie erweist sich hier aber als besonders dringlich. S.H. Hooke, Myth and Ritual, 78f., bezeichnet die großen Ba'al-Texte aus Ugarit als "myth", aber auch als "clearly ritual texts". Weil er Mythos allgemein als den gesprochenen Teil eines Rituals auffaßt, liegt in seiner undifferenzierten Terminologie kein Widerspruch. Vgl. noch J. Pedersen, Canaanite and Israelite Cultus, in: AcOr 18(1940)1-14.
Sicher stehen Mythos und Ritual im Alten Orient in einem sehr engen Zusammenhang, aber man kann nicht jeden mythologischen Text als begleitenden Text ei-

nes Rituals auffassen. Das kann erst nach einer genauen Analyse des Textes erfolgen und soll keine Voraussetzung dieser Analyse sein. So unterscheidet J. Gray, LC, 20, mit Recht zwei verschiedene Bedeutungen des Wortes Mythos: 1. "Myth is a fictitious narrative involving supernatural persons and embodying popular ideas on natural phenomena; 2. the spoken counterpart of ritual actions". Vgl. dazu noch O. Eissfeldt, Mythus und Sage, in: KlSchr., II, 489-501.

44. H. Cancik, Art. Mythus, in: HBL[2], 1195f.

Zu Kap. I

1. Vgl. J.C. de Moor, Seasonal Pattern, 1. Sicher scheint er der Schreiber von CTA 2-6 zu sein, sehr wahrscheinlich auch von CTA 1. Siehe dazu A. Herdner, CTA 1. Ilimilku's Name befindet sich auf einem Kolophon in CTA 4 VIII (spr 'ilmlk t̠'y nqmd mlk 'ugrt) und CTA 6 VI 53 (spr 'ilmlk šbny).

2. Vgl. J.C. de Moor, Seasonal Pattern, 36-43. Es stellt sich nämlich heraus, daß CTA 6 den Bericht von CTA 5 unmittelbar fortsetzt. Sehr wahrscheinlich folgt auch CTA 5 auf CTA 4, obwohl die kleine Lücke zwischen 5 und 4 keine absolut sichere Schlußfolgerung zuläßt.

3. Die inhaltlichen Argumente, die J.C. de Moor, Seasonal Pattern, 40ff., vorbringt, überzeugen nicht in allen Punkten. De Moor will aber CTA 6 als endlosen Kreis wieder an CTA 3 anschließen lassen, so daß das Ganze den Zyklus der Jahreszeiten wiedergibt. Gerade die strenge Durchführung dieses Prinzips und die daraus folgende weitgehende Allegorisierung der Erzählelemente decken einige schwache Punkte seiner Hypothese auf.

4. Andere Reihenfolgen wurden vorgeschlagen von H.L. Ginsberg, ANET, 129ff. (CTA 1.2.4.3.5.6); U. Cassuto, Anath, 67ff. (CTA 1.3.4.2.5.6); J. Aistleitner, MKT, 11f. (CTA 2.5.1?.6.3.4); Th.H. Gaster, Thespis, 110f. (CTA 2.4.5.6 und die dazu gehörende "subsidiary texts" CTA 3 und 12); W.H. Schmidt, Königtum Gottes, 10 (CTA 2-6.10).

5. Es ist kaum anzunehmen, daß CTA 1-6 ein abgeschlossener Zyklus ist, der erst von Ilimilku in dieser Form und Reihenfolge entworfen wurde. Wahrscheinlich ist er nur ein Glied in der langen Kette von Schreibern, die sich mit der schriftlichen Fixierung der mythologischen Geschichten über Ba'al beschäftigt haben. Darauf weisen z.B. auch die anderen Ba'al-Fragmente, die sich nur z.T. oder gar nicht mit dem Inhalt von CTA 1-6 decken. Vgl. dazu J.C. de Moor, Seasonal Pattern, 47. Die zeitliche Einordnung des <u>mythologischen Stoffes</u> ist noch schwieriger vorzunehmen. Archaischer Stil und inhaltliche Argumente sind mit Vorsicht zu prüfen. Von vielen wurde in diesem Zusammenhang auf die Unterschiede in der Pantheonzusammenstellung hingewiesen. Der Ba'al-Zyklus weist tatsächlich ein anderes Bild auf als z.B. die Opfertexte oder die Götternamenlisten. Daß aber in CTA

1-6 nicht alle sonst belegten Götter erscheinen, liegt am Inhalt der Geschichte. In jedem Fall sind die wichtigsten Götter genannt. Weitere Argumente für eine frühere Ansetzung des mythologischen Stoffes sind die Beschreibungen des Tempelbaus, das Fehlen einer Erwähnung von Pferden und Wagen (im Gegensatz zum Krt-Epos und den "hippiatrischen" Texte). Vgl. dazu aber J.C. de Moor, Seasonal Pattern, 48ff., der auch noch auf den breiten geographischen Horizont und den ausgesprochen sedentären Charakter der Bevölkerung in den Texten hinweist. W.F. Albright, Yahweh, 4 Anm.9, setzt die Kompositionszeit des Ba'al-Zyklus in der letzten Hälfte der mittleren Bronzezeit (1900 v.Chr.) an.

6. Siehe dazu die Argumentation von J.C. de Moor, Seasonal Pattern, 47.

7. Vgl. J.C. de Moor, Seasonal Pattern, 53, aufgrund einiger geographischen Termini (besonders spn); auch der starke Antagonismus zwischen Ba'al und Ym sowie die häufige Erwähnung des Weines würden in diese Richtung weisen.

8. Zu mṭr vgl. J. Aistleitner, WUS, Nr 1555 (Regen); C.H. Gordon, UT, Nr 1466 (rain). Zum hebr. מָטָר vgl. R.B.Y. Scott, Meteorological Phenomena, in: ZAW 64(1952)23.

9. Vir.: II AB V; UT: 51. Für den Text vgl. CTA, 26; C.H. Gordon, UT, S. 171. Es liegt eine ziemlich geschlossene Darstellung und ein relativ gut erhaltener Text vor. Kol. V ist aus verschiedenen Tafelfragmenten zusammengesetzt. Der Anfang schließt sich nahezu lückenlos an das Ende von Kol. IV an, so daß die Numerierung der Zeilen von der IV. in die V. Kol. durchläuft.

10. Vgl. im Gegensatz dazu 'Anats Forderungen an 'Il, dem Bau eines Palastes für Ba'al zuzustimmen (CTA 3 E). Obwohl die stereotypen Wendungen wiederkehren (vgl. die ehrenden Begrüßungsworte in CTA 3 E 39ff.), fügt 'Anat noch einige für 'Il wenig schmeichelhafte Worte hinzu (vgl. 3 E 29ff.). 'Il geht danach nur scheinbar auf 'Anats Forderungen ein; in CTA 2 I übergibt er Ba'al in die Hände des Ym.

11. Vir.: I* AB; UT: 67. Für den Text siehe CTA, 35;
    C.H. Gordon, UT, S.179. Kol. V enthält nur ca. 25
    Zeilen aus dem Mittelstück der Tafel. Wahrschein-
    lich fehlen oben ca. 25, unten nochmals ca. 11 Zei-
    len. Siehe dazu A. Herdner, CTA, 31.35.

12. Der Sprecher ist nicht eindeutig zu bestimmen. Es
    kommen entweder Mt - vgl. U. Cassuto, מוחו של בעל,
    in: Tarbiz 12(1940/41)175 -, Špš - so J.C. de Moor,
    Seasonal Pattern, 183f. -, oder ʿAnat - vgl. V. &
    I. Rosensohn Jacobs, Myth of Môt, in: HTR 38(1945)
    94f.; G.R. Driver, CML, 17 -, in Frage. Aufgrund von
    CTA 6 I 17f. handelt es sich aber sehr wahrschein-
    lich um ʿAnat.

13. Z. 5f.: ḫrt/ ʾilm. ʾarṣ. Die Wendung kommt nochmals
    in CTA 6 I 17; 19,112.126.141 vor. Zu ḫrt vgl. J.
    Aistleitner, WUS, Nr 1074 (Gruft, Grab); C.H. Gordon,
    UT, Nr 1006 (cemetery, grave); ders., Ugaritic ḫrt/
    hirîtu "**cemetery**", in: Syria 33(1956)102f. Siehe
    hebr. חר (KBL³, 334).

14. Vir.: II K; UT: 126 III. Für den Text siehe CTA, 74;
    C.H. Gordon, UT, S. 193. Die III. Kol. ist leider
    nur bruchstückhaft überliefert. Gerade vor diesem
    Text ist eine Lücke von ca. 30 Zeilen. Siehe dazu
    A. Herdner, CTA, 72.74.

15. ʿly, "der Allerhöchste", ist ein ungewöhnliches
    Epitheton für Baʿal. Damit scheint aber doch nicht
    mehr als eine allgemeine Bezeichnung für den erhabe-
    nen Charakter eines höheren Gottes gemeint zu sein
    und keineswegs der Name einer selbständigen Gott-
    heit. Vgl. dazu N.C. Habel, Yahweh versus Baal,
    65f., und P. van Zijl, Baal, 282-284; dagegen aber
    H.S. Nyberg, Studien, 57-60.89, und ders., Studien
    zum Religionskampf im AT, in: ARW 35(1938)329-345.

16. Vgl. zu dieser Lesart A. Herdner, CTA, 74 Anm. 14
    (nach CTA 5 VI 5). Dagegen lesen C. Virolleaud,
    C.H. Gordon, UT, 193, und H.Sauren-Kestemont, Keret,
    in: UF 3(1971)214, "mʾiyt".

17. Das Ausgießen des Öls ist Zeichen der Fruchtbarkeit.
    Vgl. CTA III 6-12. Siehe dazu J. Gray, Krt-Text,
    71 (Ritus der sympathetischen Magie).

18. Sicher gilt die Krankheit des Krt als nächstliegen-

de Ursache des hereingebrochenen Unheils. Die Stellung des Textes scheint aber die tieferen Gründe des Geschehens aufdecken zu wollen, indem sie die Dürreperiode und die Hungersnot mit dem Schicksal des Baʽal in Verbindung bringt.

19. Vgl. CTA 5,6-11, wo Baʽal bei seinem Abstieg in die Unterwelt alle seine Insignien (ohne die es keine Fruchtbarkeit auf Erden geben kann) von der Erde abzieht, um sie in die Unterwelt mitzunehmen.

20. Vir.: I AB; UT: 49 III. Zum Text siehe CTA, 40; C.H. Gordon, UT, S. 168. Von Kol. III fehlen etwa zwei Drittel des oberen Textes (ca. 40 Zeilen). Siehe dazu A. Herdner, CTA, 37.

21. Obwohl die Etymologie von drt nicht geklärt ist, weist das Parallelwort ḥlm auf die Bedeutung "Traum". Vgl. dazu J. Aistleitner, WUS, Nr 2722 (wirres Träumen, Vision); C.H. Gordon, UT, Nr 735 (dream, vision); J.C. de Moor, Seasonal Pattern, 217. Ein Versuch zur etymologischen Bestimmung von drt findet sich bei J. Gray, LC, 70.

22. Das Verbum kḥy steht parallel neben kʼiṯ. ʼiṯ kann hier nur "existieren, leben" bedeuten, nicht "da sein", denn ʽAnat und Špš müssen Baʽal noch suchen. Vgl. C.H. Gordon, UT, Nr 418 (exist); J.C. de Moor, in: JNES 24(1965)357; P. van Zijl, Baal, 204f. Anders W.F. Albright, in: BASOR 94(1944)31, aufgrund von CTA 14,201. Nach J. Gray, LC, 70, liegt in den Z. 2f.8f. wahrscheinlich ein Kultruf vor. Der Text ist dann aber nicht konditional zu übersetzen. Siehe dagegen J.C. de Moor, Seasonal Pattern, 216.

23. Für das Verbum mṭr vgl. noch CTA 19,41. Siehe dazu J. Aistleitner, WUS, Nr 1555 (regnen lassen); C.H. Gordon, UT, Nr 1466 (to rain).

24. Für nḥl vgl. J. Aistleitner, WUS, Nr 1773 (Bach, Bachtal); C.H. Gordon, UT, Nr 1636 (nḥlm: wadies). Vgl. hebr. נַחַל.

25. Für nbt vgl. CTA 14,72.165 (parallel zu ym); 4 I 32; 142,2.8.15; 149,5. Zur Bedeutung vgl. J. Aistleitner, WUS, Nr 1733 (Honig); C.H. Gordon, UT, Nr 1602 (honey); vgl. hebr. נֹפֶת.

26. Das hat nichts mit Befreiung von Angst zu tun, wie G.R. Driver, CML, 18, die Stelle interpretiert. 'Il hat hier nichts zu befürchten. Daß Baʻal lebt, verschafft ihm wieder Ruhe (vgl. III 18f.); Baʻal nimmt ihm die Sorgen der Herrschaft und die Verantwortung über den Verlauf des Naturgeschehens ab und kümmert sich so wieder selbst um das Wohl der Menschen im Lande.

27. Der Gedanke eines unermeßlichen Überflusses bei der Wiederkehr bzw. Epiphanie einer Gottheit ist im Alten Orient - auch im AT - weit verbreitet. Für biblische Belege, die z.T. sogar terminologisch an diesen Text erinnern vgl. RSP I 6.

28. Vir.: I D; UT: 1 Aqht. Für den Text vgl. CTA, 87; C.H. Gordon, UT, S. 245. Die Tafel ist aus drei Fragmenten zusammengesetzt und bietet einen relativ gut erhaltenen Text.

29. Vir.: V AB; UT: ʻnt. Für den Text siehe CTA, 16; C.H. Gordon, UT, S. 253. CTA 3 B umfaßt die zweite Hälfte von Kol. II.

30. Vgl. noch CTA 19 I 44f. Siehe RSP II 205. Zu rbb vgl. J. Aistleitner, WUS, Nr 2480 (Sprühregen); C.H. Gordon, UT, Nr 2298 (rain); J.C. de Moor, Seasonal Pattern, 89.99; ders., in: BiOr 31(1974)14 (mist, drizzle). Zum hebr. רביבים vgl. R.B.Y. Scott, Meteorological Phenomena, in: ZAW 64(1952)23.

31. Zu ʼar als eine Art Tau vgl. J.C. de Moor, Seasonal Pattern, 82f.; ders., in: BiOr 31(1974)9. Dagegen RSP II 60 (light), nach J. Aistleitner, WUS, Nr 368 (Licht).

32. Zu yr vgl. J. Aistleitner, WUS, Nr 1233 (Regentropfen, Regen); M. Dietrich-O. Loretz, in: UF 5(1973) 274. Vgl. hebr. יוֹרֶה.

33. Zum Verbum ṭll vgl. J. Aistleitner, WUS, Nr 1118 (Tau träufeln); C.H. Gordon, UT, Nr 1037 (to fall of dew); M. Dahood, UHP, Nr 1037.

34. So sind die "7-8 Jahre" zu verstehen. Vgl. J. Gray, LC, 59 Anm.3; P. van Zijl, Baal, 276.

35. Zu thmt vgl. J. Aistleitner, WUS, Nr 2749 (Ozean, Meeresgott); C.H. Gordon, UT, Nr 2537 (the Deep). Vgl. hebr. תְּהוֹם. Zu šrʻ vgl. Anm. 44 unten.

36. Zu ṭbn vgl. J. Aistleitner, WUS, Nr 1110 (Wohlklang). Besser aber ist es, mit "Köstlichkeit, Güte" zu übersetzen; vgl. dazu hebr. טוב . Siehe weiter C.H. Gordon, UT, Nr 1028 (goodness). Das Substantiv wird hier in einer st.cs.-V_(e)rbindung zu ql gebraucht. J. Gray, LC, 118, übersetzt nach dem arab. (drumroll).

37. Von der Stichometrie her gehört yṣly zur vorausgehenden Zeile. Das Gebet fängt also mit der direkten Anrufung der Wolken an. Siehe dazu M. Dietrich- O. Loretz, in: UF 5(1973)273f. Für die Bedeutung "beten" vgl. U. Cassuto, Daniel, in: Or 8(1939)239; J. Aistleitner, WUS, Nr 2317; J. Gray, LC, 117; G.R. Driver, CML, 59; Th.H. Gaster, Thespis, 358. Dagegen nehmen C.H. Gordon, UL, 94f.; H.L. Ginsberg, ANET, 150, und M. Dahood, in: Bib 51(1970)401f., die Bedeutung "verfluchen" an. J.C.de Moor, in: UF 6(1974)495f., weist darauf hin, daß beide Bedeutungen nicht weit auseinander liegen. Er übersetzt: adjured.

38. Zu ṭl vgl. J. Aistleitner, WUS, Nr 1118 (Tau, feiner Regen); C.H. Gordon, UT, Nr 1037 (dew). Vgl. hebr. טַל .

39. Siehe zu Kap. I, § 2, 2.

40. Erstausgabe: C. Virolleaud, in: Ugaritica V(1968) Nr 3 (S. 556-559) mit der Überschrift: "Baʿal assis sur la Montagne"; UT, 603.

41. Vgl. noch CTA 8,13; PRU V,1,1,5 (tglṯ thmt); RŠ 24. 245,7. Zur Bedeutung vgl. G.R. Driver, CML, 146; H.L. Ginsberg, ANET, 133; J.C.de Moor, Studies I, in: UF 1(1969)181f.; ders., Seasonal Pattern, 149; M.H. Pope/J.H. Tigay, Description, in: UF 3(1971)128f. Dagegen A.S. Kapelrud, Baal, 93 (wells); vgl. noch F. Løkkegaard, The House of Baal, in: AcOr 22(1955) 21 (rivulets; gemeint ist wahrscheinlich der strömende Regen); J. Aistleitner, WUS, Nr 657 (Eis); M. Dietrich-O. Loretz, in: BiOr 23(1966)129 (Wogen); E. Lipiński, Épiphanie, in: UF 3(1971)86f. (en mouvement, en effervescence); C.H. Gordon, UT, Nr 584 (nicht übersetzt). Th.H. Gaster, Ritual Pattern, in: ArOr 5(1933)119 (mown grass), verläßt das Gebiet der meteorologischen Phänomene. P.van Zijl, Baal, 110, übersetzt: "in upstirring (= rousing or flowing)" nach dem hebr. גלש (go up; vgl. KBL, 186; KBL³, 187).

42. Für die Lesart t̲kt siehe A. Herdner, CTA, Fig. 16,
    Nr 4; Pl. IX und X; K. Aartun, Beiträge, in: WdO
    IV 2(1968)280; J.C. de Moor, Seasonal Pattern, 148.
    Vgl. auch CTA 84,4f.8f.; PRU V 85,4-14.
    trt lesen aber Th.H. Gaster, Ritual Pattern, in:
    ArOr 5(1933)119 Anm. 1; ders., Combat, in: JRAS
    (1935)29; G.R. Driver, CML, 96 (abundance of moisture with snow); A. Jirku, KME, 46 (Reichtum an Feuchtigkeit durch Schnee); J. Gray, LC, 50 Anm. 1; P.
    van Zijl, Baal, 110 (the service).
    try liest F. Løkkegaard, The House of Baal, in: AcOr
    22(1955)21 Anm. 10.
    tr liest F.M. Cross, CMHE, 148 Anm.8 (the wet season).

43. Anders jedoch J. Aistleitner, MKT, 41 (die Zeit des
    Erstarrens zu Eis); ders., WUS, Nr 1861 (das Festwerden). Die Bedeutung "Schiff" wird angenommen von
    A. Alt, in: AfO 15(1945/51)69-71; E. Lipiński, Épiphanie, in: UF 3(1971)86f. (l'heure où les bateaux
    seront dans la tempête); K. Aartun, Beiträge, in:
    WdO IV 2(1968)281; J.C.de Moor, Seasonal Pattern,
    149 (ein t̲kt-Schiff). C.H. Gordon, UL, 32, läßt das
    Wort unübersetzt. Siehe aber ders., UT, Nr 2680 (a
    kind of "ship"). M. Dietrich-O. Loretz, in: OLZ 62
    (1967)551f. übersetzt t̲kt in PRU V,85 mit "Gerät".

44. Zu šrʻ vgl. J. Aistleitner, WUS, Nr 2689 (anschwellen); C.H. Gordon, UT, Nr 2488 (surging); T.L. Fenton,
    in: UF 1(1969)67 Anm. 15 (stretching up, extending).

45. Vgl. J.C. de Moor, Studies I, in: UF 1(1969)180f.
    (eight bundles of thunder). Er vermutet hinter
    ʼiṧr rʻt den Namen einer bestimmten Baumart. Zur
    Etymologie von rʻt vgl. ebd.
    Vgl. weiter noch E. Lipiński, in: UF 3(1971)82 (huit
    faisceaux de terreurs); F.C. Fensham, in: UF 3(1971)
    24 (eight as a storehouse of thunder); ähnlich M.H.
    Pope-J.H. Tigay, in: UF 3(1971)118 (eight storehouses of thunder); H. Sauren-G. Kestemont, in: UF 3
    (1971)215 (huit reflets de tonnerre). C. Virolleaud,
    in: Ugaritica V(1968)558, läßt das Wort unübersetzt.

46. Zu ergänzen in CTA 3 D 61; 7 II 20; 21 I 15. Siehe
    weiter PRU II 82,19; 134,3; 136,2; V 87,5.

47. Zu mdl vgl. J.C. de Moor, in: ZAW 78(1966)69-71;
    ders., in: BiOr 24(1967)209; S. Rin, in: BZ 11
    (1967)184; M. Dahood, in: UF 1(1969)35. A. Wieder,
    in: JBL 84(1965)164 (thy generous gift of thy rain),
    erwägt einen Zusammenhang von ugar. mdl mit der Be-
    deutung "das Zeug anlegen, satteln", aber hier wer-
    den wohl zwei verschiedene Wurzeln mdl angenommen
    werden müssen. Vgl. J.C. Greenfield, in: Bib 45
    (1964)527-534.

48. Vgl. J.C. de Moor, Seasonal Pattern, 109 (mit Lit.).

49. R. de Langhe, in: OBL 1(1957)65-87, deutet rkb als
    "aufsteigen, etw. besteigen". Infolgedessen würde
    das Epitheton nicht auf einen Gewitter- bzw. Wolken-
    gott hinweisen, sondern müßte in Zusammenhang mit
    anderen Epitheta - wie z.B. die aus dem AT bekannten
    für Jahwe (der Herr des Himmels und der Erde; in
    2 Sam 22,11; Ps 18,11 und 104,3: er, der getragen
    wird von den Flügeln des Windes) - gesehen werden.
    Von verschiedener Seite hat man versucht, diese
    Hypothese wieder zu entkräften, indem man vor allem
    darauf hingewiesen hat, daß rkb auch im Hebräischen
    vornehmlich die Bedeutung "fahren" aufweist und daß
    die ältere, ursprüngliche Bedeutung (ein Tier, einen
    Wagen besteigen) zurückgegangen war. Vgl. dazu S.
    Mowinckel, in: VT 12(1962)278-299.
    Zur Parallelstellung von rkb ʻrpt mit dem hebräischen
    רכב בערבות (Ps 68,5) siehe aber H. Gese, RAAM, 123.
    Zu der griechischen Parallele νεφεληγερέτης (Wolken-
    sammler; Epitheton des Zeus) vgl. E. Ullendorff, in:
    BJRL 46(1963/64)236-249 (besonders 243f.); J.P. Brock,
    in: VT 18(1968)395; M. Weinfeld, in: JANESCU 5(1973)
    421-426. Siehe dagegen die kritische Stimmen von
    S.E. Loewenstamm, in: UF 3(1971)98f., und K.J.
    Cathcart, in: VT 19(1969)121-123.

50. Vgl. Cl.F.-A. Schaeffer, Cuneiform Texts, Pl. XXXII,
    Fig.2; A.S. Kapelrud, Baal, 93; M.H. Pope, Art. Baal-
    Hadad, in: WdMyth., I, 264.

51. Vir.: II AB; UT: 51. Für den Text siehe A. Herdner,
    CTA, 27ff.; C.H. Gordon, UT, S. 172f.

52. Zu K̲t̲r-wH̱ss vgl. A. Jirku, Mythus, 61f.; M.H. Pope,
    Art. K̄ōt̲ar, in: WdMyth., I, 195f.; H. Gese, RAAM,
    147f.; K̄.L. Vine, Establishment, 43-45.165ff.

53. CTA 4 VI 5f.: 'urbt bzw. ḥln. Zu 'urbt (vgl. noch
    CTA 4 V 123.126; VI 8; VII 18) vgl. Gen 7,11: dort
    wird das entsprechende hebräische Wort für die
    Schleusen des Himmels verwendet: וארבת השמים נפתחו.
    Siehe weiter J. Aistleitner, WUS, Nr 376 (Lichtöff-
    nung, Fenster); C.H. Gordon, UT, Nr 329 (window);
    J.C.de Moor, Studies II, in: UF 2(1970)325 (aper-
    ture).

54. Der bruchstückhafte Text kann z.T. mit den aus an-
    deren Stellen bekannten Namen der Töchter des Baʿal
    ergänzt werden. Zu der hier vorgeschlagenen Inter-
    pretation der Episode siehe J. Obermann, UM, 11.31.
    Dagegen erklären W.F. Albright, in: BASOR 46(1932)
    15ff.; ders., in: BASOR 50(1933)13ff.; ders., in:
    JPOS 14(1934)115ff.; H.L. Ginsberg, in: Tarb 5(1933)
    75ff.; U. Cassuto, in: Or 7(1938)265ff., Baʿals
    Weigerung aus seiner Sorge, Mt nicht eindringen
    zu lassen. In diesem Zusammenhang wird gerne auf
    Jer 9,20 hingewiesen. Den Frauen legt Jeremia
    folgendes Klagelied in den Mund: כִּי עָלָה מָוֶת
    בְּחַלּוֹנֵינוּ בָּא בְּאַרְמְנוֹתֵינוּ, "der Tod ist uns durchs
    Fenster gestiegen, ist eingedrungen in unsere Pa-
    läste". Von Mt ist aber in diesem Kontext noch kei-
    ne Rede. Er taucht nur auf nach der Anbringung des
    Fensters. Dagegen ist Ym, mit seinem Ehrennamen
    mdd 'il, deutlich aufgeführt.

55. Zu Ṭly vgl. M.H. Pope, Art. Ṭlj, in: WdMyth., I,
    312. Zu den drei Töchtern des Baʿal vgl. M.C.
    Astour, La Triade de Déesses de Fertilité à Ugarit
    et en Grèce, in: Ugaritica VI(1969)9-23.
    Zu Pdry vgl. M.H. Pope/W. Röllig, Art. Pidrai, in:
    WdMyth., I, 303f.; K.L. Vine, Establishment, 52-54.

56. Zu bdqt (Plur.) vgl. J. Aistleitner, WUS, Nr 503
    (Öffnungen, Schleusen); siehe hebr. בֶּדֶק (Riß, Leck).
    Anders C.H. Gordon, UT, Nr 1082: er deutet bdqt
    als Zusammenstellung von ydq mit der Präposition b
    (with rain). Damit geht aber der parallele Aufbau
    von 'urbt und ḥln verloren.

57. G.R. Driver, CML, 100; J. Aistleitner, MKT, 45;
    J.C. de Moor, Seasonal Pattern, 159; P. van Zijl,
    Baal, 141, ergänzen: ytny. b'l. ṣ['at. š]pth,
    "Baʿal wiederholt die Äußerung seiner Lippen" (vgl.
    CTA 2 IV 6; 3 B 8), was einen guten Sinn ergibt.

58. J.C. de Moor, Seasonal Pattern, 159, ergänzt Z. 31f.:
qlh. q[dš. t]rr. 'arṣ / [ṣ'at. špt]h[.]ǵrm, "his holy voice made the earth quake, the utterance of his lips the mountains". Zu dieser Beschreibung der machtvollen Stimme der Gottheit vgl. Ps 29,5f. und Nah 1,3ff.

59. So schon I. Engnell, SDK, 116, und A.S. Kapelrud, Baal, 96 ("a literary device, the use of suspense to stress the importance of this point"). J. Gray, LC, 51f., sieht in der Wiederholung ein stilistisches Mittel, das ein Detail des Rituals hervorheben will.

60. Auf den Fruchtbarkeitscharakter der Fensterepisode verweisen C. Virolleaud, in: Syria 13(1932)146ff.; R. Dussaud, in: RHR 105(1932)297; ders., Découvertes, 73ff.; Cl. F.-A. Schaeffer, Cuneiform Texts, 49ff. 68; Th.H. Gaster, Thespis, 195; N.C. Habel, Yahweh versus Baal, 77; A.S. Kapelrud, Baal, 95f.; P. van Zijl, Baal, 144.

61. Vgl. L.R. Fisher, in: VT 15(1965)319. Der Verfasser unterscheidet zwei Schöpfungstypen ('Il und Ba'al-Typus). Ba'als Kampf mit Ym wäre dann ein Kampf zwischen Chaos und Weltordnung, wobei Ba'als Tempelbau die Ordnung in der Welt erst möglich macht. Die Schöpfung ist aber bereits voll vorhanden und als organisierte Welt vorausgesetzt. In dieser Welt hat Ba'al dann eine eigene, wichtige Zuständigkeit (Fruchtbarkeit der Erde).

62. Bedenken gegen die Überlänge des Verses widerlegt J.C. de Moor, Seasonal Pattern, 148f.

63. Das Substantiv 'dn bedeutet hier "Zeit(punkt)"; das Verbum ist ein Denominativum, "den Zeitpunkt festsetzen". Vgl. G.A. Barton, in: JAOS 55(1935) 55; H.L. Ginsberg, ANET, 133; J. Gray, in: VT 6(1956) 270; J. Aistleitner, WUS, Nr 2011; ders., MKT, 41; C.H. Gordon, Poetic Literature, 44; ders., UT, Nr 1823; J.C. de Moor, Seasonal Pattern, 148f.; P. van Zijl, Baal, 109f.; K. Aartun, Beiträge, in: WdO IV 2(1968)281. Andere bringen die Wurzel in Verbindung mit hebr. עדן (Wonne) und deuten das Verbum als "reichlich geben". Siehe dazu C. Virolleaud, in: Syria 13(1932)133.140; Th.H. Gaster, in: ArOr 5(1933) 119 Anm.1; ders., in: JRAS (1935)28; W.F. Albright, in: JPOS 14(1934)124; R. Dussaud, in: RHR 111(1935) 19; ders., Découvertes, 123; G.R. Driver, CML, 96.

141; A. Jirku, KME, 46; J. Gray, LC, 49. J.A. Montgomery-Z.S. Harris, RSMT, 114; F.F. Hvidberg, WLOT, 62, und F. Løkkegaard, House of Baal, 21, bringen ʿdn in Verbindung mit dem arab. ʿadana und übersetzen "fruchtbar machen".

64. Für diese Interpretation siehe oben Anm. 41f.

65. Siehe Anm. 16 in diesem Kap.

66. Lies bgn mit H.L. Ginsberg und A. Herdner, CTA, 74 Anm. 15. Dagegen liest J. Gray, Krt Text, 25, bʿn (virtue for the wheat in the furrow); ähnlich C.H. Gordon, UT, S. 193.

67. Subjekt ist sehr wahrscheinlich Baʿal.

68. ksm steht in Z. 9 parallel zu ḥṭṭ (Weizen). Zur Bedeutung von ksm vgl. J. Aistleitner, WUS, Nr 1359 (eine Art Getreide); C.H. Gordon, UT, Nr 1283 (spelt). Siehe hebr. כֻּסֶּמֶת (Ex 9,32; Jes 28,25) und כֻּסְּמִים (Ez 4,9). Vgl. noch J. Gray, Krt Text, 71.

69. nʿm (Z.7 und 9) ist zu lʾars bzw. lḥṭṭ zu ziehen. Vgl. H.L. Ginsberg, ANET, 148; ders., Legend, 29; J. Aistleitner, MKT, 101; ders., WUS, Nr 2030; N.C. Habel, Yahweh versus Baal, 65; J. Gray, Krt Text, 25; P. van Zijl, Baal, 282.
G.R. Driver, CML, 43, faßt nʿm als st.cs. auf (for the grace of Baalʾs rain); ähnlich auch J. Gray, Krt Text, 25 (virtue for the earth is the rain of Baal). Nach C.H. Gordon, UL, 80; ders., UT, Nr 1855, ist nʿm Apposition zu bʿl. Ähnlich auch A.S. Kapelrud, Baal, 62.

70. Zu gn vgl. CTA 5 VI 21; 6 I 5. Zur Bedeutung vgl. J. Aistleitner, WUS, Nr 671 (Garten); C.H. Gordon, UT, Nr 596 (garden); A. Herdner, CTA, 74 Anm.15 (terrain labourable, champ); M. Dietrich-O. Loretz-J. Sanmartin, in: UF 6(1974)23f. Vgl. hebr. גַּן (KBL³, 190).

71. Zu nrt vgl. J. Aistleitner, WUS, Nr 1851 (nr III: Neubruch). Siehe hebr. נִיר (Neubruch).

72. Vgl. dazu J. Gray, in: SVT 15(1966)172-174; ders., in: PEQ 85(1953)118-123.

73. Zu ḥrb vgl. J. Aistleitner, WUS, Nr 1078 (vertrock-

nen); C.H. Gordon, UT, Nr 1000 (to become dry); vgl. hebr. חרב I (KBL³, 335: austrocknen).

74. Zu ǵly als Verbum vgl. CTA 2 I 23f., wo es verwendet wird für das Senken des Hauptes auf die Knie. In diesem Sinne übersetzen hier C.H. Gordon, UL, 94 (he lowers); ders., UT, Nr 1965 (to lower); J. Gray, LC, 116 (the verdure droops); G.R. Driver, CML, 7 (eigentlich: stripped bare, aber er erwähnt auch die Übersetzung: drooped). Siehe dazu auch noch J. Aistleitner, WUS, Nr 2143 (übermäßig beugen). J. Aistleitner, WUS, Nr 1207, übersetzt diese Stelle aber mit "meine grünende Saat".

75. Zu ḥsp vgl. noch J. Aistleitner, WUS, Nr 1062 (hinschwinden); C.H. Gordon, UT, Nr 987.

76. Siehe dazu J. Aistleitner, WUS, Nr 8 (vgl. akkad. inbu: Frucht); A. Jirku, KME, 130 (die Ähren?).

77. Vgl. den direkten Hinweis auf die Funktion des Regens bzw. Taus für die Traubenkultur in Z. 41/42 (ṭl. yṭll. lǵnbm).

78. Siehe CTA 6 IV 27 und mhrṯh in Z. 38. Zum Titel vgl. K.L. Vine, Establishment, 81.

79. Siehe CTA 3 A 3/4; 5 VI 10; 6 I 42/43; III 1.3.9. 21; IV 29.40. Zum Titel vgl. noch T. Worden, in: VT 3(1953)280.

80. Zu 'nt als Plur. von 'n (Furche) vgl. J.C. de Moor, Seasonal Pattern, 221 (mit Lit.). Zu mḥrṯt vgl. J. Aistleitner, WUS, Nr 980 (pflügen, das Feld bebauen), und J.C. de Moor, Seasonal Pattern, 222 (to make plough-land), nach dem hebr. חרש. Siehe noch C.H. Gordon, UT, Nr 905 (to plow). Zum Titel vgl. A.S. Kapelrud, Baal, 59f.

81. M.H. Pope, Art. Baal-Hadad, in: WdMyth., I, 254.

82. So A.S. Kapelrud, Baal, 61.

83. In diesem Sinne vgl. H. Gese, RAAM, 122.

84. Für die richtige Interpretation des Verlaufes der Auseinandersetzung zwischen Ba'al und Ym ist die Reihenfolge der Tafeln CTA 1-3 wichtig, besonders

auch die Ordnung der Fragmente von CTA 2. Während hier die Reihenfolge CTA 1-2-3 bevorzugt wird und für CTA 2 die Fragmente in der Reihenfolge BCA gelesen werden (vgl. auch H. Gese, RAAM, 57), ist de Moor hier anderer Meinung.

85. Zur Gestalt des Mt vgl. T. Worden, in: VT 3(1953) 282ff.; U. Oldenburg, CEB, 34; P.L. Watson, Mot, the God of Death, at Ugarit and in the Old Testament, 1970; M.H. Pope, Art. Mōt, in: WdMyth., I, 300-302. Man sollte aus Mt keinen Fruchtbarkeitsgott machen. Der Ritus in CTA 6 II erhält ja erst dadurch seine sympathetische Bedeutung, daß Mt vernichtet wird (wie das reife Korn zermalmt und verstreut) und stirbt, so daß sein "Tod" Lebensraum für Ba'al schafft. Mt selbst bewirkt keine Fruchtbarkeit. Siehe dazu noch U. Cassuto, Baal and Mot in the Ugaritic Texts, in: IEJ 12(1962)81f.; A.S. Kapelrud, Baal, 100f.; J. Gray, LC, 56; P.L. Watson, Mot, 187: "Mot is the enemy of fertility and fecundity. It is only by actualizing a curse upon him that 'Anat may remove this opposition and make possible the subsequent restoration of fertility upon earth". Anders aber I. Rosensohn-Jacobs, in: HTR 38(1945)79, der ihn sogar einen "generator of fertility" nennt: "Ba'al may be the water of life, but Môt, though Lord of the Underworld, is the Bread of Life".

86. Vir.: V AB; UT: 'nt V. Zum Text siehe CTA, 18f.; C.H. Gordon, UT, S. 254.

87. Zur Stellung des Ba'al im ugaritischen Pantheon siehe unten in Kap. II, § 1.

88. Die wichtigen Zeilen 25f. hat A. Herdner anhand von CTA 4 VIII 21-24 und 6 II 24f. ergänzen können.

89. Zu ṣḥrrt vgl. J. Aistleitner, WUS, Nr 2316 (ausdörren, verdorren, sich versengen); ders., MKT, 20; J.A. Montgomery, in: JAOS 53(1933)113; D. Nielsen, Ras Šamra, 34; U. Cassuto, Anath, 148; C.H. Gordon, UL, 45; ders., UT, Nr 2160; G.R. Driver, CML, 111. 150; A. Jirku, KME, 34; J. Gray, LC 68; M. Dahood, UHP, Nr 2160; M. Dietrich, in: BiOr 24(1967)296.302; M.J. Mulder, in: UF 4(1972)82; F.E. Deist, in: JNSL 1(1971)68-70 (arise); A. Caquot-M. Sznycer, RPOA, 400 (être ardente). Dagegen übersetzt J.C.de Moor ṣḥrr "to become dust-coloured"; vgl. Seasonal Pattern, 114.

De Moor zieht für seine Interpretation - die er für seine Deutung des Baʿal-Zyklus als "seasonal Pattern" braucht - die anderen Belege der Wurzel heran (CTA 3 E 25; 4 VII 56f.; 6 V 4; 12 II 44; 23,41.44f.47f.); gerade in CTA 23 wird aber doch klar, daß šḥrr dort nur "rösten, sengen" bedeuten kann.

90. Zur Bedeutung von lʾa vgl. J. Aistleitner, WUS, Nr 1429 (ermüden; hier: armselig, dürftig); C.H. Gordon, UT, Nr 1341 (to become weak); A. Caquot-M. Sznycer, RPOA, 400 (être épuisé). Vgl. mit dem hebr. לאה (GB, 374). Anders aber J.C. de Moor, Seasonal Pattern, 114 (to make dirty, to soil); U. Cassuto, Anath, 148 (gleam, shine); L. Delekat, in: UF 4(1972)21 (das Wüstwerden).

91. šmm kommt auch sonst im Kontext von Wetterphänomenen vor, vgl. CTA 6 III 6.12 (šmm šmn tmṭrn); 3 B 39 (ṭl šmm)40 (ṭl šmm tskh); D 87; C 21 (tʾant šmm ʿm ʾarṣ); vgl. CTA 1 III 14.

92. Vir.: II AB; UT: 51. Zum Text siehe CTA, 30; C.H. Gordon, UT, S. 173.

93. Vir.: I AB; UT: 49. Zum Text siehe CTA, 40; C.H. Gordon, UT, S. 168.

94. Eine kleine Variante scheint gegeben zu sein in der Bezeichnung des Mt, der hier mit seinem gewöhnlichen Titel mdd ʾilm (in Z.31f.: ydd ʾil) versehen ist, während in CTA 3 E 26 kein Platz für diese Schreibung (mdd) gegeben zu sein scheint. Siehe dazu A. Herdner, CTA, 19 Anm. 1.

95. UL, 4f.

96. Vir.: I* AB; UT: 67. Zum Text siehe CTA, 33; C.H. Gordon, UT, S. 178. Der Text wirft schwere Interpretationsprobleme auf, weil sowohl der untere Teil von Kol. I wie auch die obere Texthälfte von II (ca. 12 Zeilen) verlorengegangen sind.

97. Offensichtlich wird damit Mts "Appetit" beschrieben; vgl. dazu die gleiche Wendung bei der Schilderung des unersättlichen Hungers des Götterpaares Šḥr und Šlm in CTA 23,61f.

98. Zu ḥrr vgl. CTA 12 II 38.41; 23,41.44.47f. Zur Bedeutung "sengen, rösten" vgl. R. Dussaud, Découvertes,

130 (être soumis aux ardeurs); A. Jirku, KME, 58; C.H. Gordon, UT, Nr 902 (to scorch, to roast); J.C. de Moor, Seasonal Pattern, 179 (aktiv!). Vgl. damit hebr. חרר I (KBL³, 343: glühen). Anders G.R. Driver, CML, 105 (as the olive is swallowed, lit.: like the swallowing of an olive); J. Gray, LC, 58 Anm.3 (as the choicest of olive); J. Aistleitner, WUS, Nr 973 (brennen, anbrennen, reifen; nachdem reif waren die Ölbeeren); A. Caquot-M. Snzycer, RPOA, 422 (quand ont mûri l'olive...).

99. Zu ybl vgl. J. Aistleitner, WUS, Nr 1129 (Ertrag); C.H. Gordon, UT, Nr 1064 (produce). Siehe dazu hebr. יְבוּל (GB, s.v., 280: was die Erde hervorbringt, Ertrag). Zur parallelen Constructus-Verbindung ybl-'arṣ/ pr-'ṣ siehe M. Dahood, in: UF 1(1969)34.

100. Vgl. CTA 3 E 25f.; 4 VIII 21-24; 6 II 24f.; so C. Virolleaud, in: Syria 15(1934)317; R. Dussaud, Découvertes, 130; F.F. Hvidberg, WLOT, 51.61f.; J. Gray, LC, 58. J.C.de Moor, Seasonal Pattern, 180, will diesen Text nur mit den Schirocco-Winden in Verbindung bringen, weil er konsequenterweise an dieser Stelle noch Zeit vorübergehen lassen muß bis zur Zeit der Sommerhitze.

101. Die Erarbeitung der Königsideologie wurde vor allem von der Myth-and-Ritual-Schule vorangetrieben. Sicher wird es aber nie eine streng einheitliche Königsideologie im gesamten Alten Orient gegeben haben. Die verschiedenen Ausprägungen (Ägypten, Mesopotamien, syrisch-palästinensischer Raum) müssen differenzierter betrachtet werden, als es diese Schule gemeinhin getan hat. Vgl. insbesondere I. Engnell, SDK, 1943; G. Widengren, The King and the Tree of Life in Ancient Near Eastern Religion, 1951; S. Mowinckel, He That Cometh, 1956; S.H. Hooke, Myth and Ritual, 1933; ders. (Hrsg.), Myth, Ritual and Kingship, 1958; H. Frankfort, Kingship and the Gods, 1948. Zur kanaanäischen Königsideologie vgl. J. Gray, in: VT 2(1952)193-220; ders., in: SVT 15(1966)170-192; ders., LC, 218-245. J. Gray bringt die kanaanäische Königsideologie allerdings in Verbindung mit der 'Il-Vorstellung. Dennoch ist gerade bei der Funktion des Königs in Bezug auf die Fruchtbarkeit der Erde mit Impulsen von der Ba'al-Vorstellung zu rechnen. Vgl. dazu die beiden hier besprochenen Textstellen.

102. So z.B. H. Gese, RAAM, 86f.90.

103. The Seasonal Pattern in the Ugaritic Myth of Ba'lu according to the Version of Ilimilku. AOAT, Bd 16, 1971. Eine Übersicht über die verschiedene Deutungen gibt der Verf. in einem ausführlichen Literaturbericht (S.9-34).

104. Vgl. J. Mulder, Sonnenwende, in: UF 4(1972)81.

105. Nach ihm fängt das Jahr mit dem Herbstfest an. Das herbstliche Neujahrsfest ist die Krönung des abgelaufenen und der Anfang des neuen Jahres.

106. Seasonal Pattern, 187ff. Wenig überzeugend scheint de Moors Identifizierung der "sieben Diener, acht Schweine" mit der Pleiaden-Sterngruppe zu sein. In der Hafenstadt Ugarit waren genaue Himmelsbeobachtungen sicher üblich, doch geht es nicht an, das Erscheinen dieser Sterngruppe am Himmel mit einer ganz bestimmten Jahreszeit zu verbinden, die im Text beschrieben wird.

107. Vgl. J.C.de Moor, Seasonal Pattern, 259 (Niederschlag in Latakia).263 (bedeckter Himmel).266 (Donner).

108. Vgl. J.C.de Moor, Seasonal Pattern, 201 (vernal sacrifice).

109. So J.C.de Moor, Seasonal Pattern, 204f. Damit frischt er die Thesen von Th.H. Gaster, Thespis, 126f., wieder auf. Gaster sieht in 'ttr den Gott der künstlichen Bewässerung. Vgl. noch M.H. Pope, Art. 'Attar, in: WdMyth., I, 249; J. Gray, LC, 66.170; U. Oldenburg, CEB, 39ff. An dieser Stelle wird 'ttr aber nicht als König eingesetzt, so daß auch das Wasserschöpfen nichts mit ihm zu tun haben kann. Der Ritus hat unabhängig von ihm einen Sinn als sympathetische Magie. Nur die Abwesenheit des Ba'al drängt die Bevölkerung zu einem solchen Ritus.

110. Vir.: I* AB; UT: 67 V. Zum Text siehe A. Herdner, CTA, 36; C.H. Gordon, UT, S. 179.

111. Vgl. A. Herdner, CTA, 36 Anm. 3.

112. Vgl. A. Herdner, CTA, 36 Anm. 4.

113. Zur Verbform vgl. H.L. Ginsberg, in: Or 5(1936)175. Das Verbum braucht an dieser Stelle keine inchoative Bedeutung zu haben. Anders: J. Aistleitner, MKT, 16;

A. Jirku, KME, 61. Man faßt das Verbum besser als
Ausführung der Befehle bzw. Ratschläge der vorausgehenden Zeilen auf. Th.H. Gaster, Thespis, 211, übersetzt 'ahab hier im technischen Sinne von "make love";
H.L. Ginsberg, in: Or 5(1936)193: he desired. Vgl.
das Parallelverbum škb!

114. Zu dbr vgl. die Deutungen von G.R.Driver, CML, 107.
154 Anm.29 (decease), nach dem hebr. דבר (pestilen-
ce, plague). Vgl. noch N. Tromp, Primitive Conceptions, 10; A. Jirku, KME, 61 (im Land des Todes?).
Dagegen J.C.de Moor, Seasonal Pattern, 183.186 (in
the steppe); A.van Selms, in: UF 2(1970)368; R. Dussaud, in: RHR 111(1935)44; ders., Découvertes, 132
(pâturages); J. Aistleitner, WUS, Nr 724 (Trift, Wei-
deland); ders., MKT, 16 (auf der Trift) nach dem hebr.
דֹּבֶר (vgl. KBL³, 204). Anders noch J. Gray, LC, 60
(in the back of Beyond), nach dem hebr. דביר (the
inmost shrine, the hindmost part). Dbr wird hier wohl
als geographische Bezeichnung zu verstehen sein, analog zu šḥlmmt. Die geographische Lage ist nicht sicher
auszumachen, da von der etymologischen Bedeutung her -
die sicher eher mit der Steppe, die dem Kulturland an-
grenzt, als mit "Tod" in Verbindung zu bringen ist -
schwerlich eine eindeutige Klärung möglich ist.

115. Zu šd šḥlmmt vgl. die etymologischen Deutungen von
R.Dussaud, in: RHR 111(1935)44 (champ du rivage de la
mort); ders., Découvertes, 132 (au rivage de l'eau);
J.Aistleitner, WUS, Nr 2589; ders., MKT, 16; A.S.Ka-
pelrud, VG, 44.85.88 (das Feld des Löwen der Mametu);
A.Jirku, KME, 62 (im Gefilde des Todeslandes); J.Gray,
LC, 60 (in the tracts of the strand of Death); G.R.
Driver, CML, 107.148 Anm.2; J.C.de Moor, Seasonal Pattern, 183.186 (on the coastal plain of the realm of
death); A.Caquot-M.Sznycer, RPOA, 423 Anm.7 (riverain
du séjour des morts). Mit H.L.Ginsberg, ANET, 139; A.
van Selms, in: UF 2(1970)368, und P.van Zijl, Baal,
172f., sind beide Namen (dbr und šd šḥlmmt) als geographische Bezeichnungen zu verstehen.

116. Zu škb (vgl. hebr. שכב) als Parallele zu 'ahb vgl.
RSP II 14; II 566.

117. Pass. Šafel von 'ly. Zum Verbum vgl. J. Aistleitner,
WUS, Nr 2030 (hinaufbringen, opfern); C.H.Gordon, UT,
Nr 1855 (to raise up). Vgl. hebr. עלה.

118. Zu mt vgl. J.Aistleitner, WUS, Nr 1717 (Sohn); C.H.
Gordon, UT, Nr 1579 (lad). Das Fem. mtt kommt in der

Bedeutung "Frau" vor in CTA 14,143.289; 16,16; 17 V 16.22.28. Siehe dazu L.M.Muntingh, in: JNES 26(1967) 109f.

119. Zu dbr bzw. šd šḥlmmt als Nachbarland zur Unterwelt vgl. R.Dussaud, in: RHR 111(1935)44; J.C.de Moor, Seasonal Pattern, 186. N.J.Tromp, Primitive Conceptions, 10f., hält die Termini für Bezeichnungen der Wüste, die ebenfalls zum Gebiet des Mt gerechnet wird.

120. Anders J.C.de Moor, Seasonal Pattern, 183; er ergänzt Z.4f. wie folgt: npš.'gl (tkn lb)nk, "your son will have the soul of a bull-calf". Damit bezieht sich das Personalsuffix von 'aštn (Z.5) auf das Neugeborene.

121. Th.H.Gaster, Thespis, 192; G.R.Driver, CML, 107 Anm.6, erwägen, ob Baʻal hier durch kontaktive Magie die Kraft eines Stieres gewinnen wollte, um so den Kampf gegen Mt besser bestehen zu können. Baʻal hat hier allerdings noch nicht vor, sich kämpferisch mit Mt anzulegen; vgl. seine Unterwerfungserklärung in CTA 5 II 12.19f.

122. Vir.: IV AB und RŠ 3.19; UT: 76 und 132. Zum Text siehe A.Herdner, CTA, 49-51 und 52; C.H. Gordon, UT, S. 182f.196f. Beide Tafeln sind nur auf der Vorderseite beschrieben. Bei CTA 10 fehlen größere Stücke vom oberen Teil, von der unteren linken Ecke sowie vom Mittelstück der rechten Seite. Der Text ist in 3 Kol. aufgeteilt. Von CTA 11 ist nicht mehr als die rechte obere Ecke der Tafel erhalten geblieben. Die Schrift ähnelt sehr der von CTA 10. Wahrscheinlich ist CTA 11 ein weiteres Fragment jener Tafel, zu der auch CTA 10 gehört, und zwar aus dem rechten Oberteil von Kol. III. So C. Virolleaud; E. Lipiński, in: Syria 42(1965)62f. Die Stärke und das Material der Tafeln ist allerdings leicht verschieden. Virolleaud meint aber dies durch die Einwirkung des Feuers, die zu einer unterschiedlichen Beschaffenheit des Materials geführt hätte, erklären zu können. Zur Beschreibung der Tafeln siehe A.Herdner, CTA, 48.51f., und dies., CTA (Fig. et Planches), Pl. XV.XVI und I. Siehe weiter C.Virolleaud, in: Syria 17(1936)150.

123. CTA 5 17b-24: dbr bzw. šd šḥlmmt. Dagegen spricht CTA 10 II 9 von 'aḫ šmk. J.Gray, LC, 81, rechnet CTA 10 zu einem 'Anat-Zyklus, der als Kultlegende einer ihrer Heiligtümer kursiert haben muß.

124. Zu ǵlm bʻl vgl. P.van Zijl, Baal, 244.

125. Anders aber C.Virolleaud, in: Syria 17(1936)152. 154; R.de Langhe, Textes, II, 207; P.van Zijl, Baal, 245, die alle hn bʻl lesen. Der positive Sinn der Aussage sowie das Jagen werden bei van Zijl als Ausdruck für die unangefochtene Herrschaftsposition Baʻals gewertet. Zur Lesung hn vgl. noch C.H.Gordon, UT, S.182, und ders., UL, 49 (lo!). Zu dieser Übersetzung aber vgl. J.C.de Moor, in: UF 1(1969)201f.

126. "Seinen Bogen hat er genommen in seine Hand, seinen Pfeil in seine Rechte". Zu qṣʻt vgl. J. Aistleitner, WUS, Nr 2437; C.H. Gordon, UT, Nr 2258 (bow); J.C.de Moor, in: UF 1(1969)227; M. Dahood, UHP, Nr 2258 (auch: Pfeile). P.van Zijl, Baal, 246, hält die Beschreibung für ein Zeichen der Herrschersmacht Baʻals, obwohl er zugibt, daß diese Schilderung dann einzigartig wäre. Weiter erwägt van Zijl, ob die Termini nicht Baʻals Blitze bezeichnen können.

127. Vgl. die Bezeichnungen in CTA 10 III 28-32. C.Virolleaud, in: Syria 17(1936)156f.; R.Dussaud, Cultes Cananéens, 283-295, und Th.H.Gaster, in: Iraq 6 (1939)110, identifizieren ʼah šmk mit den Morasten (ʼah, vgl. hebr. אגם) des untiefen Huleh-Sees. Vgl. Flavius Josephus, Antiquitates, XV,10,3, wo dieser See Σεμαχωνιτις heißt. Siehe dazu R.de Langhe, Textes, II, 209-217, der diese Identifizierung nicht ausschließen will. Zur Bezeichnung ʼah vgl. noch J. Aistleitner, WUS, Nr 134 (Wiese oder Ufer?); C.H. Gordon, UT, Nr 129 (meadow).

128. Z.22f. ist versuchsweise folgendermaßen zu übersetzen: "Baʻal schlug nieder, Baʻal schlug nieder im Flug; zur Erde sind gestoßen meine Feinde; in den Staub, die sich gegen deinen Bruder erheben". Vgl. dazu J. Aistleitner, MKT, 53.

129. Zu rʼum vgl. J.Aistleitner, WUS, Nr 2470 (Wildochse); C.H.Gordon, UT, Nr 2294 (buffalo). Siehe hebr. רֵאם / רְאֵים.

130. Es ist nicht deutlich, ob ʻAnat selbst den Stier gebiert. Möglicherweise besorgt sie Baʻal eine Kuh. So C.H. Gordon, UL, 10f.; J.C.de Moor, in: UF 1 (1969)224.

131. Die Z.28-32 sind sehr schwierig. Wahrscheinlich enthalten sie verschiedene Gebirgsnamen, die als verdeutlichende Glossen zu mslmt verstanden werden müssen. Vgl. dazu M.Dietrich-O.Loretz-J.Sanmartin, in: UF 5(1973)84f.

132. Zu den K̲trt vgl. A.Jirku, Mythus, 22.63; M.H.Pope, Art. Kōṯarat, in: WdMyth., I, 296f.; F. Løkkegaard, The Canaanite Divine Wetnurses, in: StTh 10(1956) 53-64; B.Margolis, The Kôšarôt/K̲trt: Patroness-Saints of Women, in: JANESCU 4(1972)52-61. E.Lipinski, in: Syria 42(1965)67f., nimmt hier zwei Geburten an; das erste mal gebären die 'arḫt (Plur. von 'arḫ, hier für die K̲trt) ein weibliches Tier ('alp, näher präzisiert als ypt); deshalb muß Ba'al seine Zeugung wiederholen, so daß er im zweiten Anlauf einen 'arḫ bzw. 'ibr zeugen kann.

133. Vir.: BH; UT: 75. Zum Text siehe CTA, 54f.; C.H. Gordon, UT, 181f. Von der Tafel existiert nur noch die untere linke Hälfte. Darauf ist die 2. Hälfte der ersten zwei Kol. noch zu lesen. Wahrscheinlich hat die Tafel ursprünglich mehr (vielleicht vier) Kolumnen enthalten. CTA 12 ist nur einseitig beschrieben. In der II. Kol. sind die letzten Buchstaben der Zeilen abgebrochen. Zum Text vgl. A. Herdner, CTA, 52f.

134. Wörtlich: mlbr/ 'il š'iy/ kry (Z.21ff.). mlbr ist hier wohl Schreibfehler für mdbr, obwohl dann der gleiche Fehler in der Z.35 nochmals vorkommt. Vgl. dazu A.Herdner, CTA, 54; J.Gray, LC, 77; ders., in: UF 3(1971)63, und schon R.Dussaud, in: RHR 113 (1936)10. Anders aber J.Aistleitner, WUS, Nr 1443, der die Möglichkeit eines Schreibfehlers ausschließt und mlbr als "Trümmerstätte, Ruine" (bevorzugter Ort der Dämonen) deutet. Vgl. noch A.S.Kapelrud, Baal and the Devourers, 323.

135. ld/'aklm.tbrkk/wld 'qqm (I 25f.). Nur tbrkk bereitet Schwierigkeiten. Hier ist nicht an brk, "segnen" gedacht, sondern an "knien" als Haltung der gebärenden Frau. Vgl. R.Dussaud, in: RHR 113 (1936)11 (que la sage-femme te fasse accroupir). So auch G.R.Driver, CML, 71; J.Gray, LC, 77; ders., in: UF 3(1971)63 Anm.18; vgl. noch J.Aistleitner, WUS, Nr 582. J.A.Montgomery, in: JAOS 56(1936) 226, sieht in diesen Zeilen den Hauptgedanken der Tafel ausgedrückt, nämlich das Ausgraben eines Brunnens durch die zwei Frauen. Siehe dazu J.Gray, in: JNES 10(1951)152.

136. Zu ʼaklm vgl. J. Aistleitner, WUS, Nr 176 (die Fresser); C.H.Gordon, UT, Nr 158 (devourers). Siehe hebr. אכל.

137. Zu ʻqqm vgl. J. Aistleitner, WUS, Nr 2089 (von der Wurzel ʻqq, reißen); C.H.Gordon, UT, Nr 1909. Nach A.S.Kapelrud, in: Ugaritica VI(1969)323ff.331, sind die Namen Euphemismen für "Heuschrecken".

138. Zu ḥmd vgl. J.Aistleitner, WUS, Nr 936 (begehren); C.H.Gordon, UT, Nr 872 (to covet). ḥmd ist dann Infinitiv mit adverbial-m. Zur Wurzel vgl. hebr. חמד; P.van Zijl, Baal, 261f., leugnet den sexuellen Sinn des Verbums ḥmd in II 38. Er deutet es als "in Besitz nehmen". Baʻal will die gesamte Wüste und alles was darin lebt, seinem Herrschaftsanspruch unterstellen. Van Zijls Hinweis auf חמד in Mi 2,2 beweist allerdings nichts, weil in diesem Text von Tieren, nicht von der (leblosen) Habe der Menschen die Rede ist.

139. Zu yhrrn siehe J.Aistleitner, WUS, Nr 856 (unter hr/r, begatten); C.H.Gordon, UT, Nr 797 (unter hrr, to desire); J.Gray, LC, 78 Anm.4 (to be excited).

140. R.Dussaud, in: RHR 113(1936)11; C.H.Gordon, UL, 54, und P.van Zijl, Baal, 256f., fassen wbhm.pn. bʻl (I 33) als Beschreibung der Tiere auf: durch ihre Ähnlichkeit mit Baʻal können sie auch seine Leidenschaft wecken. Doch ist pn bʻl besser zum Nachfolgenden zu ziehen. Vgl. Th.H. Gaster, Thespis, 220, und ders., in: AcOr 16(1938)46 (and Baal shall turn his face toward them). Vgl. noch J. Aistleitner, MKT, 56; G.R.Driver, CML, 71; J. Gray, LC,78; M. Dahood, Psalms, I,133.

141. J.Gray, LC, 78 Anm.6; ders., in: JNES 10(1951) 147 Anm.11 liest bḥrẓh: das ʻ ist dann Dittographie nach dem ẓ. Vgl. dazu noch C.H.Gordon, UT, Nr 1003.

142. Der Gebrauch des Verbums in CTA 6 II 6.27 (in CTA 1 V 4.17 ist der Text zu fragmentarisch, um Aufschluß geben zu können) weist auf das leidenschaftliche Suchen des Liebenden. Deshalb ist die Deutung von C.H.Gordon, UT, Nr 1612 (to seek), zu bevorzugen. Anders aber J.Aistleitner, WUS, Nr 1750 (sich wohin begeben, sich nähern). Vgl. hebr. בוש.

143. Zu pʻn vgl. J.Aistleitner, WUS, Nr 2243 (Fuß);
C.H.Gordon, UT, Nr 2076 (foot). Siehe hebr. פעם.

144. Zu ḫrzʻ vgl. J. Aistleitner, WUS, Nr 1090 (ein
Körperteil); C.H. Gordon, UT, Nr 1003 (foot, sole);
M.Dahood, UHP, Nr 1003, übersetzt besser mit "loins".
Vgl. noch J.Gray, LC, 78 Anm.6 (in his haste).

145. npl.bmšmš... (II 37). Vgl. J.Gray, LC, 79, und
Th.H.Gaster, in: AcOr 16(1938)47; G.R.Driver, CML,
71 (miry swamp). Anders R.Dussaud, in: RHR 113(1936)
14 (vergleicht mit einem Ofen; siehe hebr. שמש, Sonne); J.Aistleitner, WUS, Nr 1693 (Schlinge?, Falle?);
C.H.Gordon, UT, Nr 1563 (perhaps a place of carnage).

146. ʻanpnm yḫr(r).../bmtnm.yšḫn.../qrnh.km.ġb..../hw.
km.ḥrr.... (II 38ff.).

147. šn mtm, "Veränderung des Todes" (II 42); vgl. G.R.
Driver, CML, 73.148; J.Gray, in: UF 3(1971)65 Anm.
35.

148. Lies trʻn statt tʻrn (vgl. Herdner).

149. Mit J.Aistleitner, WUS, Nr 2807, als Form des
Verbums rʻʻ (vgl. Nr 2523: verderben, zugrunde
gehen) aufzufassen. Vgl. hebr. רעע.

150. Mit J.Aistleitner, MKT, 56, ist ʻarṣ in der Lakune
zu lesen.

151. Vgl. J.Aistleitner, WUS, Nr 534 (bnt: Erzeugnis,
Geschöpf).

152. Vgl. Anm. 89 oben.

153. CTA 12 II 45 ist wahrscheinlich nicht vollständig
erhalten, obwohl A.Herdner, CTA, 55, annimmt, daß
die Zeile inhaltlich komplett ist. G.R.Drivers
Ergänzungen (vgl. CML, 73: for 7 years El was filled - with wrath -, and for 8 revolutions of time
- with anger -) sind daher völlig hypothetisch.
Am besten versteht man mlʻ hier im Sinne von "voll
machen, vollbringen", nach dem hebr. מלא, so daß
der Text dann aussagt, daß Baʻal diesen Zustand
7-8 Jahre erdulden muß. Für diese Bedeutung von
mlʻ vgl. R.Dussaud, in: RHR 113(1936)15 (a remplis);
J.Aistleitner, WUS, Nr 1568 (füllen); C.H.Gordon,
UT, Nr 1479 (to be full).

154. Zu nqpt ʻd vgl. CTA 23,67 (ebenfalls parallel zu šbʻ šnt). Zur Bedeutung von nqpt vgl. J. Aistleitner, WUS, Nr 1847 (Kreislauf der Feste, Jahre); C.H.Gordon, UT, Nr 1700 (years), nach dem hebr. נקף.

155. R.Dussaud, in: RHR 113(1936)16, interpretiert hier wohl falsch, wenn er meint, daß Baʻals Freunde ihn wiederfinden "au milieu de grandes victuailles, au milieu des suprêmes délices". Seine Deutung stützt sich auf die Auslegung von ʻd in Z.45.

156. CTA 12 II 54ff. erinnert an II 37ff.

157. Kapelrud, in: Ugaritica VI(1969)332, verweist in diesem Zusammenhang auf 1 Kön 18.

158. H.L.Ginsberg, in: JAOS 70(1950)159; J.Gray, in: JNES 10(1951)152, und P.van Zijl, Baal, 260, halten den Text mit seinen 2 Kolumnen für vollständig. Der Wasserritus bildet dann den Abschluß der gesamten Tafel.

159. Baal and the Devourers, in: Ugaritica VI(1969)319-332.

160. The Hunting of Baʻal: Fratricide and Atonement in the Mythology of Ras Shamra, in: JNES 10(1951) 146-155; ders., LC, 75-81; ders., Baʻal's Atonement, in: UF 3(1971)61-70.

161. LC, 76.

162. In CTA 6 V 14 tötet Baʻal die Söhne der ʼAṯrt. Abgesehen davon, daß Baʻal nicht einfach als Sohn des ʼIl gilt - infolgedessen kann er auch nicht Bruder der Söhne der ʼAṯrt sein - trägt Gray vor allem den ʼaklm bzw. ʻqqm keine Rechnung. Dieser zentralen Gegebenheit aus Kol. I wird in Grays Gesamtinterpretation zu wenig Beachtung geschenkt.

163. šr ist hier aber sehr wahrscheinlich als "Oberster, Fürst" zu deuten, vgl. J.Aistleitner, WUS, Nr 2680, nach dem hebr. שׂר. Wie J.Gray mit Hilfe der Etymologie (vgl. seine Heranziehung der hebräischen Wurzel שׁוּר, "blicken" und שׁוֹרֵר, "Laurer", daher auch "Feind") zu der Bedeutung "Rächer" kommt, ist unbegreiflich.

164. J.Gray verweist auf Gen 4,11f. Weiter wäre noch auf CTA 17-19 hinzuweisen. Auch dort welkt die Natur, nachdem ʻAnat den ʼAqht hat sterben lassen. Hier spielt aber mehr die Königsideologie als eine soziale Institution der Bestrafung des Brudermordes die Hauptrolle.

165. Das Leiden, das Baʻal so dulden muß, verbindet Gray mit einer Art abschließendem Sühneopfer, das die Periode der Unfruchtbarkeit beenden soll. Zum Vergleich zieht er das Ritual mit dem Sündenbock in Israel heran.

166. Baʻal's Atonement, in: UF 3(1971)61-70.

167. Hier kann J.Gray auf CTA 10 verweisen. Dieser Text ist wahrscheinlich auch nicht in Ugarit selbst, sondern südlicher zu lokalisieren.

168. J.Gray verläßt damit seine frühere Interpretation der Vokabel štk (II 59ff.), um sich G.R.Driver, CML, 73 (still sein, aufhören), anzuschließen.

169. J.Gray verweist in diesem Zusammenhang auf die Chaosmächte, denen gegenüber Jahwe sich behaupten und über welche er siegreich als König herrschen kann. Die Schilderung der ʼaklm bzw. ʻqqm scheint aber eher auf eine ganz konkrete Bedrohung der Vegetation hinzuweisen, und diese wird durch die (vorübergehende) Schwächung des Baʻal ausgelöst.

170. Es wirkt befremdend, wenn J.Gray hier die Krankheits- und Heilungspsalmen des AT als Vergleich heranzieht. Zunächst wird in CTA 12 doch das Absterben der Natur und nicht das konkrete persönliche Schicksal eines Kranken geschildert.

171. J.Gray will das große Herbstfest in Kanaan in Verbindung bringen mit dem vorexilischen Vorläufer des Versöhnungstages in Israel.

172. Vgl. J.Grays Auslegung von šr ʼaḫyh (Z.47), die nicht haltbar scheint.

173. Vgl. aber A.S.Kapelrud, in: Ugaritica VI(1969)324f.

174. Vgl. G.Dalman, AuS, I, 393-395; II, 344-348.

175. Dagegen sehen C.H.Gordon, UL, 11, und J.Gray, LC, 75f., ihre Theorie eines Siebenjahreszyklus durch diesen Text bestätigt.

Zu Kap. II

1. Ausführlich untersucht wurde dieser religionsgeschichtliche Vorgang von U.Oldenburg, CEB. Er stellt die These auf, daß ʼIl, als höchster Gott eines ursprünglich kanaanäischen Pantheons, mit einigen Göttern des amoritischen Pantheons (Hadad, ʻAnat, Dagon) zu Beginn des 2. Jahrtausends in Konflikt um die Vorherrschaft geriet. Der Kampf führte dann zur Degradierung des ʼIl und zu einem Austausch unter den zwei Pantheonvorstellungen. Ähnlich äußerten sich schon W.F.Albright, ARI, 72f.; U.Cassuto, Anath, 53-57; A.S.Kapelrud, Baal, 86-93; M.H.Pope, EUT, 29.83-104. Siehe dazu aber die Kritik von M.J.Mulder, in: UF 2(1970)359-366.

2. Vgl. F.Løkkegaard, in: Studia Orientalia, 232-235; O.Eissfeldt, EUP, 60-70; J.Gray, LC, 154-169; ders., in: SVT 15(1966)176-185.192; W.H.Schmidt, Königtum Gottes, 29-32.64-66; H.Gese, RAAM, 94-100.117f.

3. Vgl. H.Gese, RAAM, 95f.

4. Vgl. CTA 2 III 21ff.; 3 E; 4 IV; 6 I 43f.

5. Vgl. CTA 5 VI 11ff.

6. Vgl. CTA 15; 17 I.

7. Vir.: II AB; UT: 51. Zum Text siehe A.Herdner, CTA, 30; C.H.Gordon, UT, S.173.

8. ʼaḥdy in CTA, 30, ist Druckfehler. Lies ʼaḥdy mit J.C.de Moor, Seasonal Pattern, 165.

9. Lies dymrʼu statt lymrʼu; vgl. C.H.Gordon, UT, § 4,13; J.C.de Moor, Seasonal Pattern, 165.

10. Die Ergänzung mit ʻ ist seit C.Virolleaud, in: Syria 13(1932)153-158, von den meisten übernommen worden. Vgl. A.Herdner, CTA, 30 Anm.1. J.Gray, LC, 54 Anm.3, liest aber dennoch dyšb[m] und C.H.Gordon, UL, 37 Anm.1, übersetzt "dominate".

11. Zu dieser Übersetzung vgl. J.C.de Moor, Seasonal Pattern, 131.164. Vgl. hebr. אחד.

12. Zu mrʼ vgl. J.Aistleitner, WUS, Nr 1663; RPOA, 417 (pour engraisser). Vgl. hebr. מְרִיא(Mastvieh). Dagegen J.Gray, LC, 54; C.H.Gordon, UL, 36; ders., UT, Nr 1543 (to command), nach dem Substantiv mrʼu (Offizier). Siehe dazu aber J.C.de Moor, Seasonal Pattern, 171.

13. C.H.Gordon, UL, 36f.; ders., UT, Nr 464; U.Oldenburg, CEB, 37; A.S.Kapelrud, Baal, 100, und RPOA, 417, deuten die Z.49f. als Worte des Mt. Vielfach hängt diese Interpretation mit der Deutung von bkm (Z.42) als "weinend" zusammen. Ba'al ist hier aber keineswegs resigniert, sondern meldet im Gegenteil gerade seine Herrschaftsansprüche an, die auch über die mißliche Lage seines Abstieges hinaus Geltung haben. Zur Bedeutung von bkm = "danach, dann" vgl. K.Aartun, in: BiOr 24(1967) 288; J.C.de Moor, Seasonal Pattern, 167.

14. Vir.: I* AB; UT: 67. Zu CTA 6 I siehe Vir.: I AB; UT: 62. Zum Text siehe A.Herdner, CTA, 36.38; C.H.Gordon, UT, S.180 und 177.

15. In der Parallele von CTA 6 I 7f. (nrd// b'ars). Siehe dazu A.Herdner, CTA, 38 Anm.3 (Korrektur in 'ard?). Špš steigt aber zusammen mit 'Anat in die Unterwelt hinab, so daß die 1.Person Plural hier durchaus richtig sein kann.

16. 'aṯr ist als Präposition aufzufassen; vgl. J.Aistleitner, WUS, Nr 475. Auf die Möglichkeit 'aṯr als Part. m. Plur. im st.cs. zu deuten, hat J.C. de Moor, Seasonal Pattern, 194, hingewiesen. Er selbst bevorzugt aber die Übersetzung "place of Ba'al"; vgl. dazu PRU V, 60, 34, und CTA 17 I 29; 20 B 1f.; 33,24.

17. Zu dieser Bedeutung von 'arṣ vgl. L.Wächter, in: MIO 15(1969)327f. Vgl. auch hebr. ארץ = Unterwelt (siehe KBL³, 88).

18. Vgl. J. Gray, LC, 51 Anm.4; A.S.Kapelrud, Baal, 128.

19. Vir.: I D; UT: 1 Aqht. Zum Text siehe A.Herdner, CTA, 89f.; C.H.Gordon, S. 246.

20. Hier gilt analog das Doppelungsgesetz. Dem Erzähler kommt es auf die Erwähnung des dritten Namens an, um so das volle Gewicht auf den Hauptschuldigen zu legen. Vgl. Th.H.Gaster, Thespis, 368.

21. Zu 'wr vgl. J.Aistleitner, WUS, Nr 2020 (Einäugiger, Blinder); C.H.Gordon, UT, Nr 1834 (blind in one eye). Vgl. das hebräische Verbum עוֵּר I (GB, 573: blenden). Für Verfluchungen, die Blindheit herbeiführen vgl. Th.H.Gaster, Thespis, 367.

22. Gerade als König steht Krt in einer besonderen
    Beziehung zu ʾIl. Zur Königsideologie und ihrer
    Relation zur Fruchtbarkeit vgl. A.Merrill, in:
    SEA 33(1968)5. J.Coppens, L'idéologie royale ouga-
    ritique, in: Symbolae Biblicae et Mesopotamicae,
    1973, 81-89, bestreitet den göttlichen Charakter
    der ugaritischen Könige. Siehe weiter Anm. 101
    (Kap. I).

23. Zum unterschiedlichen Königtum von ʾIl und Baʿal
    vgl. vor allem W.H.Schmidt, Königtum Gottes, 23.
    31. Es ist klar, daß eine Königsideologie sich
    nicht auf das dynamische und wechselhafte König-
    tum des Baʿal, sondern vor allem auf das statische,
    erhabene Königtum des ʾIl stützen muß. Nur hinsicht-
    lich der Fruchtbarkeit rückt die Königsideologie
    näher an das Baʿal-Bild heran.

24. Vir.: III K; UT: 128. Zum Text siehe A.Herdner,
    CTA, 68f.; C.H.Gordon, UT, S. 195.

25. F.M.Cross, CMHE, 180, vergleicht Baʿal und seine
    Funktion in dieser Angelegenheit mit dem bibli-
    schen מלאך יהוה, der als Fürsprecher in der Göt-
    terversammlung auftritt. Das scheint aber kein
    besonderes Vorrecht des Baʿal gewesen zu sein; vgl.
    die Aktionen und Bitten der ʾAtrt bzw. des Ym vor
    ʾIl und der Götterversammlung. Hier tritt Baʿal
    wahrscheinlich doch nur deshalb in den Vordergrund,
    weil es um ein Anliegen geht, das mit seinem spe-
    zifischen Aufgabenbereich zusammenhängt.

26. Vir.: II D; UT: 2 Aqht. Zum Text siehe A.Herdner,
    CTA, 80; C.H.Gordon, UT, S. 247. Zum Zustand der
    Tafel vgl. A.Herdner, CTA, 77f., und dies., CTA
    (Planches et Figures), Pl. XXVII-XXX; Fig. 52-62.

27. An dieser Stelle beabsichtigt die Siebenzahl, die
    Spannung bis zur Wende des Schicksals zu steigern.

28. Zum l als Bekräftigungspartikel vgl. J.Aistleitner,
    WUS, Nr 1423; C.H.Gordon, UT, Nr 1339; M.Dahood,
    UHP, Nr 1339; ders., in: UF 1(1969)21; K.Aartun,
    Die Partikel, I, 34. Dagegen fassen Hammershaimb,
    Das Verbum, 115, l als Wunsch, H.L.Ginsberg, ANET,
    150, l als Negation auf.

29. Baʿal wird hier scheinbar als Sohn des ʾIl präsen-
    tiert. Sonst wird er immer bn dgn genannt. Wie

alle Götter aber, die genealogisch nicht von 'Il abstammen, kann auch Ba'al bn 'il genannt werden. Ich sehe hier keine Anzeichen für eine Verschiebung im ugaritischen Pantheon wie G.R.Driver, CML, 6 Anm. 3, es andeutet.

30. Vgl. J.Aistleitner, WUS, Nr 1659 unter mr II (Stärke verleihen, segnen); C.H.Gordon, UT, Nr 1556 unter mrr (to strenghten, bless, commend); S.Rin, in: BZ 11(1967)189.

31. Zum Titel bny bnwt vgl. W.H.Schmidt, Königtum Gottes, 59; J.Gray, LC, 33; ders., in: SVT 15(1966) 172. Siehe weiter J.Aistleitner, WUS, Nr 534 (Schöpfer der Geschöpfe); C.H.Gordon, UT, Nr 483 (Creator of creatures). J.C.de Moor, in: UF 2(1970)313 Anm.50, übersetzt: "progenitor of the generations".

32. Siehe dazu O.Eissfeldt, Sohnespflichten im Alten Orient, in: Syria 43(1966)39-47 (=KlSchr., IV, 1968, 264-270).

33. bt b'l und bt 'il stehen hier parallel. Möglicherweise wird aber der Tempel des Ba'al auch als bt 'il gekennzeichnet, so daß es hier um den Tempel geht, in dem Dn'il immer gebetet und Opfer dargebracht hat. Einen eigenen Tempel für 'Il hat man bis jetzt in Ugarit nicht entdeckt. Für zwei verschiedene Tempel plädieren P.van Zijl, Baal, 271f., und K.Koch, Sohnesverheißung, in: ZA 58(1967)216.

34. Zu 'ḫd vgl. J.Aistleitner, WUS, Nr 135 (ergreifen, packen); C.H.Gordon, UT, Nr 130 (to seize, take hold of). Vgl. hebr. אחז (KBL^3, 31).

35. Vgl. J.Aistleitner, WUS, Nr 911 unter ḥwy I (D-Stamm im Jussiv: ins Leben rufen); vgl. hebr. חיה (KBL^3, 296).

36. Vgl. J.Aistleitner, WUS, Nr 585 (Lebensgeist); C.H.Gordon, UT, Nr 520 (soul). J.C.de Moor, in: UF 1(1969)186 (brlt and npš are virtually synonyms); siehe noch B.Cutler-J.MacDonald, in: UF 5(1973) 67-70.

37. Zum Ausdruck 'aṯbn 'ank w'anḫn wtnḫ b'irty npš, "ich will mich setzen und ausruhen, beruhigen wird sich in meiner Brust die Seele" vgl. CTA 6 III 18.

38. II 24f. Vielleicht erfolgt die Botschaft für Dn'il - wie bei Krt - nachts.

39. Vgl. Anm. 132 (Kap. I).

40. Wahrscheinlich faßte man in Ugarit die menschliche Zeugung doch als etwas auf, was eher in den Bereich der Schöpfung gehörte. Für die Schöpfung ist nun 'Il und nicht Ba'al zuständig. Vgl. 'Il's Titel bny bnwt (CTA 4 II 11; III 32; 6 III 5.11; 17 I 25) und 'ab 'adm (CTA 14,37.43.136.151.297). Anders aber L.R.Fisher, Creation at Ugarit, in: VT 15(1965) 313-324, der auch eine Schöpfung nach dem Ba'al-Typus annimmt. Im Gegensatz zum eigentlichen Schöpfergott 'Il ist Ba'al aber eher als Erhalter der Schöpfung zu betrachten, weshalb er bei der Fruchtbarkeit des Menschen auch nicht völlig ausgeschlossen werden kann.

41. Vgl. dazu R.Dussaud, Origines Cananéennes, 1941, der auf die weitgehende Übereinstimmung der Opfertypen in Israel und Ugarit hingewiesen hat. Spätere Untersuchungen schwächten die oft zu weitreichende Thesen von R.Dussaud erheblich ab. Siehe weiter Th.H.Gaster, in: Mélanges Syriens, II, 1939, 577-582; J.Pedersen, in: AcOr 18(1940)1-14; J.Ph.Hyatt, in: JBR 10(1942)71f.; J.Gray, in: ZAW 62(1950)207-220; G.Fohrer, in: Studien zur atl. Theologie und Geschichte, 10f.; W.Herrmann, in: ZAW 72(1960)205-216; A.Charbel, in: BO 14(1972) 133-141.

42. Vgl. die ugaritischen Termini šrp, šlm, dbh, mtn, ndr, š'ly, ybl und š'qrb. Siehe dazu Th.H.Gaster, in: Mélanges Syriens, II, 1939, 577-582, der noch mehr Termini aufführt, die aber nicht alle einer kritischen philologischen Wertung standhalten. Vgl. weiter N.H.Snaith, in: VT 7(1957)308-317; R. de Vaux, Sacrifices, 1964; R.Rendtorff, Studien zur Geschichte des Opfers im Alten Israel, 1967.

43. Vgl. R.Dussaud, Origines Cananéennes, 1941; ders., in: CRAIBL (1941)530-538. Dagegen wendet sich vor allem J.Gray, in: ZAW 62(1950)207-220; ders., LC, 199: "The equivalence of mere technical terms is the weakest argument for a correspondence between the cultic systems of Israel and Ugarit". Vgl. noch A.Caquot, in: RHPhR 42(1962)202.

44. Vgl. D.M.L.Urie, in: PEQ (1949)69ff.; J.Gray, LC, 195f. Zu 'atm vgl. C.H.Gordon, UT, Nr 422 (guilt-offering; vgl. hebr. אשם); D.Urie, in: PEQ (1949)

72; D.Kellermann, in: ZAW 76(1964)319-322.

45. Dagegen leugnet A.de Guglielmo, in: CBQ 17(1955) 196-216, den Opfercharakter vieler Textstellen. Aus den übrig gebliebenen Angaben vermag er dann aber dennoch eine Synthese über die Opferpraxis in Ugarit darzustellen.

46. Ugaritische "Opferlisten" sind z.B. in den zum Teil schwer beschädigten Texten CTA 32-44 belegt.

47. Vir.: V AB; UT: ʻnt. Zum Text siehe A.Herdner, CTA, 16; C.H.Gordon, UT, S. 253. Vgl. weitere Texte, die sich auf ähnliche Wasserriten beziehen, in CTA 6 I 6ff.; RS 24.245 Rückseite.

48. Zu ḥsp vgl. noch CTA 3 D 86; 19,51.55.199. Siehe dazu J.Aistleitner, WUS, Nr 951 (schöpfen); C.H. Gordon, UT, Nr 884 (to pour water). Vgl. hebr. חשׂף I (entblößen) nach KBL³, 345.

49. Zu rḥs vgl. CTA 2 III 20; 3 B 32.34; D 86; 14,63. 157; 16, 156; 17 I 34; II 17, 23 u.ö. Siehe dazu J.Aistleitner, WUS, Nr 2504 (überspülen, waschen); C.H.Gordon, UT, Nr 2323 (to wash). Vgl. hebr. רחץ.

50. Zu nsk vgl. J.Aistleitner, WUS, Nr 1801 (schütten, als Trankopfer gießen); C.H. Gordon, UT, Nr 1662 (to pour). Siehe hebr. נסך. Mit J.C.de Moor, Seasonal Pattern, 98, und M.Dahood, in: UF 1(1969)16f., sind die Pronominalsuffixe als Dativsuffixe aufzufassen. nskh in Z.41 wird von den meisten als tskh gelesen; vgl. A.Herdner, CTA, 16 Anm. 4. Siehe aber auch D 88 und dazu U.Cassuto, Anath, 122.

51. Vgl. RSP ii 208 (S. 190f.).

52. Seasonal Pattern, 94ff. De Moor zieht dazu noch CTA 13,5.7 heran, wo ʻAnat _gebeten_ wird, den gleichen Kampf auszuführen. Sprachlich gibt es aber kaum Übereinstimmungen mit diesem Text.

53. In 1 Kön 18 wird beschrieben, wie die Baʻals-Propheten sich selbst bis zum Bluten (עד-שפך-דם) verwundeten, damit Baʻal auf ihr Beten antwortet und Feuer bzw. Regen aus dem Himmel schickt. Der Unterschied liegt darin, daß von den "Völkern des Westens und Ostens" nirgends gesagt wird, daß

sie sich selbst verwunden. Das Blutvergießen in 1 Kön 18 bezieht sich nur auf die durch die ekstatischen Riten hervorgebrachten Schnittwunden.

54. De Moor, Seasonal Pattern, 95, weist in diesem Zusammenhang auf CTA 19 IV 204ff.: dort bezeichnet Pǵt, die Tochter des Dn'il, sich selbst als 'Anat.

55. Elia läßt die Ba'als-Propheten festnehmen (תפש); keiner durfte entkommen (Nif. מלט); Elia selbst "schlachtete" (שחט) die Propheten am Bach Kischon.

56. Obwohl westlich von Ugarit nur noch das Hafenviertel Minet el-beida liegt, kann hp ym durchaus im Sinne von "westlich" verstanden werden. Vgl. dazu das Kontrastwort s'at špš (östlich). Der Ausdruck will hier bekunden, daß es nicht um konkrete Völker geht, sondern um ein willkürliches Ausrotten der anderen Völker. Daß l'im ḥp ym die "Seevölker" bezeichnet - so F.Stolz, Strukturen und Figuren im Kult von Jerusalem, 85 Anm. 48 - ist höchst unwahrscheinlich. Vgl. das Entstehungsdatum des mythologischen Stoffes und der Redaktion dieses Textes mit der geschichtlichen Einordnung der "Seevölker".

57. Die Bedeutung ist unsicher. Vgl. J.Aistleitner, WUS, Nr 2573 (Greise?); G.R.Driver, CML, 149 (muzzled); J.Gray, LC, 42 Anm.4 (young men); K. Aartun, in: WdO IV 2(1968)296 (Feinde, Gegner); J.C.de Moor, Seasonal Pattern, 92 (the revilers).

58. Das Wort hat nach J.C.de Moor, Seasonal Pattern, 92f., und ders., in: UF 1(1969)188, eine religiöse Konnotation (weaklings). Vgl. CTA 4 III.20. Dagegen C.H.Gordon, UT, Nr 1432 (possibly // tgrš, she drives out).

59. Die Existenz eines solchen Festes ist für das Gebiet von Kanaan immer noch nicht eindeutig nachgewiesen. J.C.de Moor, New Year, 1972, hat seine Existenz aber doch wahrscheinlich gemacht.

60. E.Lipínski, in: Syria 42(1965)45-73, verweist hierfür auf RŠ 22.225,3-5. Dort ißt 'Anat das Fleisch des Ba'al und trinkt sein Blut.

61. Théophanie, in: UF 3(1971)90f.

62. Eine Ausnahme scheint in CTA 17-19 vorzuliegen. Doch ist ʿAnats gegnerische Position zu Baʿal eher zufälliger Art. Sie hat den Tod des ʾAqht keineswegs beabsichtigt, weil sie nur seinen Bogen erwerben wollte. So bereut sie den Ausgang der Ereignisse.

63. Im Kampf gegen Ym wird einmal Baʿal, einmal ʿAnat als Sieger dargestellt. Vgl. CTA 2 IV; 5 I und 3 D 35ff.

64. Cuneiform Texts, 68.

65. Vgl. ebd., Pl. XXXII und Fig. 2.

66. Zur Literatur über den Fruchtbarkeitscharakter der Fensterepisode vgl. Anm. 60 (Kap. I).

67. Vir.: V AB; UT: ʿnt. Zum Text siehe A.Herdner, CTA, 16f.; C.H.Gordon, UT, S. 253f.

68. qryy muß, wie auch št und sk, eine Imperativform sein. Vgl. dazu J.Aistleitner, WUS, Nr 2454 (treffen, begegnen); ders., MKT, 27 (komm zu mir); C.H.Gordon, UT, Nr 2277 (to meet). Das letzte y ist Personalsuffix. Ähnlich N.C.Habel, Yahweh versus Baal, 57. Im opfertechnischen Sinne bei J.C.de Moor, Seasonal Pattern, 103. Anders aber U.Cassuto, Anath, 91.124f. (withdraw from the earth); ders., in: BJPES 12(1945/46)40ff.; P.van Zijl, Baal, 57 (remove war from the earth). qry kann aber nie diese Bedeutung haben; vgl. hebr. קרא II (begegnen, treffen). Siehe dazu KBL, s.v. קרה, 853f.; GB, s.v. קרא II, 724f.

69. So H.L.Ginsberg, ANET, 136; U.Cassuto, Anath, 125; A.Goetze, in: BASOR 93(1944)19; J.Aistleitner, WUS, Nr 1454 (Schlacht); C.H.Gordon, UT, Nr 1367 (war); G.R.Driver, CML, 87 (war upon earth is opposed to my will); A.Jirku, KME, 29; P.van Zijl, Baal, 55. Vgl. hebr. מלחמה.

70. Zu št vgl. J.Aistleitner, WUS, Nr 2702 (etw. wohin tun, anbringen); C.H.Gordon, UT, Nr 2410 und 2499 (to place). Siehe hebr. שית.

71. Zu ddym/ddm als Plur. von dd III (Topf) vgl. J.
Aistleitner, WUS, Nr 732; C.H.Gordon, UT, Nr 645
unter dd I (pot); J.Gray, in: ZAW 62(1950)212.
Vgl. hebr. דוד (KBL³, 207).

72. Zu nsk vgl. Anm. 50 (Kap. II). In CTA 3 B 40; D
88 wird das Verbum in Zusammenhang mit dem Regen
verwendet. Anders R.Dussaud, in: Syria 17(1936)
101 Anm. 1 (répandre).

73. Vgl. R.Dussaud, in: Syria 17(1936)101f. (le sacrifice: les chairs de l'animal sacrifié); J. Aistleitner, WUS, Nr 2614 (eine Art Opfer, Opfergabe);
J.Gray, in: ZAW 62(1950)212. J.C.de Moor, Seasonal Pattern, 104 (šlm-offering), aufgrund der Verbindung mit dem Verbum nsk. Siehe dazu CTA 3 B
31f., wo berichtet wird, daß beim šlm-Opfer auch
Öl ausgegossen wird (yṣq šmn). Vgl. hebr. שלמים.

74. Zur Übersetzung "Honig aus Krügen" vgl. G.R.Driver,
CML, 87.135 Anm.7; J.C.de Moor, Seasonal Pattern,
104. Dagegen versteht J.Aistleitner, WUS, Nr 374,
'arb als Elativ zu rb (große, viel Liebe); RPOA,
395 (des averses de délices); M.Dahood, in: Bib
38(1957)66f., als Imperativ mit kausativer Bedeutung
(rain down love). Ähnlich auch R.Dussaud, in:
Syria 17(1936)101 Anm.2 (verse la jarre); J. Gray,
in: ZAW 62(1950)212 (many jars); A.Jirku, KME, 29
(vermehre die Liebe); U. Cassuto, Anath, 91; ders.,
in: BJPES 12(1945/46)40ff.(augment love over the
fields); P.van Zijl, Baal, 55. Warum bleibt dann
aber 'arb dd in den Parallelstellen (CTA 3 D 66-69.
71-75) unverändert, während die anderen Imperative (qryy, št und sk) alle in die 1.Pers. sg. abgeändert werden? Die Existenz eines kausativen Aphel
wird übrigens von E.Merrill, in: JNSL 3(1974)40-49, bestritten. C.H.Gordon, UT, Nr 330, führt den
Ausdruck ohne Deutung auf; ders., UL, 19: "A libation in the midst of the fields". Siehe für weitere
Deutungen noch A.Goetze, in: BASOR 93(1944)20 (loving consideration); U.Oldenburg, CEB, 89 (press pots
into holes, into the midst of the fields).

75. J.C.de Moor, Seasonal Pattern, 102f. (Pluralform
von mlhm). Vgl. noch J.Aistleitner, in: ZAW 57
(1939)198.200; C.H.Gordon, UL, 19; A.S.Kapelrud,
Baal, 19.100; U.Oldenburg, CEB, 89.

76. So A.Goetze, in: BASOR 93(1944)19 (with passion); P.van Zijl, Baal, 55; U.Cassuto, Anath, 125f.; ders., in: BJPES 12(1945/46)40ff.; zur Bedeutung "Liebesapfel" vgl. A.Herdner, in: RÉS (1942/43) 38; C.H.Gordon, UL, 19; G.R.Driver, CML, 87.154; J.C.de Moor, Seasonal Pattern, 103f. Vgl. hebr. דוד (siehe KBL³, 207).

77. So A.Goetze, in: BASOR 93(1944)19; U.Cassuto, Anath, 91; ders., in: BJPES 12(1945/46)40ff.; J.Gray, LC, 43 Anm.6. 46 Anm.1; P.van Zijl, Baal, 55. A.de Guglielmo, in: CBQ 17(1955)80f., bestreitet den Opfercharakter des Textes.

78. Vgl. R.Dussaud, in: Syria 17(1936)101f.; J.Aistleitner, WUS, Nr 732; J.Gray, in: ZAW 62(1950)212.

79. Zum šlm-Opfer in Israel vgl. R.Schmid, Das Bundesopfer in Israel; R.de Vaux, Sacrifices, 28-48.

80. Siehe dazu die Beschreibung von Cl.F.-A.Schaeffer, Cuneiform Texts, 47, über die Tonröhrchen, die man in Ugarit gefunden hat und die gerade in den Boden hineingesteckt wurden, so daß die Libationen tief in die Erde eindringen konnten. Krüge wurden am unteren Ende der Röhrchen entdeckt. Vgl. noch W. Baumgartner, in: ThR 13(1941)98; A.S.Kapelrud, Baal, 19f. E.L.Sukenik, in: Mémorial Lagrange, 1940, 59-65, bezieht den Brauch auf den Totenkult. Vgl. noch J.C.de Moor, New Year, I, 8.

81. J.C.de Moor, Seasonal Pattern, 105, faßt diesen Ritus als Stimulanz für die Fruchtbarkeit der "Mutter Erde" auf. Die Erde wird hier dann als weibliches Pendant zu Ba'al gesehen. Die Empfängnis geschieht durch den Regen bzw. die Saat.

82. J.C.de Moor, Seasonal Pattern, 104, mag Recht haben, wenn er darauf hinweist, daß die Wiederholung der Passage auf einen häufigen Vollzug des Ritus schließen läßt. Ob das allerdings einschließt, daß der Ritus nur während der Zeit des Herbstregens vollzogen wurde, möchte ich bezweifeln. Wenn der Ritus seinen Zweck erfüllen sollte, wird er auch, ja gerade in Zeiten der Trockenheit ausgeführt worden sein.

83. Vir.: I AB; UT: 49 II.V. Zum Text siehe A.Herdner, CTA, 40.42; C.H.Gordon, UT, S.168f.

84. Die Wendung ym ym bzw. lymm lyrḫm kommt noch in CTA 1 V 15f. und 6 II 4f. vor. Vgl. noch CTA 6 V 7f.; 19 IV 175f. und J.C.de Moor, Seasonal Pattern, 208.

85. ḥrb wird, wegen seines Zusammenhangs mit den anderen Handlungen, die dem Agrarleben entnommen sind, oft mit "Sichel(schwert)" übersetzt. Vgl. C.Virolleaud, in: Syria 12(1931)211; R.Dussaud, in: RHR 104(1931)388; ders., in: RHR 111(1935)56 Anm.1; G.Chenet, in: Mélanges Syriens, II, 1939, 49ff.; F.F.Hvidberg, WLOT, 34 Anm.4; T.Worden, in: VT 3(1953)293; O.Hvidberg-Hansen, in: AcOr 37(1971) 11 Anm.16. J.C.de Moor, Seasonal Pattern, 209, übersetzt "cutting blade". In Verbindung mit dem Verbum bqʻ (vgl. CTA 6 V 13 mit dem Verbum dry) sieht de Moor damit das Dreschen beschrieben. Die Bedeutung von ḥrb ist tatsächlich breit gefächert; vgl. auch das hebr. חֶרֶב. Siehe dazu KBL³, 335f. s.v. חֶרֶב (Dolch, Steinmesser, Meißel, Schwert).

86. Zu ḫtr vgl. das hebr. *חֲשָׁרָה(Sieb); siehe dazu KBL³, 348f.; vgl. weiter J.Aistleitner, WUS, Nr 1109 (Sieb); C.H.Gordon, UT, Nr 1027 (instrument for scattering); J.C.de Moor, Seasonal Pattern, 210. Zu dry vgl. J.Aistleitner, WUS, Nr 790 (worfeln); J.C.de Moor, Seasonal Pattern, 210. Anders C.H.Gordon, UT, Nr 702 (to winnow, scatter, hack to pieces).

87. Zu šrp vgl. C.H.Gordon, UT, Nr 2489 (to burn); J.C.de Moor, Seasonal Pattern, 210; RPOA, 430 (brûler). Vgl. hebr. שׂרף (verbrennen). Dagegen J.Aistleitner, WUS, Nr 2690 (rösten); ders., MKT, 20; J.Gray, LC, 68 (she parches him). Diese letzte Bedeutung paßt besser in den Kontext, weil Mt nach dieser Handlung noch in Stücke zerteilt wird und seine Überreste verstreut werden.

88. Zu rḥm vgl. J.Aistleitner, WUS, Nr 2496 (Handmühle; Dual!); C.H.Gordon, UT, Nr 2322 (unter rḥm III: millstones); P.L.Watson, Mot, 111 (millstone). Siehe hebr. רֵחַיִם (Handmühle). Zu ṭḥn vgl. J.Aistleitner, WUS, Nr 1116 (mahlen); C.H.Gordon, UT, Nr 1033 (to grind). Vgl. mit hebr. טחן (mahlen).

89. Vgl. R.Dussaud, Découvertes, 137 (elle disperse
    sa chair); RPOA, 430; S.E.Loewenstamm, in: IEJ
    12(1962)87f.; ders., in: IEJ 13(1963)130f.; M.Da-
    hood, UHP, 7; J.Gray, LC, 68; F.C.Fensham, in: IEJ
    16(1966)192; O.Eissfeldt, in: OLZ 63(1968)552.
    Für seine Übersetzung "auf das Feld aussäen" ar-
    gumentiert de Moor, Seasonal Pattern, 210f., mit
    Gen 26,12 und Hos 2,25 (זרע בארץ); Lev 25,3f. und
    Ps 107,37 (זרע שדה); Ex 23,16 (זרע בשדה). Für die
    Literatur zu dieser Frage vgl. J.C.de Moor, Seaso-
    nal Pattern, 210f. Der Kontext spricht gegen die
    Interpretation von J.C.de Moor.

90. š'irh ist nicht mit tdr'nn zu verbinden, das schon
    ein Pronominalsuffix aufweist. Außerdem spricht
    der parallele Aufbau der Verse dagegen. Für die
    Bedeutung vgl. CTA 10 I 18 und hebr. שאר II (GB,
    799). Vgl. dazu noch W.F.Albright, in: JPOS 12
    (1932)185f.; Th.H.Gaster, in: JRAS (1932)871.887;
    ders., in: ArOr 5(1933)120 Anm. 1; C.H.Gordon, UT,
    Nr 2372 (flesh); J.Aistleitner, WUS, Nr 2569.
    Anders Th.H.Gaster, Thespis, 221, und J.Gray, LC,
    68 Anm.4 (remnant) nach dem hebr.שאה . Das l in
    lt'ikl ist emphatisch. Vgl. Anm. 28 oben (Kap. II).

91. Zu mnt vgl. J.Aistleitner, WUS, Nr 1600 (Teil,
    Glied, Portion); C.H.Gordon, UT, Nr 1502; J.C.de
    Moor, Seasonal Pattern, 211. Siehe dazu hebr.מנה
    (Teil, Portion). Zu nprm vgl. J.Aistleitner, WUS,
    Nr 2259 ("volatile"); C.H.Gordon, UT, Nr 1680
    (fowl).

92. Zu yṣḥ vgl. J.Aistleitner, WUS, Nr 2313 (rufen,
    einladen); C.H.Gordon, UT, Nr 2162 (unter syh: to
    shout); H.P.Rüger, in: UF 1(1969)204, zu RŠ 24.
    258,2 (laut ruft er). Dagegen J.Gray, LC, 68 (Im-
    perf. Pass. von ṣwh: remains from remains are sun-
    dered).

93. U.Cassuto, in: IEJ 12(1962)79, sieht in diesem
    Geschehen gerade das Gegenteil eines Fruchtbarkeits-
    ritus. Siehe vor allem das Verzehrtwerden des Kor-
    nes durch die Vögel und das Verstreutwerden übers
    Meer. Übrigens scheinen Ba'al und Mt nach der Aus-
    führung des Ritus gleichzeitig zu leben. Cassuto
    faßt zudem die Siebenjahreszeit vor der endgültigen
    Auseinandersetzung der beiden wörtlich auf. Vgl.
    dazu aber A.S.Kapelrud, in: IEJ 13(1963)128.

94. Vgl. J.C.de Moor, Seasonal Pattern, 210f.; H.Gese, RAAM, 73; M.H.Pope, Art. Mōt, in: WdMyth., I, 301; T. Worden, in: VT 3(1953)281f.292f.

95. Auf den Fruchtbarkeitscharakter des Mt (als Gott des reifen Getreides) haben hingewiesen: V. & I. Rosensohn-Jacobs, in: HTR 38(1945)79; G.Fohrer, in: ThLZ 78(1953)197; T.Worden, in: VT 3(1953)281f.; H.Gese, RAAM, 73f.; L.G.Perdue, in: Bib 54(1973) 242f. A.S.Kapelrud, in: IEJ 13(1963)127f., bemerkt, daß die Beschreibung des Textes eine Identifizierung von Mt mit dem Getreide zwar nicht ausdrücklich ausspricht, diese aber sehr nahelegt.

96. Vgl. die Literatur bei J.C.de Moor, Seasonal Pattern, 214f.; weiter noch C.Colpe, Zur mythologischen Struktur der Adonis-, Attis- und Osiris-Überlieferungen, in: lišān mit̲hurti (=Fs. W.von Soden), AOAT, Bd 1,23-44; H.Gese, RAAM, 73.

97. The Ugaritic Fertility Myth - The Result of a Mistranslation, in: IEJ 12(1962)87f.; ders., The Ugaritic Fertility Myth - A Reply, in: IEJ 13(1963) 130-132; ders., The Making and Destruction of the Golden Calf, in: Bib 48(1967)481-490; ders., The Killing of Mot in Ugaritic Myth, in: Or 41(1972) 378-382. Loewenstamm argumentiert u.a. mit den Bibelstellen Ri 9,45 und Sach 10,9, wo זרע "ausstreuen" bedeutet. Siehe auch U.Cassuto, in: IEJ 12(1962)77-86. Nach Loewenstamm wären dr' und dry Synonyme. Sämtliche Handlungen der Z.30-37 faßt er als Vernichtungsaktionen auf, indem er ḥrb als "Schwert", dry nach Jer 25,7, t̲hn nach Ex 32,20, šrp als "verbrennen" interpretiert. In seine Richtung gehen auch die Ausführungen von P.L.Watson, Mot, the God of Death, 1970, und ders., in: JAOS 92(1972)60-64. Siehe dazu aber L.G.Perdue, in: Bib 54(1973)237-246 (besonders 240-243); A.S.Kapelrud, in: IEJ 13(1963)127: "The interpretation of the passage in question is not based upon a single word, even less the interpretation of the whole myth".

98. Die richtige Reihenfolge wird durch Z.34f. unterbrochen. Hier dominiert der Vernichtungsgedanke über die Bilder aus der Erntetätigkeit; denn das Ausstreuen geschieht nur zu dem Zweck, daß die Vögel des Himmels die Reste auffressen. Vgl. dazu die Vögel in CTA 19,108ff.

99. Vgl. R.Dussaud, Découvertes, 137; J.Gray, LC, 68ff.; J.C.de Moor, Seasonal Pattern, 212-215.

100. Nach der großen Lücke in der unteren Hälfte von Kol. IV berichtet Kol. V über einen Wortwechsel zwischen Ba'al und Mt. Der Text ist aber ab Z.16 kaum noch zu lesen; anhand von CTA 6 II 31ff. ist noch einiges zu ergänzen. Ungefähr die Hälfte von Kol. V (ca. 25 Zeilen) ist abgebrochen und verlorengegangen.

101. J.C.de Moor, Seasonal Pattern, 226, versteht die Aussagen der Z.1-6 futurisch (analog zu CTA 4 V 68-71; VII 47-49; 6 III 1-7).

102. Vgl. mit CTA 1 V 15f.; 6 II 4f.26f.

103. Zum m als Vokativpartikel siehe CTA 2 IV 9.32.36; 10 II 32; 34,9; PRU II, 168,1. Vgl. A.D.Singer, in: JCS 2(1948)5. J.C.de Moor, Seasonal Pattern, 232, hält das m an dieser Stelle für einen Intensitäts- oder Majestätsplural.

104. Zu ph vgl. J.Aistleitner, WUS, Nr 2205 (erblicken; erfahren); C.H.Gordon, UT, Nr 2027; M.Dahood, UHP, Nr 2027; J.C.de Moor, Seasonal Pattern, 232 ("to see" has often the meaning of "to experience" in the semitic languages). Siehe weiter R.B.Coote, in: UF 6(1974)1-5.

105. Zu qlt vgl. CTA 4 III 15. Siehe dazu J.Aistleitner, WUS, Nr 2410 (Schimpf, Schmach); C.H.Gordon, UT, Nr 223 (shame). Siehe hebr. קָלָה und קָלוֹן. Dagegen J.C.de Moor, Seasonal Pattern, 232 (Infin. qwl, "to fall").

106. Zu kbrt vgl. J.C.de Moor, Seasonal Pattern, 210 (riddle). Siehe hebr. כְּבָרָה (GB, 334).

107. A.Herdner, CTA, 42 Anm.4, schlägt als Verbum zu bšdm ġll bzw. ġly vor.

108. bym ist wegen des Parallelismus mit CTA 6 II wohl "auf dem Meer, übers Meer" und nicht "am Tag" zu übersetzen. Vgl. dazu J.C.de Moor, Seasonal Pattern, 212.229.232. Anders G.R.Driver, CML, 113; A.S.Kapelrud, in: IEJ 13(1963)128; J.Gray, LC, 73.

109. Die Nebeneinanderstellung der Zahlen 7/8 bzw. 77/88 will meistens eine längere Zeit bzw. eine öfters vollzogene Handlung ausdrücken, ohne daß damit die genaue Dauer bzw. Zahl festgelegt wird. Vgl. CTA 5 V 8; 3 E 34; 12 II 45; 14,8; 15 II 23; 19,42; 23,66. Siehe dazu A.S.Kapelrud, in: VT 18 (1968)494-499; S.E.Loewenstamm, in: IEJ 15(1965) 121-133.

110. Besonders H.L.Ginsberg, in: JAOS 70(1950)157; Th.H.Gaster und C.H.Gordon, UL, 4f.; ders., in: Or 22(1953)79-81, haben den Siebenjahres-Zyklus als Grundlage für den Aufbau des Ba'al-Zyklus dargestellt. Bezüglich der Siebenjahreszeit als mythologischer Kategorie vgl. aber A.S.Kapelrud, in: VT 18(1968)496. J.Gray, LC, 73f., versucht den einjährigen Zyklus mit einem siebenjährigen zu kombinieren, obwohl er eine symbolische Bedeutung der Zahl sieben in diesem Zusammenhang für durchaus möglich hält. Siehe auch P.van Zijl, Baal, 225f.

111. Vgl. die Größenordnung der Geschenke für 'Aṯrt in CTA 4 I 28ff.; die Entfernung des Wohnsitzes des Ba'al auf dem Ṣpn in CTA 3 D 82 und 4 V 86; die Abmessungen des Ba'al-Palastes in CTA 4 V 118f.; die Häufigkeit der Kopulation in CTA 10.

112. Vgl. u.a. CTA 3 A 4-22; 4 III 40-44; IV 35-38; VI 55-59; 5 I 10ff.; IV 11-18; 15 IV 4ff.; V 10; VI 4; 17 II 26ff.; V 16ff.; VI 2-8; 20-22B. Siehe weiter RŠ 24.252 und 24.258. Eine Sammlung solcher Texte findet man bei J.C.de Moor, New Year, II. Er bringt sie alle in Zusammenhang mit der Feier des Neujahrsfestes. Für bildliche Darstellungen vgl. M.H.Pope, in: Near Eastern Studies (=Fs. W.F. Albright), 1971, 393-405.

113. Vgl. CTA 4 VI 77. Siehe weiter z.B. ṭbḫ (schlachten) in CTA 15 IV 4; 17 II 29; dbḥ (schlachten, opfern) in RŠ 24.258,1; 'db (zubereiten) in RŠ 24.258,10.12f.; ṯ'r (verabreichen, zubereiten) in CTA 3 A 4; 'šr (ein Gastmahl geben, bewirten) in CTA 3 A 9; 16 I 61f.; 17 VI 30f.; brd (vorlegen, eilig bringen) in CTA 3 A 6; ṯrm (ein Mahl einnehmen, abschneiden) in PRU V, 1 (UT: 2001); vgl. dazu W.Herrmann, in: MIO 15(1969)12.

114. Siehe CTA 3 A 9ff.; 4 IV 37; VI 58; 15 IV 5; 23,6; RŠ 24.258,3f.

115. Ugaritisch mrzḥ bzw. mrzʻ; in den akkadischen Texten: marziḫu. Zum mrzḥ bzw. Thiasos in der altorientalischen Welt vgl. besonders O.Eissfeldt, in: OrAnt 5(1966)165-176; ders., in: Ugaritica VI(1969)187-195; C.L'Heureux, in: HTR 67(1974)270f. Belege sind zu finden in CTA 21 A 1.5 ( ]rzʻy).9 (]y); PRU V 47 (mrzḥ ʻn[t]); RŠ 24.258,15 (ʻil mrzʻy) und zuletzt in RŠ 1957.702 (Claremont Ras Shamra Tablets). H.P.Rüger, in: UF 1(1969)205, rekonstruiert mrzḥ auch in CTA 1 IV 4. Zu den Claremont-Texten vgl. P.D.Miller, The Mrzḥ Text (S.37-48), und M.Dahood, Additional Notes on the Mrzḥ Text (S.51-54), in: L.R.Fisher, The Claremont Ras Shamra Tablets, AnOr, Bd 48, 1971. Akkadische Belege sind zu finden in PRU III, S.88 (RS 15.88); S.130 (RS 15.70); IV, S.230 (RS 18.01) und in: Syria 28(1951)173-179 (RS 14.16).
Zum Verhältnis der göttlichen Mahle mit den Opfern siehe die kritische Bemerkungen von W.Herrmann, in: ZAW 72(1960)216.

116. Vgl. PRU III, S.88 (RS 15.88); S.130(RS 15.70).

117. Vgl. PRU IV, S.230 (RS 18.01); V, Nr 32 (RS 19.103).

118. In RŠ 24.258 scheint 'Il selbst an einem mrzḥ teilzunehmen. Nach O.Eissfeldt, in: Ugaritica VI(1969) 124, wird es sich hier wohl um "eine Projektion des von einer menschlichen Gemeinschaft gebildeten, unter Els Patronat stehenden und gelegentlichen Ausschreitungen ausgesetzten Thiasos in die Götterwelt" handeln.

119. Vgl. PRU V, 47, in dem ein Kultverein der Gottheit ʻAnat belegt scheint. PRU III, S.130 (RS 15.70) legt einen Kultverein für die Gottheit ša-at-ra-na nahe, während RŠ 24.258 einen solchen für 'Il zu belegen scheint.

120. Vgl. H.Gese, RAAM, 179. Wie vielleicht schon in CTA 21 A angedeutet (siehe den Zusammenhang des

Mahles mit den rp'um), erhielt dieser Kultverein später (vgl. atl. und aramäische Belege des Wortes) den Charakter einer Beerdigungsfeier. Vgl. dazu P.D.Miller, in: L.R.Fisher, The Claremont Ras Shamra Tablets, 47.

121. Der Text enthält eine Anspielung auf die Bemalung mit roter Farbe ('dm). Vgl. dazu den ähnlichen Brauch der Pġt in CTA 19,203f., den J.C.de Moor, in: Or 37(1968)213 Anm.1, allerdings als List der Pġt deutet, weil sie so der ʿAnat ähnlich sehen und unerkannt zum Mörder ihres Bruders gelangen kann.

122. Die Gestik verrät klar die Bittstellung des Königs. Dagegen interpretiert R.Dussaud, Origines Cananéennes, 339-344, die Gebärde als Holocaustum.

123. Unsicher ist die Bedeutung von ʿuzr in CTA 17 I 3.8.10.12f.22. Als Opfer deuten es R.de Vaux, in: RB 46(1937)442; D.Urie, in: PEQ (1949)72; A.Herdner, in: Syria 26(1949)2 (offrande); C.H.Gordon, UT, Nr 125 (food or drink offerings); H.Cazelles, in: VT 7(1957)428f.; H.Gese, RAAM, 87 (Inkubationsopfer); M.Dietrich-O.Loretz, in: UF 4(1972)35 Anm. 59. Dagegen G.R.Driver, CML, 134 (girt with a loincloth nach J.A.Montgomery bzw. charged, honoured nach W.F.Albright oder food nach A.Herdner), aber in CML, 49: nectar. Siehe weiter J.Gray, LC, 108 (veiled); J.Aistleitner, WUS, Nr 130a, und ders., MKT, 67 (in Trauer gehüllt).

124. Siehe Hos 4; Dtn 23,18; 1 Kön 14,23f.; 15,12; 22,47; 2 Kön 23,6f.

125. Vgl. E.M.Yamauchi, Cultic Prostitution, 213.

126. Wenigstens nicht in den Berufsgruppenlisten; hinzuweisen ist aber auf bn qdšt in CTA 113,11 und lqdšt (Name einer Göttin) in PRU II,4,17. R.Stadelmann, Syrisch-palästinensische Gottheiten, 116, nimmt an, daß jede Frau sich in älterer Zeit dem Brauch der Defloration vor ihrer Verehelichung unterwerfen mußte.

127. So W.von Soden, in: UF 2(1970)329f. Aus dem akkadischen Text RS 16.132 (PRU III, S.140f.) schließt von Soden, daß ein qdš in den marjannu-Stand befördert werden kann.

128. Vgl. E.Yamauchi, Cultic Prostitution, 213-222. Er kommt zum Ergebnis, daß das Vorkommen von Kultprostitution in Israel durch gegenseitige Kultureinflüsse im Alten Orient möglich wurde. Für das Alte Ägypten ist sein Befund negativ. Dagegen hat es in Mesopotamien und in Palästina-Syrien Formen von Sakralprostitution gegeben, wobei explizite Texte meistens aus jüngerer Zeit stammen und eine fortgeschrittene Entwicklung zeigen.

129. R.Patai, The Hebrew Goddess, 1967, 296, nimmt an, daß kinderlose Frauen die männlichen Prostituierten in Anspruch nahmen, um ihre Unfruchtbarkeit zu beenden. Vgl. auch A.F.Rainey, in: BA 28(1965) 124.

130. Spuren davon findet man noch im AT. Vgl. Dtn 23,18f., wo beide Personenkreise erwähnt werden (קדשה bzw. קדש) und das Entgelt für den Dienst אתנן זונה bzw. מחיר כלב (Hundegeld) genannt wird.

131. Als Tempelprostituierte werden die ugaritischen qdšm von D.Urie, in: PEQ (1948)43f., verstanden. Unklarheit herrscht über das ugaritische Wort klb in den administrativen Texten (klby in CTA 82,2.4; PRU II,45,5; V 85,7; 86,1; 11,26.29; 90,10; 60,13; klb in CTA 102,3.5; 113,2.8; klbm in CTA 86,4). Wie es bei qdš schon der Fall war, kommt auch klb nicht in einem deutlich erkennbaren kultischen Kontext vor. Vgl. J.Aistleitner, WUS, Nr 1313.

132. Vgl. O.Eissfeldt, Sohnespflichten im Alten Orient, in: Syria 43(1966)39-47. Siehe weiter U.Cassuto, in: RÊJ 105(1939)125-131; J.Gray, in: SVT 15(1966) 170-192; ders., LC, 109ff.255f.; K.Koch, in: ZA 24(1967)211ff. Die einzelnen Termini des Textes sind nicht immer eindeutig zu bestimmen. Für die philologische Interpretation des Textes vgl. U. Cassuto, in: RÊJ 105(1939)127-130; A.Herdner, in: RÊS (1938)126f.; J.Gray, LC, 109f.

133. Ebd., 44f.

134. Eigentlich sind nur 11 Verba da. O.Eissfeldt, ebd., 44, rechnet aber damit, daß sp'u auch beim nächsten Glied dazu gedacht werden muß.

135. Vgl. noch CTA 16 VI 32f.44-50, wo Yṣb seinem Vater vorwirft, den königlichen Aufgaben nicht nach-

gekommen zu sein. Vgl. weiter F.C.Fensham, in: JNES 21(1962)129-139.

136. Obwohl ʿAqht ihr geraten hat selbst bei K̲tr-wH̬ss einen ähnlichen Bogen in Auftrag zu geben, besteht ʿAnat auf ihrer Bitte und verspricht ʿAqht ewiges Leben dafür. Erst dann fängt ʿAqht an, sich über ʿAnat lustig zu machen, weil er ihre Versprechung als Lüge durchschaut. Vor allem die Andeutung, daß Frauen mit einem Bogen wohl nichts anzufangen wissen, mag die Kriegsgöttin gekränkt haben, so daß sie sich zu ʿIl begibt, um sich über ʿAqht zu beschweren und seinen Tod zu fordern.

137. Die Bezeichnungen qry mym, mrrt tġll bnr und ʿablm (CTA 19 IV 163 165) sind nicht eindeutig zu bestimmen. Wahrscheinlich handelt es sich hier doch um Ortsangaben (vgl. das Verbum mġy in Z.156 und 163). Welche Rolle sie bei der Ermordung des ʿAqht gespielt haben, wird aus dem Text nicht ersichtlich. qrt ʿablm ist noch in CTA 18 I 30; IV 8 belegt.

138. Zur Gottheit H̬rn (Horon) vgl. C.Virolleaud, in: RÉS (1937)36-41; P.Montet-P.Bucher, in: RB 44(1935) 153-165; W.F.Albright, in: AJSL 53(1936)1-12; ders., in: BASOR 84(1941)7-12; G.Posener, in: JNES 4(1945)20-42; J.Gray, Krt Text, 78; ders., in: JNES 8(1949)27-34; M.Dahood, in: StSem 1(1958) 65-94; M.H.Pope-W.Röllig, Art. H̬oron, in: WdMyth., I, 288f.; P. Xella, in: AION 22(1972)271-286.

139. Anders J.C.de Moor, New Year, I, 8, der auf die richterliche Funktion des rpʾu bʿl (vgl. RŠ 24. 252) bei der Neujahrsfeier hinweist. J.C.de Moor vermutet, daß gerade jene, die Baʿal in der Zeit seiner Abwesenheit untreu waren, von ihm bestraft werden (vgl. CTA 3 B). Nun scheinen aber typisch richterliche Handlungen für Baʿal selbst nicht nachweisbar. Ebenso darf der Kampf der ʿAnat in CTA 3 B nicht in diesem licht interpretiert werden. Vgl. die Ausführungen zur Stelle (Kap. II, § 2,1).
Die Identifizierung von rpʾu mlk ʿlm bzw. ʾil t̲pt̲ mit hd in RŠ 24.252 ist nicht gesichert. Es geht

auch nicht an, alle Beschreibungen über göttliche Mahle und Schlachten, ausschließlich mit dem Neujahrsfest in Verbindung zu bringen. Außerdem spielt die von J.C.de Moor vorgeschlagene, hypothetische Reihenfolge der Tafeln CTA 1-6 (wobei er RŠ 24.245 noch in CTA 3 unterbringen möchte) in seiner Beweisführung eine wichtige Rolle.

Zu Teil II (Vorüberlegungen)

1. Siehe dazu die Ausführungen bei R.Kilian, Ich bringe Leben in Euch, 10-17.

2. Zur politischen Situation zur Zeit der Verkündigung Hoseas vgl. H.W.Wolff, XIf.; W.Rudolph, 25.

3. Siehe dazu H.W.Wolff, XXIII-XXVII; W.Rudolph, 25ff.

Zu Kap. III

1. Zur Selbstvorstellungsformel Jahwes vgl. H.W. Wolff, 289.

2. Das einführende כי ist hier temporal (als) aufzufassen. Vgl. GB, s.v., Nr 5; KB, s.v., Nr 18 (conjunctio temporis); W.Rudolph, 209. Dagegen fassen LXX, ʼA, Σ, Θ und Vg כי als Kausativpartikel auf.

3. Der Sprachgebrauch Hoseas in 11,11 und 12,14 spricht gegen eine temporale Auffassung von מן in ממצרים (seit Ägypten). Vgl. dazu W.Rudolph, 209.214; Gispen, 380; H.W.Wolff, 247. Dagegen aber A.van Hoonacker, 104; J.Rieger, Bedeutung der Geschichte, 67; E.Sellin, 86; W.Nowack, 66; K.Marti, 86; J.Lindblom, 100 Anm.2. Eine temporale Bestimmung liegt zwar in Hos 10,9 vor, allerdings ist die Präp. מן dort mit ימי verbunden (מימי הגבעה).

4. MT (מפניהם) ist ohne Konsonantenänderung in מִפָּנַי הֵם zu zerlegen. Vgl. LXX; J.Vollmer, Geschichtliche Rückblicke, 58; W.Rudolph, 209; H.W.Wolff, 247.

5. Für die ungewöhnliche Form des Verbums (Tiphʻel-Form?) vgl. die Literaturangaben bei H.W.Wolff, 247; W.Rudolph, 209.

6. Lies וָאֶקָּחֵם עַל־זְרוֹעֹתָי mit H.W.Wolff, 247, u.v.a.

7. אדם und אהבה werden parallel gebraucht und müssen dementsprechend gedeutet werden. Das Substantiv אדם ersetzt das nicht vorhandene Adjektiv und kann mit "human, menschlich" - im Sinne von "liebevoll" - übersetzt werden; vgl. 2 Sam 7,14: בשבט אנשים ובנגעי בני אדם, "mit menschlicher Peitsche und mit menschlichen Schlägen". Es gibt keinen Grund, אדם in חסד (vgl. W.Nowack, 66; E.Sellin, 86; Th.H.Robinson, 42; J.M. Ward, 192) bzw. רחמים (vgl. A.B.Ehrlich, 200) zu emendieren. אהבה bedeutet "Liebe", nicht "Leder" (so G.R. Driver, CML, 133, der diese Bedeutung aus den Ugarit-Texten konstruieren will). Beide Nomina sind durchaus als Parallelbegriffe zu verstehen. Vgl. dazu H.W. Wolff, 258.

8. MT ([כ]מְרִימֵי) ist Hif. Part. st.cs. von רום
   (hochheben, wegnehmen). Der Plural ist ungewöhnlich, weil das Bild gleich mit Singular-Formen
   (וְאַט , אוֹכִיל) weitergeführt wird und die Übersetzungen ('A: ὡς αἴρων ; Σ : ὡς ὁ ἐπιθεὶς) den
   Singular aufweisen. Lies deshalb כְּמֵרִי mit BHS.
   Der Text von V.4 ist sehr umstritten. Der LXX-
   Text weicht erheblich vom MT ab. Weiter ist
   fraglich, ob das Bild vom Kind (VV.1.3) hier noch
   durchgehalten wird; dafür wäre eine einfache
   und verlockende Korrektur (lies אֵל statt עֹל)
   erforderlich. Gegen H.W.Wolff, 247f., ist mit
   W. Rudolph, 215f., anzunehmen, daß das Bild vom
   Kind von einem neuen Bildzusammenhang (Jahwe
   als Bauer, Israel als Rind) abgelöst wird.
   Vgl. dazu die Tierbilder in Hos 4,16 und 10,11.
   Eigenartigerweise kommt die Wurzel אהב in allen
   drei Tiervergleichen vor, so daß ihr Vorkommen
   an dieser Stelle nicht befremdend ist. Daß die
   Szenerie übrigens nicht völlig einheitlich ist,
   beweist der Übergang vom Bild des herausgerufe-
   nen Sohnes zum Bild des Kleinkindes, das seine
   ersten Schritte probiert. Gegen den Tiervergleich
   spricht zunächst die Verbindung von עֹל (Joch)
   mit לְחִי (Kinnbacken, Kinnlade), weil das Joch
   nicht auf den Kinnbacken, sondern auf den Nacken
   gelegt wird (vgl. Gen 27,40; Dtn 28,48; Jes 10,27;
   Jer 27,8.11f.; 28,11.14; 30,8; Kl 1,14). Die
   Termini חבל / עבת werden im AT sonst nie im Zusammenhang mit dem Joch erwähnt (Ijob 39,10 weist aber
   עבות mit dem Verbum שׂדד auf). Dazu wäre anzu-
   merken, daß es in dieser Bildrede nicht um die
   bloße Befreiung von der schweren Last des Joches
   geht, sondern um die nachfolgende Handlung des
   Fütterns. Das erklärt dann vielleicht die Erwähnung von לְחִי . Ohne Joch kann das Rind auf jeden
   Fall besser fressen und sich freier bewegen.

9. וְאַט (Hif. Imperf. von נטה) braucht nicht durch
   וְאַט (Qal) ersetzt zu werden. Vgl. H.W.Wolff,
   248, gegen W.Rudolph, 210.

10. Lies אוֹכִיל לוֹ statt לֹא ; vgl. BHS; LXX (αὐτῷ);
    H.W.Wolff, 248. Das לא ist nicht als "lamed
    emphaticum" zu V.5 zu ziehen. Anders J.A. Soggin,
    in: BO 9(1967)42.

11. Vgl. Kap. IV, 2 zu Hos 11.

12. נער kann man an dieser Stelle adjektivisch (jung) übersetzen. Es ruft den Ausdruck ימי נעורים (Hos 2,17) in Erinnerung, der ebenfalls die Anfangszeit der Geschichte Israels bezeichnet. Hier scheint allerdings nicht nur der zeitliche Aspekt, sondern auch die Unselbständigkeit und Knechtschaft Israels mitbedacht zu sein (vgl. W.Rudolph, 214; C. van Leeuwen, 223; A. Szabó, in: VT 25(1975)518). Diese Konnotation soll herausstellen, daß Jahwes Erwählungsliebe nicht in bestimmten Vorzügen oder in der Brauchbarkeit Israels begründet war. Zum breitgefächerten Bedeutungskreis von נער vgl. H.W.Wolff, 255.

13. Vgl. noch Hos 12,9 und 13,4. Die Tradition der Erwählung des Abraham kommt bei Hosea nicht vor. Vgl. dazu K. Galling, Erwählungstraditionen, 63ff. Zur Erwählung Jakobs bei Hosea vgl. die Ausführungen zu Hos 12.

14. Vgl. Hos 2,16f., wo Wüste und Auszug nebeneinander erwähnt werden. Die Wüste als Ort der Begegnung zwischen Jahwe und Israel ist noch belegt in Hos 9,10 und 10,11 (vgl. H.W.Wolff, 212f.240. 255). In 9,10 hängt das Wort מדבר allerdings mit dem Bild vom ungewöhnlichen Fund der "Trauben in der Wüste" zusammen. Die Wüstentradition scheint bei Hosea kein selbständiges Leben zu führen, sondern ist die logische Weiterführung (vom geographischen und zeitlichen Standpunkt aus) der Auszugstradition.

15. Efraim und Israel werden hier parallel für das Gottesvolk verwendet, ohne erkennbaren Bedeutungsunterschied. Vgl. dazu H.W.Wolff, 212.

16. Die Form ואהבהו (Qal Imperf. cons. 1 Sg. mit Suffix 3.m.Sg.) hat hier inchoative Bedeutung (ich gewann ihn lieb). Vgl. H.W.Wolff, 246; W.Rudolph, 208. Siehe noch den entsprechenden Gebrauch des Verbums שנא in Hos 9,15.

17. Aus diesem Grund muß Jahwe Subjekt der Verbform קרא sein und ist wohl besser כְּקָרְאִי statt קָרְאוּ zu lesen (mit H.W.Wolff, 247). Das כ kann dann im Sinne von "je mehr..." (vgl. Hos 4,7; 10,1; 13,6) verstanden werden; vgl. J.Wellhausen, 18; W. Nowack, 66; K. Marti, 85. Einen anderen Vorschlag bietet W. Rudolph, 209 (קָרוֹא, Inf. absol.). Läßt man die 3. Pers. Plur. (MT) unberührt, dann

muß man wohl die Propheten als Subjekt annehmen
(vgl. noch C.van Leeuwen, 224) oder die 3.Pers.
unpersönlich übersetzen (vgl. R. Bach, Erwählung
Israels, 65 Anm.76; J. Vollmer, Geschichtliche
Rückblicke, 57f.). Inhaltlich kann aber nur
ein Rufen Jahwes gemeint sein. Die Satzkonstruktion
betont in jedem Fall die Gleichzeitigkeit von
Jahwes Zurufen und Israels untreuem Handeln.

18. Die Lesung לבני wird durch 'A,Σ,Θ, Pesh und
Vulg bestätigt, so daß der LXX-Text und Targ
(τὰ τέκνα αὐτοῦ - בניו) nicht vorzuziehen sind.
Für den LXX-Text entscheiden sich dennoch W. Nowack, 66, und E.Sellin, 86f. W.Rudolph, 209,
vermutet eine anti-christliche Korrektur in der
LXX-Lesung. Aber warum dann gerade in der LXX
und nicht bei 'A,Σ und Θ ?
A.B.Ehrlich, 199, und J. Lindblom, 100, emendieren den Text in לו בני ; W.R.Harper, 362, und
J.Wellhausen, 127, lesen לו כדי , wobei sie כדי
zu V.2 ziehen.

19. In diesem Sinne spricht man besser von einer
Sohnschaft im adoptionellen Sinne. Vgl. H.W.Wolff,
255; W.Schlißke, Gottessöhne, 157f. Obwohl es
weisheitliche und höfisch-kultische (Ägypten!)
Vorbilder für diese Darstellung gegeben hat, situiert Wolff (vgl. noch C. van Leeuwen, 223)
dennoch Hoseas Sprachgebrauch in den kanaanäischen
Mythos und Kult, nur der Gedanke an Abstammung,
Zeugung oder Schöpfung hätte dann Hosea fern-
gelegen. W.Rudolph, 214 Anm.8, vermag im Vater-
bild dennoch keine Spitze gegen Ba'al als Vatergott zu erkennen. Tatsächlich wird Ba'al in Ugarit nicht als "Vater" der Menschheit dargestellt
bzw. verehrt. Nur 'Il wird in den ugaritischen
Texten als Vater angesprochen: als "Vater der
Götter" in CTA 6 III/IV 34; VI 37; 4 IV/V 47;
3 E 18.43; 17 I 24; als "Vater der Menschen"
('ab 'adm) in CTA 14,37.43.136.151.278; zum Titel
"Schöpfer der Geschöpfe" (bny bnwt) vgl. Anm.31
und 40 (Kap. II). Vgl. weiter Krts Anrede von
'Il als Vater (CTA 14,41.59.76.169) und Krts
Bezeichnung als bn 'il bzw. špḥ ltpn wqdš (vgl.
CTA 16 I/II 10f.20f.).
Eine Polemik scheint mir in Hos 11,1 deshalb nicht
gegeben, weil Hosea sich hier voll auf die innige
Verbundenheit Israels mit seinem Gott konzen-
triert und dabei an der geläufigen kanaanäischen
Vatergottvorstellung des 'Il nichts Anstößiges

findet. W.Rudolph ist aber insofern im Unrecht, als H.W.Wolff nirgends sagt, daß gerade Ba'al als Vatergott verstanden wurde.

20. Einen Zusammenhang dieser Bezeichnung mit der kanaanäischen Vorstellung vom Vatergott 'Il wird hier nicht bestritten, nur hängt die Sohnschaft Israels hier offensichtlich direkt mit der Rettung aus Ägypten zusammen, und dieser geschichtliche Zug fehlt völlig in den Vorstellungen aus Ugarit.

21. Vgl. H.W.Wolff, 256f.

22. So nach H.W.Wolff, 249.

23. רפא bedeutet bei Hosea "heilen" von einer Krankheit bzw. von Wunden, die geschlagen wurden (im politischen Sinne: Hos 5,13; 6,1). In 7,1 hat רפא die Bedeutung "wiederherstellen", als Wiedergewinnung der früheren Kraft und Geltung des Volkes. In Hos 14,5 schließlich ist רפא etwa gleichbedeutend mit "vergeben, vergessen wollen, befreien von". Siehe dazu H.W.Wolff, 157.305. Für J.Vollmer, Geschichtliche Rückblicke, 58, hat V. 3b ursprünglich nicht diesem Text zugehört. Der literarische Aufbau von Hos 11 macht aber eine negative Schilderung des Antwortens Israels nach Jahwes Vorgaben erforderlich.

24. Nach W. Rudolph, 215, hat die Erwähnung Efraims möglicherweise das Verbum רפא herbeigeführt. Übrigens wird in Ex 15,26 das gleiche Verbum mit dem Aufenthalt in Ägypten (Plagen) in Zusammenhang gebracht.

25. Damit wird die angeklagte Versündigung von V. 3b wohl im Kulturland situiert. Auf alle vorausgegangenen Liebeserweise Jahwes folgt eine Beschreibung der Sünde Israels, die nicht notwendigerweise gleichzeitig mit Jahwes Heilsinitiative beim Auszug bzw. beim Wüstenzug zu verstehen ist. Der Abfall erfolgt jeweils erst im Kulturland (vgl. die eindeutige Beschreibung in den VV.2.5f.). Der historisch begründeten und auch bis in die Gegenwart Israels aufrecht erhaltenen Liebesgemeinschaft steht Israels Versündigung gegenüber.

26. Das Bild vom Füttern ist gegen Th.H.Robinson, 43, noch dem Bild vom Bauern und seinem Vieh zuzuordnen.

27. W. Rudolph, 216, bezieht das Bild entweder auf das Speisewunder in der Wüste oder auf die Ernährung im Kulturland. Auch bei der Interpretation von V.4 als Bild vom liebevollen Vater, der sein Kind an die Wangen hebt (z.B. bei H.W.Wolff, 247f.258), entfällt der historische Bezug nicht ganz. Vgl. dazu H.W.Wolff, 259 (Thema der Führung aus der Wüste ins Kulturland).

28. H. Donner, Israel, 87, spricht in diesem Zusammenhang von einem "prophetischen Kompendium der Heilsgeschichte". Siehe dagegen besonders J. Vollmer, Geschichtliche Rückblicke, 63ff. Hosea nimmt hier sehr wahrscheinlich kein schon vorgeformtes Geschichtsbild bzw. keine schematische Geschichtsrückschau auf. Vielmehr zeigt er, wie Israel auf Jahwes Heilsinitiative, die sich in Israels Geschichte immer wieder erwiesen hat, im Kulturland nur eine "Antwort" kennt, nämlich die der Untreue.

29. Wichtig für diese Interpretation ist die Deutung von V.5 als weiterem Schuldnachweis, nicht als Strafandrohung. Siehe dazu H.W.Wolff, 259. Dagegen aber W. Rudolph, 216.

30. Vgl. die verschiedenen Versuche, die Verse dieses Kapitels umzustellen. W.R.Harper, 374 (V.1a. 2-4a.8-10.11.15.12), hält V.1b.13.4b-7 für Zusätze; E. Sellin, 91f. (VV.1-7.13.8-9.12.15), streicht die VV. 14 und 10-11 als Zusätze; H.L. Ginsberg, in: JBL 80(1961)341 (VV.1.8.9.2-6.13. 14.12.10.11.7); I. Willi-Plein, Vorformen, 206, hält die VV.1-2 und 3-5.8-10 für Einheiten, während die VV.7.13f. spätere Interpretationen sind. Die VV.11f.15 kann man nirgends einordnen. Th. H.Robinson, 46, unterscheidet als selbständige Einheiten die VV.1-2; 3-7; 8-11 und 12-15. Th.C. Vriezen, in: NTS 24(1941)144-149, und ders., in: OTS 1(1942)64-78, hält Hos 12 für eine Wiedergabe des Dialoges zwischen Prophet und Volk. Siehe dazu aber H.W.Wolff, 269.

31. Damit wäre Hosea der erste Schriftprophet, der es wagte, negative Kritik an die Adresse Jakobs zu richten. Vgl. in späterer Zeit Jer 9,3 und

Jes 43,27. P.R.Ackroyd, in: VT 13(1963)245-259, hat versucht dem Text doch noch positive Aussagen über Jakob abzugewinnen.

32. Wegen des einheitlichen Themas hält H.W.Wolff, 268, Hos 12 für eine kerygmatische Einheit.

33. Vgl. מרמה (VV.1.8); כחש (V.1); כזב ושד (V.2); עקב (V.4); עשק (V.8).

34. Zum formalen Aufbau von Hos 12 siehe besonders H.W.Wolff, 268ff.

35. H.W.Wolff, 271, faßt aber V.1b als Klage des von Verrätern bedrängten Propheten auf. Das geht allerdings nur, wenn man V.1b als Disputationswort bestimmt. Dagegen ist V.1b als judäische Glosse zu bezeichnen. Vgl. J.Vollmer, Geschichtliche Rückblicke, 106.

36. Vgl. H.W.Wolff, 269; R.Kümpel, Berufung Israels, 62. Nach H.W.Wolff fängt mit Hos 12 ein neuartiger Überlieferungskomplex an, der die endgültige Verschlossenheit des restlichen Nordreiches und eine gewisse Offenheit im Südreich voraussetzt. Wie bei Hos 1-3 setzt dieser Komplex eine eigene Niederschrift oder ein eigenes Diktat des Hosea voraus. Zu H.W.Wolffs Interpretation von V.1b siehe aber W. Rudolph, 225f.!

37. Die feierliche Selbstvorstellung Jahwes muß nicht immer als Einleitung eines Heilswortes verstanden werden, gerade nicht bei Hosea; vgl. Hos 11,1ff.; 13,4. Hosea verwendet sie als Hintergrund für die Wertung der gegenwärtigen Sündenschuld Israels. Anders: J. Vollmer, Geschichtliche Rückblicke, 109.

38. R. Kümpel, Berufung Israels, 157ff., faßt Hos 12,10 als ursprünglich isoliertes Gotteswort auf, das an die Aussagen von Hos 2,16f. erinnert. Er vermutet, daß, wie in Hos 2,16f., noch eine Heilsweissagung folgte, die nun verloren gegangen ist. Damit gibt er selbst zu, daß Hos 12,10 (wenigstens in seinem jetzigen Zustand) als reine Strafankündigung gedeutet werden muß.

39. Vgl. H.W. Wolff, 279.

40. Vgl. H.W.Wolff, 279, und seine Interpretation von מועד als "Begegnung". Vgl. weiter J.Vollmer, Geschichtliche Rückblicke, 97f.; anders W. Rudolph, 234. Wie die konkrete Auswirkung der Strafe vom Propheten verstanden wurde (als Exil oder zeitweiliges Nomadendasein in der Wüste), wird hier nicht gesagt. Es kommt Hosea offenbar nur auf den vorübergehenden Verlust der Kulturlandgüter und die damit zusammenhängende religiöse und sittliche Implikationen an.

41. Dagegen J. Vollmer, Geschichtliche Rückblicke, 110, der wegen der verschiedenartigen Verwendung der Präp. ב in V.13 und 14 Bedenken gegen einen Zusammenhang der beiden Verse hat. Die gezielte antithetische Stellung der beiden Verse ist aber unübersehbar.

42. Wahrscheinlich wird hiermit auf den Dekalog (oder seinen Vorformen) angespielt. Vgl. dazu W. Rudolph, 231. Verkürzt ist Jahwes Willenskundgabe mit dem gleichen Verbum (שמר) in V.7b ausgedrückt.

43. Die kopulative Verbindung ist redaktionell. Vgl. dazu H.W.Wolff, 288f.; W. Rudolph, 242.

44. Vgl. H.W.Wolff, 288f.

45. Vgl. W. Rudolph, 241. Dagegen H.W.Wolff, 288. Zur Begründung vgl. die Ausführungen zur Stelle in Kap. IV, 2.

46. Vgl. H.W. Wolff, 290, der in diesem Zusammenhang von einer Überlieferungseinheit spricht, weil er die VV.1-3 nicht für eine Jahwerede hält.

47. Dagegen will J. Vollmer, Geschichtliche Rückblicke, 68, aufgrund der Einheitlichkeit des Bildes, Hos 13,5-8 als Einheit abgrenzen. Vollmer geht aber zu Unrecht von der Voraussetzung aus, die Selbstvorstellungen Jahwes führen bei Hosea immer Heilsansagen ein. Vgl. dazu Hos 12,10.

48. Vgl. die sehr starke Ich-Betonung durch das voraufgehende ואנכי und die zwei darauffolgenden Exklusivitätsansprüche Jahwes. V.5 fährt mit betontem אני fort.

49. ידע bekommt vom Kontext her einen starken Erfahrungsinhalt, weil V.4a auf die geschichtliche Rettertat Bezug nimmt (vgl. מושיע in V.4b). Es geht um den Gott, dessen rettendes Handeln man beim Auszug aus Ägypten erfahren hat.

50. Lies mit LXX רעיתיך (ich habe dich geweidet, vgl.
    V.6a). Siehe dazu J. Vollmer, Geschichtliche
    Rückblicke, 66; H.W. Wolff, 286f.; W. Rudolph,
    238; R. Kümpel, Berufung Israels, 81.
    MT (ידעתיך) wird von R. Bach, Erwählung Israels,
    36f., und C. van Leeuwen, 258, beibehalten.

51. Vgl. J. Vollmer, Geschichtliche Rückblicke, 70,
    der dazu ausführlich Stellung nimmt.

52. Nach J. Vollmer, Geschichtliche Rückblicke, 67,
    ist על-כן שכחוני metrisch überflüssig (erklären-
    de Glosse zu וירם לבם). Als Zusammenfassung
    der Schuld ist der Ausdruck aber genuin hoseanisch;
    vgl. Hos 2,15; 8,14.

53. H.W. Wolff, 289, rechnet V.7 noch zur Anklage
    bzw. zur Vorgeschichte der Strafankündigung, indem
    Jahwe der endgültigen Gerichtsansage noch warnen-
    de Strafmaßnahmen vorausgehen läßt. Die Tierver-
    gleiche können aber nicht auf diese Weise aus-
    einander gerissen werden. Vgl. W. Rudolph, 243;
    J. Vollmer, Geschichtliche Rückblicke, 69.

54. Siehe die Ausführungen in Kap. IV.

55. Vgl. H.W. Wolff, 49f.

56. Jahwes Initiative wird durch הנני אנכי (V.16)
    stark hervorgehoben.

57. W. Rudolph, 75, hält פתה und דבר על-לב mit Recht
    für Ausdrücke der Liebessprache. Siehe dazu
    die Ausführungen in Kap. IV.

58. Vgl. die Anmerkungen z.St. in Kap. IV.

59. Die Wüste ist hier nicht als der ideale Ort dar-
    gestellt, in dem Jahwe mit Israel bleiben will.
    Ziel des ganzen Unternehmens ist die Rückkehr
    ins Kulturland (vgl. V.17). So war und bleibt
    die Wüste Durchgangsstadium und will eher eine
    bestimmte Situation als eine Örtlichkeit bezeich-
    nen. Israel muß dorthin gegen sein Herz und seine
    Neigung hingelockt werden, denn es weiß ja, daß
    ihm dort die Kulturlandgüter fehlen werden. Die
    Wüste steht damit als Chiffre für den Zustand,
    in dem Jahwes Rettung und Führung deutlich als
    Liebeswerben vernehmbar werden. Wie Jahwe bzw.
    Hosea sich dieses Alleinsein mit Jahwe konkret
    vorgestellt haben mag, kann von unserer Text-

stelle aus nicht beantwortet werden. Vgl. dazu
H.W.Wolff, 50; W. Rudolph, 75.

60. Zum geschichtlichen Hintergrund der Achor-Ebene
vgl. H.W. Wolff, 52f.; W. Rudolph, 77f.

61. Vgl. die Weiterentwicklung dieser Bezeichnung
in Jer 2,2.

62. Das Verbum ענה bezieht sich auf das vorausgehende
דבר על-לב.

63. Für Hos 8,13 ist auf V.9 hinzuweisen. Assur
wird dort ausdrücklich als Macht erwähnt, dessen
Gunst Israel durch Tributzahlungen gewinnen möchte.

64. Der bildliche Charakter zeigt sich darin, daß
die "Rückkehr nach Ägypten" zur Metapher für
die politische Unterwerfung geworden ist. Der
Verlust der politischen Abhängigkeit ist mit
Jahwes "Heilsgeschichte seit Ägypten" unvereinbar.

65. R. Kümpel, Berufung Israels, 65-70, hält die
Jakob-Stellen in Hos 12 für einen weiteren Ansatzpunkt des Heilshandelns Jahwes an Israel. Dabei
geht er auf die Probleme nicht ein, die ein solches Nebeneinander von zwei verschiedenen geschichtlichen Betrachtungen aufwirft. Hosea läßt die
Beziehung Jahwes zu seinem Volk ganz klar nur
beim Auszug aus Ägypten und bei der Führung in
der Wüste anfangen. Jakob hingegen personifiziert das Volk Israel und insofern kann Hosea
bei ihm schon die gleiche verhängnisvolle Struktur (Liebesangebot Jahwes - Untreue als Antwort
des Volkes) in der Geschichte von Jahwe mit Jakob
erkennen.

66. Zu den literarischen und formgeschichtlichen
Problemen dieses Verses und zur Einheit Hos 9,10-
17 siehe Kapitel IV. (zu Hos 9,10).

67. Zur Köstlichkeit der בכורה vgl. H.W. Wolff, 212;
W. Rudolph, 185; E. Osswald, Art. Feigenbaum,
in: BHH, I, 467.

68. ברשיתה ist eine überflüssige Glosse, die mit
E. Sellin, 76; K. Marti, 75; W. Nowack, 58;
W.R. Harper, 335; W. Rudolph, 181; H.W. Wolff,
207f., zu streichen ist.

69. Mit R. Kümpel, Berufung Israels, 16f., gegen W. Rudolph, 185, der מצא und ראה im Sinne eines subjektiven Empfindens auffaßt.

70. Erwählung Israels, 18.

71. H.W. Wolff, 212f.

72. Vgl. das Thema des Murrens und der Auflehnung des Volkes gegen Jahwe.

73. Israel in der Wüste, 135f.

74. Berufung Israels, 18-31.

75. Die Wüste hat für Hosea nur einen positiven Aspekt hinsichtlich der Beziehung zwischen Jahwe und Israel. Sonst ist sie auch für ihn durchaus Ort der Entbehrung und der Unfruchtbarkeit; vgl. מדבר in den Strafandrohungen Hos 2,5 und 13,15.

76. Der Text wird im Rahmen dieser Untersuchung wiederholt herangezogen. Seine literarkritischen und formgeschichtlichen Probleme werden in Kap. IV erörtert.

77. Vgl. dazu H.W. Wolff, 37.

78. Vgl. V.10 und die suffigierten Nomina in V.11.

79. In V.5b scheint nicht das Volk, sondern das Land als Partnerin im Eheverhältnis mit Jahwe aufzutreten. Vgl. H.W. Wolff, 40f. Hosea differenziert in V.6 zwischen der Mutter und den Kindern und will so wahrscheinlich das Volk dem Land gegenüberstellen. Dagegen repräsentiert ab V.7 die Mutter bzw. die Frau (ab V.7 spielt das Muttersein der Frau keine Rolle mehr) deutlich das Volk Israel. Land und Volk werden bei Hosea nicht so genau unterschieden; beide Bezeichnungen beziehen sich letztlich auf die Bevölkerung im Lande, denn es geht Hosea nicht um eine mythische Verbindung zwischen Jahwe und dem Land, sondern deutlich um die personale Beziehung zwischen Jahwe und seinem Volk Israel. Die Differenzierung ist daher nicht überzubewerten und vielleicht nur stilistischer Art.

80. Zu הלך אחרי vgl. Hos 2,7.15; 5,11. Nur in der Glosse 11,10 verwendet Hosea den Ausdruck positiv

als Nachfolge Jahwes (zu dieser Stelle vgl. H.W. Wolff, 263). Hier drückt die Wendung das übereifrige Nachlaufen aus, indem Israel den Liebhabern Anerkennung und Gefolgschaft entgegenbringt, weil es von ihnen um jeden Preis die Kulturlandgüter bekommen möchte. Zum Ausdruck siehe besonders F.J. Helfmeyer, Die Nachfolge Gottes im Alten Testament, 1968. Daß der Ausdruck als Term. techn. für den Aufbruch zu Sexualriten von Hosea eingesetzt wird (so H.W. Wolff, 41, unter Hinweis auf Dtn 4,3), kann vom Kontext her nicht bewiesen werden. Zu Dtn 4,3 vgl. F.J. Helfmeyer, Nachfolge, 131f.

81. Das Öl wurde bei der Zubereitung von Speisen, für die Körperpflege, die Wundpflege und den häuslichen Gebrauch (Beleuchtung) verwendet. Vgl. W. Rudolph, 67.

82. Zur Bedeutung des seltsamen Wortes שקוי vgl. W.R. Harper, 229; H.W. Wolff, 42; W. Rudolph, 63.

83. Hos 5,6; 6,1-6 und 8,12 weisen darauf hin, daß Israel Jahwe nicht so vergessen hatte, daß es Jahwe nicht mehr verehrte! Es kommt Hosea vielmehr auf das richtige Verständnis von Jahwes Beziehung zu Israel an: diese ist exklusiv, bestimmt von seiner Liebe und Fürsorge für das Volk, und will richtungweisend für Israels Verhalten sein. מאהבים (Part. Pi. m. Plur.) scheint (als theologischer Begriff) eine Neubildung Hoseas zu sein. Das Wort kommt nur noch bei Jer 22,20-22; 30,14; Kl 1,19; Ez 16,23 und Sach 13,6 vor. Abgesehen von der Sacharja-Stelle haben alle Belege eine theologische Bedeutung, insofern sie Israels Abrücken von Jahwes einzigartiger Beziehung zu Israel anprangern. Dabei kann das Gewicht durchaus verlagert werden, indem speziell das Vertrauen, das Israel den Fremdmächten entgegenbringt, als Untreue gegen die Bindung mit Jahwe empfunden wird. Bei Hosea drückt מאהבים dagegen besonders den Verrat gegen Jahwes Stellung im Leben des Volkes (Versorgung mit den Kulturlandgütern als Jahwes Heilswirken) aus.

84. Der Inhalt von לא ידעה (V.10) wird in V.15 zusammenfassend wieder aufgenommen (ואתי שכחו). Damit liegt eine implizite Identifizierung des in der Geschichte Israels aktiv gewordenen Rettergottes mit dem Gott vor, der im Kulturland die

Produkte des Landes schenkt. Hosea hebt hervor,
daß der eine Gott Jahwe für beides zuständig
ist. Daher kann V.10 bei einer genauen Untersuchung
der Bedeutung von דעת אלהים nicht außer Betracht
gelassen werden. Das Verbum ידע bezeichnet hier
das (An)erkennen von Jahwe als dem eigentlichen
Spender der Landesprodukte.

85. Bei כסף und זהב fehlt der Artikel. זהבhängt
direkt von נתתי, nicht von הרביתי ab.
עשו לבעל ist als Glosse zu streichen; vgl. H.W.
Wolff, 37.45 und Anm.96 (Kap. IV).

86. Dagegen haben die Suffixe nach H.J. van Dijk,
Tyre, 108f., dativische Bedeutung (sie geben
mir das Korn...); vgl. Hos 2,10 (לה) und W.
Kuhnigk, Nordwestsemitische Studien, 11.

87. Vgl. W. Rudolph, 69.

88. So H.W.Wolff, 44, der in der Aufzählung Formelgut
des Dtn erkennen will, das auf archaische Ausdrücke zurückgeht; vgl. auch L. Köhler, in: ZAW
46(1928)218f.; C. Kuhl, in: ZAW 52(1934)102-109;
L. Dürr, in: BZ 23(1935/36)150-157. Sicher gehörte die Aufsichtspflicht des Mannes für die materielle Versorgung der Ehefrau als wesentlicher
Bestandteil zur Institution der Ehe im altorientalischen Raum, nur scheint dafür keine festgeprägte Formel vorgelegen zu haben. Vgl. dazu
W. Rudolph, 69.

89. Vgl. H.W. Wolff, 45; W. Rudolph, 70.

90. V.11 (לכסות את-ערותה) ist asyndetischer Relativsatz zu פשתי und צמר , kein Finalsatz; vgl. H.W.
Wolff, 37. ערוה weist auf Israels ursprüngliche
Armut und Not hin. Vgl. R. Kümpel, Berufung Israels, 88f.

91. Die Freude war schon immer ein typisches Merkmal
der kanaanäischen Kultfeier und charakterisierte
sehr bald den israelitischen Kult. Vgl. E. Jacob,
29; P. Humbert, in: RHPhR 22(1942)185ff.; F.F.
Hvidberg, WLOT, 146-154.

92. So H.W. Wolff, 57, der darin als Einheiten VV.18-
19; 20-22 und 23-25 unterscheidet. Zur hoseanischen Authentizität und zur redaktionellen
Komposition des Spruches vgl. ders., 58f.

H.W.Wolff datiert den Text in der Zeit der Niederwerfung des Nordreiches durch Tiglatpileser III (733).

93. Vgl. H.W. Wolff, 65f.; R. Kümpel, Berufung Israels, 171.

94. Vgl. H.W. Wolff, 66; C. van Leeuwen, 78. Dagegen W. Rudolph, 82.

95. Vgl. W. Rudolph, 82 Anm.14. Damit wäre dann auch H.W. Wolffs Datierung des Spruches um 733 hinfällig.

96. Jesreel steht hier als Bezeichnung für die Bevölkerung des gesamten Nordreiches, was gerade bei einem Heilsspruch über Fruchtbarkeit nicht befremdet. Die Ebene Jesreel gilt als besonders fruchtbar; vgl. C. van Leeuwen, 37; H.W. Wolff, 66.

97. Vgl. die Deutung von לעולם bei R. Kümpel, Berufung Israels, 169f.

98. Anders H.W. Wolff, 57.66f., der einen Textausfall vor V.25a annimmt.

99. Das Fem. Suffix kann sich nur auf Israel beziehen, das in V.24 als Jesreel bezeichnet wurde. Vgl. W. Rudolph, 83; C. van Leeuwen, 79 Anm.24; es besteht kein Grund, das Fem. Suffix von זרעתיה durch ein Masc. Suffix (so J. Wellhausen, 104) zu ersetzen.

100. Diese Bedeutung ist der von W. Rudolph, 83 (besamen), vorzuziehen. Vgl. C. van Leeuwen, 79 Anm.24.

101. Mit אלהי wird der Charakter der personalen Verbundenheit zwischen Gott und Mensch hervorgehoben. Aufgrund des altorientalischen und alttestamentlichen Vergleichmaterials beinhaltet diese Verbundenheit, daß die Gottheit für das Wohlergehen des Menschen garantiert, daß sie ihn gegen böse Mächte beschützt und als Mittler und Fürsprecher auftritt. Vgl. H. Vorländer, Mein Gott, 305. Hosea hat diesem allgemein-orientalischen Ausdruck eine tiefere Dimension gegeben, indem er es auf dem Hintergrund seiner Vorstellung des liebenden Gottes verwendet hat, der mit Israel in einem Ehebund lebt.

102. Eine zu weitgehende Historisierung des Wortes nimmt H.W. Wolff, 67, vor, indem er hier die Heimkehr der durch Tiglatpileser III. deportierten Bevölkerung der Jesreelebene bzw. die Wiedereinsetzung der enteigneten Bauern in ihre Grundbesitzrechte beschrieben sieht. Bringt man V.25 in Beziehung zur Verkündigung von Hos 2,4-17, dann liegt hier eine Heilsansage vor, die über die konkrete Realisierung dieses Heils nichts Genaues zu sagen weiß. Einen besonderen Bevölkerungszuwachs, als Folge dieser Aussaat Jahwes (so K. Marti, 32; E. Sellin, 34; van Gelderen, 69; D. Deden, 34; W. Rudolph, 83), ist hier auch nicht beschrieben. Die Betonung liegt ganz auf der Initiative Jahwes, der Israel das Land neu gewähren will.

103. Zur Authentizität des Abschnittes vgl. W. Rudolph, 250: er weist darauf hin, daß in neuester Zeit kaum jemand die hoseanische Echtheit bestreitet.

104. Der politische Untergang des Nordreiches scheint hier schon besiegelt; vgl. כשלה (Perf.) in V.2b und עוד in V.9. Siehe dazu H.W. Wolff, 303; C. van Leeuwen, 268. Dagegen kann W. Rudolph, 250, in V.2b keinen Hinweis auf die unmittelbar bevorstehende Unterwerfung Samarias sehen.

105. Zum literarischen Aufbau und Form der Einheit siehe H.W. Wolff, 302f.

106. Die Umkehr des Volkes wird nirgends als Voraussetzung für Jahwes Heilszusage dargestellt. Eher wird Israels Haltung der Abtrünnigkeit in der Heilszusage bestätigt; Jahwe selbst aber wird diese "heilen", d.h. hier wohl "entfernen, wegnehmen", bildlich ausgedrückt: die Krankheit heilen. Jahwes Heilung hat keinen konditionellen Charakter (vgl. נדבה), sondern setzt die Abtrünnigkeit voraus. Jahwes Heilshandeln selbst ist zwar ohne Umkehr nicht denkbar, diese wird aber nicht als Eigenleistung Israels angesehen, sondern als Folge des heilenden Eingriffes Jahwes. Anders: C. van Leeuwen, 271.276, der deshalb auch konsequent den eschatologischen Charakter des Abschnittes bestreitet. In die gleiche Richtung weist aber auch die Aufzählung der Brautgaben Jahwes in Hos 2,21f.: auch sie schaffen erst die Voraussetzung für die richtige Antwort Israels (V.22b), nicht umgekehrt.

107. Vgl. H.W. Wolff, 302.

108. Vgl. die Übereinstimmungen mit Termini aus dem
Hl: שׁוּשַׁנָּה (V.6) kommt nur hier und acht mal im
Hl vor (2,1f.16; 4,5; 5,13; 6,2f.; 7,3). Sonst
immer שׁוֹשָׁן (1 Kön 7,19.22 als Formbezeichnung
für Säulenknäufe; 1 Kön 7,26 und 2 Chr 4,5 für die
Rundung eines Behälters; weiter in Psalmenüberschrif-
ten, mit unsicherer Bedeutung: Ps 45,1; 60,1;
69,1 und 80,1 ; Siehe dazu H.J. Kraus, Psalmen,
Bd I, XXVIII). **Weiter** : ריח לבנון (V.7) in Hl
2,13; 4,10f.; 7,9.14. פרח הגפן (V.8) in Hl 6,11;
7,13. יין (V.8) in Hl 1,2.4; 4,10; 5,1; 7,10.
ישב בצל (V.8) in Hl 2,3. Siehe dazu A. Feuillet,
in: RB 78(1971)391-405.

109. Das Bild wird hier ganz anders verwendet als in
Hos 6,4 und 13,3 (Vergänglichkeit); vgl. dazu
W. Rudolph, 251.

110. Das Verbum שׁוב setzt eine vorausgegangene Be-
strafung voraus, die hier sicher auf V.2 zu be-
ziehen ist. Der erneuten Landgabe ging eine
Zeit der Züchtigung durch Jahwe voraus, wofür
Hosea sonst den Topos der Wüste verwendet (vgl.
Hos 2,16 und 12,10). Gemeint ist damit die
Zurücknahme des Landes und seiner Güter, eine
Rückstufung in die Stellung der Abhängigkeit
und Verlorenheit, die das Gefühl und Gespür für
Jahwe wieder einschärfen kann (vgl. Hos 2,16).
In Hos 9,3 dagegen wird die Züchtigung als Ver-
treibung aus Jahwes Haus dargestellt.

111. Das Bild vom Sitzen im Schatten (V.8: ישבי בצלי)
führt das vorausgegangene Bild vom gutgewachse-
nen, weitverzweigten Baum (V.7) nicht weiter
aus. Für die Bedeutung des Ausdrucks ist die
Antithese in Hos 4,12f. wichtig. Die Bildrede
(besonders auch in Hos 14,6) nimmt kanaanäische
Motive auf und interpretiert den kanaanäischen
Fruchtbarkeitsglauben auf Jahwe hin. Zugleich
ist Hos 14,6-9 auch stark von der Liebesdichtung
beeinflußt (vgl. die Anklänge an das Hl), was aber
keinen Widerspruch gegen eine kanaanäische Herkunft der Bilder bedeutet. Obwohl kaum Beispiele
kanaanäischer Liebesdichtung vorliegen, kann man
durchaus annehmen, daß Israel in diesem Bereich
stärker von Kanaan beeinflußt gewesen ist. Ugaritische Liebesterminologie liegt nur in der
Beschreibung der Ḥry (Krts Frau) vor (vgl. CTA
14,144ff.290ff.): sie enthält keine wörtlichen

Übereinstimmungen mit unserem Text. Statt bleibenden und sicheren Schutz bei den Göttern Kanaans zu suchen, wird in Hos 14,8 ausgesagt, daß Israel sich Geborgenheit bei Jahwe suchen wird, was ihm dann eine ungestörte Bearbeitung des Landes ermöglichen wird. Jahwes Schutz- und Vertrauensverhältnis erübrigt für Israel jeden Rückgriff auf die kanaanäischen Götter (vgl. V.9a). Eine Änderung des Suffixes (בצלי) scheint von daher geboten. Vgl. schon D. Deden, 84; H.W. Wolff, 301; W. Rudolph, 248 ; A. Feuillet, in: RB 78 (1971)394. Die Bildersprache der VV.6ff. deutet auf die Situation des Kulturlandes.

112. W. Rudolph, 248f.; R. Kümpel, Berufung Israels, 160 Anm. 522f., lesen וְיִחְיוּ וְדָגוּ (sie werden aufleben und sich mehren) nach LXX. MT gibt aber einen guten Sinn; vgl. H.W. Wolff, 301.

113. Vgl. Hos 13,7 mit dem gleichen Verbum II שׁור (allerdings im ungünstigen Sinne); vgl. GB, s.v., 816 (blicken, schauen) und Ijob 35,15 (// שׁמע). W. Rudolph, 249, emendiert in וַאֲאַשְּׁרֶנוּ (< אשׁר, beglücken).

114. Als Bezeichnung für einen (welchen?) Tempel hätte בית יהוה hier wohl keinen Sinn. Die verheerenden Fremdmächte, die über das Land hereinbrechen werden, würden sich wohl kaum um einen bestimmten Tempel des Nordreiches kümmern. Vgl. dazu H.W. Wolff, 176. Dagegen G.I. Emmerson, in: VT 25(1975)707.

115. Vgl. H.W. Wolff, 176.

116. An sich kann der Nominalsatz in V.15aα auch präsentisch gemeint sein, aber aufgrund der Parallelität zu den VV.10-14 legt sich hier nahe, die Erwähnung von Gilgal als Rückblick in die Vergangenheit aufzufassen.

117. Vgl. 1 Sam 11,14f.; 13,7-14; 15,10-35. Siehe dazu W. Rudolph, 188.

118. Außer seiner Kritik an der Staatspolitik (vgl. Hos 5,1) und den inneren Thronwirren (vgl. Hos 1,4; 7,3-7; 8,4) des Nordreiches war Hoseas Verwerfung des Königtums auch grundsätzlicher Art. Vgl. Hos 10,3; 13,10f.

119. Zur Lokalisierung von Gilgal vgl. K. Elliger, Art. Gilgal, in: BHH, I, 572f.; A. van den Born/ W. Baier, Art. Gilgal, in: HBL², 591f.; C. van Gelderen, 348f.; Th. H. Robinson, 37; W. Rudolph, 188.

120. Vgl. die Darstellung von H.J. Kraus, Gilgal, in: VT 1 (1951)181-199; H.W. Wolff, 217.

121. Vgl. Lev 21,7.14; 22,13; Num 30,10; Ez 44,22. Siehe dazu H. Ringgren, Art. גרש, in: ThWAT, II, 72ff.

122. Vgl. Dtn 22,13; 24,3.

123. Sowohl das Hilfsverbum אסף als auch das Substantiv ביה kommen darin vor.

124. Mit Einschränkungen deutet W. Rudolph, 173f.179, den Ausdruck als "Tempel". Vgl. dazu aber die Argumentation von H.W. Wolff, 203; D. Deden, 60.

125. Vgl. die Schilderung dieser Entwicklung bei R. Hentschke, Stellung der vorexilischen Schriftpropheten, 9-15.

126. Für die Bedeutung "Mund" vgl. H.W.Wolff, 169; W. Rudolph, 157.

127. H.W.Wolff, 169, und W. Rudolph, 157, ergänzen den Stichos: wie ein Geier (kommt's) über Jahwes Haus bzw. ein Adlergleicher (kommt) über Jahwes Haus. Beide nehmen eine militärische Notsituation als Hintergrund des Spruches an. Dagegen hebt G.I. Emmerson, in: VT 25(1975)703f., den kultischen Sitz im Leben des Textes hervor. Für ihre Emendation (lies naśśār bzw. naśśār, "Herold" statt MT נֶשֶׁר, "Geier") und ihre Gesamtinterpretation gilt immer noch die Bemerkung von H.W. Wolff, daß das Alarmhorn wohl wegen Feindgefahr, nicht aber wegen Gesetzesübertretung geblasen wird.

128. Zur literarischen Form vgl. H.W. Wolff, 170f.; R. Kümpel, Berufung Israels, 92.

129. Zur chronologischen Einordnung der Worte aus Hos 8 in die Zeit um 733 vgl. H.W. Wolff, 175.

130. G. Fohrer, Prophetie und Geschichte, 274f. Anm. 18, und L. Perlitt, Bundestheologie, 146ff., leug-

nen die Authentizität von Hos 8,1b. Sie halten den Text für einen Einschub eines deuteronomistischen Redaktors. Zur Argumentation von Perlitt vgl. die kritischen Bemerkungen von R. Kümpel, Berufungs Israels, 93-104. W. Rudolph, 162, unterscheidet ברית als Sinaibund von תורה als dem geschriebenen Gesetz. Der Sinaibund wird aber bei Hosea nirgends als solcher erwähnt, was befremdend wirkt bei einem Propheten, der in seiner Botschaft die "Antwort" Israels stark betont.

131. Vgl. R. Kümpel, Berufung Israels, 104. E. Kutsch, Der Begriff ברית, 138, versteht die zwei Vershälften parallel. Weil Israel nicht eine Selbstverpflichtung Jahwes übertreten kann, versteht er ברית hier als Verpflichtung, die Jahwe Israel auferlegt hat. Die Bezeichnung "Selbstverpflichtung" ist für unsere Stelle aber breiter zu fassen, indem ברית hier die Vorleistungen Jahwes, sein Engagement in der von ihm initiierten Beziehung bezeichnet.

132. Vgl. H.W. Wolff, 176f.; W. Rudolph, 162. Beide denken an ein schon schriftlich fixiertes Gesetz.

133. Die Bildrede in Hos 10,11-13a vermittelt nicht unbedingt eine andere Einsicht, denn das "Joch" weist dort eher auf die Führung durch Jahwe, als auf eine drückende Last auf Israels Schultern. Jahwe will mit seinen Weisungen (V.12) Israel lehren, wie es die neue Situation im Kulturland bewältigen kann. Anders aber R. Kümpel, Berufung Israels, 105.

134. Hos 5,1 mit seiner Anrede eines breiteren Zuhörerkreises und mit seiner Erwähnung anderer Heiligtümer hebt sich deutlich vom Vorausgehenden ab. Hos 3 mit seinem prophetischen Selbstbericht über eine symbolische Zeichenhandlung ist in sich abgerundet, nachdem V.4 die Deutung der Handlung gegeben hat. Die innere literarische Struktur von Hos 4 ist dagegen weitaus undurchsichtiger. Jahwereden und prophetische Reden wechseln sich ab. Zum einen werden Israel bzw. die Priester angesprochen, zum anderen wird von ihnen in Berichtsform geredet. Spätere literarische Eingriffe sind unübersehbar (vgl. V.5aβ und 15aβ). Gegen H.W. Wolff, 90f.94, ist festzuhalten, daß V.4 redaktionell und überlieferungsmäßig an das Vorausgehende anschließt. Formal (durch das einschränkende אך in V.4) und inhalt-

lich (Weiterführung des Themas über die Gotteserkenntnis) erweist sich Hos 4 als eine Einheit; daran ändert auch das Auftauchen eines neuen Themas (Kult) nichts, weil es mit dem fehlenden Wissen in Zusammenhang gebracht wird. Vgl. dazu W. Rudolph, 98f., der andererseits zu Unrecht behauptet, daß die Priester als die Hauptschuldigen für den religiösen Verfall in den VV.11-19 nicht mehr hervortreten. Vgl. aber das adversative הם in V.14.

135. W. Rudolph, 99, ist zuzustimmen, daß V.9 nach V.10 zu lesen ist. Über weitere literarische Probleme in Hos 4 H.W. Wolff, 91f.

136. Vgl. besonders H.W. Wolff, 91f.

137. Der "Priester" ist hier ohne Zweifel kollektiv aufzufassen, weil der religiöse Verfall eines Volkes kaum einem einzigen Priester (auch nicht dem Hauptpriester im wichtigsten Heiligtum des Nordreiches) angerechnet werden kann. Die Schuld trifft so die gesamte Priesterschaft.

138. Vgl. C. van Leeuwen, 98; W. Rudolph, 101. Siehe weiter Hos 8,12 (Verbum כתב mit Objekt תורתי); eine inhaltliche Ausdeutung der Tora liegt noch in Hos 10,4 vor.

139. Siehe schon J. Botterweck, "Gott erkennen", 55; dagegen mißt H.W. Wolff, in: EvTh 12(1952/53) 427, dem Wissen um Gott in Hos 4,6 rein kognitive Bedeutung zu. Siehe dazu die Diskussion um den Begriff bei H.W. Wolff, in: EvTh 15(1955) 426-431; E. Baumann, in: EvTh 15(1955)416-425; G. Fohrer, Umkehr und Erlösung, 228f. Anm.16; J.L. McKenzie, in: JBL 74(1955)22-27; R. Kümpel, Berufung Israels, 110 Anm. 361; J. Ambanelli, in: RivBib 21(1973)119-146.

140. Es ist nicht erforderlich, V.12 mit H.W. Wolff, 174, als "Leidklage des verstoßenen Gottes" zu deuten. Die Schelte geht ununterbrochen von V. 11 bis 13a weiter.

141. Hoseas Anliegen bei seinem Angriff gegen die Vielfalt der Opfer und Altäre richtet sich gegen die dahinterliegende Auffassung des Kultes und der Opferpraxis. Er erweist sich in den VV.11-13 nicht als Verfechter eines einzigen Zentralheiligtums (vgl. Dtn!), wie C. van Leeuwen,

177, behauptet. In seiner antithetischen Formulierung will er die Vermehrung der Sündenschuld bei gleichzeitigem Übereifer im Kult (der sich gewiß in einer weiteren Verbreitung der Kultstätten und einer Vergrößerung des Stellenwertes des Altardienstes im Leben Israels äußerte) darstellen. Vgl. W. Rudolph, 167.

142. Hosea rechnet hier mit einer Vielzahl von bereits schriftlich fixierten Weisungen. Daß hier trotzdem die Grundgebote (wie sie in Vorstufen des Dekalogs vorgelegt haben können) für das Gemeinschaftsleben mit Jahwe gemeint sind, geht aus seiner Betonung der eigenhändigen Niederschrift durch Jahwe hervor. Die Bedeutung von תורה geht hier eindeutig über den ursprünglichen Inhalt (Einzelweisung durch die Priester als Antwort auf Fragen kulttechnischer Art) hinaus. Deutlich kollektiv aufzufassen ist auch die Verwendung des Singulars in Hos 4,6 und 8,1. Zur geschichtlichen Weiterentwicklung dieses Begriffes im AT siehe O. Plöger, Priester und Prophet; G. Fohrer, Geschichte der israelitischen Religion, 188f.
Zur Form רבו תורתי (V.12) vgl. H.W. Wolff, 170. Anders: W. Rudolph, 160, und R. Kümpel, Berufung Israels, 232 Anm. 339 (רִבֹּו, zehntausendfach).

143. Vgl. H.W. Wolff, 151, der zu Recht in diesem Zusammenhang vom "naturmythologischen Denken" spricht. Damit ist das Bußlied als ein zwar ernsthaftes, aber dem Jahweglauben widersprechendes Gebet zu bewerten. Durch Opfervermehrung versucht man die verlorengegangene Gemeinschaft wiederherzustellen. Dagegen W. Rudolph, 134-139, der seine Interpretation allerdings mit Hilfe einiger Textkorrekturen unterstützen muß.

144. Das Verbum חצב wird sonst nur von "Steine (aus) hauen" verwendet; vgl. KBL³, s.v., 329. Die Emendation von W. Rudolph, 132f. (וחצבתי באנבים, ich habe es eingehauen in die Steine), ergibt auch keinen besseren Parallelismus mit V.5b. Zur schriftlichen Fixierung des Gesetzes verwendet Hosea das Verbum כתב (vgl. Hos 8,12), nicht חצב (das übrigens nie für eine schriftliche Eingravierung verwendet wird).

145. Lies ומשפטי statt Suff.2.m. Sg. Vgl. dazu H.W. Wolff, 135; W. Rudolph, 133, u.v.a.

146. Welche konkreten Fakten Israel hier zur Last gelegt werden, ist kaum noch festzustellen. Sehr wahrscheinlich liegen sie aber nicht allzu weit zurück, weil Hosea sie seiner Generation ohne größere Ausführungen vorwerfen und anrechnen kann. Vgl. H.W. Wolff, 154ff.; W. Rudolph, 145. Bemerkenswert ist die Interpretation von R. Kümpel, Berufung Israels, 102f., der עבר ברית in V.7 auf einen Bundesschluß bezieht, der eben, weil er profaner Art war, gegen den ברית mit Jahwe verstieß. Jeder neue Bundesschluß Israels war daher in Hoseas Augen schon ein Bundesbruch.

147. Nach H.W. Wolff, 268, und C. van Leeuwen, 248, bringt die Präposition על in der Wendung דבר על die Überlegenheit des Redenden zum Ausdruck. Vgl. dazu דבר על-לב in Hos 2,16.

148. Zur Formbestimmung des Kapitels siehe H.W. Wolff, 268ff.

149. Die Verbform אֲדַמֶּה ist schwer zu deuten. Am besten nimmt man eine Form des bei Hosea geläufigen Verbums III דמה (vernichten; vgl. Hos 4,5f.; 10, 7.15) an. Vgl. dazu Hos 6,5 (הרג und חצב). Dagegen W. Rudolph, 223 (Denominativ von דְּמוּת ; im Hitpa.: Gestalt gewinnen, sich darstellen); C. van Leeuwen, 248f. (in Gleichnissen sprechen).

150. H.W. Wolff, 281, verweist in diesem Zusammenhang auf die Verwendung des gleichen Verbums שמר in V.7bα ; der Inhalt eines göttlichen Mahnwortes wird dort beschrieben. Vgl. weiter שמר זנות in Hos 4,10.

151. Anders E. Kutsch, Der Begriff ברית, 138. Kutsch zieht den Hintergrund der hoseanischen Gesamtverkündigung nicht genügend heran, indem er die Aussage über Jahwes ברית in Hos 8,1b von Hoseas Vorstellung über die eheliche Bindung zwischen Jahwe und Israel isoliert. ברית bezeichnet hier die Bindung, die Jahwe gegenüber Israel eingegangen ist und die sich in Israels Geschichte als Heilswirken erwiesen hat. Gegen diese Bindung kann Israel also durchaus sündigen, indem es sie nicht anerkennt bzw. ihren wahren Charakter verkennt.

152. Dieser "singuläre" Gebrauch verliert allerdings seinen einzigartigen Charakter, wenn man die anderen ברית-Stellen im Hoseabuch im Lichte von

Hos 8,1b interpretiert. Obwohl Hosea den Sinaibund nirgends namentlich erwähnt, kennt er durchaus die Tradition vom "Bundesschluß", in dem Jahwe sich selbst durch seine Bindung an Israel engagiert und andererseits von Israel die Beachtung seiner תורה fordert. Jeder profane ברית erscheint in diesem Licht dann als Bundesbruch, als Verletzung der Beziehung Jahwes zu Israel. Eine ausgeprägte Bundestheologie (unter Einschluß von Hoseas Bekanntschaft mit dem Sinaibund) nimmt C. Fensham, in: OTSWA 7(1966)35-49, an.

153. In diesem Kontext geht es nicht um einen Vertrag zwischen dem König und dem Volk. So mit W. Rudolph, 294, und R. Kümpel, Berufung Israels, 101, gegen H.W. Wolff, 227.

154. Berufung Israels, 93-104.

155. Ebd., 102.

156. Zur hoseanischen Verfasserschaft siehe H.W. Wolff, 58.61.

157. So E. Kutsch, Begriff ברית , 139. Dagegen hält H.W. Wolff, in: VT 6(1956)317ff.; ders., 62, Hos 2,20 für eine andere Art von Bundesschluß, indem Jahwe nur als Vermittler zwischen Israel und der Tierwelt auftritt.

158. Vgl. H.W. Wolff, 62.

159. Vgl. dazu H.W. Wolff, 18, aber vor allem W. Rudolph, 47f.

160. Vgl. J. Kühlewein, Art. זנה , in: ThHAT, I, 519: זנה bedeutet ursprünglich einfach das ungeregelte, unrechtmäßige geschlechtliche Verhalten zwischen Mann und Frau.

161. MT (אם־זנה) ist der LXX (μετὰ πόρνης = עם־זנה) und H.W. Wolff, 69 (Inf. absol. זָנֹה), vorzuziehen. V.15 ist wahrscheinlich judäische redaktionelle Glosse. Vgl. W. Rudolph, 113; C. van Leeuwen, 113.

162. Die Frau symbolisiert in dieser prophetischen Zeichenhandlung das Volk Israel; vgl. V.1.

163. Die Emendation von E. Sellin, 79, und A. van Hoonacker, 70 (אַפִּים, zornig), ist nicht berechtigt.

164. In Hos 2,4 kommt das Substantiv נאפופים neben
זנונים vor. Wegen der Erwähnung von פניה und
שדיה sind sie wohl als konkrete Objekte zu deuten,
etwa als Amulette oder Schmuck, die man bei den
Kultfeiern (vgl. V.15) oder auch als Erkennungs-
zeichen der Hure trägt. Vgl. dazu H.W. Wolff,
40; W. Rudolph, 66. Auch hier tritt eine Parallelstellung der Wurzeln זנה und נאף auf.

Vgl. dazu H.W. Wolff, 135; C. van Leeuwen, 153.
W. Rudolph, 147, liest לָבָּם מֹנֵעַ אַפָּם , "ihr Herz
hält ihren Zorn zurück". Das Bild vom angeheizten
Backofen und der Vorwurf der Falschheit (V.3)
lassen MT aber als die bessere Lesung erscheinen.

165. Zum ursprünglichen eherechtlichen Sitz im Leben
des Verbums siehe M.A. Klopfenstein, Art. בגד ,
in: ThHAT, I, 261-264. Dagegen betont Erlandsson,
Art. בגד , in: ThWAT, I, 507-511, die primär
religiöse Funktion des Wortes. Sicher ist בגד
bei Hosea als Verstoß gegen die rechtlich gere-
gelte eheliche Beziehung aufzufassen; vgl. dazu
seine Darstellung des Verhältnisses zwischen
Jahwe und Israel als Ehebund.

166. Die ילדים זרים sind sicher nicht die "im Umgang
mit Fremden im fremdartigen Kult gezeugten Kinder" (so H.W. Wolff, 128; W. Rudolph, 122), sondern
das Volk selbst, das nicht im ehelichen Verhältnis mit Jahwe lebt, fremden Göttern nachgelaufen
ist (vgl. Hos 2,4-17 und 3,1) und so zu einer
Generation von ילדים זרים bzw. ילדי זנונים
(vgl. Hos 1,2; 2,6) geworden ist. Zur Bedeutung
von זר als "das religiös-kultisch Fremde" (nicht
primär das "ethnisch Fremde") siehe L.A. Snijders,
The Meaning of זר in the OT; H.W. Wolff, 128.

167. Siehe die Ausführungen in Kap. IV.

168. Hoseas differenzierter Gebrauch der Wurzel אהב
hat weder bei Jer noch sonstwo Nachfolger gefunden. So spricht z.B. Jeremia zwar von Jahwes
Liebe zu Israel, aber ebenso von Israels Liebe
zu Jahwe (vgl. Jer 2,2): חסד und אהבה stehen
bei ihm parallel.

169. Nach E. Jenni, Art. אהב , in: ThHAT, I, 61, entfallen von den 251 Belegen der Wurzel im AT 19
auf Hosea. Vgl. dazu das einmalige Vorkommen
der Wurzel in Ijob (19,19).

170. Von einer Heirat mit der Frau ist hier nirgends
die Rede. Vgl. die differenzierte Terminologie
in diesem Zusammenhang: Hosea kennt auch die
Ausdrücke לקח אשה (Hos 1,2f.) und ארש (Hos 2,21f.).
Wie Hosea die symbolische Handlung ausgeführt
hat, steht in den VV.2f. Von daher ist auch
nach dem Inhalt der Handlung zu fragen. Das
"Kaufen" der Frau bezieht sich dann auf den Erwerb einer Sklavin oder Hure.

171. Lies אֹהֶבֶת statt אֲהֻבַת (MT). Obwohl vieles für
die lectio difficilior (MT) spricht, ist die erste
Vokalisation doch MT vorzuziehen. Vgl. מנאפת ,
das keinen Parallelismus zu אֲהֻבַת bildet; die aktive Rolle der Frau bzw. Israel bei der Untreue
gegenüber ihrem Ehemann wird auch sonst von Hosea
deutlich herausgestellt (vgl. die Deutung der
Handlung in Hos 3,1b!). Die Satzkonstruktion
wird mit einem Part. act. auch viel transparenter (רֵעַ als Objekt).
Dagegen spricht aber die aktive Rolle der Baʿale
(Pi. Part.: מאהבים) und die Übersetzungen von
ʼA (ηγαπημένην τω πλησιον) und Σ (ηγαπημένην
αφ ετερου). Die LXX, mit ihrer aktiven Übersetzung des Part. (γυναικα αγαπωσαν πονηρα)
hat die Aussage schon weitgehend ihres konkreten
Inhalts beraubt.

172. Die אשישי ענבים weisen wahrscheinlich nicht auf
einen rein kanaanäischen Kultgebrauch hin (vgl.
אשישות in 2 Sam 6,19; 1 Chr 16,3; Jes 16,7; Hl
2,5). Der Chronist hat in seiner Übernahme der
Vorlage (2 Sam 6,19) den Terminus beibehalten!
Hos will dagegen durch diesen Hinweis auf den
in Israel üblichen Kult das Bestreben Israels
anprangern, die Kulturlandgüter durch eine Vermehrung der Kulthandlungen zu sichern, statt
die von Jahwe verlangte Gesinnung und Anerkennung
zu erbringen.

173. So ist wohl der Entzug von Königtum, Führerschicht, Opfer, Mazzeben, Efod und Terafim zu
verstehen. Die Symbolhandlung schließt nach dem
Bericht der Ausführung (V.2) mit der Ausdeutung
(V.4) ab. V.5 kann nur als Nachtrag betrachtet
werden, weil hier versucht wird, der Symbolhandlung
eine positivere Zukunftserwartung abzugewinnen.
Aus dem gleichen Grund ist es nicht angemessen,
Teile des V.5 für authentisch zu halten.

174. MT: לְפִי־חֶסֶד (wörtlich: nach dem Ausspruch der Güte). V.12aβ ist kein Folgesatz von 12aα, sondern ein paralleler Imperativ, wie übrigens alle Imperative auf die Schlußaussage von V.12 hinweisen. חסד bezieht sich hier nicht auf die göttliche Liebe, sondern auf die Bundestreue Israels.

175. עד ist mit R. Rudolph, 201, eher final als temporal aufzufassen.

176. וְיֹרֶה , vgl. Hos 6,3 (Hif.: regnen lassen). Siehe dazu W. Rudolph, 201. H.W. Wolff, 234, setzt die Lesung פְּרִי voraus (die Frucht des Bundesrechts); vgl. noch D. Deden, 66.

177. Das Wort ist in den Aufzählungen für das Verhalten Israels Jahwe gegenüber singulär. Offensichtlich wird damit das soziale Verhalten Israels gemeint, das sich als Erbarmen mit den Hilfsbedürftigen erweist.

178. Auch dieser Begriff ist singulär bei Hosea und kann hier nicht eine Qualifikation Jahwes meinen, wie H.W. Wolff, 65, es darstellt: " Die wahrhaft göttliche Stetigkeit und Verläßlichkeit der endgültig gestifteten Lebensgemeinschaft". Hier wird wohl eher Israels Verhalten als ehrliche Treue in dem von Jahwe gestifteten Ehebündnis gedeutet, was eben nicht ausschließt, daß diese Brautgabe nicht von Israel stammt, sondern ihr von Jahwe geschenkt ist. Es ist eine von Jahwe, Israel zugedachte Qualifikation. Zur Bedeutung von אֱמוּנָה vgl. H. Wildberger, Art. אמן , in: ThHAT, I, 196-201, und besonders Jepsen, Art. אמן, in: ThWAT, I, 341-345: "Nicht so sehr ein Sein, 'Zuverlässigkeit', sondern ein Verhalten, das auf innere Festigkeit, auf Gewissenhaftigkeit beruht". Für Hos 2,22 nimmt Jepsen dann allerdings an, daß אֱמוּנָה sich auf Jahwe bezieht (Sp.344). Auch W. Rudolph, 81, hält die fünf Brautgaben nicht für Qualifikationen Israels. Tatsächlich geht es hier nicht um Qualifikationen, die Israel von sich aus besitzt. Das schließt dennoch keineswegs aus, daß Jahwe diese durchaus Israel zuteilen kann und will. Dadurch bestimmt er letztlich das Verhalten Israels, indem er nämlich Israel durch die Brautgaben umbildet und von innen heraus verwandelt. Erst von dieser inneren Verwandlung her, wird Israel fähig sein, "Jahwe zu kennen" und damit die Ehebeziehung mit Jahwe aufrecht zu erhalten.

179. Nötscher, 673, und R. Kümpel, Berufung Israels,
166 Anm.558, nehmen eine sechste Nominalform
(ודעת-יהוה) an; der MT wäre dann eine Beein-
flußung durch die ezechielische Erkenntnisfor-
mel. In diesem Falle müßte aber als sechste
Brautgabe ובדעת-יהוה stehen; Hosea verwendet
im Nominalbegriff דעת אלהים (vgl. Hos 4,1; 6,6)
und דעת את-יהוה (vgl. 6,3) bzw. absolutes הדעת
(vgl. 4,6) nebeneinander. Zur Verbalform vgl.
Hos 5,3 und besonders V.4. Weiter Hos 7,9;
8,2.4; 9,7; 11,3; 13,4(.5,lies: רעתיך).

180. Siehe dazu M. Epstein, Marriage Laws in the Bi-
ble and the Talmud, 1942; E. Neufeld, Ancient
Hebrew Marriage Laws, 1944; I. Mendelsohn, The
Family in the Ancient Near East, 1948, 24-40;
J.-P. Audet, Love and Marriage in the OT, 1958,
65-83; A. Alberti, Matrimonio e Divorzio nella
Bibbia, 1962; W. Plautz, Die Form der Eheschließung
im AT, in: ZAW 76(1964)298-318; A. van den Born,
Art. Ehe, in: HBL[2], 359-363; A. Phillips, Some
Aspects of Family Law in pre-exilic Israel, in:
VT 23(1973)349-361.

181. Vgl. Gen 24,2ff.; Dtn, 7,3. Siehe dazu A. van den
Born, Art. Ehe, 360, dessen Überlegungen hier
im großen ganzen übernommen werden.

182. Im Hl ist die Liebe gegenseitig und geht von
beiden Partnern aus (vgl. Hl 1,3.7; 3,1f.4).
Der dichterische Ausdruck der Wechselbeziehung
ist einzigartig im AT. Vgl. G. Gerleman, Ruth,
73f.

183. Die Liebe wird hier als eine Krankheit (2 Sam
13,2) beschrieben, was nur noch in Hl 2,5 und 5,8
vorkommt. Zu ähnlichen ägyptischen Vorstellungen siehe A. Hermann, Beiträge zur Erklärung
der ägyptischen Liebesdichtung, 118-139; ders.,
Altägyptische Liebesdichtung, 98ff.

184. Vgl. Gen 29,30 (mit der Präposition מן : Jakob
hatte die Rahel besonders lieb); 1 Sam 1,5 (Elkana hatte seine Frau Hanna mehr lieb als Pe-
ninna); 2 Chr 11,21 (Rehabeam hatte Maacha lieber
als alle seine andere Frauen und Nebenfrauen);
Est 2,7 (Esther war die bevorzugte Frau des Königs Ahasveros); die Ehegesetzgebung in Dtn 21,15f.
spricht in diesem Zusammenhang von der geliebten
(d.h. der bevorzugten, אהובה) Frau bzw. von der
gehaßten (d.h. der zurückgestellten, שנואה) Frau.

185. Die deutsche Übersetzung trifft insofern nicht zu, als "Verlobung" (hebr. ארש) schon eine volle rechtsgültige Bindung beinhaltet, die der Eheschließung gleichkommt. Obwohl die Ehe damit physisch noch nicht vollzogen ist (für die Heimführung ins Haus bzw. den physischen Vollzug der Ehe verwendet man die Ausdrücke לקח אשה bzw. שגל), sind alle rechtlichen Konsequenzen der Ehebindung bei der "Verlobung" schon mitenthalten. Vgl. dazu H.W. Wolff, 64.

186. Die Braut kann vom Bräutigam auch Geschenke erhalten, die auf alle Fälle ihr Eigentum bleiben; vgl. Gen 24,53; 34,12. Außerdem kann sie ein Mitgift von ihrem eigenen Vater bekommen; vgl. Gen 16,1ff.; 24,61; Jos 15,18f.; 1 Kön 9,16.

187. Vgl. die Schutzpflicht, die der Mann seiner Frau gegenüber wahrzunehmen hat (Ex 21,10). Siehe dazu L. Dürr, in: BZ 23(1935)154-157; A. Phillips, in: VT 23(1973)361, merkt an, daß das Familienoberhaupt kein Recht über Leben und Tod seiner Schützlinge hat.

188. Vgl. die Verwendung des Begriffes ברית für die Ehe in Mal 2,14.

189. Vgl. Ex 21,8; Mal 2,14f.; Spr 23,28. Im theologischen Kontext bei Jer 3,20; 9,1; Kl 1,2 (Verstoß gegen die Liebesbeziehung).

190. Daß חסד im Kontext des profanen Eheverhältnisses im AT kaum belegt ist, mag wohl am Fehlen ausführlicher Beschreibungen über das Eheleben im AT liegen. Siehe aber doch z.B. Ruth 3,10. Vgl. H. J. Stoebe, Art. חסד , in: ThHAT, I, 609ff.

Zu Kap. IV

1. Als größere kerygmatische Einheit, zu der Hos 6,1-6 gehört, nimmt H.W. Wolff, 137, die Einheit Hos 5,8-7,16 an. Tatsächlich kann man diesen Textteil aufgrund der Stichwortverknüpfung als kerygmatische Einheit betrachten. Inhaltlich und formal sind aber weitere Redeeinheiten abzusondern. So nimmt auch Hos 6,1-6 tatsächlich einige Stichworte (z.B. טרף und רפא) von Hos 5,13f. sowie das Bild von Hos 5,15aα wieder auf. H.W. Wolff rechnet damit, daß sämtliche Sprüche dieser größeren Einheit aus der gleichen historischen Situation stammen, nämlich aus der Stunde des Zusammenbruchs des syrisch-efraimitischen Krieges durch den Einfall Tiglatpilesers III. im Jahre 733.
Vielfach wird Hos 5,15 noch zu der Redeeinheit Hos 6,1-6 hinzugenommen, weil 6,3aβ deutlich auf diesen Vers Bezug nimmt. Vgl. dazu W. Rudolph, 133f. Obwohl man V.15 durchaus als auslösenden Faktor für Hos 6,1-3 betrachten kann, sollte man die VV.1-6 doch als selbständige Einheit auffassen.

2. Anders H.W. Wolff, 137, der auch noch die VV.7-10a zur prophetischen Entgegnung auf das Bußlied rechnet. Vgl. den Gebrauch von והמה bei Hosea. Dennoch scheinen mir die VV.7ff. eine Reihe von lokal gebundenen Beispielen der falschen Jahwereligion einzuleiten, die auch unabhängig vom "Bußlied" und Jahwes Antwort darauf vorgetragen sein können.

3. Vgl. W. Rudolph, 133f., der Hos 5,15 mit Hos 6,1-6 verbindet.

4. Vgl. H.W. Wolff, 148; auch W. Rudolph, 134, wehrt sich gegen die Interpretation von Hos 6,1-3, als handle es sich hier um ein von Hosea fingiertes Bußlied, das er dem Volk in den Mund legen wollte. Ob Hosea aber im Bußlied überliefertes liturgisches Material aufgriff und umbildete oder ob hier wirklich schon formelhaft vorgegebenes Material unverändert wiedergegeben wurde, kann kaum eindeutig entschieden werden. Sicher ist nur, daß Hosea das "Bußgebet" in Funktion seiner Verkündigung von VV.4-6 heranzieht und daß er auffallend viel eigene Terminologie darin

verwendet, so daß man genauso annehmen kann, er habe in den Text des Gebetes eingegriffen.

5. Hier kann H.W. Wolff, 140, mit seiner Datierung auf das Jahr 733 durchaus Recht haben.

6. Vgl. noch R. Hentschke, Stellung der vorexilischen Schriftpropheten, 90, und insbesondere W. Rudolph, 134. Die "Ernsthaftigkeit" kann sich allerdings sowohl auf die ehrliche, subjektive Bußgesinnung der Beter beziehen (insofern sie nämlich mit der richtigen Jahwevorstellung adäquat ist) als auch auf eine "Ernsthaftigkeit", die durch die besondere politische Notlage veranlaßt worden ist.

7. Vgl. H.W. Wolff, 149; W. Rudolph, 135.

8. Vgl. R. Hentschke, Stellung der vorexilischen Schriftpropheten, 91.

9. Mit W. Rudolph, 131, u.v.a. ist וַיָּךְ zu lesen.

10. Stamm, 268, und H.W. Wolff, 134, ziehen יחינו als 3. Takt zu V.1b. Vom Kontext her kommt für Pi. חיה nur die Bedeutung "am Leben erhalten, aufleben lassen", nicht "lebendig machen" in Betracht. Vgl. die Verba נכה und טרף , weiter die Parallele רפא , die gegen ein Töten bzw. ein Wieder-lebendig-Machen sprechen. Vgl. dazu H.W. Wolff, 149; W. Rudolph, 135.

11. מימים (Du.) und ביום השלשי sind wohl als Parallelen zu verstehen und weisen auf die äußerst kurze Zeit der Wiedergesundung hin. Vgl. W. Rudolph, 135. Für die Parallelstellung von 2-3 in Ugarit vgl. z.B. CTA 4 III 17f.

12. Nicht als Glosse zu streichen. דעת hängt als Akkusativ sowohl von נדעה als auch von נרדפה ab. Vgl. W. Rudolph, 131; H.W. Wolff, 134.

13. Vgl. W. Rudolph, 131, der mit Recht bemerkt, daß die "Morgenröte" nicht an jedem Morgen sicher anzutreffen ist. Auf dieses sichere Eintreffen kommt es in diesem Bilde aber an. Daher ist besser mit "Morgenlicht" zu übersetzen.

14. Mit H.W. Wolff, 134, als asyndetischer Relativsatz zu יהוה aufzufassen.

15. MT: יוֹרֶה (Frühregen) ist durch eine Verbalform יָרְוֶה (Hif. ירה) zu ersetzen. Vgl. BHS; H.W. Wolff, 135; W. Rudolph, 132.

16. Vgl. H.W. Wolff, 149. Daß das Bußlied Jahwe nicht gefallen kann, weil es zu sehr von kanaanäischen religiösen Vorstellungen geprägt ist, bemerkten schon E. Sellin, 71.92; E. Jacob, RSAT, 98.

17. Zu בקש vgl. Hos 5,15 und 7,10. Sonst hat בקש offensichtlich eine pejorative Bedeutung, weil es das "Suchen" nach dem verschwundenen Gott bedeutet, der beim Wiederfinden zwangsweise auch die Fruchtbarkeit und die Kulturlandgüter schenken muß; vgl. Hos 2,9 und 5,6, wo jedesmal auch gesagt wird, daß dieses Suchen vergeblich sein wird (vgl. ולא תמצא bzw. ולא ימצאו). Hos 3,5 ist redaktionelle Glosse zur unheilvollen prophetischen Zeichenhandlung Hos 3,1-4. Für das "Erkennen Jahwes" siehe die Ausführungen in Kap. III, § 2; vgl. schließlich noch das Verbum שוב als Ausdruck für die Umkehr zu Jahwe (Hos 5,4; 7,10; 14,2f. und sinngemäß auch in 2,9).

18. Die Jahwerede ist im Stil der priesterlichen Verkündigung im Kult verfaßt; deshalb fehlt die Botenformel, die für den Prophetenspruch charakteristisch ist. So H.W. Wolff, 151; W. Rudolph, 138.

19. על-כן will eine Konsequenz einführen, die Jahwe aufgrund des Verhaltens Israels verwirklichen will. Vgl. dazu H.W. Wolff, 152, gegen W. Rudolph, 132.139. Vgl. noch על-כן in 4,3!

20. Für die Bedeutungsbestimmung von חצב wird vielfach (u.a. bei W. Rudolph, 132, und H.W. Wolff, 135) auf den ugaritischen parallelen Gebrauch von ḫṣb und mḫṣ (zerschlagen) hingewiesen.

21. Eine zu stark abweichende Textänderung schlägt W. Rudolph, 132f., vor: מֵהַר (הֹרֵיתִים), "vom Berg her (habe ich) sie unterwiesen". Er will die Perfecta unbedingt als Vergangenheit deuten, obwohl ihre Verwendung als perf. proph. einen besseren Sinn ergibt.

22. Lies משפטי כאור statt משפטיך אור (MT) mit H.W. Wolff, 135; W. Rudolph, 133, u.v.a.

23. Nach W. Rudolph, 138, geht das Bußgebet des Volkes durchaus in Ordnung, nur wird die Bußgesinnung nicht durchgehalten. Daß aber Israels חסד selbst keine wahre חסד ist (sie muß sich ja auch im Verhalten ausdrücken), wird vor allem aus V.6 deutlich.

24. Jahwes משפט ruft deshalb nach einem Abbruch der Beziehungen; insofern liegt in den VV.4-6 ein Gerichtsspruch vor, der zunächst keine heilvolle Zukunft andeutet. Anders bei H.W. Wolff, 153.

25. V.6 kann sowohl im Sinne einer relativen (nicht nur...sondern) als auch einer absoluten (nicht... sondern) Negation verstanden werden. Vgl. W. Rudolph, 139f. (mit Literaturangaben). Rudolph selbst beantwortet die Frage im Sinne einer absolut negativen Entscheidung gegen die Opfer. Eine solch grundsätzliche Behauptung kann aber nicht nur aufgrund dieser prägnant, sicher dialektisch formulierten Aussage Hoseas aufgestellt werden. Hierüber kann man nur im Rahmen einer Berücksichtigung der gesamten Verkündigung Hoseas entscheiden. Anzeichen für eine günstigere Beurteilung der Opferpraxis lassen sich allerdings bei Hosea nicht nachweisen.

26. Vgl. H.W. Wolff, 153; W. Rudolph, 140, der auch noch an die Zuwendung zum Nächsten denkt (vgl. Hos 4,2).

27. R. Kümpel, Berufung Israels, 101. Dagegen meint H.W. Wolff, 154, daß והמה antithetisch an V.6 anknüpft und ein "Sündenregister" eröffnet.

28. Berufung Israels, 102.

29. Vgl. H.W. Wolff, 155.

30. Vgl. H.W. Wolff, 155. Dagegen W. Rudolph, 145.

31. Die Frage, ob der Umgang mit Dirnen als integraler Bestandteil der Kultfeier betrachtet werden kann, muß sehr wahrscheinlich verneint werden. Es trifft nur zu, daß die Heiligtümer oft das Dirnenwesen nach sich gezogen haben. In diesem Sinne sind "**Kult**- bzw. Sakralprostitution", streng genommen, unzutreffende Bezeichnungen.

32. אלה (das Verfluchen unter Anwendung des Namens der Gottheit) wird hier primär unter einem sozialen Aspekt gesehen. Wie alle andere Vergehen ist natürlich auch dies ein Verstoß gegen die Liebesbeziehung Jahwes zu Israel. Zur Problematik der Verwandtschaft dieser Sündenreihe mit dem Dekalog vgl. H.W. Wolff, 84f.; W. Rudolph, 100f.

33. Vgl. dazu die Kontroverse zwischen H.W. Wolff und E. Baumann (siehe Anm. 139 in Kap. III).

34. Das wird auch von H.W. Wolff nicht in dieser extremen Form vertreten; vgl. H.W. Wolff, 154, zu Hos 6,6!

35. Vgl. G. Farr, in: ZAW 70(1958)102.

36. Vgl. dazu A. Jepsen, Art. אמן, in: ThWAT, I, 341-345, und H. Wildberger, Art. אמן, in: ThHAT, I, 196-201.

37. Vgl. H.W. Wolff, 64.

38. Vgl. H.W. Wolff, 64, nach K. H. Fahlgren und K. Koch.

39. שוב bezieht sich hier vordergründig auf Jakobs Heimkehr aus der Fremde; vgl. H.W. Wolff, 277. Doch hat das Mahnwort (7b) allgemeinen Charakter, so daß auch V. 7a das gegenwärtige Israel mitmeinen kann; vgl. die plötzliche direkte Anrede mit ואתה nach der 3. Pers. für Jakob. Die Übersetzung "du aber wirst zu deinem Gott zurückkehren" (so W. Kuhnigk, Nordwestsemitische Studien, 147f.) scheint mir unmöglich. Vgl. Hoseas Gebrauch von שוב mit der Präp. אל in 2,9; 5,4.15; 6,1; 7,10; 11,5; 14,3; mit der Präp. עד in 14,2. Dabei geht es immer um die Umkehr zu Jahwe.

40. Vgl. Hos 12,7: אלהיך mit Suff. als Ausdruck für Gottverbundenheit.

41. Hos 11,1-4 könnte in diesem Zusammenhang auch herangezogen werden. Siehe dazu aber die Ausführungen in Kap. III, § 1.
Daß mit Hos 9,10 eine neue Einheit beginnt, wird allgemein angenommen; vgl. H.W. Wolff, 208f. Schwieriger sieht es aber bei der Abgrenzung nach unten aus. Die Verknüpfung von V.11 mit

V.10 ist sehr sprunghaft: von der Beschreibung der Sünde der Väter geht der Text zu einer Strafandrohung für die gegenwärtige Generation über. Hos 10,1.9; 11,1ff. und 13,1 zeigen aber, daß es für Hosea nichts Ungewöhnliches ist, die Geschichte zu schematisieren und dadurch ein Modell für die Wertung der Gegenwart zu entwickeln. Dagegen besteht für J. Vollmer, Geschichtliche Rückblicke, 78; R. Bach, Erwählung Israels, 16; Th.H. Robinson, 37; H. Donner, Israel, 81ff.; R. Kümpel, Berufung Israels, 14, zwischen V.10 und 11a keine Verbindung. Während V.10 für Th. H. Robinson ein Fragment und somit den Anfang eines ursprünglich längeren Spruches darstellt, bildet V.10 für J. Vollmer und R. Kümpel eine geschlossene Einheit, die keiner Weiterführung bedarf. Eine weitgehende Umordnung der Sprüche in den VV.10-17 nimmt I. Willi-Plein, Vorformen, 178f., an. W. Rudolph, 184, läßt V.16a an V.10 anschließen und umgeht damit den harten Übergang. Zur Überlieferungseinheit der VV.10-17 vgl. aber auch H.W. Wolff, 208ff. Was sich mit V.11ff. weiter anschließt, sind Jahwereden, die das gegenwärtige Efraim beklagen und bedrohen. Ein paralleles Schema findet sich in den VV.15ff. Die Drohungen werden jeweils von einer prophetischen Gebetsrede abgeschlossen (VV.14 und 17). Vgl. dazu H.W. Wolff, 208-212, der in Hos 9,10-17 die Skizze eines prophetischen Auditionberichtes sieht, die von Schülern des Hosea überliefert wurde. In 10,1 hört die Jahwerede auf: Israel wird wieder namentlich genannt und es taucht ein neues Bild (Israel als גפן) auf.

42. Das asyndetische המה ist hier adversativ; vgl. W. Rudolph, 185.

43. Baal-Peor (vgl. Num 25,3.5; Ps 106,28; verkürzt zu פעור in Num 25,18; 31,16; Jos 22,17) ist Gottesname, kein Ortsname. Allerdings kann hier nur ein Ortsname gemeint sein (vgl. das Verbum בוא), so daß die Bezeichnung hier wohl eine Verkürzung von בית בעל פעור (vgl. Dtn 3,29; 4,46; 34,6; Jos 13,20) ist. Im Namen klingt der Inhalt der Versündigung Israels (Verehrung der Baʻal-Gottheit von Peor) schon mit. Vgl. dazu H.W. Wolff, 213f.

44. Zur Lage von Bet-Peor siehe H.W. Wolff, 213 (mit Literaturangaben).

45. Vgl. H.W. Wolff, 214.

46. Dagegen verwendet Num 25,3.5 das Verbum Nif.
צמד , "in ein Gespann eingehen". Das Nif. von
נזר begegnet nur noch in Lev 22,2 (mit מן) und in
Sach 7,3 in der Bedeutung "sich enthalten, fasten".
Ezechiel verwendet - wie Hosea - das Verbum, um
den religiösen Abfall auszudrücken (Ez 14,7:
נזר מאחרי). Im Hif. ist das Verbum נזר nur
im Rahmen des rechten Jahweglaubens verwendet;
vgl. Lev 15,31 und die Stellen über den נזיר
in Num 6,2.3.5.6.12. Vgl. dazu H.W. Wolff, 214.

47. Dagegen W. Nowack, 58; E. Sellin, 74; J. Wellhausen, 124; W.R. Harper, 335. בשת ist aber Hosea
auch in 2,7 und 10,6 bekannt. Es ist übrigens
denkbar, daß Hosea - nach seiner Erwähnung von
בעל פעור - mit בשת eine Abwechslung beabsichtigt
hat; vgl. H.W. Wolff, 214. Nach Hosea wird ein
deutlicher Trend bemerkbar, alle Erwähnungen
des Ba'al, besonders in Personennamen, auszumerzen und diese durch בשת zu ersetzen; vgl. Isch-Baal (in: Isch-Boschet); Jerubbaal (in: ירבשת ;
Ri 6,32 und 2 Sam 11,21); Merib-Baal (in:
מפיבשת ; 1 Chr 8,34 und 2 Sam 21,8). Vgl. dazu
M. Noth, IP, 119-122.

48. Vgl. hierfür W. Paschen, Rein und Unrein, 66,
der für diese Stelle noch nicht die Begrifflichkeit "Götzen" annimmt. Dieser Gebrauch wurde erst
voll bei Jer und Ez charakteristisch ; wahrscheinlich steht Hosea aber auch hier am Ursprung dieser späteren Verwendung. Ursprünglich bezeichnet die Wurzel Gegenstände, die Ekel erregen;
vgl. noch C.R. North, Essence of Idolatry, 155;
H.W. Wolff, 214.

49. Es erübrigt sich, den Infin. emendieren zu wollen.
An sich ergibt er einen guten Sinn, der dem Kontext (insbesondere dem hoseanischen Gebrauch
der Wurzel אהב)durchaus gerecht wird. Qal Infin.
אהב kommt allerdings nur noch Koh 3,8 vor, sonst
ist immer der Infin. אהבה (vgl. auch Hos 9,15!)
gebräuchlich. I. Willi-Plein, Vorformen, 180,
emendiert in מאהבים . Dieser Terminus kommt
allerdings nur innerhalb der Bildrede Hos 2,4-17
vor. K. Marti, 76; C.F.Keil, 89; G.R. Driver,
in: JTS 39(1938)160; J.L. Mays, 131; C.van Gelderen, 341; J. Vollmer, Geschichtliche Rückblicke,
77; W. Rudolph, 181, lesen אֲהֻבָם (ihr Geliebter)
bzw. אֹהֲבָם (ihr Liebhaber).

50. Hos 10,11-13a ist eine eigenständige rhetorische Einheit, die redaktionell in die Überlieferungseinheit 10,9-15 integriert wurde. Die VV.11-13a weisen deshalb nicht zwingend auf das historische Ereignis der Gibeazeit (V.9) zurück; hier liegt vielmehr ein ähnliches, aber selbständiges Geschichtsschema wie in V.9f. vor. Mit V.13b setzt dann wieder eine neue rhetorische Einheit ein (Übergang von der 2. Pers. Plur. zur 2. Pers. Sg. in V.13b); das Bild vom Ackerbau wird verlassen und es liegt ein anderer Schuldnachweis (das Pochen auf die politische und militärische Macht) vor. Siehe dazu W. Rudolph, 202, und insbesondere H.W. Wolff, 235ff.

51. J. Vollmer, Geschichtliche Rückblicke, 73f., führt eine ganze Reihe Begründungen an, weshalb V.12 ursprünglich nicht zu der rhetorischen Einheit Hos 10,11-13a gehören kann: dazu werden formgeschichtliche (Abbruch der Jahwerede und einander entsprechende Dreigliedrigkeit der VV.11b und 13a), stilistische (Wendungen aus späterer Zeit) und inhaltliche (Vorstellung von Jahwe als Lehrer der Gerechtigkeit) Argumente vorgetragen. Der Abbruch der Jahwerede setzt sich aber auch in V.13a fort; ebenso ist das Bild in V.12 noch der Ackerbaukultur entnommen.

52. מלמדה ist Pu. Part.fem. Das Wort weist auf die treffliche Brauchbarkeit hin, weil das Jungtier gut abgerichtet und angelernt ist. Vgl. M.H. Goshen-Gottstein, in: Bib 41(1960)64ff.: lmd = "train in the right way"; H.W. Wolff, 239. Dagegen C.van Leeuwen, 214 Anm.14.

53. עגלה ist eine "Jungkuh" und deutet daher auch auf Israels Frühzeit hin. Vgl. KBL, s.v., 679, und GB, s.v., 562.

54. אהבתי (Qal Part. act. fem. sg.) trägt ein jod-compaginis; als Hilfsvokal kommt dieses Jod vor bei Partizipien im st.cs.
Vgl. GK, § 90 kl; Beer-Meyer, I, § 45, 3d; BL, § 77d'. Dagegen Joüon, § 93n (rhythmische Gründe). E. Robertson, in: TGUOS (1936/37)16f., liest אֲהַבְתִּי; dagegen spricht aber ואני in V.11aβ.
Siehe dazu H.W. Wolff, 233.

55. Mit דוש ist offensichtlich ein Dreschen ohne Dreschschlitten oder Wagenrad gemeint, wobei

das Tier frei auf dem ausgestreuten Korn herumtrampeln konnte; vgl. G. Dalman, AuS, III, 107, und H.W. Wolff, 239f.

56. Damit ist wohl kaum die Befolgung der Gesetzgebung am Sinai gemeint (so Rudolph, 203), obwohl Hosea hier Israel als "Partner" Jahwes darstellen will, der bereit ist, auf Jahwes Weisungen zu hören. Vgl. den Stellenwert der תורה in Hoseas Verkündigung.

57. In diesem Sinne ist es gut mit dem Bild "Trauben in der Wüste" (Hos 9,10) zu vergleichen. Beide haben - wörtlich genommen - keinen Sinn in der Wüste, sondern wollen die Bereitschaft Israels betonen, auf Jahwe und sein Angebot einzugehen. Vgl. H.W. Wolff, 240; W. Rudolph, 203.

58. עַל ist in V.11b durch Haplographie ausgefallen. Stattdessen lesen viele הֶעֱבַרְתִּי עַל- עַל (Hif.). Vgl. K. Marti, 83; B. Duhm, Anmerkungen, 34; E. Sellin, 82; W. Nowack, 64; D. Deden, 66.82; Th.H. Robinson, 40; A. Weiser, 82; J. Vollmer, Geschichtliche Rückblicke, 72; C. van Leeuwen, 215.
Besser aber noch ist W. Rudolphs, 201, Vorschlag, der eine Pi.-Form (עִבַּרְתִּי) als nordisraelitische Eigenheit des Hosea lesen will.
A. Van Hoonacker, 101, liest עֹל statt עַל (keine Haplographie, sondern Verlesung).
Die nachfolgende Erwähnung des "schönen Halses" und des Verbums רכב (11b) bestärken die hier vorgenommene Korrektur. Ohne die Hinzufügung von עַל hat der Satz keinen Sinn.
עבר kann dann im positiven, neutralen und feindlichen Sinne verstanden werden. Als "schonendes" Vorübergehen vgl. W.R. Harper, 354; I. Willi-Plein, Vorformen, 191. Zum neutralen "vorbeikommen, (zufällig) vorübergehen an" siehe H.S. Nyberg, Studien, 80; H.W. Wolff, 240. Als feindliches "kommen über" vgl. LXX (ἐγὼ δὲ ἐπελεύσομαι ἐπὶ τὸ κάλλιστον τοῦ τραχήλου); C.F. Keil, 94; Gispen, 371f. Eine Begründung für diese Strafe liegt aber nicht vor, so daß Jahwes Reaktion an dieser Stelle unbegreiflich wäre.

59. Die Wendung טוב צוארה ist eine Auflösung der ursprünglichen st.cs.-Verbindung. Das ursprüngliche Verständnis von טוב ist "Ertrag, was einem zukommt", "Vermögen, Besitz, Hab und Gut"; vgl. H.J. Stoebe, Art. טוב , in: ThHAT, I, 662. Der

Kontext legt hier die Nebenbedeutung "Brauchbarkeit, Stärke" nahe; vgl. H.W. Wolff, 240.

60. Während beim ersten Verbum Jahwe als Subjekt steht (Efraim ist Objekt), ist Juda bzw. Jakob Subjekt der zwei restlichen Verba. Die Dreigliedrigkeit ist nicht - etwa durch Streichung von Juda bzw. Jakob - aufzuheben. Die Dreigliedrigkeit findet eine Entsprechung in den drei Imperativen von V.12 und in den drei parallelen Perfektformen von V.13a. Neben Efraim und Juda hat Jakob, als Zusammenfassung für das eine, noch ungeteilte Volk, einen guten Sinn. Zur Funktion der Dreizahl in diesem Spruch siehe R. Bach, Erwählung Israels, 65 Anm.71.

61. Die Präposition ל sowie לפי bei חסד drücken die Norm aus, nach der Israel im Kulturland zu arbeiten und zu leben hat. Vgl. dazu W. Rudolph, 203.

62. Im Erntevorgang hat Israel seinen חסד Jahwe gegenüber zu beweisen, d.h. hier konkret die Anerkennung der Jahweverbundenheit mit seinem Volk, die sich in der Ernte erweist. Hier wird nicht gesagt, daß eine Ernte, die dem חסד Jahwes entspricht, Folge von Israels Säen nach der צדקה wäre. Vgl. W. Rudolph, 203 (beide Imperative stehen gleichwertig nebeneinander); anders H.W. Wolff, 234.

63. ניר als Verbum (II) kommt nur noch in Jer 4,3 vor; vgl. GB, s.v. ניר, 503 (noch nicht angebautes oder verwildertes Land urbar machen).

64. דעת לדרוש את-יהוה scheint mir als kopulativer Satz die Gleichzeitigkeit dieser Aufgabe mit den drei vorher erwähnten Tätigkeiten zu betonen. Vgl. auch W. Rudolph, 204; C.van Leeuwen, 216f. Die verschiedenen Aufgaben sollen mit der Anerkennung Jahwes als Initiator des gesamten Fruchtbarkeitsgeschehens zusammengehen. דרש את-יהוה bezeichnet hier speziell die Anrufung Jahwes im Gebet; vgl. W. Rudolph, 204, und C.van Leeuwen, 217. H.W. Wolff, 234, liest mit LXX und Targ דעת statt ועת.

65. Zu ירה\יורה II Hif. (regnen lassen) vgl. Hos 6,3.

66. Zu רשׁע als Oppositum von צדקה siehe W. Rudolph, 204; C.van Leeuwen, 218.

67. Die drei Perfekta sind futurisch zu übersetzen. Um noch einen Rest von Strafandrohung in dieser Einheit zu erhalten, übersetzt W. Rudolph, 201f., nur das letzte Perfektum futurisch. Die Dreigliedrigkeit im gesamten Aufbau der Einheit spricht aber gegen diesen willkürlichen Eingriff.

68. Vgl. J. Vollmer, Geschichtliche Rückblicke, 75f.

69. Zur literarischen und formgeschichtlichen Bestimmung von Hos 13,4-8 vgl. die Ausführungen in Kap. III, § 1.

70. Lies mit LXX רעיתיך statt ידעתיך (MT); vgl. Anm. 50 in Kap. III.

71. Die literarischen Probleme von Hos 12 sind kaum befriedigend zu lösen. Die Verse, die von Jakob sprechen, sind über das Kapitel verstreut (VV. 4ff.13). Das Thema des Verrats und der Untreue scheint aber deutlich zu dominieren, und das Beispiel Jakob ist eben nur als Beispiel gedacht. Eine Übersicht über die Probleme von Hos 12 bieten W. Rudolph, 223ff.; H.W. Wolff, 268ff.; J. Vollmer, Geschichtliche Rückblicke, 105-115; C. van Leeuwen, 237f.

72. Hosea braucht sich dafür sehr wahrscheinlich nicht auf eigene Jakobtraditionen zu stützen, sondern konnte auf die vorhandenen und sattsam bekannten (man kann sie in Gen 25,26; 27,36 und 29 finden) stützen. Vgl. W. Rudolph, 227f. Dagegen setzt P.A.H. de Boer, in: NeTT 1(1947) 162, voraus, daß Hosea die Jakobtraditionen in einem anderen Zusammenhang gekannt haben muß.

73. Vgl. die ähnliche kritische Beurteilung in Jer 9,3 und Jes 43,27. Siehe dazu W. Rudolph, 227; J. Vollmer, Geschichtliche Rückblicke, 115.

74. Vgl. J. Vollmer, Geschichtliche Rückblicke, 114.

75. Außer den Kommentaren von H.W. Wolff und W. Rudolph haben sich vor allem H. Krszyna, in: BZ 13(1969)41-59, E.M. Good, in: SEA 31(1966)21-63, und E. Galbiati, in: Studi G. Rinaldi (1967) 317-328, mit der literarischen Struktur von Hos 2 befaßt. E.M. Good scheint insofern Recht zu haben, als er eine redaktionelle Hand in der Zusammenstellung und Ordnung der Sprüche von Hos 1-3 aufzeigt. Als Kern der Sammlung stellt er

Hos 2,4-17 heraus; chiastisch wurden dann die
Erweiterungen Hos 2,1-3 und 2,18-25 angeordnet.
Schließlich rahmen die Unheilsdrohungen Hos 1,2-9
und 3,1-4 (beide handeln von Ereignissen aus dem
Laben Hosea) die Heilsansagen (Hos 2,1-3 und 2,
18-25) ein.

76. Siehe dazu H.W. Wolff, 37ff. Für eine Abtrennung
der VV.16f. plädieren E. Sellin, 32; B. Duhm,
Anmerkungen, 19 (ab V.15b); W.R. Harper, 238;
D. Deden, 31; W. Rudolph, 75. Sicher ist V.16
keine "logische" Reaktion auf den vorausgehenden
Schuldnachweis. Hos 2,16f. ist aber auch keine
bloße Heilsansage, sondern eine letzte und endgültige Heilsmaßnahme; das Rückführen in die
Wüste ist für Israel kein Vergnügen, weil es ja
zurücklassen muß, wofür es alles preisgegeben
hat und woran es mit Herz und Seele hängt. Erst
in der Wüste und von dort aus bekommt es dann
alles wieder. Das Thema des Verführens und Zu-
Herzen-Redens (V.16) schließt übrigens gut an
V.15b an, wo beschrieben wird, wie die Frau sich
schmückt und schön macht. Die Verbindung zu V.16
wird dadurch erreicht, daß die Frau dies nicht
für Jahwe, sondern für ihre Liebhaber tut.

77. So H.W. Wolff, 38; A. Weiser, 22; M.J. Buss, Prophetic Word, 33f.

78. Vgl. H.W. Wolff, 39. Zwingend erscheint mir
H.W. Wolffs Gedankengang nicht. Daß spätere
Sammler und Redaktoren gleichartige Redeeinheiten
nicht in ein literarisches Gefüge überführen
können, möchte ich gerade aufgrund von Hos 1,2-9
nicht unterschreiben. Die Divergenz zwischen
Redeeinheiten, die zwar das gleiche Thema, nicht
aber eine bis ins letzte durchgeführte Einheitlichkeit von Erzählungsdetails und formalen Struk-
turelemente aufweisen, kann genauso durch die
Arbeit eines Redaktors erklärt werden, der diese
Redeeinheiten zu einer größeren thematischen
Einheit zusammenschweißen wollte. Die Frage
ist kaum eindeutig zu beantworten

79. Vgl. H.W. Wolff, 37. Obwohl gattungsmäßig der
gleiche Sitz im Leben und stofflich der gleiche
Verhandlungsgegenstand vorliegt, ist Hos 2,4-17
doch eher eine lose Sammlung von Einzelsprüchen;
es liegt kein konsequent durchgeführtes Verfahren
vor. Vgl. H.W. Wolff, 38.

80. Vgl. H.W. Wolff, 38: Jahwe ist zugleich Kläger, Richter, Strafvollstrecker und Schlichter in einer Person.

81. In diesem Sinne spricht H.W. Wolff, 38, von einem "Schlichtungsverfahren". Die Rib-Gattung wird dann nur als szenische Einkleidung der Anklage und Gerichtsverkündigung eingesetzt.

82. So H. Oort,in: ThT 24(1890)352; W. Nowack, 18; W.R. Harper, 225 (insertions from later times); A. Weiser, 29; W. Rudolph, 69. Nach Th.H. Robinson, 11, ist V.8f. ein am Ende und vielleicht auch am Anfang verstümmelter Spruch.

83. Vgl. H.W. Wolff, 39; W. Rudolph, 72.

84. H.W. Wolff, 38, kann deshalb mit Recht V.4ab und 4c.5 als zwei rhetorische Einheiten betrachten; W. Rudolph, 62, läßt die Strafandrohung schon mit V.4b anfangen und versteht V.4b als unbedingte Drohung. Dagegen spricht aber deutlich das פ .

85. H.G. May, in: AJSL 48(1932)89ff., faßt מאהב als technische Bezeichnung für den männlichen Kultprostituierten auf. Abgesehen davon, daß eine solche Terminologie weder im AT noch im Alten Orient nachzuweisen ist, weist die Bezeichnung doch deutlich auf einen direkten Zusammenhang mit den Kulturlandgütern. Diese sind das aktuelle Streitobjekt zwischen Jahwe, der hier in der Bildrede Hoseas als Israels Ehemann dargestellt wird, und dem baʽalisierten Jahwe, dem man mit Nachlaufen und kultischer Verehrung die Kulturlandgüter abbetteln zu können glaubt.

86. Vgl. Anm.83 in Kap. III.

87. Vgl. H.W. Wolff, 43.

88. סיר II (Dornen); vgl. GB, s.v., 542; Holladay, CHALOT, 255.

89. Fig. etym. גדר גדרה (eine Mauer aufrichten); vgl. Ez 13,5; 22,30. Siehe dazu KBL3, s.v., 173. Es gibt keinen Grund, die Figura etymologica durch Ersetzen des Objekts (H. Oort, in: ThT 24(1890) 353: דרכיה ; A. van Hoonacker, 24: דרגה) aufzulösen.

90. Lies דרכה statt דַּרְכֵּךְ (MT) mit den meisten Kommentaren.

91. Verbum שׂוך (verzäunen); nur noch in Ijob 1,10 (Qal Perf.) belegt; vgl. GB, s.v., 780.

92. Vgl. H.W. Wolff, 43.

93. Besonders רדף und das Wortpaar בקשׁ / מצא. Vgl. dazu A. van Selms, in: OTSWA 7(1966)86. Diese Liebessprache scheint mir aber selbst wieder stark von kanaanäischen Anschauungen geprägt zu sein (vgl. ngt̠ in CTA 6 II 6-9, wo ʽAnats Liebe für Baʽal beschrieben wird). Das Suchmotiv ist in CTA 5 VI 24f. vertreten.
Für den religionsgeschichtlichen Hintergrund dieses Motivs vgl. E. Jacob, in: RhPhR 43(1963) 256.
Die Lesung תמצא ist beizubehalten (anders W. Nowack, 18; Th.H. Robinson, 10; LXX fügt ebenso αὐτούς ein). Auf diese Weise wird das Objekt immer kürzer: 1. את-מאהביה ; 2. אתם ; 3. Personalsuffix am Verbum; 4. Verbum ohne Objekt. Der Gedankengang verläuft dadurch immer schneller; vgl. W. Rudolph, 63.

94. אלכה ist Kohortativ und bildet mit אשׁובה eine verbale Apposition.

95. Deshalb gibt es auch keinen vernünftigen Grund, V.8f. hinter V.15 umzustellen (gegen W. Rudolph, 69).

96. דגן , תירושׁ und יצהר stehen in keinem erkennbaren Gegensatz (vgl. aber H.W. Wolff, 44) zu לחם, מים, צמר, פשׁתה, שׁמן und שׁקוי (V.7c). Die Aufzählung von V.10 nennt die markantesten Kulturlandgüter Israels. Vgl. W. Rudolph, 69, der H.W. Wolff, 44, nicht zustimmen kann, wenn dieser behauptet, die Reihe gehöre zum spezifischen Formelgut des Dtn.

97. עשׂו לבעל paßt nicht in den Kontext (vgl. Plural des Verbums und Sing. בעל statt üblichen Plur. בעלים bzw. מאהבים in Hos 2,4-17). Es ist mit E. Sellin, 28; W. Nowack, 19; J. Wellhausen, 101; W.R. Harper, 230; J.L. Mays, 41; H.W. Wolff, 36f. 45, als Glosse zu streichen. Eine Umpunktierung in עָשֹׂו (Infin. absol., hier in der Bedeutung עָשֹׂה) schlägt J. Huesman, in: Bib 37(1956)294,

vor. Damit wird aber das Problem des singularischen בַּעַל nicht gelöst. Die Glosse bezieht sich als asyndetischer Relativsatz auf כסף und זהב. W. Rudolph, 63, weist darauf hin, daß im Bruchstück des in der 4. Höhle von Qumran gefundenen Hoseakommentars (4 Qp Hos[b]), vor עשו mindestens zwei Buchstaben ausradiert wurden; der Text V.10bβ hätte dann möglicherweise doch ein Relativpronomen aufgewiesen. Gegen ein Relativpronomen אשר spricht aber der Befund von J.M. Allegro, in: JBL 78(1959)145: der letzte Buchstabe, der ausradiert wurde, war wahrscheinlich ein ה.

98. Vgl. die Personalsuffixe (2. Pers. Sg.) bei den Nomina.

99. כסף und זהב entfallen; יצהר wird hier durch צמר und פשתי (vgl. V.7) ersetzt.

100. שוב drückt hier keine Wiederholung, sondern das Widerrufen einer Handlung aus; vgl. H.W. Wolff, 37; W. Rudolph, 63.

101. בעתו und במועדו bezeichnen nicht primär die jeweilige Erntezeit; vgl. die Ausführungen zu Kap. III.

102. Deshalb ist es überflüssig, mit Th. H. Robinson, 11, an dieser Stelle ויצהרי בקצרו einzufügen.

103. Hos 2,11 und 5,15 (אלך אשובה אל-מקומי) enthalten gerade keine Hinweise auf eine "Rückkehr Jahwes zu seiner Stelle" im Sinne der kanaanäischen Fruchtbarkeitsvorstellung. Anders H.G. May, in: AJSL 48(1932)78. Der grundsätzliche Unterschied unseres Textes zur kanaanäischen Mythologie liegt ja darin, daß Jahwe sich hier absichtlich zurückzieht und daß er dazu nicht aufgrund interner Machtkämpfe unter den Göttern gezwungen wird.

104. Vgl. die betont vorangestellten Verba in der 1. Person.

105. Die nackte Zurschaustellung galt als **größtmögliche** Schande für eine Frau; vgl. H.W. Wolff, 45. Zu נבלות (hap.leg.), "Scham der Frau" vgl. P. Humbert, in: BZAW 41(1925)163; P. Steininger, in: ZAW 24(1904)141f.; H.W. Wolff, 45. Anders A. van Hoonacker, 24 (< נָבֵל, être épuisé); A.

Szabó, in: VT 25(1975)522 (faded state); Th.H.
Robinson, 10 (נִבְלָה, Torheit); W.R. Harper,
235 (shamelessness, lewdness); W. Rudolph, 64,
läßt die verschiedenen Möglichkeiten (Torheit,
Verwelken, Zerfall, weibliche Scham) offen.
Vgl. noch I. Willi-Plein, Vorformen, 122. Vom
Kontext her ist der Vorschlag von Steininger
vorzuziehen.

106. MT: לעיני statt des gewöhnlicheren בעיני (vgl.
GB, s.v., 582). Der Text braucht deshalb aber
nicht emendiert zu werden.

107. משוש bezeichnet die ekstatische Freude, wie sie
auch im kanaanäischen Kult belegt ist (vgl. Anm.
91 zu Kap. III).

108. חג, חדש, שבת und מועד tragen jeweils das Suffix der 3. Pers. Fem. Sg. Die Nomina sind kollektiv zu verstehen. In der Aufzählung liegt
eine gewisse Abstufung: so bezeichnet חג das
siebentägige Hauptfest des Jahres, חדש den Neumondstag, שבת den wöchentlichen Feiertag und
מועד, als Sammelbegriff, alle anderen Feiertage. Vgl. dazu H.W. Wolff, 46, und C.van Leeuwen, 62f. Anders W. Rudolph, 71, der חג als
kollektivische Zusammenfassung mehrerer Feste
deutet, die einmal jährlich gefeiert wurden.

109. גפן und תאנה sind hier kollektiv aufzufassen;
vgl. dazu H.W. Wolff, 46, und W. Rudolph, 71.

110. אתנה (Sonderform des Hosea) ist wahrscheinlich
wegen der Assonanz mit תאנה von Hosea bewußt
an dieser Stelle gewählt. Vgl. H.W. Wolff, 46.
Es gibt daher keinen Grund in אתנן zu emendieren;
gegen B. Duhm, Anmerkungen, 19; J. Wellhausen,
102; E. Sellin, 28; Th. H. Robinson, 10.

111. Hif. קטר (MT) ist ungewöhnlich, weil es sonst
besonders für den Jahwekult verwendet wird. Vgl.
dazu H.W. Wolff, 48. Es gibt aber keinen Grund
Pi. תְּקַטֵּר zu lesen; anders H.W. Wolff, 37; E. Sellin, 31; A.B. Ehrlich, 169; D. Deden, 30; J.L.
Mays, 43. Das Hif. bevorzugen W. Rudolph, 64,
und M. Haran, in: VT 10(1960)116.
In Hos 4,13 und 11,2 gebraucht Hosea zwar das
Pi. קטר (// זבח), aber man sollte Hosea nicht
unterstellen, daß er eine solch ausgeprägte und
differenzierte Opferterminologie verwendet.

112. Vgl. W. Rudolph, 71f.

113. Vgl. den Sg. רַע in Hos 3,1, der dann durch den Plural אלהים אחרים gedeutet wird. Siehe dazu H.W. Wolff, 47.

114. Hosea bezeichnet zunächst mit den בעלים bzw. מאהבים die vom kanaanäischen Glauben beeinflußte Jahwevorstellung. Daß er dafür häufig eine Pluralform verwendet, ist sicher darin begründet, daß er um die Vielzahl der Götter im kanaanäischen Pantheon weiß. Unter Ba'al faßt er sämtliche kanaanäische Gottheiten zusammen, sonst wäre es unerklärlich, warum er keine anderen wichtigen Gottheiten außer Ba'al ('trt, 'Anat, Dgn, Mt usw.) erwähnt. Vgl. dazu H.W. Wolff, 47f., dem aber nicht zuzustimmen ist, wenn er behauptet, Hosea habe eine Vielzahl der Ba'algottheiten im Sinne (S.48). Hoseas Plural ist vielmehr mit den אלהים אחרים von 3,1 gleichzusetzen. Er kann alle fremden Götter als בעלים bezeichnen, weil Ba'al tatsächlich die überragende Rolle im religiösen Alltag der kanaanäischen Bevölkerung spielt. Die verschiedenen Ba'algottheiten dagegen sind nur Namen lokaler Erscheinungsformen (Hypostasen) des einen Ba'al; vgl. W.H. Schmidt, Königtum Gottes, 5; O. Eissfeldt, EUP; M. Mulder, Art. בעל, in: ThWAT, I, 712; ders., Ba'al in het Oude Testament, 1962.

115. פקד bezeichnet bei Hosea eine Reaktion Jahwes auf eine Selbstverschuldung des Menschen. Es setzt eine ethische Ordnung voraus, in der Jahwe Israel für seine Taten zur Rechenschaft ziehen kann; vgl. H.W. Wolff, 48ff.

116. Vgl. H.W. Wolff, 48.

117. Daß mit V.15b der dritte Anlauf für das pädagogische Gericht anfängt, wird von H.W. Wolff, 48, nicht erkannt. Auch V.10 ist mit einem ו an die vorausgehende erste Strafmaßnahme angeschlossen. Damit stehen die Versündigung durch Rauchopfer und das Schmuckanlegen (in Hinsicht auf das Den-Ba'alen-Nachlaufen) literarisch nicht nebeneinander. Die Erwähnung der Rauchopfer dient noch der Begründung der Strafansage in V. 15a. V.15bc bereitet dagegen als Schuldnachweis die dritte heilspädagogische Maßnahme vor.

118. נזם und חליה sind zwei Termini für bestimmte
Schmuckstücke, deren genaue Bedeutung kaum noch
zu ermitteln ist. Vgl. נזם als Ohrring (Gen
35,4; Ex 32,2f.) und Nasenring (Gen 24,47; Jes
3,21; Spr 11,22; Ez 16,12). Zum Hap. leg. חליה
siehe A.van Hoonacker, 26 (bijou en général);
J.J. Glück, in: OTSWA 7(1966)51 (earring); A.
Szabó, in: VT 25(1975)522; W.R. Harper, 235 (some
specific neck or breast ornament).

119. W. Rudolph, 72, weist in diesem Zusammenhang
auf Jer 4,30 und Ez 23,40ff.

120. Vgl. H.W. Wolff, 48; W. Rudolph, 72.

121. הלך אחרי מאהבים ist dann keineswegs als dritte
Einzelheit (neben Rauchopfern und Schmuck anle-
gen) der Versündigung Israels aufzufassen, als ob
damit konkret die Prozessionen am Kultort gemeint
wären (so H.W. Wolff, 48). Damit wäre die Wendung, die auch in V.7 vorkommt, gründlich umge-
deutet, was für die Zuhörer nicht ohne weiteres
verständlich gewesen sein kann. Vgl. W. Rudolph,
72.

122. Mit dieser Chiffre wird vor allem ein Dasein
gemeint, in dem es keine Verlockungen der Baʻalim
mehr geben wird, so daß Jahwe seine Beziehung
zu Israel aufrecht erhalten kann. Notwendig
dafür ist offenbar, daß die Kulturlandgüter eine
Zeit lang weggenommen werden, so daß Israel als
einzigen Besitz nur noch seine Relation zu Jahwe
aufweisen kann.

123. Man kann nicht mit A. Neher, in: RHPhR 34(1954)
32, behaupten, daß דבר על-לב immer auf eine vorausgehende Gewalttat folgt. Vgl. z.B. Ruth 2,13
und 2 Chr 30,22.

124. Vgl. 1 Sam 1,13 (Anna redet zu sich selbst, wörtl.:
zu ihrem eigenen Herzen).

125. לב ist in Hos 7,2.11 und 4,11 Sitz der verstan-
desmäßigen Funktionen des Menschen. Siehe dazu
F. Baumgärtel, s.v. καρδία ,in: ThWNT, III,
610; H.W. Wolff, Anthropologie, 72ff. In Hos
13,8 wird das Herz als menschliches Organ gesehen. Als Bezeichnung für die gesamte Person
vgl. Hos 7,14; 10,2; 13,6. לב , als Sitz des
Gemütes (Liebe) scheint aber auch in Hos 7,6

und 11,8 gemeint zu sein. לב in Zusammenhang
mit der Liebessprache ist noch in Gen 34,3; Ri
19,3 und Ruth 2,13 belegt.
Auch in Ugarit ist lb als Ausdruck für das Organ
bezeugt, aus dem die menschliche Liebe entspringt;
vgl. CTA 6 II 6-9: klb 'arḫ l'glh / klb t̠'at
l'imrh / km lb 'nt 'at̠r b'l, wie das Herz einer
Kuh zu ihrem Kalb, wie das Herz eines Mutterscha-
fes zu ihrem Lamm, so (verlangt) das Herz der
'Anat nach Ba'al.

126. Die LXX verallgemeinert die Aussage (τὰ κτήματα
αὐτῆς); siehe dagegen Σ (τοὺς ἀμπελῶνας αὐτῆς)
und 'A (τοὺς ἀμπελουργοὺς αὐτῆς).

127. Die Lokalisierung der Achor-Ebene ist noch immer
nicht einwandfrei erfolgt. Vgl. dazu H.W. Wolff,
in: ZDPV 70(1954)76-81 (mit Literaturangaben);
W. Rudolph, 77f. Beide Vorschläge beziehen sich
auf eine Ebene an der Grenze des Kulturlandes.

128. Achor und פתח תקוה bilden einen bewußt gewollten Gegensatz. Der Name Achor ist mit der Erinnerung an Jahwes Ahndung an Achan (vgl. Jos 7,24ff.)
verknüpft. Vgl. dazu H.W. Wolff, 53.

129. So W. Rudolph, 76, aus inhaltlichen und theologischen Gründen. W. Rudolph übersieht dabei,
daß man V.17a und 17b nicht als 1. Beschreibung von Jahwes Bemühen (V.17a) und 2. Erfolg
dieses Bemühens (V.17b) aufteilen kann. Sowohl
V.17a als auch V.17b sind voll als von Jahwes
Heilswirken bestimmt zu sehen. Er schenkt und
bewirkt durch seine Liebe (vgl. פתה und דבר
על-לב) auch die Antwort Israels. In seiner
Heilsansage muß das eine keine Vorbedingung für
das andere sein.

130. Vgl. G. Fohrer, in: Studien, 237.

131. Vgl. C. Barth, Die Antwort Israels, 44-56. Allerdings ist ענה in Hos 2,17 keineswegs "bezugs-
los" verwendet (so Barth, 50), sondern das Verbum weist deutlich auf דבר על-לב (V.16) zurück.
Vgl. dazu H.W. Wolff, 53f.65f.; W. Rudolph,
73-76. Eine Emendation in עלתה (so W. Nowack,
22; K. Marti, 29; E. Sellin, 32) oder die Auffassung von ענה als constructio praegnans, bei der
ein Verbum der Bewegung hinzuzudenken ist (so H.W.
Wolff, 37) erweisen sich dadurch als überflüssig.

132. שמה schließt sich schlecht an ענה an. Vgl. dazu
R. Bach, Erwählung Israels, 14 Anm.47. Eine
constructio praegnans ist aber deshalb noch nicht
zu postulieren. K. Marti, 29; W. Nowack, 21;
Th. H. Robinson, 12, lesen וְשִׁמְּתִי , machen dadurch
aber den Text keineswegs durchsichtiger. Mit
W. Rudolph, 73f., ist שמה in der Bedeutung "dort"
(ohne Bewegungsmoment) aufzufassen; vgl. noch
C. van Leeuwen, 68.

133. Der abstrakte Plural kommt bei Lebens- und Altersstufen häufiger vor. Vgl. זקנים , Greisenalter (Gen 21,2.7; 44,20); בתולים , Jungfrauschaft (Lev 21,13; Ri 11,37; Ez 23,3.8); עלומים,
das Alter des Jünglings bzw. der Jungfrau (Ijob
33,25; 20,11; Jes 54,4; Ps 89,46).

134. Vgl. Hos 11,1; 13,4.

135. Lies יֶאְשְׁמוּ mit H.W. Wolff, 134 (aufgrund der
LXX), gegen W. Rudolph, 131: bis sie sich schuldig
fühlen.

136. Jahwe kehrt (הלך und שוב) an seinen Ort (מקום)
zurück. Gemeint kann nur sein, daß Jahwe sich
von seiner Selbstverpflichtung gegenüber Israel
befreien und sich zeitweise (vgl. den Finalsatz
in V.15b!) wieder in den Zustand vor dem Anfang
der Beziehung zu Israel hineinversetzen will.
Es ist müßig מקום hier präzise bestimmen zu wollen.
In Anlehnung an den Naturmythos hat Hosea wahrscheinlich nur Jahwes Beenden seines aktiven
Eingreifens in das Welt- und Naturgeschehen bezeichnen wollen.

137. H.W. Wolff, 136-143, faßt die Sprüche von Hos
5,8-7,16 als eine kerygmatische Einheit auf, die
aus <u>einer</u> geschichtlichen Stunde (733 v.Chr.)
stammt.

138. Hos 7,12 (MT: איסרם) ist als אֶאְסָרֵם (vgl. BHS)
< אסר (fesseln, einschließen, d.h. einfangen)
zu lesen. Vgl. C. van Leeuwen, 160; W. Rudolph,
151. H.W. Wolff, 136, liest Pi. אֲיַסְּרֵם (< יסר)
statt Hif.; יסר stört und unterbricht aber das
Bild vom Vogenschwarm.

139. Vgl. M. Saebø, Art. יסר , in: ThHAT, I, 739.

140. Vgl. M. Saebø, 741.

141. Zur literarischen Form und Komposition vgl.
H.W. Wolff, 288ff.; W. Rudolph, 240ff.

142. Vgl. H.W. Wolff, 290.

143. Vgl. W. Rudolph, 241, gegen H.W. Wolff, 288.
Obwohl das Ich Jahwes in den VV.1-3 nicht erscheint, kann kein anderer als Jahwe der Sprecher sein; vgl. Hos 13,4. Mit W. Rudolph, 241, ist רוח יהוה (13,15) als Superlativ zu deuten; באלהיה (V.14,1) will die Größe der Schuld hervorheben.

144. Im Hintergrund steht der Ba'al-Mythos! Weil Efraim Ba'al verehrt, erleidet es auch das Schicksal des Ba'al und weiht sich damit selbst dem Tod.

145. Die Strafankündigung richtet sich gegen Efraim, nicht gegen die Götzenbilder (so W. Rudolph, 243), auch wenn diese zerschlagen werden (vgl. Hos 8,6b).

146. Vgl. die Ausführungen in Kap. III, § 1.

147. Vgl. H.W. Wolff, 289.294, der V.7 noch als Beschreibung einer bereits früher ergangenen Strafhandlung Jahwes auffassen will (vgl. Hos 13,1c); dann ist aber der Übergang zu V.8 unverständlich. Es fehlt eine Bemerkung über das weitere Sündigen Efraims wie in 13,2. Der Übergang vom Imperf. cons. zum Imperfekt ist aus dem Unterschied vom reinen Tiergleichnis (mit Verbum היה) zum Vergleich mit der <u>Tätigkeit</u> des Panthers und der Bärin zu erklären.

148. In סגור לבם bezeichnet לב das menschliche Organ. סגור meint die Rippen, die als Brustkorb das Herz beschützen. Vgl. H.W. Wolff, 294; W. Rudolph, 243.

149. MT: ואכלם שם כלביא (und ich verschlinge sie dort wie ein Löwe). Damit tritt Jahwe wieder als Subjekt in Erscheinung, was neben V.8bβ (Subjekt חית השדה) unwahrscheinlich wirkt. Lies mit B. Duhm, Anmerkungen, 40; H.W. Wolff, 287; W. Rudolph, 238: וַאֲכָלֻם כְּלָבִים (da fressen die Hunde sie auf).

150. Lies שִׁחַתִּיךָ (ich vernichte dich) statt MT (er

vernichtet dich). So H.W. Wolff, 287; W. Rudolph, 238.

151. Lies שָׂרֶיךָ statt MT עָרֶיךָ (deine Städte). Vgl. M.Th. Houtsma, in: ThT 9(1875)73; H.W. Wolff, 287; dagegen liest W. Rudolph, 239, צָרֶיךָ (deine Feinde). Wenn man eine Textkorrektur nicht vermeiden zu können glaubt (siehe aber C. van Leeuwen, 261), dann sollte man doch die Lesung שריך vorziehen.

152. V.14a ist nicht als Fragesatz (so H.W. Wolff, 287f.; W. Rudolph, 245), sondern als Bekundung von Jahwes Absicht zu verstehen, der damit die Ba'al-Mythologie zerschlagen will. Sein Gericht wollte Efraim aus dem Machtbereich des Todes und der Unterwelt befreien. Keine Götter außer ihm lenken Efraims Schicksal, so daß es für seine Erlösung nur auf Jahwe hoffen kann, der Herr über Tod und Unterwelt ist und daher auch Efraim im Gericht vom Tod befreien und erlösen kann. Dagegen setzt sich V.14b als Frage ab, die Jahwes Absicht und Macht bezweifelt. Zu פדה und גאל vgl. H.W. Wolff, 297; C. van Leeuwen, 263f.

153. Zu dieser Interpretation vgl. die Ausführungen von H.W. Wolff, 297. Nach C. van Leeuwen, 264, ist V.14b ein Aufruf Jahwes, der die Mächte des Todes und der Unterwelt auf Efraim herabrufen will.

154. V.15a ist sehr schwierig. MT (denn er gedeiht zwischen Brüdern) hat aber dennoch einen Sinn. Das "Gedeihen, Fruchtbringen" unter den Brüdern weist auf Hos 13,1 zurück; Efraim hat politische Geltung. Durch die Wahl von פרא entsteht zugleich eine Anspielung auf den Namen Efraim, damit ist das Bild der kommenden Austrocknung und Versteppung vorbereitet. Die politische Wichtigkeit Efraims täuscht dann nur, weil die totale Vernichtung vor der Tür steht.
Anders H.W. Wolff, 288 (אָחוּ = Riedgras), der in V.15a eine Anspielung auf die Zeit sieht, in der Efraim Anlehnung an Ägypten suchte. Begründet H.W. Wolff das damit, daß mit אחו ein ägyptisches Lehnwort in den Text auftaucht? Vgl. aber 'aḫ in den Ugarit-Texten (CTA 10 II 9.12, "Wiese, Ufer" nach J. Aistleitner, WUS, Nr 134, und C.H. Gordon, UT, Nr 129). Vgl. noch R. Kümpel, Berufung Israels, 135 Anm. 443 (כְּאָחוּ = wie Riedgras).

W. Rudolph, 239, übersetzt nach der LXX: denn
er trennt Brüder . Man kann hier eine Textemen-
dation vornehmen (יפרד),oder - wie W. Rudolph -
פרא nach dem arab. frj (zertrennen, zerteilen)
deuten.

155. Lies וַיָּבֶשׁ statt MT וייבוש ; mit H.W. Wolff, 288;
W. Rudolph, 240; R. Kümpel, Berufung Israels,
135 Anm. 444; C. van Leeuwen, 265.
Vgl. dazu vor allem das Qumranfragment, das
keinen Vokalbuchstaben nach dem ב aufweist, obwohl es diese sonst recht häufig verwendet (vgl.
בא[לוהיה] in 14,1). Siehe dazu M. Testuz, in:
Sem 5(1955)37f.; H.W. Wolff, 288.

156. Vgl. H.W. Wolff, 291.

157. Vgl. H.W. Wolff, XII. 291; W. Rudolph, 242; C.
van Leeuwen, 254.

158. Vgl. H.W. Wolff, 249; W. Rudolph, 212. Siehe
schon E. Sellin, 111f.; W.R. Harper, 360; A. Weiser, 84f.

159. Vgl. H.W. Wolff, 249.

160. Zur formalen Verzahnung und zur einheitlichen
Thematik (Liebe Jahwes und Abfall Israels) der
VV.1-7 vgl. H.W. Wolff, 249.

161. Zu dieser Interpretation des V.5 vgl. H.W. Wolff,
249.259. Während Assur seine Oberherrschaft
festigt, sucht Israel die Flucht nach vorne,
indem es eine Annäherung an Ägypten erstrebt.

162. Damit gehören die VV.5f. in die "Schilderung
der Folgen von Reaktionen Israels und neuen Aktionen Jahwes"; vgl. H.W. Wolff, 249. Problematisch ist sicher die Verbindung von שוב mit dem
Land Ägypten. In 8,13 und 9,3 weist diese Wendung nämlich auf die Vertreibung aus dem Land
hin. In 9,3 wird in diesem Zusammenhang Assur
parallel mit Ägypten verwendet. An beiden Stellen wird שוב ohne Präposition אל verwendet (8,13:
ישב אפרים מצרים ; 9,3: המה מצרים ישובו). Möglicherweise drückt שוב אל bei Hosea ein Zuflucht-
Suchen oder eine vertrauensvolle Hingebung an
jemand, der helfen kann, aus; vgl. den hoseanischen Gebrauch von שוב אל für die Umkehr zu Jahwe (Hos 2,9; 5,4; 6,1; 7,10; 14,2 mit der Präp

עד und 14,3). Mit einer Ortsbestimmung wird
שוב nur in Hos 5,15 (Jahwe will an seinen Ort
zurückkehren) verwendet. Zu בדיו (בדים, Schwätzer)
vgl. H.W. Wolff, 248; C. van Leeuwen, 227. Für
andere mögliche Interpretationen vgl. W. Rudolph,
211.

163. Zu תלואים vgl. H.W. Wolff, 248 (Qal Part. pass.),
"aufhängen". Die Ableitung von לאה unter gleich-
zeitiger Deutung von משובה als positive Umkehr
zu Gott ist zu hypothetisch; vgl. W. Rudolph,
211, der מִתְלָאִים liest und es als intensives
Hitpa. auffaßt (sich abmühen, sich Mühe geben).

164. Vgl. H.W. Wolff, 249.

165. Vgl. zuletzt R. Kümpel, Berufung Israels, 140;
siehe weiter H. Donner, Israel, 86; G. Fohrer,
Umkehr, 224; J. Vollmer, Geschichtliche Rückblicke, 60ff.; M.J. Buss, Prophetic Word, 36;
I. Willi-Plein, Vorformen, 196; Th. H. Robinson,
44f.

166. Vgl. H.W. Wolff, 250.

167. Vgl. die Wiederholungen in der Jahwerede und die
Verwendung der Partikel איך; siehe dazu H.W.
Wolff, 250.

168. Vgl. H.W. Wolff, 250.

169. Ein ähnlicher Wechsel innerhalb einer Einheit
kommt allerdings noch in Hos 5,3f.; 12,9-14 und
14,2-7 vor.

170. Vgl. die Ausdrücke מים בנים, אריה und שאג, die
sonst bei Hosea nicht vorkommen. Siehe dazu H.
W. Wolff, 251; W. Rudolph, 213. Nach H.W. Wolff,
263, enthält V.10 drei erklärende Ergänzungen
zu V.11 und ist als Erweiterung der Hoseaworte
durch den Tradentenkreis zu betrachten.

171. Vgl. H.W. Wolff, 262f.

172. Th. H. Robinson, 43, betrachtet V.11 als redak-
tionelle Erweiterung, die Kapitel 11 mit einer
Verheißung abschliessen will. V.11 bezieht sich
aber inhaltlich auf das Vorausgehende (vgl. den
Hinweis auf V.5, "zurückkehren aus Ägypten", und
V. 1).

173. Vgl. die Ausführungen zu Kap.III, § 1.

174. Vgl. H.W. Wolff, 259.

175. Das ו hat adversativen Charakter; vgl. V.3b.

176. Das Personalsuffix (עמי) steht in krassem Gegensatz zu den vorausgehenden Versuchen, sich die Freundschaft Ägyptens bzw. Assurs einzuhandeln.

177. Der Text von V.7b (MT) ist schwer verständlich. Lies mit H.W. Wolff, 248, אל-בעל יִקְרָאוּ הוּא statt ואל-על יקראהו, wobei das Personalpronomen הוא zum folgenden Halbvers gehört. Für andere Emendationen vgl. W. Rudolph, 211f.

178. יחד (gänzlich, als Gesamtheit) nach H.W. Wolff, 249 (vgl. KBL und V.8); W. Rudolph, 212 (gemeinsam, d.h. mit vereinten Kräften).

179. Lies יְרִימֵם statt ירומם (Pil.: sich erheben) mit H.W. Wolff, 248f.

180. Zu נהפך vgl. KBL³, s.v., 243 (Nif.: sich wandeln, verwandelt werden).

181. Zu נחומים vgl. GB, s.v., 498. In Jes 57,18 und Sach 1,13 bedeutet es "Trost". Mit W. Rudolph, 212, ist aufgrund der Nif.-Bedeutung von נחם mit "Mitleid" zu übersetzen. Eine Emendation in רחמי (so J. Wellhausen, 128) ist überflüssig.

182. Zu כמר I (Nif.: erregt sein) vgl. GB, s.v., 350.

183. Daß לב bei Hosea auch als Sitz des Liebesgefühls betrachtet wird, zeigte schon Hos 2,4-17 (דבר על-לב). Vgl. aber die Verwendung von Nif. הפך und לב in Ex 14,5, wo von der Meinungsänderung des Pharao die Rede ist. Der Unterschied zu der hier behandelten Stelle liegt aber doch im Gebrauch der suffigierten Präposition עלי, in der parallelen Verwendung des Verbums נחם und im vorliegenden Gegensatz von לב zu חרון אפי (vgl. V.9). Vgl. weiter noch Hl 1,20 (נהפך לבי בקרבי), wo kein interner Gemütsumschwung, sondern das Reuegefühl beschrieben wird. Daher auch die andere präpositionale Verbindung (בקרבי statt עלי).

184. Vgl. H.W. Wolff, 261.

185. עיר II (Zorn, Erregung) nach H.W. Wolff, 249.
Siehe dort auch einige Textemendationen. W. Rudolph, 212, deutet עיר als "Schrecken, Überfall", bevorzugt aber mit J. Wellhausen die Emendation אֲבָעֵר (daß ich ausräume). Vgl. auch R. Kümpel, Berufung Israels, 140 Anm.462.

186. Zu חרד (bebend entgegengehen) vgl. KBL³, s.v., 337.

187. Vgl. H.W. Wolff, 263.

188. Zur Argumentation vgl. H.W. Wolff, 254; C. van Leeuwen, 222.

189. H.W. Wolff, 253, übersieht, daß auch in Hos 2,4-17 ein zweifaches (heilspädagogisches) Gericht schon ergebnislos vorausgegangen ist. Der Unterschied zwischen beiden Texten liegt nicht in der verschiedenartigen Situation des Volkes (vom Gericht betroffen oder nicht), sondern in der ausführlicheren Darstellung der Reaktion (oder besser gesagt: Aktion) Jahwes nach Israels Untreue.

L i t e r a t u r v e r z e i c h n i s

In der Regel wird die benutzte Literatur mit dem Verfassernamen und einem Kurztitel zitiert. Bei bloßer Angabe des Verfassernamens handelt es sich ausschließlich um die hier aufgeführten Kommentare, Lexika oder Grammatiken.

I. Literatur zu Ugarit

AARTUN K., Ugaritisch bkm, in: BiOr 24(1967)288f.
- , Beiträge zum Ugaritischen Lexikon, in: WdO IV(1968) 278-299.
- , Die Partikeln des Ugaritischen, 1. Teil, AOAT 21/1, 1974.

AISTLEITNER J., Zum Verständnis des Ras-Schamra-Textes I.D, in: Dissertationes in Honorem Dr. Ed. Mahler, 1937, 37-52.
- , Die Anat-Texte aus Ras Schamra, in: ZAW 57(1939) 193-211.
- , Götterzeugung in Ugarit und Dilmun, in: AcOrH 3 (1953)285-312.
- , Untersuchungen zur Grammatik des Ugaritischen, in: BVSAWL, Ph.-Hist. Kl., Bd 100,6. 1954.
- , Wörterbuch der Ugaritischen Sprache (Abk.: WUS), in: BVSAWL, Ph.-Hist. Kl., Bd 106, 3. 1963.
- , Die Mythologischen und Kultischen Texte aus Ras Schamra (Abk.: MKT). BOH, Bd 8. 1964^2.

ALBRIGHT W.F., New Light on Early Canaanite Language and Literature, in: BASOR 46(1932)15-20.
- , The North-Canaanite Epic of ʽAlʼêyân Baʽal and Môt, in: JPOS 12(1932)185-208.
- , More Light on the Canaanite Epic of Aleyân Baal and Môt, in: BASOR 50(1933)13-20.
- , The Canaanite God Ḥaurôn, in: AJSL 53(1936)1-12.
- , The Egypto-Canaanite Deity Ḥaurôn, in: BASOR 84 (1941)7-12.
- , A Vow to Aherah in the Keret Epic, in: BASOR 94 (1944)30f.
- , Archaeology and the Religion of Israel (Abk.: ARI), 1968^5.
- , Yahweh and the Gods of Canaan. 1968.

ALT A., Ägyptisch-Ugaritisches, in: AfO 15(1945-51)69-74.

ASTOUR M.C., Hellenosemitica. 1967^2.
- , La Triade de Déesses de Fertilité à Ugarit et en Grèce, in: Ugaritica 6(1969)9-23.

AVISHUR Y., Addenda to the Expanded Colon in Ugaritic and Biblical Verse, in: UF 4(1972)1-10.

BARR J., The Semantics of Biblical Language (Deutsch: Bibelexegese und moderne Semantik, 1965). 1961.

BARTON G.A., The second liturgical Poem from Ras Shamra. A Liturgy for the Festival of the God Alein, in: JAOS 55(1935)31-58.
- , Danel. A Pre-Israelite Hero of Galilee, in: Mémorial Lagrange, 1940, 29-37.

BAUMGARTNER W., Ras Schamra und das Alte Testament, in: ThR 12(1940)163-188; 13(1941)1-20.85-102.157-183.

BERGSTRÄSSER G., Einführung in die semitischen Sprachen. 1963 (Nachdruck der Ausgabe 1928).

BROCK S.P., Νεφεληγερέτα = rkb 'rpt, in: VT 18(1968) 395f.

CANCIK H., Art. Mythus, in: HBL^2, 1195-1204.

CAQUOT A., Un Sacrifice expiatoire à Ras Shamra, in: RHPhR 42(1962)201-211.
- / SZNYCER, Les Textes Ougaritiques, in: RPOA, 1970, 351-458.

CASSUTO U., Il Palazzo di Ba'al nella Tavola II AB di Ras Shamra, in: Or 7(1938)265-290.
- , Daniel et son Fils dans la Tablette II D de Ras Shamra, in: REJ 105(1939)125-131.
- , Daniel e le spighe: un Episodio della Tavola I D di Ras Shamra, in: Or 8(1939)238-243.
- , מותו של בעל , in: Tarb 12(1940/41)169-180.
- , The Palace of Baal, in: JBL 61(1942)51-56.
- , V AB קריאה לשלום בלוח דאוגריתי , in: BJPES 12(1945/46) 40-42.
- , נסיעתה של אשרה בכתבי אוגרית , in: Tarb 20(1949) 1-7.
- , Baal and Mot in the Ugaritic Texts, in: IEJ 12 (1962)77-86.
- , The Goddess Anath. Canaanite Epics of the Patriarchal Age. Texts, Hebrew Translation, Commentary and Introduction. 1971 (first edition: 1951).

CATHCART K.J., Trkb qmḥ in the Arad Ostracon and Biblical Hebrew rekeb "upper millstone", in: VT 19 (1969)121-123.

CAZELLES H., Rezension über G.R.Driver, CML, in: VT 7(1957)428f.

CHARBEL A., Il Sacrificio di Comunione in Ugarit, in: BO 14(1972)133-141.

CHENET G., Ḥrb de Ras Shamra-Ugarit, in: Mélanges Syriens, II(1939)49-54.

COLPE C., Zur mythologischen Struktur der Adonis-, Attis- und Osiris-Überlieferungen, in: lišan mitḫurti (= Fs. W.von Soden), AOAT, Bd 1(1969)23-44.

COOKE G.A., A Textbook of North-Semitic Inscriptions. 1903.

COOTE R.B., Ugaritic PH(Y), "See", in: UF 6(1974)1-5.

COPPENS J., L'Idéologie royale ougaritique, in: Symbolae Biblicae et Mesopotamicae (=Fs. M.Th. de Liagre Böhl). 1973, 81-89.

CROSS F.M., Canaanite Myth and Hebrew Epic (Abk.: CMHE). 1973.

CUTLER B. - MACDONALD J., An Akkadian Cognate to Ugaritic BRLT, in: UF 5(1973)67-70.

DAHOOD M., Some Aphel Causatives in Ugaritic, in: Bib 38(1957)62-73.
- , Ancient Semitic Deities in Syria and Palestine, in: StSem 1(1958)65-94.
- , Ugaritic-Hebrew Philology (Abk.: UHP). Biblica et Orientalia, Bd 17. 1965.
- , Ugaritic-Hebrew Syntax and Style, in: UF 1(1969) 15-36.
- , Hebrew-Ugaritic Lexicography VIII, in: Bib 51(1970) 391-404.
- , Additional Notes on the Mrzḥ Text, in: L.R. Fisher, The Claremont Ras Shamra Tablets. AnOr, Bd 48. 1971, 51-54.
- , Psalms. The Anchor Bible, Bd 16f. I(1973^5); II (1973^2); III (1970).

DEIST F.E., A Note on sḥrrt in the Ugaritic Text 51: VIII: 22, in: JNSL 1(1971)68-70.

DELEKAT L., Zum ugaritischen Verbum, in: UF 4(1972) 11-26.

DIETRICH M. - LORETZ O., Zur ugaritischen Lexikographie (I), in: BiOr 23(1966)127-133.
- , Zur ugaritischen Lexikographie (II), in: OLZ 62(1967)533-552.
- , Zur ugaritischen Lexikographie (III), in: BiOr 25(1968)100f.
- , Zur ugaritischen Lexikographie (V), in: UF 4 (1972)27-35.

- , Konkordanz der Ugaritischen Textzählungen. AOAT, Bd 19. 1972.
- , Zur Ugaritischen Lexikographie (VI), in: UF 5(1973) 273f.
- , Zur Ugaritischen Lexikographie (VII), in: UF 5(1973) 79-104.
- , Ugarit Bibliographie 1928-1966. AOAT, Bd 20 (1-4). 1973.
- , Zur Ugaritischen Lexikographie (XI), in: UF 6(1974) 19-38.

DONNER H.- RÖLLIG W., Kanaanäische und Aramäische Inschriften (Abk.: KAI), 3 Bde. 1966-1969^2.

DRIVER G.R., Canaanite Myths and Legends (Abk.: CML). Old Testament Studies, Bd 3. 1971^2.

DUSSAUD R., Le Sanctuaire et les Dieux Phéniciens de Ras Shamra, in: RHR 105(1932)245-302.
- , Le Mythe de Ba'al et d'Aliyan d'après des Documents nouveaux, in: RHR 111(1935)5-65.
- , Le Sacrifice šlm, in: Syria 17(1936)101f.
- , Le vrai nom de Ba'al, in: RHR 113(1936)5-20.
- , Cultes cananéens aux sources du Jourdain d'après les Textes de Ras Shamra, in: Syria 17(1936)283-295.
- , Les combats sanglants de 'Anat et le pouvoir universel de El (V AB et VI AB), in: RHR 118(1938) 129-169.
- , Mélanges Syriens offerts à M. R. Dussaud (=Fs. R. Dussaud), 2 tomes. 1939.
- , Les Découvertes de Ras Shamra (Ugarit) et l'Ancien Testament (Abk.: Découvertes). 1941^2.
- , Les Origines cananéennes du sacrifice Israélite. 1941^2.
- , Étymologie du Terme Hébreu 'Olah (Holocauste), in: CRAIBL (1941)530-538.

EISSFELDT O., Die Wohnsitze der Götter von Ras Schamra, in: FuF 20(1944)25-27 (=KlSchr., II, 1963, 502-506).
- , El im Ugaritischen Pantheon (Abk.: EUP), in: BVSAWL, Ph.-Hist. Kl., Bd 98. 1951.
- , Sohnespflichten im Alten Orient, in: Syria 43(1966) 39-47 (=KlSchr., IV, 1968, 264-270).
- , Rezension zu R. Stadelmann, Syrisch-palästinensische Gottheiten in Ägypten, in: OLZ 63(1968) 551f.

- , Kultvereine in Ugarit, in: Ugaritica VI(1969)187-
195 (=KlSchr., V, 1973, 118-126).

ENGNELL I., Studies in Divine Kingship in the Ancient
Near East (Abk.: SDK). 1967².

FENSHAM F.C., Widow, Orphan, and the Poor in Ancient
Near Eastern Legal and Wisdom Literature, in:
JNES 21(1962)129-139.
- , The Burning of the Golden Calf and Ugarit, in:
IEJ 16(1966)191-193.
- , Some Remarks on the First Three Mythological Texts
of Ugaritica V, in: UF 3(1971)21-24.

FENTON T.L., Ugaritica-Biblica, in: UF 1(1969)65-70.

FISHER L.R., Creation at Ugarit and in the Old Testament, in: VT 15(1965)313-324.
- , The Claremont Ras Shamra Tablets. AnOr, Bd 48.
1971.
- , Ras Shamra Parallels (Abk.: RSP). The Text from
Ugarit and the Hebrew Bible, vol. I. AnOr, Bd 49.
1972.

FOHRER G., Die wiederentdeckte kanaanäische Religion,
in: ThLZ 78(1953)193-200 (=Studien zur atl. Theologie und Geschichte, BZAW, Bd 115, 1969, 3-12).

FRANKFORT H., Kingship and the Gods. 1948.

GASTER Th. H., "The Combat of Death and the Most High".
A Proto-Hebrew Epic from Ras-Samra, in: JRAS (1932)
857-896.
- , The Ritual Pattern of a Ras-Šamra Epic, in: ArOr
5(1933)118-123.
- , The Combat of 'Aleyân-Ba'al and Môt. The Second
Tablet, in: JRAS (1934)677-714.
- , The Combat of 'Aleyân-Ba'al and Môt. The Second
Tablet, in: JRAS (1935)1-44.
- , The Story of Aqhat, in: SMSR 12(1936)126-149;
13(1937)25-56.
- , The Battle of the Rain and the Sea. An Ancient
Semitic Nature-Myth, in: Iraq 4(1937)21-32.
- , The Harrowing of Baal. A Poem from Ras Shamra,
in: AcOr 16(1938)41-48.

- , The Service of the Sanctuary: A Study in Hebrew
  Survivals, in: Mélanges Syriens, II, 1939, 577-582.
- , "Ba'al is risen...". An Ancient Hebrew Passion-Play
  from Ras Shamra-Ugarit, in: Iraq 6(1939)109-143.
- , Thespis. Ritual, Myth and Drama in the Ancient
  Near East. Anchor Books A 230. 1961².

GESE H., Die Religionen Altsyriens, in: Die Religionen
  Altsyriens, Altarabiens und der Mandäer (Abk.: RAAM).
  Die Religionen der Menschheit, Bd X/2. 1970, 1-232.

GINSBERG H.L., עלילת אלאין-בעל, לוחו II, in: Tarb 5
  (1933)75-96.
- , Ba'lu and His Brethren, in: JPOS 16(1936)138-149.
- , The Rebellion and Death of Ba'lu, in: Or 5(1936)
  161-198.
- , A Ugaritic Parallel to 2 Sam 1,21, in: JBL 57(1938)
  209-213.
- , Ba'l and 'Anat, in: Or 7(1938)1-11.
- , The Legend of King Keret (Abk.: Keret). A Canaanite
  Epic of the Bronze Age. BASOR Suppl. Studies, Bd
  2/3. 1946.
- , Interpreting Ugaritic Texts, in: JAOS 70(1950)
  156-160.
- , Ugaritic Myths, Epics and Legends, in: J.B.Pritchard, Ancient Near Eastern Texts Relating to the
  Old Testament (Abk.: ANET). 1950, 129-155.

GOETZE A., Peace on Earth, in: BASOR 93(1944)17-20.

GORDON C.H., A Marriage of the Gods in Canaanite Mythology, in: BASOR 65(1937)29-33.
- , The Poetic Literature of Ugarit, in: Or 12(1943)
  31-75.
- , The Loves and Wars of Baal and Anat and Other Poems
  from Ugarit. POT, Bd 9. 1943.
- , The Legend of Keret, in: BASOR 105(1947)11f.
- , Ugaritic Literature (Abk.: UL). A Comprehensive
  Translation of the Poetic and Prose Texts. SPIB,
  Bd 98. 1949.
- , Sabbatical Cycle or Seasonal Pattern? Reflections
  on a New Book, in: Or 22(1953)79-81.
- , Ugaritic Manual (Abk.: UM). AnOr, Bd 35. 1955.
- , Ugaritic ḫrt/ḫirîtu "cemetery", in: Syria 33 (1956)
  102f.
- , Ugaritic Textbook (Abk.: UT). AnOr, Bd 38. 1965.
- , Ugarit and Minoan Crete. The Bearing of Their Texts
  on the Origins of Western Culture. 1966.

GRAY J., The Canaanite God Horon, in: JNES 8(1949) 27-34.
- , The Desert God ʿAṭtr in the Literature and Religion of Canaan, in: JNES 8(1949)72-83.
- , Cultic Affinities between Israel and Ras Shamra, in: ZAW 62(1950)207-220.
- , The Hunting of Baʿal: Fratricide and Atonement in the Mythology of Ras Shamra, in: JNES 10(1951) 146-155.
- , Canaanite Kingship in Theory and Practice, in: VT 2(1952)193-220.
- , The Goren at the City Gate: Justice and the Royal Office in the Ugaritic Text ʾAqht, in: PEQ (1953) 118-123.
- , The Krt Text in the Literature of Ras Shamra (Abk.: Krt Text). 1955 (1964^2).
- , The Hebrew Conception of the Kingship of God: Its Origin and Development, in: VT 6(1956)268-285.
- , The Legacy of Canaan (Abk.: LC). SVT, Bd 5. 1965^2.
- , Social Aspects of Canaanite Religion, in: SVT 15 (1966)170-192.
- , Baʿal's Atonement, in: UF 3(1971)61-70.

GREENFIELD J.C., Ugaritic mdl and Its Cognates, in: Bib 45(1964)527-534.

GRÖNDAHL F., Die Personennamen der Texte aus Ugarit (Abk.: PTU). Studia Pohl, Bd 1. 1967.

GUGLIELMO A. de, Sacrifice in the Ugaritic Texts, in: CBQ 17(1955)196-216.

HABEL M.C., Yahweh versus Baal. A Conflict of Religious Cultures. 1964.

HAMMERSHAIMB E., Das Verbum im Dialekt von Ras Schamra. 1941.

HELD M., Studies in Ugaritic Lexicography and Poetry Style. 1957.

HERDNER A., Quelques remarques sur "La Légende Phénicienne de Danel" II, col. 1 et 2, in: RÊS (1938) 120-127.
- , Remarques sur "La Déesse ʿAnat", in: RÊS (1942/43) 33-49.
- , La Légende cananéenne d'Aqhat d'après les travaux récents, in: Syria 26(1949)1-16.

— , Corpus des Tablettes en Cunéiformes Alphabétiques découvertes à Ras Shamra-Ugarit de 1929 à 1939 (Abk.: CTA). MRS, Bd 10. 1963.

HERRMANN S., Geschichte Israels in alttestamentlicher Zeit. 1973.

HERRMANN W., Götterspeise und Göttertrank in Ugarit und Israel, in: ZAW 72(1960)205-216.
— , Aštart, in: MIO 15(1969)6-55.
— , Weitere keilalphabetische Texte aus Ras Schamra, in: UF 6(1974)69-73.

HOOKE S.H. (Hrsg.), Myth and Ritual. Essays on the Myth and Ritual of the Hebrews in Relation to the Culture Pattern of the Ancient East. 1933.
— , Myth, Ritual and Kingship. Essays on the Theory and Practice of Kingship in the Ancient Near East and in Israel. 1958.

HORWITZ W.J., Discrepancies in an Important Publication of Ugaritic, in: UF 4(1972)47-52.

HVIDBERG F.F., Weeping and Laughter in the Old Testament (Abk.: WLOT). 1962.

HVIDBERG-HANSEN O., Die Vernichtung des Goldenen Kalbes und der ugaritische Ernteritus, in: AcOr 37(1971) 1-46.

HYATT J.Ph., The Ras Shamra Discoveries and the Interpretation of the Old Testament, in: JBR 10(1942) 65-75.

JACOB E., Ras Shamra-Ugarit et l'Ancien Testament (Abk.: RSAT). CAB, Bd 12. 1960.

JIRKU A., Kanaanäische Mythen und Epen aus Ras Schamra-Ugarit (Abk.: KME). 1962.
— , Geschichte Palästina-Syriens im orientalischen Altertum. 1963.
— , Der Mythus der Kanaanäer. 1966.

KAPELRUD A.S., Baal in the Ras Shamra-Texts (Abk.: Baal). 1952.
— , Baal and Mot in the Ugaritic Texts, in: IEJ 13(1963) 127-129.

- , The Number seven in Ugaritic Texts, in: VT 18(1968) 494-499.
- , Baal and the Devourers, in: Ugaritica VI(1969) 319-332.
- , The Violent Goddess (Abk.: VG). 1969.

KOCH K., Die Sohnesverheißung an den ugaritischen Daniel, in: ZA 58(1967)211-221.

LABAT R. u.a., Les Religions du Proche Orient Asiatique (Abk.: RPOA). 1970.

LANGHE R. de, Les Textes de Ras Shamra-Ugarit et leurs rapports avec le milieu biblique de l'Ancien Testament (Abk.: Texte). 2 Tomes. 1945.
- , La Bible et la littérature ugaritique, in: OBL 1(1957)65-87.

L'HEUREUX C., The Ugaritic and Biblical Rephaim, in: HTR 67(1974)265-274.

LIDZBARSKI M., Handbuch der Nordsemitischen Epigraphik. 1898.

LIPIŃSKI E., Les Conceptions et Couches merveilleuses de 'Anath, in: Syria 42(1965)45-73.
- , Recherches ugaritiques, in: Syria 44(1967)253-287.
- , Banquet en l'honneur de Baal, CTA 3(V AB), A, 4-22, in: UF 2(1970)75-88.
- , Épiphanie de Baal-Haddu. RŠ 24.245, in: UF 3(1971) 81-92.

LIVERANI M., Storia di Ugarit nell'eta'degli Archivi politici, in: StSem 6(1962).

LOEWENSTAMM S.E., The muzzling of the Tannin in Ugaritic myth, in: IEJ 9(1959)260f.
- , The Ugaritic fertility myth - The result of a mistranslation, in: IEJ 12(1962)87f.
- , The Ugaritic fertility myth - a reply, in: IEJ 13(1963)130-132.
- , The seven day-unit in ugaritic epic literature, in: IEJ 15(1965)121-133.
- , The making and destruction of the golden calf, in: Bib 48(1967)481-490.
- , Eine lehrhafte ugaritische Trinkburleske, in: UF 1(1969)71-77.
- , Grenzgebiete ugaritischer Sprach- und Stilvergleichung, in: UF 3(1971)93-100.

- , The Killing of Mot in Ugaritic Myth, in: Or 41 (1972)378-382.
- , Anat's victory over the Tunnanu, in: JSS 20(1975) 22-27.

LØKKEGAARD F., A Plea for El the Bull, and other ugaritic miscellanies, in: Studia Orientalia I. Pedersen, 1953, 219-235.
- , The House of Baal, in: AcOr 22(1955)10-27.
- , The Canaanite divine wetnurses, in: StTh 10(1956) 53-64.

MARGOLIS B., The Kôšarôt/K<u>t</u>rt: Patroness-Saints of Women, in: JANESCU 4(1972)52-61.

MARGULIS B., A New Ugaritic Farce (RŠ 24.258), in: UF 2(1970)131-138.

MERRILL A.L., The House of Keret, in: SEA 33(1968)5-17.
- , The Aphel causative: Does it exist in ugaritic?, in: JNSL 3(1974)40-49.

MILLER P.D., The Mrzḥ Text, in: L.R.Fisher, The Claremont Ras Shamra Tablets. AnOr, Bd 48. 1971, 37-48.

MONTET P. - BUCHER P., Un Dieu Cananéen à Tanis: Houroun de Ramsès, in: RB 44(1935)153-165.

MONTGOMERY J.A., Notes on the Mythological Epic Texts from Ras Shamra, in: JAOS 53(1933)97-123.
- , Ras Shamra Notes V, in: JAOS 56(1936)226-231.
- /HARRIS Z.S., The Ras Shamra Mythological Texts (Abk.: RSMT). MAPS, Bd 4. 1935.

MOOR J.C. de, Frustula Ugaritica, in: JNES 24(1965) 355-364.
- , Der mdl Baals im Ugaritischen, in: ZAW 78(1966) 69-71.
- , Murices in Ugaritic Mythology, in: Or 37(1968) 212-215.
- , Ugaritic hm - never "behold", in: UF 1(1969)201f.
- , Studies in the New Alphabetic Texts from Ras Shamra, I, in: UF 1(1969)167-188; II: in: UF 2(1970) 303-327.
- , The Semitic Pantheon in Ugarit, in: UF 2(1970) 187-228.
- , The Seasonal Pattern in the Ugaritic Myth of Ba'lu according to the Version of Ilimilku. AOAT, Bd 16, 1971.

- , New Year with Canaanites and Israelites. Kampen Cahiers, Nr 21f. 1972.
- , Rapi'u de Heiland en de Refaim, in: GTT 73(1973) 129-146.
- , Art. בעל , in: ThWAT, I, 1973, 706-718.
- , A Note on CTA 19 (1 AQHT):I.39-42, in: UF 6(1974) 495f.
- /LUGT P.van der, The Spectre of Pan-Ugaritism, in: BiOr 31(1974)3-26.

MORAN W.L., Some Remarks on the Song of Moses, in: Bib 43(1962)317-327.

MOWINCKEL S., Drive and/or Ride in OT, in: VT 12(1962) 278-299.

MÜLLER H.P., Magisch-mantische Weisheit und die Gestalt Daniels, in: UF 1(1969)79-94.

MULDER M.J., Rezension über U.Oldenburg, CEB, in: UF 2(1970)359-366.
- , Hat man in Ugarit die Sonnenwende begangen?, in: UF 4(1972)79-96.
- , Art. בעל , in: ThWAT, I, 1973, 718-727.

MUNTINGH L.M., The Social and Legal Status of a Free Ugaritic Female, in: JNES 26(1967)102-112.

NIELSEN D., Ras Šamra Mythologie und Biblische Theologie. AKM, Bd XXI, 4. 1936 (Nachdruck 1966).

NOTH M., Die Syrisch-Palästinische Bevölkerung des zweiten Jahrtausends v.Chr. im Lichte neuer Quellen, in: ZDPV 65(1942)9-67.

NYBERG H.S., Studien zum Religionskampf im Alten Testament, in: ARW 35(1938)329-387.

OBERMANN J., How Daniel was Blessed with a Son. An Incubation Scene in Ugarit, in: SJAOS, Nr 6. 1946.
- , Ugaritic Mythology (Abk.: UM). A Study of Its Leading Motifs. 1946.

OLDENBURG U., The Conflict between El and Baal in Canaanite Religion (Abk.: CEB). 1969.

PARKER S.B., The Feast of the Rāpi'u, in: UF 2(1970) 243-249.
- , The Ugaritic Deity Rāpi'u, in: UF 4(1972)97-104.
- , The Marriage Blessing in Israelite and Ugaritic Literature, in: JBL 95(1976)23-30.

PATAI R., The Hebrew Goddess. 1967.

PEDERSEN J., Canaanite and Israelite Cultus, in: AcOr 18(1940)1-14.

PERDUE L.G., The Making and Destruction of the Golden Calf - A Reply, in: Bib 54(1973)237-246.

POPE M.H., El in the Ugaritic Texts (Abk.: EUT). SVT, 2(1955).
- , Art. ʻAṯtar, in: WdMyth., I, 1965, S.249; Baal-Haddad, S.253-264; Ḥoron, S.288f.; Kōṯar, S.195f.; Kōṯarat, S.296f.; Mōt, S.300-302; Pidrai, S.303f.; Ṭlj, S.312.
- , The Scene on the Drinking Mug from Ugarit, in: Near Eastern Studies in Honor of W.F.Albright. Ed. by H.Goedicke. 1971, 393-405.
- /TIGAY J.H., A Description of Baal, in: UF 3(1971) 117-130.

POSENER G., Ḥouroun, in: JNES 4(1945)20-42.

RAINEY A.F., The Kingdom of Ugarit, in: BA 28(1965) 102-124.

REICKE B., Art. Mythos, in: BHH, II, 1964, 1266f.

RENDTORFF R., Studien zur Geschichte des Opfers im Alten Israel. WMANT, Bd 24. 1967.

RIN S., Ugaritic-Old Testament Affinities II, in: BZ 11(1967)174-192.

ROSENSOHN JACOBS V.& I., The Myth of Môt and ʼAlʼeyan Baʻal, in: HTR 38(1945)77-109.

RÜGER H.P., Zu RŠ 24.258, in: UF 1(1969)203-206.

SANMARTÍN ASCASO J., Notizen zur ugaritischen Orthographie, in: UF 3(1971)173-180.

SAUREN H.-KESTEMONT G., Keret, Roi de Ḥubur, in: UF 3(1971)181-221.

SCHAEFFER Cl.F.A., The Cuneiform Texts of Ras Shamra-Ugarit. 1939.

SCHMIDT W.H., Königtum Gottes in Ugarit und Israel. BZAW, Bd 89. 1966^2.

SCOTT R.B.Y., Meteorological Phenomena and Terminology in the Old Testament, in: ZAW 64(1952)11-25.

SELMS A. van, Marriage & Family Life in Ugaritic Literature. POS, Bd 1. 1954.
- , Rezension zu N.J. Tromp, Primitive Conceptions, in: UF 2(1970)367f.
- , Yammu's Dethronement by Baal, in: UF 2(1970)251-268.

SINGER A.D., The Vocative in Ugaritic, in: JCS 2(1948) 1-10.

SNAITH N.H., Sacrifices in the Old Testament, in: VT 7(1957)308-317.

SODEN W.von, Zur Stellung der "Geweihten" (qdš) in Ugarit, in: UF 2(1970)329f.

STADELMANN R., Syrisch-palästinensische Gottheiten in Ägypten. 1967.

STOLZ F., Strukturen und Figuren im Kult von Jerusalem. BZAW, Bd 118. 1970.

SUKENIK E.L., Arrangements for the Cult of the Dead in Ugarit and Samaria, in: Mémorial Lagrange, 1940, 59-65.

TROMP N.J., Primitive Conceptions of Death and the Nether World in the Old Testament. Biblica et Orientalia, Bd 21. 1969.

ULLENDORFF E., Ugaritic Studies within their Semitic and Eastern Mediterranean Setting, in: BJRL 46 (1963/64)236-249.

URIE D.M.L., Officials of the Cult at Ugarit, in: PEQ (1948)42-47.
- , Sacrifice among the West Semites, in: PEQ (1949) 67-82.

VAUX R.de, Rezension zu C. Virolleaud, La Légende Phénicienne de Danel, und La Légende de Keret, in: RB 46(1937)440-447.
- , Histoire Ancienne d'Israel. Des Origines à l'installation en Canaan. 1971.

VINE K.L., The Establishment of Baal at Ugarit. Diss. Michigan (microfilm). 1965.

VIROLLEAUD C., Un Poème Phénicien de Ras-Shamra, in:
Syria 12(1931)193-224.
- , Un nouveau Chant du Poème d'Alein-Baal, in: Syria
13(1932)113-163.
- , La Mort de Baal, in: Syria 15(1934)305-336.
- , Les Chasses de Baal, in: Syria 16(1935)247-266.
- , La Légende Phénicienne de Danel. MRS, Bd 1. 1936.
- , La Légende de Keret. MRS, Bd 2. 1936.
- , ʿAnat et la Génisse, in: Syria 17(1936)150-173.
- , La Déesse ʿAnat, in: Syria 17(1936)335-345; 18
(1937)85-102.256-270.
- , Le Dieu cananéen Ḥoron, in: RÉS (1937)36-41.
- , La Déesse ʿAnat. MRS, Bd 4. 1938.
- , Lettres et Documents administratifs provenant des
Archives d'Ugarit, in: Syria 21(1940)247-276.
- , Les Rephaim, in: RÉS (1940)77-83.
- , Le Palais Royal d'Ugarit (Abk.: PRU), II (MRS, Bd
7) 1957; V (MRS, Bd 11) 1965.

WÄCHTER L., Unterweltsvorstellungen und Unterwelts-
namen in Babylonien, Israel und Ugarit, in: MIO
15(1969)327-336.

WATSON P.L., Mot, the God of Death, at Ugarit and in
the Old Testament. Diss. Yale (microfilm) 1970.
- , The Death of "Death" in the Ugaritic Texts, in:
JAOS 92(1972)60-64.

WEINFELD M., "Rider of the Clouds" and "Gatherer of the
Clouds", in: JANESCU 5(1973)421-426.

WEIPPERT M., Die Landnahme der israelitischen Stämme
in der neueren wissenschaftlichen Diskussion.
FRLANT, Bd 92. 1967.

WHITAKER R.E., A Concordance of the Ugaritic Literature.
1972.

WIDENGREN G., The King and the Tree of Life in Ancient
Near Eastern Religion. 1951.

WIEDER A., Ugaritic-Hebrew Lexicographical Notes, in:
JBL 84(1965)160-164.

WORDEN T., The Literary Influence of the Ugaritic Fertility Myth on the OT, in: VT 3(1953)273-297.

XELLA P., Per una Riconsiderazione della Morfologia
del Dio Ḥoron, in: AION 22(1972)271-286.

YAMAUCHI E., Cultic Prostitution, in: Orient and Occident (=Fs.C.H.Gordon). AOAT, Bd 22. 1973, 213-222.

ZIJL P.van, Baal. A Study of Texts in Canaan with Baal in the Ugaritic Epics. AOAT, Bd 10. 1972.

II. Literatur zu Hosea und zum AT

ACKROYD P.R., The Composition of the Song of Deborah, in: VT 2(1952)160-162.
- , Hosea and Jacob, in: VT 13(1963)245-259.

ADINOLFI M., Appunti sul Simbolismo Sponsale in Osea e Geremia, in: EuD 25(1972)126-138.

AHLSTRÖM G.W., Aspects of Syncretism in Israelite Religion. Horae Soederblomianae, Bd 5. 1963.

ALBERTI A., Matrimonio e Divorzio nella Bibbia. 1962.

ALBRIGHT W.F., The Higl Place in Ancient Palestine, in: SVT 4(1957)242-258.

ALLEGRO J.M., A Recently Discovered Fragment of a Commentary on Hosea from Qumran's Fourth Cave, in: JBL 78(1959)142-147.

ALT A., Das Königtum in den Reichen Israel und Juda, in: VT 1(1951)2-22(=KlSchr.,II, 116-134).
- , Hosea 5,8 - 6,6, ein Krieg und seine Folgen in prophetischer Beleuchtung, in: NKZ 30(1919)527-568 (=KlSchr., II, 163-187).
- , Die Heimat des Deuteronomiums, in: KlSchr.II, 250-275.
- , Kleine Schriften zur Geschichte des Volkes Israel, 3 Bde (Abk.:KlSchr.). I: 1968^4; II: 1964^3; III: 1968^2.

ALTMANN P., Erwählungstheologie und Universalismus im Alten Testament. BZAW, Bd 92. 1964.

AMBANELLI I., Il Significato dell'Espressione da'at 'ĕlōhîm nel Profeta Osea, in: RivBib 21(1973)119-145.

ANDERSON B.W., Studia Biblica XXVI. The Book of Hosea, in: Int 8(1954)290-303.

ASMUSSEN J.P., Bemerkungen zur sakralen Prostitution im Alten Testament, in: StTh 11(1957)167-192.

AUDET J.P., Le Sens du Cantique des Cantiques, in: RB 62(1955)196-221.
- , Love and Marriage in the Old Testament. 1958.

AVISHUR I.(אבישור), הזיקה הסגנונית והלשונית בין ספר הושע וספרות אוגרית (=Lexikalischer Vergleich zwischen Hosea und Ugarit), in: BM 48(1971)36-50.

BACH R., Die Erwählung Israels in der Wüste. Diss.Bonn, 1952.

BAIER W., Drohbotschaft und Frohbotschaft. Zur Gerichtsverkündigung Hoseas, in: BiKi 23(1968)125-127.

BALTZER K., Das Bundesformular. WMANT, Bd 4.1964^2.

BALZ H.R. -WANKE G., Art. φοβέω , in: ThWNT, Bd IX (1973)186-216.

BARTH C., Zur Bedeutung der Wüstentradition, in: SVT 15(1966)14-23.
- , Die Antwort Israels, in: Probleme Biblischer Theologie (=Fs.G.von Rad), 1971, 44-56.

BARTH J., Die Nominalbildung in den semitischen Sprachen. 1894^2.

BARTHÉLEMY D., Redécouverte d'un chaînon manquant de l'Histoire de la Septante, in: RB 60(1953)18-29.
- , Les Devanciers d'Aquila. Première Publication intégrale du Texte des Fragments du Dodécaprophéton, in: SVT 10(1963).

BARTINA S., "Cada uno a lo suyo". Una frase hecha en Oseas 14,9, in: EstBib (1968)247-249.
- , Y desde Egipto lo he proclamado hijo mío, in: EstBib (1970)157-160.

BATTEN L.W., Hosea's Message and Marriage, in: JBL 48(1929)257-273.

BAUER H.-LEANDER P., Historische Grammatik der Hebräischen Sprache des Alten Testaments. 1962 (Nachdruck der Ausgabe 1922).

BAUMANN E., ידע und seine Derivate, in: ZAW 28(1908)
22-41.110-143.
- , "Wissen um Gott" bei Hosea als Urform der Theologie?, in: EvTh 15(1955)416-425.

BAUMGÄRTEL F., Art. καρδία .A. לֵב , לֵבָב im AT, in:
ThWNT, III, 1938, 609-611.
- , Die Formel ne'um Jahwe, in: ZAW 73(1961)277-290.

BAUMGARTNER W., Kennen Amos und Hosea eine Heilseschatologie?, in: SThZ 30(913)30-42.95-124.152-170.
- , Der Auferstehungsglaube im Alten Orient, in: ZMR
48(1933)193-214 (=Zum Alten Testament und seiner
Umwelt, 1959, 124-146).

BAUMSTARK A., Die Zitate des Mt.-Evangeliums aus dem
Zwölfprophetenbuch, in: Bib 37(1956)296-313.

BECKER J., Gottesfurcht im Alten Testament. AnBib, Bd
25. 1965.

BEER E., Zu Hosea XII, in: ZAW 13(1893)281-293.

BEER G.-GALLING K., Exodus. HAT I/2. 1939.
- /MEYER R., Hebräische Grammatik, 3 Bde. 1952-1960^2
(Bd 1:1966^3).

BEGRICH J., Das priesterliche Heilsorakel, in: ZAW
52(1934)81-92(=Gesammelte Studien zum AT; ThBü,
Bd 21. 1964, 217-231).
- , Berit. Ein Beitrag zur Erfassung einer alttestamentlichen Denkform, in: ZAW 60(1944)1-11(=Gesammelte
Studien zum AT; ThBü, Bd 21. 1964, 55-66).

BEHLER G.M., Divini amoris suprema revelatio in Antiquo
Foedere data (Osee, cap.11), in: Ang 20(1943)102-116.

BEHRENS E.K.,"...like those who remove the landmark".
Hosea 5:10a, in: SBTh 1(1971)1-5.

BENTZEN A., The Weeping of Jacob, Hos XII 5a, in: VT
1(1951)58f.

BERGHE P.van den, De profetische Literatuur in het
Licht van de moderne Studies, in: ColBG 12(1966)
353-380.

BERTRAM G., Art. ἔθνος , in: ThWNT, II, 1935, 362-366.

BEWER J.A., The Story of Hosea's Marriage, in: AJSL
22(1906)120-130.

BIBLIA HEBRAICA, ed. R.Kittel. Textum masoreticum curavit P.Kahle. 1968¹⁵.

BIBLIA SACRA Vulgatae Editionis. Die Hl. Schrift des Alten und Neuen Testaments. Mit dem Urtext der Vulgata übersetzt und erklärende Anmerkungen versehen von A.Arndt, 3 Bde. 1914⁶.

BIBLISCH-HISTORISCHES Handwörterbuch. Hrsg. von B. Reicke und L.Rost, 3 Bde. 1962-1966.

BIRKELAND H., ʿAni und ʿAnaw in den Psalmen. 1933.
- , Profeten Hoseas forkynnelse, in: NoTT 38(1937) 277-316.
- , Zum hebräischen Traditionswesen. Die Komposition der prophetischen Bücher des Alten Testaments. ANVAO, Bd 2, Hist.-Fil.Kl., Nr 1, 1938.

BITTER S., Die Ehe des Propheten Hosea. Eine auslegungsgeschichtliche Untersuchung. GTA, Bd 3. 1975.

BLINZLER J., Die Strafe für Ehebruch in Bibel und Halacha, in: NTSt 4(1957/58)32-47.

BOECKER H.J., Anklagereden und Verteidigungsreden im Alten Testament, in: EvTh 20(1960)398-412.
- , Die Beurteilung der Anfänge des Königtums in den deuteronomistischen Abschnitten des 1.Samuelbuches. WMANT, Bd 31. 1969.
- , Redeformen des Rechtslebens im Alten Testament. WMANT, Bd 14. 1970².

BÖHMER J., Die Grundgedanken der Predigt Hosea's, in: ZWTh 45(1902)1-24.
- , Das Buch Hosea nach seinem Grundgedanken und Gedankengang, in: NThSt 10(1927)97-104.

BOER P.A.H.de, Genesis XXXII 23-33. Some Remarks on Composition and Character of the Story, in: NeTT 1(1947)149-163.
- , Gedenken und Gedächtnis in der Welt des Alten Testaments. 1962.

BORN A.van den/BAIER W., Art. Gilgal, in: HBL², 1968, 591f.
- , Art. Ehe, in: HBL², 1968, 359-363.

BOSTRÖM G., Proverbiastudien. Die Weisheit und das fremde Weib in Spr 1-9. LUA, N.F.Bd XXX,3. 1935.

BOTTERWECK J., "Gott erkennen" im Sprachgebrauch des
    Alten Testaments. BBB, Bd 2. 1951.
- , Der Sabbat im Alten Testament, in: ThQ 134(1954)
    134-147.448-457.
- /RINGGREN H., Theologisches Wörterbuch zum Alten
    Testament (Abk.: ThWAT). 1970ff.

BROCKELMANN C., Hebräische Syntax. 1933.
- , Grundriß der vergleichenden Grammatik der semitischen
    Sprachen. I: Laut- und Formlehre. 1966(Nachdruck
    der Ausgabe 1908); II: Syntax. 1966 (Nachdruck der
    Ausgabe 1913).

BROWN F.-DRIVER S.R.- BRIGGS C.A., Hebrew and English
    Lexicon of the Old Testament (Abk.: HELOT). 1962^5.

BRUNNER H., Altägyptische Erziehung. 1957.

BUBER M., Zwei Glaubensweisen. 1950 (=Werke, I, 1962,
    651-782).
- , Der Glaube der Propheten. 1950.

BUCHANAN G.W., Eschatology and the "End of Days", in:
    JNES 20(1961)188-193.

BUCK F., Die Liebe Gottes beim Propheten Osee. 1953.

BUDDE K., Das nomadische Ideal im Alten Testament, in:
    PrJ 85(1896)57-79.
- , Hos.7,12, in: ZA 26(1912)30-32.
- , Eine folgenschwere Redaktion des Zwölfpropheten-
    buchs, in: ZAW 39(1921)218-229.
- , Der Abschnitt Hosea 1-3 und seine grundlegende
    religionsgeschichtliche Bedeutung, in: Alttesta-
    mentliche Forschungen (=Sonderheft der ThStKr)
    96/97(1925)1-89.
- , Zu Text und Auslegung des Buches Hosea. I/II, in:
    JBL 45(1926)280-297; III, in: JPOS 14(1934)1-41;
    IV, in: JBL 53(1934)118-133.
- , Hos 1 und 3, in: ThBl 13(1934)337-342.

BÜCHLER A., Die Strafe der Ehebrecher in der nachexi-
    lischen Zeit, in: MGWJ 55(1911)196-219.

BUHL F., Einige textkritische Bemerkungen zu den Kleinen
    Propheten, in: ZAW 5(1885)179-184.

BUIT du, Géographie de la Terre Sainte. 1958.

BUSS M.J., The Prophetic Word of Hosea. A Morpholo-
    gical Study. BZAW, Bd 111. 1969.

BUSSCHE H.van den, La Ballade de l'Amour méconnu, in: BiVChr 41(1961)18-34.

CAQUOT A., Osée et la Royauté, in: RHPhR 41(1961)123-146.

CASPARI W., Die Nachrichten über Heimat und Hausstand des Propheten Hosea und ihre Verfasser, in: NKZ 26(1915)143-168.
- , Erwarten Amos und Hosea den Messias?, in: NKZ 41 (1930)812-824.

CATANZARO C.J. de, Fear , Knowledge, and Love: A Study in Old Testament Piety, in: CJTh 9(1963)166-173.

CAZELLES H., The Problem of the Kings in Osee, 8:4, in: CBQ 11(1949)14-25.

CHEYNE Th.K., Critica Biblica or Critical Linguistic, Literary and Historical Notes on the Text of the Old Testament Writings, Part II: Ezekiel and the Minor Prophets. 1970(Nachdruck der Ausgabe 1903).

CHILDS B.S., Memory and Tradition in Israel. Studies in Biblical Theology, Bd 37. 1962.

CLEMENTS R.E., The Conscience of a Nation. A Study of Early Israelite Prophecy. 1967.
- , Prophecy and Covenant. Studies in Biblical Theology, Bd 43. 1969.

COATS G.W., An Exposition for the Wilderness Traditions, in: VT 22(1972)288-295.

COOTE R.B., Hosea XII, in: VT 21(1971)389-402.
- , Hos 14:8:"They who are filled with grain shall live", in: JBL 93(1974)161-173.

COPPENS J., Les Douze Petits Prophètes. Introduction à l'Étude Historique de l'Ancien Testament, II. 1950.
- , L'Histoire matrimoniale d'Osée. Un nouvel Essai d'Interprétation, in: BBB, Bd 1(=Fs.F.Nötscher), 1950, 38-45.
- , La Doctrine biblique sur l'amour de Dieu et du prochain, in: ETL 40(1964)252-299.

CORNILL D., Das Targum zu den Propheten, in: ZAW 7 (1887)177-196.
- , Hosea 12,1, in: ZAW 7(1887)285-289.

CRAGHAN J.F., The Book of Hosea. A Survey of Recent Literature on the First of the Minor Prophets, in: BThB 1(1971)81-100.145-170.

CRENSHAW J.L., Prophetic Conflict. Its Effect upon Israelite Religion. BZAW, Bd 124. 1971.

CROTTY R., Hosea and the Knowledge of God, in: ABR 19(1971)1-16.

DALMAN G., Arbeit und Sitte in Palästina (Abk.: AuS), Bd I-VII. 1928-1942.

DAY E., Is the Book of Hosea Exilic?, in: AJSL 26(1910) 105-132.

DEÁK J., Die Gottesliebe in den alten semitischen Religionen. 1914.

DEDEN D., De Kleine Profeten. BOT, Bd XII. 1953.

DEISSLER A.- DELCOR M., Les Petits Prophètes, II. La Sainte Bible. 1964.
- , Die Interpretation von Hos 1,2-9 in den Hosea-Kommentaren von H.W.Wolff und W.Rudolph im kritischen Vergleich, in: Forschung zur Bibel, Bd 2(=Fs. J. Ziegler). 1972, 129-136.

DELEKAT L., Zum hebräischen Wörterbuch, in: VT 14(1964) 7-66.

DEVESCOVI U., La nuova alleanza in Osea (2,16-25), in: BO 1(1959)172-178.

DIETRICH E.K., Die Umkehr (Bekehrung und Buße) im Alten Testament und im Judentum bei besonderer Berücksichtigung der neutestamentlichen Zeit. 1936.

DIJK H.J.van, Ezekiel's Prophecy on Tyre (Ez.26,1 - 28,19). Biblica et Orientalia, Bd 20. 1968.

DIJKEMA F., De Profeet Hozea, in: NThT 14(1925)324-342.

DOBBIE R., The Text of Hosea 9,8, in: VT 5(1955)199-203.

DONNER H., Die soziale Botschaft der Propheten im Lichte der Gesellschaftsordnung in Israel, in: OrAnt 2 (1963)229-245.
- , Israel unter den Völkern. Die Stellung der klassischen Propheten des 8.Jhds v.Chr. zur Aussenpolitik der Könige von Israel und Juda. SVT, Bd 11. 1964.

DRIVER G.R., Studies in the Vocabulary of the Old Testament, IV, in: JTS 33(1932)38-47; IV, in: JTS 34(1933)383f.

- , Linguistic and Textual Problems: Minor Prophets, in: JTS 39(1938)154-166.260-273.393-405.
- , Hebrew ʽal ("high One") as a Divine Title, in: ET 50(1938)92f.
- , Difficult Words in the Hebrew Prophets, in: Studies in Old Testament Prophecy, ed. by H.H.Rowley. 1950, 55-72.
- , Glosses in the Hebrew Text of the Old Testament, in: OBL 1(1957)123-161.
- , On עלה "went up country" and ירד "went down country", in: ZAW 69(1957)76.

DÜRR L., Altorientalisches Recht bei den Propheten Amos und Hosea, in: BZ 23(1935)150-157.

DUHM B., Anmerkungen zu den Zwölf Propheten, in: ZAW 31(1911)1-43.81-110.161-204 (Sonderdruck, 1911).
- , Israels Propheten. 1922².

DUODECIM PROPHETAE. Septuaginta Vetus Testamentum Graecum auctoritate Societatis Litterarum Gottingensis editum, Bd XIII (Hrsg. von J. Ziegler). 1943(1967²).

DUMESTE M.L., Le Message du Prophète Osée. Le Drame du suprême amour, in: VSp 75(1946)710-726.

EAKIN F.E., Yahwism and Baalism before the Exile, in: JBL 84(1965)407-414.

EBERHARTER A., Das Ehe- und Familienrecht der Hebräer. 1914.

EHRLICH A.B., Randglossen zur Hebräischen Bibel, 5 Bde. Bd V: Ezechiel und die Kleinen Propheten. 1968.

EICHRODT W., Theologie des Alten Testaments, Bd I: 1968[8]; II/III: 1964[5].
- , "The Holy One in your Midst". The Theology of Hosea, in: Int 15(1961)259-273.

EISSFELDT O., Das Berufungsbewußtsein der Propheten als theologisches Gegenwartsproblem, in: ThStKr 106(1934)124-156(=KlSchr., II, 1963, 4-28).
- , Baʽalšamēm und Jahwe, in: ZAW 57(1939)1-31(=KlSchr., II, 1963, 171-198).
- , Lade und Stierbild, in: ZAW 58(1940/41)190-215 (=KlSchr., II, 1963, 282-305).
- , "Mein Gott" im Alten Testament, in: ZAW 61(1945/48) 3-16(=KlSchr., III, 1966, 35-47).
- , El and Yahweh, in: JSS 1(1956)25-37(=KlSchr., III, 1966, 386-397).
- , Kleine Schriften (Abk.: KlSchr.). Hrsg. von R.Sellheim und F.Maass. 5 Bde. 1962-1973.

ELLIGER K., Prophet und Politik, in: ZAW 53(1935)3-22
   (ThBü, Bd 32. 1966, 119-140).
- , Eine verkannte Kunstform bei Hosea, in: ZAW 69
   (1957)151-160.
- , Das Buch der Zwölf Kleinen Propheten (Nahum-Maleachi).
   ATD, Bd 25/2. 1967⁶.
- , Art. Gilgal, in: BHH, I, 1962, 572f.

ELLISON H.L., The Message of Hosea in the Light of His
   Marriage, in: EvQ 41(1969)3-9.

EMERTON J.A., A Consideration of some Alleged Meanings
   of ידע in Hebrew, in: JSS 15(1970)145-180.

EMMERSON G.I., A Fertility Goddess in Hosea IV 17-19?,
   in: VT 24(1974)492-497.
- , The Structure and Meaning of Hosea VIII 1-3, in:
   VT 25(1975)700-710.

ENGNELL I., Notiser till Hosea, in: SEA 32(1967)21-35.

EPSTEIN M., Marriage Laws in the Bible and the Talmud.
   1942.

ERLANDSSON , Art. בגד , in: ThWAT, I, 1973, 507-511.

EYBERS I.H., The Matrimonial Life of Hosea, in: OTSWA
   7(1966)11-34.
- , The Use of Proper Names as a Stylistic Device, in:
   Semit 2(1971)82-92.

FARR G., The Concept of Grace in the Book of Hosea,
   in: ZAW 70(1958)98-107.

FENSHAM F.C., The Covenant-Idea in the Book of Hosea,
   in: OTSWA 7(1966)35-49.
- , The Change of the Situation of a Person in Ancient
   Near Eastern and Biblical Wisdom Literature, in:
   AION 21(1971)155-164.

FEUILLET A., L'Universalisme et l'Alliance dans la
   Religion d'Osée, in: BiVChr 18(1957)27-35.
- , "S'asseoir à l'ombre" de l'époux (Os., XIV, 8a
   et Cant., II, 3), in: RB 78(1971)391-405.

FITZGERALD A., The Mythological Background for the
   Presentation of Jerusalem as a Queen and False
   Worship as Adultery in the OT, in: CBQ 34(1972)
   403-416.
- , Btwlt and bt as Titles for Capital Cities, in:
   CBQ 37(1975)167-183.

FOHRER G., Neuere Literatur zur alttestamentlichen
    Prophetie, in: ThR 19(1951)277-346; 20(1952)193-
    271.295-361; 28(1962)1-75.239-297.301-374.
- , Die Gattung der Berichte über symbolische Handlungen der Propheten, in: ZAW 64(1952)101-120(=Studien,
    92-112).
- , Über den Kurzvers, in: ZAW 66(1954)199-236(=Studien,
    59-91).
- , Zum Text von Jes 41,8-13, in: VT 5(1955)239-249
    (=Studien, 182-189).
- , Umkehr und Erlösung beim Propheten Hosea, in: ThZ
    11(1955)161-185(=Studien, 222-241).
- , Jesaja 1 als Zusammenfassung der Verkündigung Jesajas, in: ZAW 74(1962)251-268(=Studien, 148-166).
- , Prophetie und Geschichte, in: ThLZ 89(1964)481-
    500(=Studien, 265-293).
- , Das sogenannte apodiktisch formulierte Recht und
    der Dekalog, in: KuD 11(1965)49-74(=Studien zur atl.
    Theologie und Geschichte, 120-148).
- , Altes Testament - "Amphiktyonie" und "Bund"?, in:
    ThLZ 91(1966)801-806.893-904(=Studien zur atl.
    Theologie und Geschichte, 84-119).
- , Prophetie und Magie, in: ZAW 78(1966)25-47(=Studien,
    242-264).
- , Studien zur alttestamentlichen Prophetie(1949-1965).
    BZAW, Bd 99 (Abk.: Studien). 1967.
- , Die symbolischen Handlungen der Propheten. AThANT,
    Bd 54. 1968².
- , Studien zur alttestamentlichen Theologie und Geschichte (1949-1966). BZAW, Bd 115. 1969.

FOX M.V., Jeremiah 2:2 and the "Desert Ideal", in:
    CBQ 35(1973)441-450.

FRAINE J.de, L'Aspect Religieux de la Royauté Israélite. AnBib, Bd 3. 1954.

FRANCISCO C.T., Evil and Suffering in the Book of Hosea, in: SJTh 5(1962/63)33-41.

FRASER E.R., Symbolic Acts of the Prophets, in: SBTh
    4(1974)45-53.

FREEDMAN D.N., פשתי in Hosea 2,7, in: JBL 74(1955)275.

FREEHOF S.B., Some Text Rearrangements in the Minor
    Prophets, in: JQR 32(1941/42)303-308.

FREY H., Der Aufbau der Gedichte Hoseas, in: WuD NF
    5(1957)9-103.

FRITZ V., Israel in der Wüste. Traditionsgeschichtliche Untersuchung der Wüstenüberlieferung des Jahwisten. Marburger Theologische Studien, Bd 7. 1970.

FÜCK J., Hosea Kapitel 3, in: ZAW 39(1921)283-290.

FÜRST H., Die göttliche Heimsuchung. Semasiologische Untersuchung eines biblischen Begriffes. 1965.

GALBIATI E., La struttura sintetica di Osea 2, in: Studi G.Rinaldi. 1967, 317-328.

GALLING K., Die Erwählungstraditionen Israels. BZAW, Bd 48. 1928.
- , Vom Richteramt Gottes. Eine Auslegung von Gen 18, 17-33, in: DTh 6(1939)86-97.
- , Bethel und Gilgal, in: ZDPV 66(1943)140-155; 67 (1944/45)21-43.
- , Textbuch zur Geschichte Israels. 1968^2.

GASTER Th.H., Notes on the Minor Prophets, in: JTS 39(1937)163-165.
- , Zu Hosea 7,3-6.8-9, in: VT 4(1954)78f.

GELDEREN C.van - GISPEN W.H., Het Boek Hosea. COT. 1953.

GELSTON A., Kingship in the Book of Hosea, in: OTS 19(1973)71-85.

GEMSER B., The Rib- or Controversy-Pattern in Hebrew Mentality, in: SVT, Bd 3. 1955, 120-137.

GERLEMAN G., The Song of Deborah in the Light of Stylistics, in: VT 1(1951)168-180.
- , Ruth. Das Hohelied. BK, Bd XVIII. 1965.

GERTNER M., An Attempt at an Interpretation of Hosea XII, in: VT 10(1960)272-284.

GESE H., Bemerkungen zur Sinaitradition, in: ZAW 79 (1967)137-154.

GESENIUS W., Hebräische Grammatik. Völlig neu umgearbeitet von E.Kautzsch (Abk.: GK). 1962 (Nachdruck der 28.Aufl. 1909).
- , Hebräisches und Aramäisches Handwörterbuch über das Alte Testament, bearb. von F.Buhl (Abk.:GB). 1962 (unveränderter Neudruck der 1915 erschienenen 17.Aufl.).

GIBLET J., De revelatione amoris Dei apud Oseam prophetam, in: CollMechl 34(1949)35-39.

GINSBERG H.L., Hosea's Ephraim, more Fool than Knave.
A New Interpretation of Hosea 12:1-14, in: JBL
80(1961)339-347.
- , Lexicographical Notes, in: Hebräische Wortforschung
(=Fs. W.Baumgartner). SVT, Bd 16. 1967, 71-82.

GISPEN W.H., s. C.van Gelderen.

GLANZMAN G.S., Two Notes: Am 3,15 and Os 11,8-9, in:
CBQ 23(1961)227-233.

GLÜCK J.J., Short Notes, in: VT 14(1964)367f.
- , Some Semantic Complexities in the Book of Hosea,
in: OTSWA 7(1966)50-63.

GLUECK N., Das Wort Ḥesed im alttestamentlichen Sprachgebrauche als menschliche und göttliche gemeinschaftgemäße Verhaltungsweise. BZAW, Bd 47. 1961^2.

GOOD E.M., Hos 5,8 - 6,6: an alternative to Alt, in:
JBL 85(1966)273-286.
- , Hosea and the Jacob Tradition, in: VT 16(1966)
137-151.
- , The Composition of Hosea, in: SEA 31(1966)21-63.
- , Ezekiel's Ship: Some Extended Metaphors in the
Old Testament, in: Semit 1(1970)79-103.

GORDIS R., Hosea's Marriage and Message: A New Approach,
in: HUCA 25(1954)9-35.
- , The Text and Meaning of Hosea XIV 3, in: VT 5(1955)
88-90.

GORDON C.H., Hos 2,4-5 in the Light of New Semitic
Inscriptions, in: ZAW 54(1936)277-280.

GOSHEN-GOTTSTEIN M.H., "Ephraim is a well-trained heifer" and ugaritic <u>mdl</u>, in: Bib 41(1960)64-66.

GRETHER O., Hebräische Grammatik für den akademischen
Unterricht. 1967^4.

GROSS K., Hoseas Einfluß auf Jeremias Anschauungen,
in: NKZ 42(1931)241-256.327-343.

GUILLAUME A., A Note on Hos II.23,24(21,22), in: JTS
15(1964)57f.

GUTHE H., Eggen und Furchen im Alten Testament, in:
Beiträge zur atl. Wissenschaft (=Fs.K.Budde). 1920,
75-82.

HAAG H., Bibel-Lexikon (Abk.: HBL^2). 1968^2.
- , Art. יד , in: ThWAT, I, 1972, 670-682.
- , Teufelsglaube. 1974.

HALDAR A., Art. אהב , in: ThWAT, I, 1970, 107f.

HALL Th. O., Introduction to Hosea, in: RExp 54(1957) 501-521.

HARAN M., The Uses of Incense in the Ancient Israelite Ritual, in: VT 10(1960)113-129.

HARPER W.R., A Critical and Exegetical Commentary on Amos and Hosea, in: ICC. 1905 (Neudruck: 1953).

HARVEY D.W., "Rejoice not, o Israel", in: Israel's Prophetic Heritage (=Fs. J. Muilenburg). 1962, 116-127.

HARVEY J., Le "Rîb-Pattern". Réquisitoire prophétique sur la Rupture de l'Alliance, in: Bib 43(1962) 172-196.

HATCH E.- REDPATH H.A., A Concordance to the Septuagint. 3 Bde. 1897 (Nachdruck: 1954).

HELFMEYER F.J., Die Nachfolge Gottes im AT. BBB, Bd 29. 1968.

HEMPEL J., Jahwegleichnisse der israelitischen Propheten, in: ZAW 42(1924)74-104 (=Apoxysmata, 1961,1-29).

HENKE O., Zur Lage von Beth Peor, in: ZDPV 75(1959) 155-163.

HENTSCHKE R., Die Stellung der vorexilischen Schriftpropheten zum Kultus. BZAW, Bd 75. 1957.
- , Gesetz und Eschatologie in der Verkündigung der Propheten, in: ZEEthik 4(1960)46-56.

HERMANN A., Altägyptische Liebesdichtung. 1959.

HILLERS D.R., Treaty-Curses and the Old Testament Prophets. Biblica et Orientalia, Bd 16. 1964.
- , Covenant: The History of a Biblical Idea. 1969.

HIRSCHBERG H.H., Some Additional Arabic Etymologies in OT Lexicography, in: VT 11(1961)373.

HOLLADAY W.L., The Root Šubh in the OT. 1958.
- , Chiasmus, the key to Hosea XII 3-6, in: VT 16(1966) 53-64.
- , A Concise Hebrew and Aramaic Lexicon of the OT (Abk.: CHALOT). 1971.

HOONACKER A.van, Les Douze Petits Prophètes. 1908.

HORST F., Die Zwölf Kleinen Propheten (Nahum bis Maleachi). HAT, Bd I/14. 1964³.

HOUTSMA M.T., Bijdrage tot de Kritiek en Verklaring van Hosea, in: ThT 9(1875)55-75.

HUESMAN J., Finite Uses of the Infinitive absolute, in: Bib 37(1956)271-295.

HUFFMON H.B., The Covenant Lawsuit in the Prophets, in: JBL 78(1959)285-295.

HUMBERT P., Les trois premiers chapitres d'Osée, in: RHR 77(1918)157-171.
- , Osée le Prophète bédouin, in: RHPhR 1(1921)97-118.
- , La Logique de la Perspective nomade chez Osée et l'Unité d'Osée 2,4-22, in: BZAW, Bd 41(=Fs. K. Marti), 1925, 158-166.
- , Laetari et exultare dans le vocabulaire religieux de l'Ancien Testament, in: RHPhR 22(1942)185-214.
- , En Marge du Dictionnaire Hébraique, in: ZAW 62 (1950)199-207.

HYATT J.P., The Prophetic Criticism of Israelite Worship. 1964.

JACOB E., L'Héritage cananéen dans le Livre du Prophète Osée, in: RHPhR 43(1963)250-259.
- , Der Prophet Hosea und die Geschichte, in: EvTh 24(1964)281-290.
- , Osée, in: E. Jacob/C.A. Keller/S. Amsler, Osée-Joel-Abdias-Jonas-Amos. CAT, Bd 11a. 1965.

JENNI E., Art. אהב , in: ThHAT, I, 1971, 60-73.
- , Theologisches Handwörterbuch zum AT (Abk.: ThHAT), Bd I (אב - מי) 1971.

JEPPESEN K., Afsindig er Profeten, forrykt den af ånden grebne (Hos 9.7), in: DTT 37(1974)249-279.

JEPSEN A., Berith. Ein Beitrag zur Theologie der
Exilszeit, in: Verbannung und Heimkehr (=Fs. W.
Rudolph), 1961, 161-179.
- , צדק und צדקה im Alten Testament, in: Gottes Wort
und Gottes Land (Fs.H.W. Hertzberg), 1965, 78-89.
- , Art. אמן , in: ThWAT, I, 1973, 341-345.

JOÜON P., Grammaire de l'Hébreu Biblique. 1965 (Nachdruck der Ausgabe 1923).

JUNKER H., Textkritische, formkritische und traditionsgeschichtliche Untersuchung zu Os 4,1-10,
in: BZ NF 4(1960)165-173.

KEDAR-KLOPFENSTEIN B., Textual Gleanings from the
Vulgata to Hosea, in: JQR 65(1974)73-97.

KEIL C.F., Biblischer Commentar über die Zwölf Kleinen
Propheten. Biblischer Commentar über das AT,
Bd III, 4. 1888^3.

KILIAN R., Die vorpriesterlichen Abrahamsüberlieferungen literarkritisch und traditionsgeschichtlich
untersucht. BBB, Bd 24. 1966.
- , Die prophetischen Berufungsberichte, in: Theologie
in Wandel. Tübinger Theologische Reihe 1(1967)
356-376.
- , Die Verheißung Immanuels. SBS, Bd 35. 1968.
- , Ich bringe Leben in Euch. 1975.

KLOPFENSTEIN M.A., Scham und Schande. AThANT, Bd 62.
1972.
- , Art. בגד , in: ThHAT, I, 1971, 261-264.

KNIERIM R., Die Hauptbegriffe für Sünde im AT. 1967^2.

KOCH K., Zur Geschichte der Erwählungsvorstellung
in Israel, in: ZAW 67(1955)205-226.

KÖHLER L., Archäologisches. Nr 22f. Eine archaistische
Wortgruppe, in: ZAW 46(1928)218-220.
- , Syntactica IV, in: VT 3(1953)301ff.
- /BAUMGARTNER W., Lexicon in Veteris Testamenti
Libros (Abk.: KBL). 1958.
- /BAUMGARTNER W., Hebräisches und Aramäisches Lexikon zum AT (Abk.: KBL^3). 1967ff.

KÖNIG F., Die Auferstehungshoffnung bei Osee 6,1-3,
   in: ZKTh 70(1948)94-100.

KRAUS H.J., Gilgal. Ein Beitrag zur Kultusgeschichte
   Israels, in: VT 1(1951)181-199.
- , Gottesdienst in Israel. 1962².
- , Psalmen. BK, Bd XV/1 und 2. 1966³.

KROEZE J.H., Joodse Exegese, in: GTT 61(1961)14-33.

KRSZYNA H., Literarische Struktur von Os 2,4-17, in:
   BZ NF 13(1969)41-59.

KÜHLEWEIN J., Art. אוש , in: ThHAT, I, 1971, 240-242.
- , Art. זנה , in: ThHAT, I, 1971, 518-520.

KÜMPEL R., Die Berufung Israels. Ein Beitrag zur
   Theologie des Hosea. 1973.

KUHL C., Neue Dokumente zum Verständnis von Hosea
   2,4-15, in: ZAW 52(1934)102-109.

KUHNIGK W., Nordwestsemitische Studien zum Hoseabuch.
   Biblica et Orientalia, Bd 27. 1974.

KUSCHKE A., Lehrkursus 1959, in: ZDPV 76(1960)26f.

KUTSCH E., Salbung als Rechtsakt im AT und im Alten
   Orient. BZAW, Bd 87. 1963.
- , Gesetz und Gnade, in: ZAW 79(1967)18-35.
- , Der Begriff ברית in vordeuteronomischer Zeit,
   in: BZAW, Bd 105 (= Fs. L. Rost). 1967, 133-143.
- , Sehen und Bestimmen. Die Etymologie von b^{e}rit,
   in: Archäologie und AT (Fs. K. Galling). 1970,
   165-178.
- , Verheißung und Gesetz. Untersuchungen zum soge-
   nannten "Bund" im AT. BZAW, Bd 131. 1973.

LABUSCHAGNE C.J., The Similes in the Book of Hosea,
   in: OTSWA 7(1966)64-76.

LEEUWEN C. van, Hosea. De Prediking van het Oude
   Testament. 1968.

LINDBLOM J., Hosea. Literarisch untersucht. Acta
   Academiae Aboensis: Humaniora V, 2. 1928.
- , Prophecy in Ancient Israel. 1973⁵.

LIPPL J./THEIS J./JUNKER H., Die Zwölf Kleinen Propheten. HSAT, Bd VIII. 1937f.

LISOWSKY G./ROST L., Konkordanz zum Hebräischen Alten Testament. 1958².

LÖW I., Die Flora der Juden. 4 Bde. 1928-1934.

LOFTHOUSE W.F., Ḥen and Ḥesed in the Old Testament, in: ZAW 51(1933)29-35.

LOHFINK N., Zu Text und Form von Os 4,4-6, in: Bib 42(1961)303-332.
- , Hate and Love in Osee 9,15, in: CBQ 25(1963)417.

LUNDBOM J.R., Double-Duty Subject in Hosea VIII 5, in: VT 25(1975)228-230.

MANDELKERN S., Veteris Testamenti Concordantiae Hebraicae atque Chaldaicae. 1937 (Nachdruck: 1955).

MARTI K., Das Dodekapropheton. KHC, Bd XIII. 1904.

MAUCHLINE J./PHILLIPS H.C., The Book of Hosea, in: The Interpreter's Bible, vol. I. 1956, 553-725.

MAY H.G., The Fertility Cult in Hosea, in: AJSL 48 (1932)73-98.
- , An Interpretation of the Names of Hosea's Children, in: JBL 55(1936)285-291.

MAYER R., Sünde und Gericht in der Bildersprache der vorexilischen Prophetie, in: BZ NF 8(1964)22-44.

MAYS J.L., Hosea. Old Testament Library. 1969.

McCARTHY D.J., Hosea XII 2: Covenant by Oil, in: VT 14(1964)215-221.
- , Covenant in the Old Testament. The Present State of Inquiry, in: CBQ 27(1965)217-240.
- , Notes on the Love of God in Deuteronomy and the Father-Son-Relationship between Yahweh and Israel, in: CBQ 27(1965)144-147.

McDONALD J.R.B., The Marriage of Hosea, in: TLond 67 (1964)149-158.

McKEATING H., The Books of Amos, Hosea and Micah, in:
The Cambridge Bible Commentary on the NEB. 1971.

McKENZIE J.L., Divine Passion in Osee, in: CBQ 17(1955)
287-299.
- , Knowledge of God in Hosea, in: JBL 74(1955)22-27.

McMILLION Ph., An Exegesis of Hosea 4:1-5:7, in: RestQ
17(1974)236-248.

MENSELSOHN I., The Family in the Ancient Near East. 1948.

MERWE B.J.van der, Echoes from Teaching of Hosea in
Isaiah 40-55, in: OTSWA 7(1966)90-99.
- , A Few Remarks on the Religious Terminology in Amos
and Hosea, in: OTSWA 8(1966)143-152.

MORAN W.L., The Ancient Near Eastern Background of the
Love of God in Deuteronomy, in: CBQ 25(1963)77-87.

MOTZKI H., Ein Beitrag zum Problem des Stierkultes
in der Religionsgeschichte Israels, in: VT 25(1975)
470-485.

MOWINCKEL S., La Connaissance de Dieu chez les Prophètes de l'Ancien Testament, in: RHPhR 22(1942)69-105.

MÜLLER H.P., Imperativ und Verheißung im AT, in: EvTh
28(1968)557-571.
- , Ursprünge und Strukturen alttestamentlicher Eschatologie. BZAW, Bd 109. 1969.

MÜLLER P., Textkritische Studien zum Buche Hosea, in:
ThStKr (1904)124-126.

MUILENBURG J., The Site of Ancient Gilgal, in: BASOR
140(1955)11-27.
- , The Form and Structure of the Covenantal Formulations, in: VT 9(1959)347-365.

MULDER M.J., Ba'al in het Oude Testament. 1962.
- , Kanaanitische Goden in het Oude Testament. Exegetica, Bd IV,4-5. 1965.
- , Accentverschuiving bij de karakterisering van enige
Kanaanitische goden, in: NeTT 24(1969/70)401-420.
- , Jahwe en El, Identiteit of Assimilatie?, in: Rondom
het Woord 13(1971)402-418.
- , Art. בעל , in: ThWAT, I, 1972, 718-727.

MUNTINGH L.M., Married Life in Israel according to the Book of Hosea, in: OTSWA 7(1966)77-84.

NAGEL G., Crainte et Amour de Dieu dans l'AT, in: RThPh 33(1945)175-186.

NEHER A., Le Symbolisme conjugal: Expression de l'Histoire dans l'AT, in: RHPhR 34(1954)30-49.

NESTLE , Miscellen, in: ZAW 25(1905)204f.

NEUFELD E., Ancient Hebrew Marriage Laws. 1944.

NICHOLSON E.W., Problems in Hosea VIII 13, in: VT 16 (1966)355-358.

NIELSEN E., Die Zehn Gebote. 1965.

NÖTSCHER F., Zwölfprophetenbuch oder Kleine Propheten. EB, Bd 4. 1954^2.
- , Zur Auferstehung nach drei Tagen, in: Bib 35(1954) 313-319.

NORTH C.R., The Essence of Idolatry, in: BZAW, Bd 77 (1961^2)151-160.

NORTH F.S., Solution of Hosea's Marital Problems by Critical Analysis, in: JNES 16(1957)128-130.
- , Hosea's Introduction to His Book, in: VT 8(1958) 429-432.
- , The Four Insatiables, in: VT 15(1965)281f.

NOTH M., Israelitische Stämme zwischen Ammon und Moab, in: ZAW 60(1944)11-57 (=Aufsätze zur Biblischen Landes- und Altertumskunde, I, 1971, 391-433).
- , Die Nachbarn der israelitischen Stämme im Ostjordanlande, in: ZDPV 68(1951)1-50 (=Aufsätze, I, 1971, 434-475).
- , Die Israelitischen Personennamen im Rahmen der gemeinsemitischen Namengebung (Abk.: IP). BWANT, Bd III 10, 1966.
- , Geschichte Israels. 1969^7.

NOWACK W., Die Kleinen Propheten. Handkommentar zum AT, Bd III/4. 1922^3.

NYBERG H.S., Das textkritische Problem des AT am Hoseabuche demonstriert, in: ZAW 52(1934)241-254.
- , Studien zum Hoseabuche. UUA, Bd 6. 1935.
- , Studien zum Religionskampf im Alten Testament, in: ARW 35(1938)329-387.

ÖSTBORN G., Yahweh and Baal. Studies in the Book of Hosea and Related Documents. LUA, Bd 51/6. 1956.

OORT H., Hozea, in: ThT 24(1890)345-364.480-505.

OSTY E./GEORGE, Amos, Osée, in: La Sainte Bible. 1960^3.

OWENS J.J., Exegetical Study of Hosea, in: RExp 54 (1957)522-543.

OYEN H.van, Ethik des Alten Testaments. 1967.

PASCHEN W., Rein und Unrein. Untersuchung zur Biblischen Wortgeschichte. StANT, Bd XXIV. 1970.

PATTERSON G.H., The Septuagint Text of Hosea compared with the Massoretic Text. in: AJSL 7(1891)190-221.

PAUL S.M., The Image of the Oven and the Cake in Hosea VII 4-10, in: VT 18(1968)114-120.

PEDERSEN J., Israel. Its Life and Culture, I/II: 1926; III/IV: 1963^2.

PERLITT L., Bundestheologie im Alten Testament. WMANT, Bd 36. 1969.

PHILLIPS A., Ancient Israel's Criminal Law. 1970.
- , Some Aspects of Family Law in Pre-exilic Israel, in: VT 23(1973)349-361.

PLAUTZ W., Die Form der Eheschließung im Alten Testament, in: ZAW 76(1964)298-318.

PORTEOUS N.W., Ritual and Righteousness. The Relation of Ethics to Religion in the Prophetic Literature, in: Int 3(1949)400-414.
- , The Basis of the Ethical Teaching of the Prophets, in: Living the Mystery, 1967, 47-60.

PRESS R., Die Gerichtspredigt der vorexilischen Propheten und der Versuch einer Steigerung der kultischen Leistung, in: ZAW 70(1958)181-184.

PROCKSCH O., Die Kleinen Prophetischen Schriften vor dem Exil. 1910.

QUELL G./STAUFFER E., Art. $\dot{\alpha}\gamma\alpha\pi\dot{\alpha}\omega$, in: ThWNT, I, 1933, 20-34.
- , Art. $\delta\iota\alpha\vartheta\dot{\eta}\kappa\eta$, in: ThWNT, II, 1935, 106-127.

RAD G.von, Theologie des Alten Testaments. 2 Bde.
    1969⁶ und 1968⁵.

REIDER J., Etymological Studies in Biblical Hebrew,
    in: VT 2(1952)113-130.

REINES C.W., Hosea XII,1, in: JJS 2(1950/51)156f.

REISS W., "Gott nicht kennen" im Alten Testament,
    in: ZAW 58(1940/41)70-98.

RENDTORFF R., Priesterliche Kulttheologie und pro-
    phetische Kultpolemik, in: ThLZ 81(1956)339-342.
- , El, Ba'al und Jahwe. Erwägungen zum Verhältnis
    von kanaanäischer und israelitischer Religion,
    in: ZAW 78(1966)277-292.
- , Studien zur Geschichte des Opfers im Alten Israel.
    WMANT, Bd 24. 1967.

RIDDERBOS J., God en zijne Verhouding tot Israel naar
    Hosea's Profetie, in: GTT 27(1926/27)401-411.
- , De Zonde der Vaderen in Hosea's Profetie, in:
    GTT 28(1927/28)49-52.
- , Algemeen Karakter van Hosea's Zondepreiking,
    in: GTT 28(1927/28)97-108.
- , Hosea's Bestraffing der Leidslieden, in: GTT
    28(1927/28)406-408.
- , Hosea's Prediking aangaande God, in: GTT 30(1929)
    49-55.89-97.

RIEGER J., Die Bedeutung der Geschichte für die Ver-
    kündigung des Amos und Hosea. 1929.

RINGGREN H., Art. גוש , in: ThWAT, II, 1974, 72-74.

ROBERTSON E., Textual Criticism of Hosea X,11, in:
    TGUOS 8(1936/37)16f.

ROBINSON Th.H., Die Ehe des Hosea, in: ThStKr 106
    (1935)301-313.
- , Die Zwölf Kleinen Propheten (Hosea bis Micha).
    HAT, Bd I/14. 1964³.

ROSNER D., The Simile and Its Use in the Old Testa-
    ment, in: Semit 4(1974)37-46.

ROST L., Israel bei den Propheten. BWANT, Bd 71.
    1937.
- , Erwägungen zu Hosea 4,13f., in: L. Rost, Das
    Kleine Credo. 1965, 53-64.

ROWLEY H.H., Ritual and the Hebrew Prophets, in: JSS
1(1956)338-360.
- , The Marriage of Hosea, in: BJRL 39(1956)200-233.

RUBEN P., A Proposed New Method of Textual Criticism
in the Old Testament, in: AJSL 52(1936)34-40.

RUDOLPH W., Präparierte Jungfrauen?, in: ZAW 75(1963)
65-73.
- , Hosea 4,15-19, in: Gottes Wort und Gottes Land
(=Fs.H.W.Hertzberg). 1965, 193-199.
- , Eigentümlichkeiten der Sprache Hoseas, in: Studia
Biblica et Semitica (=Fs.Th.C.Vriezen). 1966,
313-317.
- , Hosea. KAT, Bd XIII, 1. 1966.
- , Jeremia. HAT, Bd I/12. 1968³.

RUPPERT L., Herkunft und Bedeutung der Jakob-Tradition
bei Hosea, in: Bib 52(1971)488-504.

RUPPRECHT K., עלה מן הארץ (Ex 1,10 Hos 2,2): "sich des
Landes bemächtigen"?, in: ZAW 82(1970)442-447.

RUST E.C., The Theology of Hosea, in: RExp 54(1957)
510-521.

SAEBØ M., Art. יסר , in: ThHAT, I, 1971, 738-742.

SAUER G., Art. הלך, in: ThHAT, I, 1971, 486-493.

SCHARBERT J., Formgeschichte und Exegese von Ex 34,6f.
und seiner Parallelen, in: Bib 38(1957)130-150.
- , Das Verbum PQD in der Theologie des AT, in: BZ
NF 4(1960)209-226.
- , Die Propheten Israels bis 700 v.Chr.. 1965.

SCHILDENBERGER J., Os 5,15 -6,6, in: Am Tisch des Wortes
2(1965)28-36.

SCHLISSKE W., Gottessöhne und Gottessohn im AT. BWANT,
Bd 97. 1973.

SCHMID R., Das Bundesopfer in Israel. Wesen, Ursprung
und Bedeutung der atl. Schelamim. 1964.

SCHMIDT H., Die Ehe des Hosea, in: ZAW 42(1924)245-272.
- , Hosea 6,1-6, in: Beiträge zur Religionsgeschichte
und Archäologie Palästinas (=Fs.E.Sellin). 1927,
111-126.

SCHMIDT W.H., Kritik am Königtum, in: Probleme Biblischer Theologie (=Fs.G.von Rad). 1971, 440-461.

SCHOTTROFF W., Art. זכר , in: ThHAT, I, 1971, 507-518.

SCHWALLY F., Lexikalische Studien, in: ZDMG 53(1899) 197-201.

SCHWARZ V., Das Gottesbild des Propheten Oseas, in: BiLit 35(1961/62)274-279.

SEELIGMANN I.L., Zur Terminologie für das Gerichtsverfahren im Wortschatz des biblischen Hebräisch, in: Hebräische Wortforschung (=Fs. W.Baumgartner). SVT, Bd 16(1967)251-278.

SEKINE M., Das Problem der Kultpolemik bei den Propheten, in: EvTh 28(1968)605-609.

SELLIN E., Die alttestamentliche Hoffnung auf Auferstehung und ewiges Leben, in: NKZ 30(1919)232-256.
- , Die geschichtliche Orientierung der Prophetie des Hosea, in: NKZ 36(1925)607-658.
- , Hosea und das Martyrium des Mose, in: ZAW 46(1928) 26-33.
- , Das Zwölfprophetenbuch. KAT, Bd XII. $1929^{2,3}$.

SELMS A.van, Die Formule "jy is my...; ek is jou...", in: HTS 14(1958/59)130-141.
- , Hosea and Canticles, in: OTSWA 7(1966)85-89.
- , The Southern Kingdom in Hosea, in: OTSWA 7(1966) 100-110.

SEPTUAGINTA. Vetus Testamentum Graecum auctoritate Societatis Litterarum Gottingensis. Vol.XIII: Duodecim Prophetae. Ed. J.Ziegler. 1943.

SEYBOLD K., Das davidische Königtum im Zeugnis der Propheten. FRLANT, Bd 107. 1972.

SNAITH N.H., Sacrifices in the Old Testament, in: VT 7(1957)308-317.

SOGGIN J.A., Der prophetische Gedanke über den Heiligen Krieg, als Gericht gegen Israel, in: VT 10(1960) 79-83.
- , Osea 11,5(cfr.10,9b?): lamed "enfatico"?, in: BO 9(1967)42.
- , Profezia e rivoluzione nell'AT. l'Opera di Elia e di Eliseo nella valutazione di Osea, in: Prot 25(1970)1-14.

SPERBER A., השפעת ספר דברים על הושע, in: Mel 1(1944) 205-231.
- , The Bible in Aramaic, based on Old Manuscripts and Printed Texts, III. The Latter Prophets according to Targum Jonathan. 1962.
- , A Historical Grammar of Biblical Hebrew. A Presentation of Problems with Suggestions to Their Solution. 1966.

SPIEGEL S., A Prophetic Attestation of the Decalogue: Hosea 6,5 with some Observations on Psalms 15 and 24, in: HTR 27(1934)105-144.

SPREY T., מֹשָׁבָה , in: VT 7(1957)408-410.

STAMM J.J., Eine Erwägung zu Hosea 6,1-2, in: ZAW 57 (1939)266-268.

STEININGER P., נָבְלוּת *. Ein Beitrag zur hebräischen Grammatik und Lexikographie, in: ZAW 24(1904)141f.

STEINMANN J., Le Prophétisme Biblique des Origines à Osée. LD, Bd 23. 1959.

STERNBERG G., Die Busse bei Hosea, in: NKZ 39(1928) 450-462.

STINESPRING W.F., A Problem of Theological Ethics in Hosea, in: Essays in Old Testament Ethics (=J.Philip Hyatt in Memoriam). 1974, 133-144.

STOEBE H.J., Die Bedeutung des Wortes ḤÄSÄD im Alten Testament, in: VT 2(1952)244-254.
- , Art.חסד , in: ThHAT, I, 1971, 600-621.
- , Art.טוב , in: ThHAT, I, 1971, 652-664.

STUDIES in the Books of Hosea and Amos. OTSWA 7s(1966).

SZABÓ A., Textual Problems in Amos and Hosea, in: VT 25(1975)500-524.

TADMOR C., הרקע ההיסטורי של נבואות הושע, in: Studies in Biblical and Jewish Religion (=Fs.Y.Kaufmann). פד-פח,1960.

TESTA E., Il Deserto come Ideale, in: Studii Biblici Franciscani, Liber Annuus VII(1956/57)5-52.

TESTUZ M., Deux Fragments inédits des Manuscrits de la Mer Morte, in: Sem 5(1955)37f.

THEOLOGISCHES Wörterbuch zum Alten Testament. Hrsg. von G.J.Botterweck und H.Ringgren (Abk.: ThWAT). 1970ff.

THOMAS W., The Root אָהֵב "love" in Hebrew, in: ZAW 57 (1939)57-64.
- , Additional Notes on the Root ידע in Hebrew, in: JTS 15(1964)54-57.

THOMPSON R.J., Penitence and Sacrifice in Early Israel outside the Levitical Law. An Examination of the Fellowship Theory of Early Israelite Sacrifice. 1963.

TOLL C., Die Wurzel PRṢ im Hebräischen, in: OrSuec 21(1972)73-86.

TORCZYNER H., Dunkle Bibelstellen, in: BZAW, Bd 41 (1925)274-280.

TUSHINGHAM A.D., A Reconsideration of Hosea, Chapters 1-3, in: JNES 12(1953)150-159.

VANNORSDALL A.O., The Use of the Covenant Liturgy in Hosea. Diss. Boston 1968 (microfilm).

VAUX R.de, Das Alte Testament und seine Lebensordnungen. I: 1964² ; II: 1962.
- , Les Sacrifices de l'Ancien Testament. Cahiers de la RB, Bd 1. 1964.

VOLLMER J., Geschichtliche Rückblicke und Motive in der Prophetie des Amos, Hosea und Jesaja. BZAW, Bd 119. 1971.

VORLÄNDER H., Mein Gott. Die Vorstellung vom persönlichen Gott im Alten Orient und im Alten Testament. AOAT, Bd 23. 1975.

VRIES S.J., The Origin of the Murmuring Tradition, in: JBL 87(1968)51-58.

VRIEZEN T. C., Hosea 12, in: NTS 24(1941)144-149.
- , La Tradition de Jacob dans Osée XII, in: OTS 1 (1942)64-78.
- , Die Erwählung Israels nach dem Alten Testament. AThANT, Bd 24. 1953.

VUILLEUMIER R. - BESSARD R., Osée 13,12 et les Manuscrits, in: RQ 1(1958)281f.
- , Der missionarische Aspekt von Hosea 3,4-5, in: EMM 104(1960)146-150.
- , La Tradition cultuelle d'Israel dans la Prophétie d'Amos et d'Osée. Cahiers Théologiques, Bd 45. 1960.

WALLIS G., Art. אָהַב , in: ThWAT, I, 1970, 105-128.

WARD J.M., Hosea: A Theological Commentary. 1966.
- , The Message of the Prophet Hosea, in: Int 23(1969) 387-407.

WATERMAN L., The Marriage of Hosea, in: JBL 37(1918) 193-208-
- , Hosea, Chapters 1-3, in Retrospect and Prospect, in: JNES 14(1955)100-109.

WEINFELD M., The Covenant of Grant in the Old Testament and in the Ancient Near East, in: JAOS 90 (1970)184-203.
- , Covenant Terminology in the Ancient Near East and Its Influence on the West, in: JAOS 93(1973) 190-199.
- , Berît - Covenant vs. Obligation, in: Bib 56(1975) 120-128.

WEISER A. - ELLIGER K., Das Buch der Zwölf Kleinen Propheten. ATD, Bd 24. 1967^5.

WELLHAUSEN J., Die Kleinen Propheten. 1963 (Neudruck der Ausgabe von 1863).

WESTERMANN C., Grundformen prophetischer Rede. 1960.

WIENER C., Recherches sur l'amour pour Dieu dans l'Ancien Testament. Étude d'une Racine. 1957.

WIJNGAARDS J., Death and Resurrection in Covenantal Context (Hos.VI 2), in: VT 17(1967)226-239.

WILLI-PLEIN I., Vorformen der Schriftexegese innerhalb des Alten Testaments. BZAW, Bd 123. 1971.

WINTER G., Die Liebe zu Gott im Alten Testament, in: ZAW 53(1935)90-130.

WOLFF H.W., Das Thema "Umkehr" in der atl. Prophetie, in: ZThK 48(1951)129-148 (=Gesammelte Studien zum AT. ThBü, Bd 22, 1973^2, 130-150).
- , Der große Jesreeltag (Hosea 2,1-3), in: EvTh 12 (1952/53)78-104(=Ges. Studien. ThBü, Bd 22, 1973^2, 151-181).
- , "Wissen um Gott" bei Hosea als Urform von Theologie, in: EvTh 12(1952/53)533-554 (= Ges. Studien. ThBü, Bd 22. 1973^2, 182-205).
- , Die Ebene Achor, in: ZDPV 70(1954)76-78.
- , Erkenntnis Gottes im AT, in: EvTh 15(1955)426-431.
- , Hoseas geistige Heimat, in: ThLZ 81(1956)83-94 (= Ges. Studien. ThBü, Bd 22. 1973^2, 232-250).
- , Jahwe als Bundesvermittler, in: VT 6(1956)316-320 (= Ges. Studien. ThBü, Bd 22. 1973^2, 387-391).

- , Das Geschichtsverständnis der alttestamentlichen
  Prophetie, in: EvTh 20(1960)218-235 (=Ges.Studien.
  ThBü, Bd 22. 1973^2, 289-307).
- , Dodekapropheton I: Hosea. BK, Bd XIV/1. 1965^2.
- , Jahwe und die Götter in der alttestamentlichen
  Prophetie, in: EvTh 29(1969)397-416 (=Ges.Studien.
  ThBü, Bd 22. 1973^2, 418-441).
- , Anthropologie des Alten Testaments. 1973.

ZIEGLER J., Die Liebe bei den Propheten. Ein Beitrag
  zur alttestamentlichen Theologie. Alttestamentliche
  Abhandlungen, Bd XI/3. 1930.
- , Beiträge zum griechischen Dodekapropheton. Septua-
  ginta-Arbeiten, Bd 2. 1943.

ZOLLI I., Note on Hosea 6,5, in: JQR 31(1940/41)79-
  82.
- , Il significato di רד e רחת in Osea 12,1 e 13,1,
  in: RSO 32(1957)371-374.

Index der in den Anmerkungen besprochenen ugaritischen Wörter

ʼib	I 76	brk	I 135
ʼdm	II 121	brlt	II 36
ʼhb	I 113	glṯ	I 41.64
ʼuzr	II 123	gn	I 70
ʼaḫ šmk	I 123.127	dbḥ	II 113
ʼaḥd	II 34	dbr	I 114f.119
ʼaḥdy	II 8.11	dd/ddym	II 71.76.78
ʼaklm	I 136	dry	II 86
ʼiṣr rʻt	I 45	drʻ	II 89.97
ʼar	I 31	ḏrt	I 21
ʼarb dd	II 74	hn	I 125
ʼurbt	I 53	hrr	I 139
ʼarṣ	II 17	ḥwy	II 35
ʼiṯ	I 22	ḥmd	I 138
ʼaṯm	II 44	ḥsp	II 48
ʼaṯr	II 16	ḥrb	II 85
bdqt	I 56	Hrn	II 138
bym	II 108	ḥrr	I 98
bkm	II 13	ḫsp	I 75
bny bnwt	II 31.40	ḫrb	I 73
bnt šdm	I 151	ḫrzh/ḫrzʻ	I 141.144
bʻl zbl ʼarṣ	I 79	ḫrt ʼilm ʼarṣ	I 13
bʻl ʻnt mḫrṯt	I 78	ḫtr	II 86
brd	II 113	tbḫ	II 113

tbṅ	I 36	nḫl	I 24
thn̈	II 88	n'm	I 69
tl̇	I 38	nprm	II 91
tll̇	I 33	nsk	II 50.72
Tly̍	I 55	nqpt	I 154
ybl	I 99	nrt	I 71
yr	I 32	'db	II 113
kbrt	II 106	'dn	I 63
klb	II 131	'wr	II 21
ksm	I 68	'ly	I 15.117
Ḵtr-wḤss	I 52	'n(t)	I 80
Ḵtrt	I 132; II 39	'qqm	I 137
l	II 28.90	'šr	II 113
l'a	I 90	ġly	I 74
m	II 103	Pdry	I 55
mdl	I 47	ph	II 104
mdnt	II 58	p'n	I 143
mhyt	I 16.65	swh/syh	II 92
mhrṯt	I 80	shrrt	I 89.152
mṭr	I 8.23	sly̍	I 37
ml'	I 153	qlt	II 105
mlbr	I 134	qs't	I 126
mlhmt	II 69.75	qry	II 68
mnṭ	II 91	qrn	I 48
mr/mrr	II 30	r'um	I 129
mr'	II 12	rbb	I 30
mrzh/mrz'	II 115	rhm	II 88
mšmš	I 145	rhṣ	II 49
Mt	I 85	rkb 'rpt	I 49
mṯ	I 118	r''	I 150
nbt	I 25	š'ir	II 90
ngṯ	I 142	šd šhlmmt	I 115.119

škb	I 116	šrp	II 87
šbm	II 57	št	II 70
šmm	I 91	tr'	vgl. r``
šlm	II 73.77.79	tkt	I 42f.64
šn mtm	I 147	t'r	II 113
šr 'aḫyh	I 163.172	trm	II 113
šr'	I 35.44		

EUROPÄISCHE HOCHSCHULSCHRIFTEN

Reihe XXIII   Theologie

Nr. 1   Klaus Spichtig, Freiburg: Mittelschüler und kirchliche Bindung. Eine pastoralsoziologische Studie. 248 S. 1970.
Nr. 2   Werner Schatz, Genf: Genesis 14. Eine Untersuchung. 384 S. 1972.
Nr. 3   Claus Bussmann, Bochum: Themen der paulinischen Missionspredigt auf dem Hintergrund der spätjüdisch-hellenistischen Missionsliteratur. 216 S. 1971.
Nr. 4   Dieter Eichhorn, Marburg: Gott als Fels, Burg und Zuflucht. 143 S. 1972.
Nr. 5   Gunda Schneider-Flume, Tübingen: Die politische Theologie Emanuel Hirschs 1918–1933. 174 S. 1971.
Nr. 6   Werner Sommer, Basel: Der menschliche Gott Johann Peter Hebels. Die Theologie Johann Peter Hebels. 172 S. 1972.
Nr. 7   Juan Peter Miranda, Tübingen: Der Vater, der mich gesandt hat. Religionsgeschichtliche Untersuchungen zu den johanneischen Sendungsformeln. Zugleich ein Beitrag zur johanneischen Christologie und Ekklesiologie. 456 S. 1972.
Nr. 8   Ernst Josef Nagel, Bochum: Zu den sozialtheologischen Grundlagen der Entwicklungs- und Friedenspolitik. 173 S. 1972.
Nr. 9   Wolfgang Sommer, Berlin: Schleiermacher und Novalis. Die Christologie des jungen Schleiermacher und ihre Beziehung zum Christusbild des Novalis. 150 S. 1973.
Nr. 10   Hans Hubert, München: Der Streit um die Kindertaufe. Eine Darstellung der von Karl Barth 1943 ausgelösten Diskussion um die Kindertaufe und ihre Bedeutung für die heutige Tauffrage. 215 S. 1972.
Nr. 11   Johannes Kadowaki, Rom: Cognitio Secundum, Connaturalitatem Iuxta S. Thomam.
Nr. 12   Ebermut Rudolph, Marburg: Schulderlebnis und Entschuldung im Bereich säkularer Tiertötung. Religionsgeschichtliche Untersuchung. 158 S. 1972.
Nr. 13   Friedrich Pfurtscheller, Innsbruck: Die Privilegierung des Zisterzienserordens im Rahmen der allgemeinen Schutz- und Exemtionsgeschichte vom Anfang bis zur Bulle "Parvus Fons" (1265). Ein Überblick unter besonderer Berücksichtigung von Schreibers "Kurie und Kloster im 12. Jahrhundert". 205 S. 1972.
Nr. 14   Gerhart Herold, München: Zorn und Gerechtigkeit Gottes bei Paulus. Eine Untersuchung zu Röml, 16–18. 400 S. 1973.
Nr. 15   Sergio Silva, Regensburg: Glaube und Politik: Herausforderung Lateinamerikas. Von der christlich inspirierten Partei zur Theologie der Befreiung. 310 S. 1973.
Nr. 16   Ruthild Geiger, Würzburg: Die lukanischen Endzeitreden – Studien zur Eschatologie des Lukas-Evangeliums. 281 S. 1973.
Nr. 17   Alfred Dubach, Freiburg: Glauben in säkularer Gesellschaft / Zum Thema Glaube und Säkularisierung in der neueren Theologie, besonders bei Friedrich Gogarten. 204 S. 1973.
Nr. 18   Herbert Mölle, Bochum: Das 'Erscheinen' Gottes im Pentateuch. Ein literaturwissenschaftlicher Beitrag zur alttestamentlichen Exegese. 294 S. 1973.
Nr. 19   Kenneth Hein, Tübingen: Eucharist and Excommunication. A Study in early Christian Doctrine and Discipline. 508 p. 1973.
Nr. 20   Rainer Lachmann, Marburg: Der Religionsunterricht Christian Gotthilf Salzmanns. Ein Beitrag zur Religionspädagogik der Aufklärung. 248 S. 1974.
Nr. 21   Bruno Wilke, Frankfurt a.M.: Der Philipperbrief im Religionsunterricht der öffentlichen Schulen. 426 S. 1973.
Nr. 22   Bronislaw Mierzwinski, Freiburg: La famille, cellule active de l'Eglise. 396 p. 1973.